IT日语精读教程

主　编　罗雪梅　刘新颖　于　达　郝　岩
副主编　邱玉梅　张宇澄　王　翱　林美辰
　　　　由天舒　尾崎宽幸
编　者　林　义　朴慧淑　孙　雪　李　伟
　　　　永田隼也

东南大学出版社
SOUTHEAST UNIVERSITY PRESS
·南京·

内容提要

本书聚焦于IT与日语的有机融合,选用能够体现IT业新趋势和新发展的领域前沿全日文文章,将语言技能、专业知识、职业素养有机地结合到一起,在专业术语的学习与运用的同时,重视日语基础语言表达能力和篇章阅读理解能力的提高,旨在将学习内容与社会需求相结合,使学习者能够成为在日资IT公司及对日软件公司工作的实战性强的专业人才。本书面向具有初级日语水平的学习者,兼顾日语能力测试N3和N2的过级训练,学习完本教程的学习者亦可以参加N3和N2的日语能力测试。本书适合大专院校、培训中心的计算机专业、日语专业学生和即将或正在从事对日软件工作的技术人员和管理人员使用。

图书在版编目(CIP)数据

IT日语精读教程 / 罗雪梅等主编. — 南京:东南大学出版社,2020.3
 ISBN 978-7-5641-8844-3

Ⅰ.①I… Ⅱ.①罗… Ⅲ.①IT产业-日语-阅读教学-教材 Ⅳ.①F49

中国版本图书馆CIP数据核字(2020)第031356号

IT日语精读教程　IT Riyu Jingdu Jiaocheng

主　　编	罗雪梅　刘新颖　于　达　郝　岩	责任编辑	刘　坚
电　　话	(025)83793329　QQ:635353748	电子邮件	liu-jian@seu.edu.cn
出版发行	东南大学出版社	出版人	江建中
地　　址	南京市四牌楼2号	邮　编	210096
销售电话	(025)83794561/83794174/83794121/83795801/83792174		
	83795802/57711295(传真)		
网　　址	http://www.seupress.com	电子邮件	press@seupress.com
经　　销	全国各地新华书店	印　刷	江苏扬中印刷有限公司
开　　本	787mm×1092mm　1/16	印　张	21.5
字　　数	530千字		
版印次	2020年3月第1版第1次印刷		
书　　号	ISBN 978-7-5641-8844-3		
定　　价	60.00元		

* 未经许可,本书内文字不得以任何方式转载、演绎,违者必究。

* 东大版图书,如有印装错误,可直接向营销部调换,电话:025-83791830。

大连外国语大学软件学院日语教研室
组织编写

主　编　罗雪梅　刘新颖　于　达　郝　岩
副主编　邱玉梅　张宇澄　王　翱　林美辰
　　　　由天舒　尾崎宽幸
编　者　林　义　朴慧淑　孙　雪　李　伟
　　　　永田隼也

前言

当前,以互联网技术为核心的"第四次工业革命"正向纵深发展,并全方位地重塑着人们的工作和日常生活。随着5G商用的渐趋普及和人工智能的飞速发展,国家对软件人才尤其是高端软件人才的需求急剧增长,而复合型、应用型人才的培养也成为当前各高校须需解决好的一道课题。

大连外国语大学软件学院立足大连、服务辽宁,一直致力于培养"IT+双语强化"的应用型、复合型人才,历经15年的发展,取得了良好的办学效益和声望,毕业生就业渠道宽,就业率高,支持了大连软件产业的发展。在总结过去十余年人才培养的经验的基础上,结合企业需求,大连外国语大学软件学院日语教研室组织编写了《IT日语精读教程》和《IT日语泛读教程》,本书为《IT日语精读教程》。

本书聚焦于IT与日语的有机融合,选用能够体现IT业新趋势和新发展的领域前沿全日文文章,将语言技能、专业知识、职业素养有机地结合到一起,在专业术语的学习与运用的同时,重视日语基础语言表达能力和篇章阅读理解能力的提高,旨在将学习内容与社会需求相结合,使学习者能够成为在日资IT公司及对日软件公司工作的实战性强的专业人才。本书面向具有初级日语水平的学习者,兼顾日语能力测试N3和N2的过级训练,学习完本教程的学习者亦可以参加N3和N2的日语能力测试。本书适合大专院校、培训中心的计算机专业、日语专业学生和即将或正在从事对日软件工作的技术人员和管理人员使用。

本书的编写团队成员除资深的大连外国语大学软件学院日语专业教师(含日籍教师)之外,本校的专业共建合作伙伴——IBM[国际商业机器全球服务(大连)有限公司]、大连华信计算机技术股份有限公司、埃森哲信息技术(大连)有限公司、大连东日信科技有限公司等公司的IT企业专家也参与其中,提出很多宝贵意见,本书亦是校企合作成果之一。其中,校企合作编写组成员主要包括:祁瑞华、李鸿飞、王文智、姜超、韩参、蒋振彬、梁浩、刘志强、杨秋颖、范泽华(排名不分先后)。在此谨向付出辛勤劳动的全体编写人员、对本书的出版给予大力支持和帮助的各位专家表示崇高的敬意和衷心

的感谢！

  本书的出版获得了"大连外国语大学2018年学科建设经费"和2017年大连外国语大学校级教学改革项目及2018年辽宁省级教改项目"以'IT＋日语'为特色的应用型人才培养模式下IT日语课程建设及教材开发的研究与实践"的资助，亦是"辽宁省转型发展试点专业建设"的项目成果之一。在此一并表示衷心的感谢！

  由于编者水平有限，虽然尽最大努力，但也一定有不当之处，敬请广大读者批评指正。

编者

2020年1月

致学习者

- **本书的构成**

　　本书面向中级及以上日语水平的学习者，实现 IT 与日语的有机融合，选取 IT 领域代表性文章作为素材，通过文章的阅读讲解，了解 IT 行业新动向、新发展、新趋势，同时学习 IT 相关专业术语，提高阅读理解能力和沟通表达能力，兼顾日语能力过级需求。全书共六章，分别为：(1) 知名 IT 企业和 IT 业领军人物；(2) 大数据；(3) 人工智能；(4) 信息安全；(5) 网络依赖；(6) IT 从业人员的职业规划。每一章由同主题的 2—3 课构成，正文字数为 1500 字左右。每章最后附一篇同主题文章，供学生提高阅读理解能力、增加阅读量使用，字数为 3000 字左右。

　　每一课包括课文、单词、语法解释、IT 专业词汇解释、背景资料介绍和练习题。其中，语法句型的解说不仅包括本课出现的内容，还对每一个句型或语法点进行扩展，加入了与之相关的 N2 和 N3 句型和语法条目，满足学生考级的需求。此外，每课还配有练习题，包括帮助课文理解的练习题和语法读解练习题两类，课文理解练习题主要帮助学习者深入理解课文内容，熟记 IT 相关词汇，语法读解练习题目的在于帮助学习者牢固掌握语法句型，应对能力测试。兼顾了 IT 知识的丰富和语言能力的提高。

凡例

　　本书的接续法使用规定如下

词性	活用形	本书中表记方式
名词		N
形容动词	词干	Na
	连体形	Na－な
	连用形	Na－で/Na－に
	终止形	Na－だ/Na－である

词性	活用形	本书中表记方式
形容词	词干	A—
	原形	A—い
	简体形	A
	连用形	A—く/A—か
	假定形	A—ければ
动词	原型	V—る
	简体形	V
	ます形	V—ます
	て形	V—て
	た形	V—た
	ない形	V—ない
	推量形	V—(よ)う
	假定形	V—ば
	可能态	V—れる

本书的其他符号使用规定如下

其他符号	表示意思
( )	表示括号里的内容可以省略
·	表示几项并列
/	表示"或者"的意思

第 1 章　IT トップ企業とカリスマ　　　1

- 第 1 課　すべての PC のソフトをつかもうとするビル・ゲイツ　　　2
- 第 2 課　常に"すごい製品"で戦いに挑む完璧主義のスティーブ・ジョブズ　　　19
- 第 3 課　世界を統合しつつあるフェイスブック　　　31
- 課外読解 1　アップルへの復帰を果たした開拓者ジョブズ　　　48

第 2 章　ビッグデータ　　　51

- 第 4 課　「ビックデータ」とは何か　　　52
- 第 5 課　データが富の源泉　　　68
- 第 6 課　オープンデータは「宝の山」だ　　　85
- 課外読解 2　今更聞けないビッグデータの基礎と業界別の活用事例 15 選　　　99

第 3 章　AI・人工知能　　　105

- 第 7 課　人工知能のブームの鍵——ディープラーニング（上）　　　106
- 第 8 課　人工知能のブームの鍵——ディープラーニング（下）　　　125
- 第 9 課　AI は人間の仕事を奪うのか　　　137
- 課外読解 3　人工知能と経済の未来　　　150

第 4 章　情報セキュリティ・情報モラル　　　157

- 第 10 課　ハッキングされる身近な家電　　　159
- 第 11 課　サイバー攻撃は企業をつぶす？　　　174
- 課外読解 4　セキュリティ対策の基本的な考え方　　　188

第 5 章　ネット依存について　　　195

- 第 12 課　インターネットの光と影　　　196
- 第 13 課　LINE 誕生記　　　208
- 第 14 課　三脚の椅子　　　221
- 課外読解 5　ネット依存症について　　　234

第 6 章　プログラミング&エンジニアのキャリアについて … 241
第 15 課　教養としてのプログラミング … 242
第 16 課　プロジェクト成功の心構え … 254
第 17 課　若手技術者の「失われた5年」 … 268
課外読解 6　高まる「プログラミング・スキル」の価値 … 281

总句型表 … 285

总单词表 … 291

参考答案 … 310

译文 … 315

第1章

ITトップ企業とカリスマ

第1課

すべてのPCのソフトをつかもうとするビル・ゲイツ

　経営には、過去を見て未来を予測する力が必要だ。それはあたかも、車のフロントガラスを真っ黒な布で覆ってしまい、バックミラーだけを見ながら前に向かって運転するようなものだ。過ぎ去っていく風景の様子から、見えない前方を予測するのは、非常に困難である。それが原因で、多くの経営者は過去を見るだけで、未来を予見することをおろそかにする。だが、真の経営者には、この予見力が不可欠なのである。

　ゲイツが事業を始めた当初、一緒にプログラム開発を行っていた高校時代の友人ポール・アレンから、「ハードウエアをやるべきだ」と言われた。だがゲイツは反対し、ソフトこそ重要だと主張、結局マイクロソフトはソフトウェア会社として歩み出すことになる。

　「一家に一台のパソコン。そのパソコンにはマイクロソフトのソフトウエアが走る」

　ゲイツは早くからソフトウエア主導の時代を予見していた。

　当時はマイコンキットのアルテア8800*などが出てきた時代で(1974年)、マニアたちの注目は常にハードウエアにあった。それはIBM*・PCが出てきても、Mac*が登場しても同様で、人々はハードに熱中し、ソフトは付随するものと考えていた。だが、ゲイツはあくまでソフトウエアにこだわった。

　そしてご存知の通り、その後パソコンの価値はハードからソフトへ着実にシフトしていった。ゲイツの予見は正しかったのだ。

　さて、プログラム言語のアルテア用BASIC*から始まったマイクロソフトの事業は、MS-DOS*というOS*へと展開する。だが、ゲイツはさらに、アプリケーションへと事業を展開した。

　表計算ソフト「ビジカルク*」やワープロソフト「ワードスター*」などのアプリケーション製品が市場で高い評価を得ているのを見ていたゲイツは、82年に表計算ソフト「マルチプラン*」を登場させる。ゲイツはアプリケーション市場でも業界標準を生み出し、そして支配しようという戦いを始めたのだ。敵を徹底的に叩くことが、その後の支配をより容易にすると

第1章　ITトップ企業とカリスマ

ゲイツは考えていた。

　その目論見に反して、マルチプランはライバル製品「ロータス1-2-3*」に逆転されてしまう。だがゲイツはあきらめず、次は「エクセル」で対抗する。ワープロソフトでは、「マイクロソフト(MS)ワード」を生み出してワードスターやワードパーフェクトといったソフトを追撃した。

　90年代に入ると、パソコンの価値はCPU*とソフトによって支配され、ハードは価格競争の時代に突入する。コンパックが1000ドルPCを打ち出し、低価格競争はますます激化していく。時代の進行と共にゲイツの読みは次々と的中していく。

　ウィンドウズ95、そしてウィンドウズ98というOSを持つことの優位性をゲイツは予見していた。それはアプリケーションの競合他社がOSを持たず苦戦したことと対照的だった。ゲイツの予見通り、ウィンドウズはマイクロソフト製アプリケーションの背中を強力に後押しし、エクセルとワードは市場でシェアを急速に伸ばしていった。

　さらに、90年代後半からはOSをプリインストールするという販売戦略が功を奏し、安定的な売上がマイクロソフトにもたらされた。OSだけでなく、ワードやエクセルなどのアプリケーションもプリインストールされ、売上がパソコンの出荷台数の伸びと共に増える仕組みが完成したのだ。ゲイツの読みはまんまと的中し、ソフトウエア市場を支配することに成功したのだった。

　　　竹内一正『スティーブ・ジョブズVSビル・ゲイツ　二大カリスマCEOの仕事力』PHP研究所より改編

🔊 ことば

過去① かこ	[名]	过去
未来① みらい	[名]	未来,将来
予測⓪ よそく	[名・他サ]	预测,预见
真黒③ まっくろ	[名・形動]	乌黑,漆黑
布⓪ ぬの	[名]	布；织物的总称
覆う⓪② おおう	[他五]	蒙,盖,覆盖；掩盖,遮掩,掩饰
バックミラー④	[名]	back mirror(汽车)后望镜,后视镜
過ぎ去る③⓪ すぎさる	[自五]	通过；结束,过去
風景① ふうけい	[名]	风景,景色；情景,状况
前方⓪ ぜんぽう	[名]	前方,前面
非常⓪ ひじょう	[名・形動]	非常,紧急

3

困難①	[名・形動]	困难,苦恼;难办的
予見⓪	[名・他サ]	预见;预测
不可欠②	[名・形動]	不可缺少
事業①	[名]	事业;企业,实业
プログラム③	[名]	program(计算机)程序;方案,计划
開発⓪	[名・他サ]	开发;开辟,开垦
重要⓪	[名・形動]	重要,要紧
主張⓪	[名・他サ]	主张,见解,看法
結局④⓪	[名・副]	结局;终于,究竟,归根到底
マイクロソフト⑤	[名]	Microsoft,微软,美国的软件公司
歩み出す④	[自五]	走出来,迈向,迈进
一家①	[名]	一家,全家
主導⓪	[名・他サ]	主导
マイコンキット	[名]	microcom kit,微机套件
マニア①	[名]	mania,狂热者,……迷
登場⓪	[名・自サ]	登场,出场;上台;上市
同様⓪	[形動]	同样,一个样
付随⓪	[名・自サ]	随从,随带,附带,连带
こだわる③	[自五]	拘泥
価値①	[名]	价值
着実⓪	[名・形動]	踏实,牢靠,稳健
展開⓪	[名・自他サ]	展开,开展;展现;逐步扩展
ワープロソフト⑤	[名]	word processing software,文字处理软件
ワードスター⑤	[名]	Word Star,文书处理器软件的一种
アプリケーション④	[名]	"アプリケーションプログラム"的略语,application(program)。应用程序
評価①	[名・他サ]	评价;估价,定价
業界⓪	[名]	同业界;从事同一产业的行业界
標準⓪	[名]	标准,规范,基准
生み出す③	[他五]	生出;生产。创造
支配①	[名・他サ]	统治,支配
徹底的⓪	[形動]	彻底的,不半途而废的
叩く②	[他五]	攻击,谴责;殴打。敲
容易⓪	[形動]	容易
目論見	[名]	计划;企图,意图

第1章　ITトップ企業とカリスマ

逆転⓪	[名・自他サ]	逆转；倒转
ワードパーフェクト④	[名]	Word Perfect。文书处理软件的一种
追撃⓪	[名・他サ]	追击
競争⓪	[名・他サ]	竞争；竞赛，比赛
突入⓪	[名・自サ]	突入，冲进，进入（状态）
コンパック	[名]	Compaq。康柏电脑
打ち出③⓪	[他五]	提出，提案；打出
激化①⓪	[名・自サ]	激烈化，越来越强烈
進行⓪	[名・自他サ]	运行，行驶；进展
的中⓪	[名・自サ]	命中；猜中
優位性⓪	[名]	优势
競合⓪	[名・自サ]	竞争，争执
苦戦⓪②	[名・自サ]	恶战，苦战
対照的⓪	[形動]	对照的，对比鲜明的
強力⓪	[名]	强力，大力
後押し②	[名・他サ]	从后面推；后援，支持
急速⓪	[名・形動]	急速，迅速
伸ばす②	[他五]	扩展，增加；增长。伸开
プリインストール⑥	[名・他サ]	preinstall。预安装
販売⓪	[名・他サ]	贩卖，出售，销售
戦略⓪	[名]	战略，战术
功を奏する	[連語]	奏效，事情办成
売上⓪	[名]	销售额
出荷⓪	[名・他サ]	发货。上市，出货
台数③	[名]	台数
仕組み⓪	[名]	策划，计划；结构，构造

🔊 内容理解

I　次の質問を考えてみてください。
(1) ゲイツが事業を始めた当初、プログラム開発を行いましたが、誰から「ハードウェアをやるべきだ」と言われましたか。
(2) ゲイツは早くから何が主導する時代を見ていましたか。
(3) ゲイツは1982年に表計算ソフト「マルチプラン」を登場させましたが、「マルチプラン」について具体的にを述べてください。

II　本文の内容と合っているものに〇、違っているものに×をつけてください。
(1) ゲイツは早くからハードウェア主導の時代を予見していました。（　　）

(2) マルチプランはライバル製品「ロータス1－2－3」に逆転されてしまったが、ゲイツはあきらめず、次は「ワープロソフト」で対抗します。（　　）
(3) パソコンの価値はcpuとソフトによって支配され、ハードは価格競争の時代に突入したのは90年代後半です。（　　）
(4) ソフトウェア市場を支配することに成功して、ゲイツの読みはまんまと的中しました。（　　）

Ⅲ　適当な言葉を選んで、＿＿＿＿＿に入れてください。

{ ながら　　だけで　　あたかも　　ような　　だけ }

　経営には、過去を見て未来を予測する力が必要だ。それは＿＿＿＿＿、車のフロントガラスを真っ黒な布で覆ってしまい、バックミラー＿＿＿＿＿を見＿＿＿＿＿前に向かって運転する＿＿＿＿＿ものだ。過ぎ去っていく風景の様子から、見えない前方を予測するのが、非常に困難である。それが原因で、多くの経営者は過去を見る＿＿＿＿＿、未来を予見することをおろそかにする。だが、真の経営者には、この予見力が不可欠なのである。

Ⅳ　正しい言葉を一つ選んでください。
(1) 彼は仕事に＿＿＿＿＿する。
　　1　熱烈　　　　　　　2　熱情　　　　　　　3　熱中　　　　　　　4　熱意
(2) ゲイツはソフトこそ重要だと主張し、結局マイクロソフトは＿＿＿＿＿会社として歩み出すことになる。
　　1　ワープロソフト　　2　ワードスター　　　3　ハード　　　　　　4　ソフトウェア
(3) 幸子さんはあれこれ迷った末に、＿＿＿＿＿みんなと同じものを注文した。
　　1　結局　　　　　　　2　結果　　　　　　　3　結末　　　　　　　4　始末
(4) みんなは荷車の＿＿＿＿＿をしている。
　　1　あとおす　　　　　2　あとおし　　　　　3　うしろおす　　　　4　うしろおし
(5) 最近、政府は新機軸を＿＿＿＿＿。
　　1　打ち上げた　　　　2　打ち明けた　　　　3　打ち合わせた　　　4　打ち出した
(6) 彼は政治家として＿＿＿＿＿した。
　　1　とうちょう　　　　2　とうじょう　　　　3　とちょう　　　　　4　とじょう
(7) 来月のコンサートの＿＿＿＿＿には、好きな曲があまり入っていない。
　　1　ダイヤ　　　　　　2　スタイル　　　　　3　リズム　　　　　　4　プログラム
(8) それでインフレの＿＿＿＿＿を招いた。
　　1　激しさ　　　　　　2　激語　　　　　　　3　激烈　　　　　　　4　激化

文型

1. ～だけ　（N3）

本文　それはあたかも、車のフロントガラスを真っ黒な布で覆ってしまい、バックミラーだけを見ながら前に向かって運転するようなものだ。

［接続］N/Na－な/A－い/V－る　＋だけ
［意味］只、只有、只是。表示限定。经常用"～だけでなく"的形式表示"不仅……"。
① コピーを取るだけの簡単な仕事です。
② あの人だけがわたしを理解してくれる。
③ 肉だけでなく、野菜も食べなければいけない。

④彼は歌が上手なだけでなく、自分で曲も作る。

関連文型

(1) (ただ)～のみだ

[接続] N/Na—な/A—い/V—る ＋のみ

[意味] 只有。

①マラソン当日の天気、選手にとってはただそれのみが心配だ。
②戦争直後、人々はただ生きるのみで精一杯だった。
③ただ厳しいのみではいい教育とは言えない。
④今はもう過去を振り返るな。ただ前進あるのみ。

(2) ～のみならず～も～ (N2)

[接続] N/Na—である/A—い/V ＋のみならず…も…

[意味] 不只是；不仅……而且……。较为生硬的表达方式。是"だけでなく～も"的郑重的书面语。也可以作为接续词用于句首。

①山田さんは出張先でトラブルを起こしたのみならず、部長への報告も怠った。
②会社の業務改善は、ただ営業部門のみならず、社員全体の努力にかかっている。
③彼はその作品によって国内で絶大な人気を得た。のみならず、海外でも広く名前を知られることになった。

(3) ～のみか～も～

[接続] N/Na—である/A—い/V ＋のみか…も…

[意味] 不只是；不仅……而且……。

①子どものみか大人もこのゲームにはまっている。
②若い人のみか老人や子どもたちにも人気がある。

2．～ながら

本文 それはあたかも、車のフロントガラスを真っ黒な布で覆ってしまい、バックミラーだけを見ながら前に向かって運転するようなものだ。

[接続] V—ます＋ながら

[意味] 一边……一边……。前后连接表示动作的动词，表示两个动作同时并行着进行，一般后边的动作是主要动作，前边的动作是描写进行该动作样态的次要性动作。

①音楽を聴きながら、勉強や仕事をする人のことを「ながら族」という。
②その辺でお茶でも飲みながら話しましょう。
③よそ見をしながら運転するのは危険です。
④わたしはこれからも医者の仕事をしながら、この子を育てます。

3．～べきだ (N3)

本文 ゲイツが事業を始めた当初、一緒にプログラム開発を行っていた高校時代の友人ポール・アレンから、「ハードウエアをやるべきだ」と言われた。

[接続] N・Na—である/A—くある/V—る ＋べきだ

[意味] 应当,应该……,文言助動詞"べし"的活用形,在现代语中接动词的原形,接"する"时可以用"するべき""すべき"两种形式。

①近頃は小学生まで塾に通っているそうだが、子供はもっと自由に遊ばせるべきだ。
②地球的規模で自然破壊が進んでいる。人間は自然に対してもっと謙虚であるべきだ。

③女性は常に化粧をして美しくあるべきだなどという考えには賛成できない。
④1万円拾ったんだって？ そりゃあ、すぐに警察に届けるべきだよ。

🏷️ 関連文型

（1）～べきではない　（N3）

［接続］N・Na－である/A－くある/V－る　＋べきではない

［意味］不应该……。如果用过去式"～べきではなかった"表示后悔，"当时不应该……"

①あんなひどいことを言うべきではなかった。
②他人の私生活に干渉す(る)べきではない。

（2）～べきだった　（N2）

［接続］N・Na－である/A－くある/V－る　＋べきだった

［意味］当时应该……。对于过去的事情，表示"要是那样做就好了"。

①あの時予約しておくべきだった。
②君はやっぱりあの時に留学しておくべきだったんだよ。

4．～ことになる　（N3）

本文　だがゲイツは反対し、ソフトこそ重要だと主張、結局マイクロソフトはソフトウェア会社として歩み出すことになる。

［接続］V－る/V－ない　＋ことになる

［意味］決定。表示就将来的某种行为做出某种决定，达成某种共识，得出某种结果。这一决定和结果是自然而然地在不知不觉的过程中自发形成的。

①入社式でスピーチをすることになったので、何を話そうか考えています。
②町の料理教室には中学生以上の子供が参加できることになりました。
③会場の都合で、講演後の交流会は行われないことになりました。
④これからは社員もここには駐車できないことになりました。

🏷️ 関連文型

～ことになっている　（N2）

［接続］V－る/V－ない　＋ことになっている

［意味］規定着，按规定。表示约定或日常生活中的规定、法律、纪律，以及约束人们生活行为的各种规定、惯例等。

①休みの時は学校に連絡しなければならないことになっている。
②乗車券をなくした場合は最長区間の料金をいただくことになっているんですが。
③規則では、不正を行った場合は失格ということになっている。
④パーティーに参加する人は、6時に駅で待ち合わせることになっている。

🏷️ 区別文型

（1）～ことにする　（N3）

［接続］V－る/V－ない　＋ことにする

［意味］決定，決心。表示对将来行为的某种决定、决心，强调的是主观行为。

①今日はどこへも行かないで勉強することにしたよ。
②桜の木の下で拾ってきた猫だから、「さくら」と呼ぶことにしよう。
③連休には、大阪の友達のうちへ行くことにしました。
④7月は試験があるので、アルバイトをしないことにしました。

（2）〜ことにしている　（N3）

［接続］V—る/V—ない　＋ことにしている
［意味］坚持做……。表示因某种决定而形成的习惯。
①わたしは毎朝かならずジョギングをすることにしている。
②友人の家族は、家事をすべて分担してやることにしているそうだ。
③運動不足解消のため、わたしは子供と公園に行くとかならず鉄棒をやることにしている。
④夜は紅茶を飲まないことにしているんです。

5．〜通り（に）　（N3）

本文　そしてご存知の通り、その後パソコンの価値はハードからソフトへ着実にシフトしていった。

［接続］N—の/V—る/V—た　＋通り（に）
　　　　N通り（に）
［意味］正如……,按照……。
①ものごとは自分の考えのとおりにはいかないものだ。
②わたしの言ったとおりにやってみてください。
③この本の作者に初めて直接会うことができた。わたしが前から思っていたとおりの方だった。
④案内書を見ながら日光を歩いた。そのすばらしさは案内書どおりだった。

6．〜に反して・〜に反する　（N2）

本文　そのもくろみに反して、マルチプランはライバル製品「ロータス1—2—3」に逆転されてしまう。

［接続］N＋に反して・に反する
［意味］与……相反；违反。接"预想""期待"等表示预测将来的名词后，表示结果是与此相反的事物。
①予想には反して、今年の試験はそれほど難しくはなかったそうだ。
②周囲の期待に反して、彼らは結局結婚しなかった。
③法律に反することをしてはいけない。
④この試合は、予想に反した結果となった。

7．〜といった

本文　ワープロソフトでは、「マイクロソフト(MS)ワード」を生み出してワードスターやワードパーフェクトといったソフトを追撃した。

［接続］NといったN
［意味］……等的……，用于列举，表示不是全部还有其他。
①黒沢、小津といった日本の有名な映画監督の作品が上映されるそうです。
②この学校には、タイ、インドネシア、マレーシアといった東南アジアの国々からの留学生が多い。

🏷 関連文型

〜という
(1)［接続］NというN
　　［意味］叫……,称为……,名为……。
①これはカーネーションという花です。
②松井花子さんという人から電話がありました。
(2)［接続］NというN
　　［意味］所有的，全部的。书面语。
①連休なので道路という道路は車で溢れていた。

②クリスマスの日に家という家は飾りをいっぱいつけて、喜びを表していた。
（3）［接続］NというN
　　［意味］表示内容。经常与"规则""評価""噂""事件""報道"等词搭配使用。
①学校には、教室でタバコを吸ってはいけないという規則があります。
②社長の到着が一日遅れるという連絡が入りました。

8. ～と （N3）

本文　90年代に入ると、パソコンの価値はCPUとソフトによって支配され、ハードは価格競争の時代に突入する。

［接続］N・Na－だ/A－い/V－る　＋と
［意味］
（1）……就……，表示继起，紧接前边的事情马上又发生下一个事情，经常以"～とすぐ"的形式出现。
①彼は、うちに帰るとすぐテレビのスイッチを入れた。
②スポーツをやめるとすぐ太りだした。
（2）……就……。表示习惯性反复性行为。
①田中さんは部屋に入るとテレビをつけます。
②わたしはお腹が空くと、いつもラーメンを作って食べます。
（3）后项用过去式，表示发现或发生某件事的契机，可以和"たら"互换。
①教室に入ると誰もいませんでした。
②ドアを開けると、猫が入りました。
（4）……就……，如果……表示条件关系，以为前项成立的情况下，后项必然成立，可以用于表示恒常规律、机器的使用方法、指路等等，否定形式经常表示警告。
①春になると、暖かくなります。
②お金を入れて、このスイッチを入れると、切符が出ます。
③病院は、駅を降りて右に曲がるとすぐです。
④急がないと間に合いませんよ。

🏷 関連文型

（1）～ば （N3）

［接続］N・Na　＋ならば/であれば
　　　　A－ければ/V－ば
［意味］表示假设条件。动词和形容词使用「ば」，而形容动词和名词可以使用「なら」。
①この本は難しいことが書いてあるから、よく読まなければ、わからないよ。
②このDVD、とてもよかったよ。もし見たければ、貸してあげるよ。
③あさって、休みましょう。もし暇ならば、映画を見に行きませんか。
④部屋が静かでなければ、わたしは勉強できません。
⑤もしその人がいい人であれば、一緒に仕事をしたい。

（2）～なら （N3）

［接続］N/A－い/Na/V－る　＋なら
［意味］用于承接对方的话题，并给对方的建议、意见，或表达自己的意志等；或表示假定条件。
①――今から図書館へ行きます。
　　――あ、図書館に行くなら、わたしも返したい本があるんですが。
②――ドアが開かない。鍵がかかっています。

——えっ、鍵がかかっているんなら、鍵を借りてきましょう。
③彼女のことがそんなに嫌いなら別れたらいい。
④郵便局に行くなら、この手紙を出してきてくれますか。

(3) ～たら （N3）

［接続］N・Na ＋だったら
　　　　A－かったら/V－たら

［意味］
(1) 表示在将来前项动作实现后，后项动作也会实现。
①夏休みになったら、国へ帰ります。
②そんなにたくさん食べたらお腹を壊しますよ。
(2) 表示假定条件。
①この仕事が完成したら、長い休みをとるつもりだ。
②教師になったら子どもたちにものを作る楽しさを教えたい。

9．～によって （N2）

本文　90年代に入ると、パソコンの価値はCPUとソフトによって支配され、ハードは価格競争の時代に突入する。

［接続］N＋によって
［意味］由……、被……。表示被动句的动作主体。
①この建物は有名な建築家によって設計された。
②情報はすべてコンピューターにより処理される。
③その村の家の多くは洪水によって押し流された。
④人質は、すでに犯人によって殺された。

10．～とともに （N2）

本文　時代の進行と共にゲイツの読みは次々と的中していく。

［接続］N/V－る　＋とともに
［意味］
(1) 和……一起。表示与其"一起""共同""协助"之意，书面语。
①仲間とともに作業に励んでいる。
②夫とともに幸せな人生を歩んできた。
③隣国とともに地域経済の発展に努めている。
(2) 随着……的同时。伴随着前项变化后项也变化，书面语。
①テレビの普及とともに、映画は衰退した。
②国の経済力の発展とともに、国民の生活も豊かになった。
③年をとるとともに記憶力が衰えてきた。
(2) 在……的同时，书面语。
①地震の発生とともに津波が発生することがある。
②今後、教育内容の充実を図るとともに地域社会に貢献する大学の建設に努力する所存でございます。

注　釈

1．あたかも

副詞。就像，好像，宛如。经常和"ようだ"搭配使用。书面语。口语中常用"まるで"。

①その日はあたかもハルのような陽気だった。
②彼女はいつも、あたかも目の前にその光景が浮かび上がってくるかのような話し方で、人々を魅了する。

2. ～こそ（N3）

格助词。才是，正是。表示强调。
①いまでこそ、こうやって笑って話せるが、あの時は本当にどうしようかと思った。
②今年こそ大学に入れるよう、勉強します。
③知識の量を増やすのではなく、考える訓練をすることこそ学校で学ぶ価値がある。
④ピカソこそが今世紀を代表する画家だと思う。

🏷 関　連

～てこそ　（N2）

只有……才。接在动词的て形后，表示强调。
①この木は雨の少ない地方に植えてこそ価値がある。
②互いに助け合ってこそ本当の家族と言えるのではないだろうか。
③試合に勝ってこそ、プロのスポーツ選手と言える。
④野花は自然の中にあってこそ、美しい。

3. さらに

副词。又，再，还有，更加。
①このままでも十分おいしいのだが、砂糖を入れるとさらに美味しくなる。
②途中の小屋まで3時間、それから頂上までさらに2時間かかった。

4. さて

副词。表示要采取行动或转换话题，是比较郑重的表达方式。
①さて、そろそろ行こうか。
②さて、次はどこへ行こうかな。
③さて、話は変わりますが、…。

📢 関連用語

* **アルテア8800**

　　Altair8800，阿尔泰亚8800，是第一台微型计算机，由美国计算机爱好者爱德华・罗伯茨（E. Roberts）发明。

* **IBM**

　　International Business Machines Corporation，著名IT公司，总公司在纽约州阿蒙克市，1911年由托马斯・沃森创立于美国，是全球最大的信息技术和业务解决方案公司，在全球拥有雇员30多万人，业务遍及160多个国家和地区。

* **Mac**

　　Macintosh。Mac是苹果公司自1984年起以"Macintosh"为开端开发的个人消费型计算机，包括：iMac、Mac mini、Macbook Air、Macbook Pro、Macbook、Mac Pro等计算机，使用独立的Mac OS系统，最新的OS X系列基于NeXT系统开发，不支持兼容，是一套完备而独立的操作系统。

* **BASIC**

　　Beginners' All-purpose Symbolic Instruction Code，意思就是"初学者通用符号指令代码"，是一种设计

给初学者使用的程序设计语言。BASIC 是一种直译式的编程语言,在完成编写后不须经由编译及连结等手续即可执行,但如果需要单独执行时仍然需要将其建立成执行文档。1975 年,比尔·盖茨把它应用到 PC 上。

* **MS-DOS**

Microsoft Disk Operating System,微软磁盘操作系统,最基本的 MS-DOS 系统由一个基于 MBR(硬盘才有 MBR,软碟没有 MBR,启动磁区位于第 0 轨的磁区中,内容上与硬盘的 MBR 略有不同)的 BOOT 引导程序和三个文件模块组成。这三个模块是输入输出模块(IO. SYS)、文件管理模块(MSDOS. SYS)及命令解释模块。(不过在 MS-DOS 7.0 中,MSDOS. SYS 被改为启动配置文件,而 IO. SYS 增加了 MSDOS. SYS 的功能)除此之外,微软还在零售的 MS-DOS 系统包中加入了若干标准的外部程序(即外部命令),这才与内部命令一同构建起一个在磁盘操作时代相对完备的人机交互环境。

* **OS**

Operating System,操作系统,是管理和控制计算机硬件与软件资源的计算机程序,直接运行在"裸机"上的最基本的系统软件,任何其他软件都必须在操作系统的支持下才能运行。

* **ビジカルク**

Visicalc,维基克,是在 1977 年推出的第一款电子表格办公软件,是由 Dan Bricklin 和 Bob Frankston 在攻读哈佛大学工商管理硕士时共同开发的。

* **ワードスター**

WordStar,一款较早产生的文字处理软件,在 20 世纪 80 年代非常流行。

* **マルチプラン**

Multiplan,是微软公司开发的初期电脑表格计算软件名称。

* **ロータス1-2-3**

Lotus1-2-3,洛特斯 1-2-3,是原 Lotus 公司(现在在 IBM 公司旗下)开发销售的电脑表格计算软件。

* **CPU**

Central Processing Unit/Processor。中央处理器。是电子计算机的主要部件之一,电脑中的核心配件。其功能主要是解释计算机指令以及处理计算机软件中的数据。电脑中所有操作都由 CPU 负责读取指令,对指令译码并执行指令的核心部件。

ことば

乗車券③ じょうしゃけん	[名・他サ]	车票
失格⓪ しっかく	[名・自サ]	没有资格;失去出场资格;不够格,不及格
拾う⓪ ひろう	[他五]	拾,捡;挑,选;拦(车)
解消⓪ かいしょう	[名・自他サ]	取消,消失;解散
鉄棒⓪ てつぼう	[名]	单杠;铁杠;铁棒
思い切る④⓪ おもいきる	[他五]	断念,死心;下决心
譲歩① じょうほ	[名・自他サ]	让路;让步
人質⓪ ひとじち	[名]	人质
津波⓪ つなみ	[名]	海啸,津波

破壊⓪	[名・自他サ]	破坏
謙虚①	[形動]	谦虚
化粧②	[名・自他サ]	化妆,打扮;装饰,装潢
干渉⓪	[名・自サ]	干涉,干预;干扰
励む②	[自五]	勤奋,努力
人生①	[名]	人生
努める③	[自一]	尽力,努力;勉强做,尽量做
衰退⓪	[名・自サ]	衰退,衰弱
記憶力③	[名]	记忆力
衰える④③	[自一]	衰弱,衰退;衰败,衰亡
混雑①	[名・自サ]	混杂;拥挤
振り返る③	[自五]	回头看;回顾,回忆过去
前進⓪	[名・自サ]	前进
改善⓪	[名・他サ]	改善
絶大⓪	[名・形動]	巨大,极大
訓練①	[名・他サ]	训练
植える⓪	[他一]	栽,植
案内書⑤⓪	[名]	手册;通知书;邀请函。

練習問題

Ⅰ 次の文の_____の部分に入る最も適切なものを1、2、3、4から一つ選びなさい。

(1) 時と場合_____、使うか使わないかを考えましょう。
　　1　にとって　　　　　　　　2　について
　　3　にたいして　　　　　　　4　によって

(2) あの人は実業家_____作家としても有名である。
　　1　のみより　　2　のみなり　　3　のみならず　　4　のみ

(3) 人の心配ばかりしないで、あなた_____少し休みなさいよ。
　　1　こそ　　　　2　だけ　　　　3　さえ　　　　　4　くらい

(4) おたずねの件に_____は、わたしからご説明させていただきます。
　　1　あたって　　2　とって　　　3　関して　　　　4　よって

(5) 豚肉を_____、太ってしまいますよ。
　　1　食べなかったら　　　　　　2　食べ過ぎたら
　　3　食べ過ごしたら　　　　　　4　食べ損なったら

(6) 彼は何でも自分の思う_____しようとする。
　　1　むけに　　　2　だけに　　　3　とおりに　　　4　わりに

(7) 彼女は家族_____、シンガポールに行くことになった。
　　1　としたら　　2　とすれば　　3　ところに　　　4　とともに

(8) 当選した彼は新会長＿＿＿＿、即席のスピーチをした。
 1 にとって　　2 として　　3 に対して　　4 について
(9) 日が沈む＿＿＿＿気温が下がり、セーターを着るほどの寒さになった。
 1 にそって　　2 うちに　　3 とともに　　4 以来
(10)「やっと雨が降る」という期待＿＿＿＿、ほとんど降らなかった。
 1 によって　　2 にそって　　3 について　　4 に反して
(11) 今朝のニュース＿＿＿＿、首相は国会を解散するつもりだということだ。
 1 によって　　2 によると　　3 につれて　　4 にしたがって
(12) 学生の見ている前で、先生は喫煙＿＿＿＿。
 1 しないべきだ　　2 しないべくもない
 3 するべきではない　　4 するべくもない
(13) 今、遊んでばかりいると、試験の前になって悔やむ＿＿＿＿よ。
 1 ことにします　　2 ことにしています
 3 ことになります　　4 ことになっています
(14) 次郎は手紙を読み終わる＿＿＿＿、すぐに返事を書き始めました。
 1 と　　2 たら　　3 なら　　4 ば
(15) あなたの＿＿＿＿親切な方にはなかなか出会えません。
 1 ように　　2 ようで　　3 ような　　4 ようだ
(16) わが社も業績を持ち直したから、今年はボーナスが＿＿＿＿ようだ。
 1 もらいます　　2 もらう　　3 もらえます　　4 もらえる
(17) わたしは100mを11秒で＿＿＿＿。
 1 走る　　2 走ります　　3 走れます　　4 走っています
(18) 事故に遭って歩けなかった田中さんが、練習して＿＿＿＿。
 1 歩きました　　2 歩くようになりました
 3 歩けました　　4 歩けるようになりました

Ⅱ 次の文の＿★＿に入る最もよいものを1、2、3、4から一つ選びなさい。
(1) ＿＿＿＿ ＿＿＿＿ ★ ＿＿＿＿ころっと変える。
 1 態度を　　2 人　　3 あいつは　　4 によって
(2) その辺で＿＿＿＿ ＿＿＿＿ ★ ＿＿＿＿。
 1 ながら　　2 飲み　　3 お茶でも　　4 話しましょう
(3) 今年は、＿＿＿＿ ＿＿＿＿ ★ ＿＿＿＿。
 1 スケート大会を　　2 ことになった　　3 行わない　　4 町の
(4) ＿＿＿＿ ＿＿＿＿ ★ ＿＿＿＿食べたほうがいい。
 1 たくさん　　2 野菜も　　3 肉や魚　　4 だけでなく
(5) 今回の選挙は、＿＿＿＿ ＿＿＿＿ ★ ＿＿＿＿に終わった。
 1 反する　　2 多くの人の　　3 結果　　4 予想に

Ⅲ 次の文章の（　）に入れる最も適切な言葉を、1、2、3、4から一つ選びなさい。

　初対面の人を目の前にした時は、どんな人でも緊張感を持って接するでしょう。相手が不快にならない言葉を丁寧に選んでいる（　1　）です。（　2　）、2回、3回と顔を合わせるうち、（　3　）慣れが生じます。その時が、人づきあいがスムーズになるかどうかの分岐点ではないかと思うのです。親しくなりつつあるから（　4　）距離をおき、もう一度相手をよく見つめてみること、（　5　）相手の個性を理解した上での接し方を工夫していくことが大切なのではないでしょうか。

(1)	1 こと	2 はず	3 もの	4 そう
(2)	1 そして	2 それに	3 ところが	4 ところで
(3)	1 うちに	2 すぐに	3 実に	4 次第に
(4)	1 こそ	2 まで	3 でも	4 ため
(5)	1 ところが	2 でも	3 しかし	4 そして

Ⅳ　各文章を読んで、以下の問いに答えなさい。答えは、1、2、3、4から最も適当なものを一つ選びなさい。

文章1

　子どもたちの何かが変わってきた――。いまの子どもたちが一番変わったところは、自分を語れなくなったこと。少し前の子どもたちは、「どうして悪いことをしてしまったの?」と問いかけると、「どうしてそうなっちゃったんだろう」と、それなりに一生懸命考えて答えを出してよこしたものだが、いま、そう問いかけても答えられなくなっている。おしゃべりはよくするのに、自分の心を言葉にするのは苦手で、自分を理解してもらおうという努力がないのである。これは、自分を語るという場が少なく、経験もないからに違いない。

問　少し前の子どもと比べて、今の子どもが変わったところはどんな点か。

1　自分の気持ちを口に出すことができなくなったこと。
2　自分の心を言葉で言い表すことがじょうずになったこと。
3　自分を語る機会が増えて、おしゃべりをよくするようになったこと。
4　悪いことをした理由を聞かれた時、よく考えないと答えられなくなったこと。

文章2

　「お母さん、もう少し大人になりな、お父さんくらいに」
　私の背中に6歳の息子が言った。自転車の後ろに乗せ、幼稚園に向かう途中のことだった。ドキッとした。
　確かに私は一日中、3人の子どもに片づけをしなさいとか、宿題をやってしまいなさいとかうるさい。頭に来ると子どもと同等になってけんかをしている。それに比べ夫はその様子を少し離れて見ていてたまに口出しするくらいで大人なのだ。
　それにしても幼稚園児の言うことにしては立派すぎる。「大人って」と聞いてみた。
　すると、後ろから私の体に手を回して「ほら、お母さんこんなに小さいよ。もっと大人になってお父さんくらい大きくなって！　」。なーんだ体の大きさのことだったんだ。
　私は「大人だって小さい人はいるよ。ほら、おばあちゃんなんて大人なのにお母さんより小さいよ」と投げかけた。
　「あのね、おばあちゃんはぼくが生まれる前、大人だったんだよ、でもね、今はおばあちゃんになって縮んだの」。①うーんなるほど。
　初めは「大人になりな」なんて言われて反省し、次はおばあちゃんを大切にしなければと考えさせられた。
　幼稚園に着いた。息子は手を振り、門をくぐって行く。②後ろ姿がいつもより大人びて見えた。

問1　筆者は最初に「おとなになりな」という言葉をどのような意味だと思ったか。

1　子どもに対して立派なことを言って、子どもに尊敬されるようにという意味。
2　子どものようにすぐ感情を表さないで、常に冷静でいるようにという意味。
3　子どもと同等の立場で、子どもの気持ちをよく理解するようにという意味。
4　自分の意見を持って、子どもの行動によく口出しするようにという意味。

問2 この子どもは「大人」ということをどのようにとらえているか。
　　1　子どもを持っている人は大人で、子どもを持っていない人は大人ではない。
　　2　孫を持っている人は大人で、孫を持っていない人は大人ではない。
　　3　子どもは必ず大人になるが、中には体の小さい大人もいる。
　　4　体が大きい人は大人で、体が小さい人は大人ではない。

問3 ①「うーんなるほど」とあるが、このとき筆者はどんなことを考えたか。
　　1　年をとって小さくなったおばあちゃんを大事にしようと思った。
　　2　息子も大人の会話ができるようになったと思った。
　　3　自分ももっと大人になったほうがいいと思った。
　　4　自分より夫の方が大人だと思った。

問4 ②「後ろ姿がいつもより大人びて見えた」とあるが、なぜそう見えたのか。
　　1　子どもなのに大人のような口の聞き方をしたから。
　　2　子どもが一人で手を振りながら歩いて行ったから。
　　3　子どもの言葉によって、いろいろ考えさせられたから。
　　4　子どもがおばあちゃんの心配をしているから。

文章3

　部下に対して、ほめた方がいいのか、叱った方がいいのか、心理学的に言ってどちらが効果的か、などと質問されることがある。部下の扱い方というのはなかなか難しいもので、心理学の知恵によって、よい方法を知りたいと思われるのであろう。ほめるとつけあがる、叱るとシュンとして何もしなくなる、一体どうしたらいいのか、などと言われる人もいる。

　心理学者で、①このような疑問を解くために実験をした人がいる。グループを三つに分けて、どれにも同じような単純な仕事を与え、終わった後で第1のグループは結果のいかんにかかわらず、よくできたとほめる。第2のグループは全員に対して、もっとできるはずだと思っていたのにと叱る。第3のグループ、ほめも叱りもしない。そうして翌日はまた似たような課題を与え、前日よりどの程度進歩したかを見る。そうすると、二日目は叱ったグループが一番よく進歩し、次はほめたグループ、何も言わなかったグループ、ということになる。

　ところが②面白いことに、これを続けてゆくと、ほめるグループは進歩の上昇率が高く、叱るグループを抜いてしまうのである。人間は叱られると、一度は頑張るが、あまり続くと——それでも上昇するのだが——上昇率はそれほどでもなくなる。何も言われないグループは前二者に比べると上昇率は一番よくない。つまり、何も言わないのに比べると、叱ってばかりいる方がまだましだ、というわけである。

　この実験結果から、（　③　）と良いと結論するのは、少し性急すぎるようである。この実験は単純な課題に対して行ったので、課題の種類によっては結論が異なるかもしれない。それに、この実験には、（　④　）、というグループは含まれていない。おそらく、正解は「適切にほめ、適切に叱る」のが一番良いということになろうが、この適切にというところが、実際にどうするのか誰しもわからないのが困るということである。

問1 ①「このような疑問」とあるが、どのような疑問か。
　　1　部下にどのような仕事をさせるのが適当かという疑問
　　2　心理学の知恵によって部下の扱い方がわかるかという疑問
　　3　心理学者は、部下をどのように叱っているのかという疑問
　　4　部下は、ほめた方が効果的か叱った方が効果的かという疑問

IT日语精读教程

問2 ②「面白いことに」とあるが、何を指して面白いと言っているか。
　1　叱ったグループの方がほめたグループより進歩したこと
　2　叱ったグループもほめたグループも結果的には同じように進歩したこと
　3　何も言わなかったグループが三つのグループの中で一番進歩しなかったこと
　4　初めは叱ったグループが一番進歩したが、その後ほめたグループに抜かれたこと

問3　（　③　）に入る最も適当な言葉はどれか。
　1　ほめてばかりいる。
　2　叱ってばかりいる。
　3　何も言わないでいる。
　4　ほめたり叱ったりしている。

問4　（　④　）に入る最も適当な言葉はどれか。
　1　いつも叱る。
　2　いつもほめる。
　3　ほめたり叱ったり
　4　ほめも叱りもしない。

 豆知識

世界ITトップ企業の共通点　その1
「不可能を可能にする」ミッションを遂行する熱意を絶やさない

　彼らが掲げたミッションは大規模で長期に及ぶものだ。周りは達成できないだろうと信じずバカにするか、彼らの真似をして競合となった。まだ存在しないものを形にするには、外部からの圧力と内部で発生する問題と向き合わねばならない。普通のリーダーならそれだけで気力をそがれるところだが、トップ集団は違う。スティーブ・ジョブズの「人類の進歩をもたらす思考ツールを作る」というミッションにおける最大のブレークスルーは、最初の製品を出してから30年後に形になった。ジェフ・ベゾスも「地球上で最もカスタマー視点で考える企業」を構築するのに30年かけている。ラリー・ペイジが「情報を整え、世界中どこからでもアクセスできるようにする」ために始めた会社と同時期に誕生した子供は、もう大学に入学する年齢だ。ザッカーバーグの「世界をよりオープンにつなげる」、イーロン・マスクの「持続可能な交通システムの確立」の冒険は10年を過ぎたところだ。

　1961年5月25日のアメリカ合衆国議会で、大勢の人がミッションという概念の輪郭をみた。新しく大統領に選出されたジョン・F・ケネディは、「10年以内に人を月に送り、無事生還させる。アメリカはこの目標達成を約束する」と発言した。企業はミッションを持っているが、言葉にすることを恐れている。そのミッションの多くは、ケネディが掲げた「魂を揺さぶる」ミッションに遠く及ばないからだ。選ばれし企業のみがミッションを達成し、それを超える存在になれる。彼らは単に10年越しの目標を設定することでは満足せず、「不可能を可能にする」ミッションを目指している。それは壮大すぎて周りが完全には理解できないこともある。しかし、その道中で得る小さな目標達成や成功が、取引先や社員、ユーザーにこの会社はミッションを実現できるという確信を維持させるのに役立っている。ミッションこそ四半期ごとの全社ミーティングや毎年の株主総会のみならず、会社の企業文化を明確に発信し、優秀な人材を引き寄せる役割を担う（そのミッションが人々の噂にのぼるようでなければ、壮大なミッションとは言えない。また、売上、収益、株主といった言葉が含まれるようなら、それも壮大なミッションではないだろう）。

マイク・ホフリンガー、大熊希美、滑川海彦『フェイスブック　不屈の未来戦略』TACより改編

第2課

常に"すごい製品"で戦いに挑む完璧主義の
スティーブ・ジョブズ

　アップルの創業者であるスティーブ・ジョブズは、「完璧主義者」であった。そして、世の中にない製品を生み出すことに、その人生を賭けてきた。

　若くしてアップル社を設立、アップルⅡなどのPC*を開発し注目を集めていたジョブズだが、アップルの名を全米で一躍有名にしたのは、なんといってもマッキントッシュ(Mac)だ。

　普通の人が使えるコンピュータを目指して開発したMacは、ジョブズとアップルを全米で有名にした記念碑的製品となる。大きな建物の中の空調の利いた部屋で、専門知識を持ったオペレーターだけが扱うことを許された大型コンピュータの時代から、誰もが使えるパソコンの時代の到来を告げるメッセージでもあった。

　それまでコマンドを打ち込み複雑な作業をしなければ動かなかったパソコンは、マウスで直感的に使えるグラフィカルなインターフェースを持ったMacの登場で一変する。

　使いやすいMacは、ジョブズが考えた通り、普通の人がコンピュータを使う新たな時代を生み出したのだ。

　Macはあまりに先端的な技術を盛り込んだため、完成までに予定より2年も余計にかかったが、その2年が無駄ではなかったことをジョブズは製品で証明し、Macは世界を驚かせ、一大ブームを巻き起こした。

　ジョブズの完璧主義はのちのiPod*（アイポッド）にも反映され、シンプルでカッコいいデザインと使いやすさで、2億台を超えるメガヒットを記録することになる。

　しかし、完璧主義者は"当たり"と"ハズレ"の落差も大きい。ジョブズのこだわりも、的中すればiPodのような大ヒットを生むが、外れた時の傷は大きかった。たとえば、ジョブズはアップルの次に設立したネクスト社において、自慢のハイエンドパソコン「ネクスト・キューブ」を発表しているが、価格が高すぎたためまったく売れず、大失敗に終わった。

完璧主義者のジョブズのもう一つの特徴は、"バージョン1.0熱中症"だ。ジョブズは最初のバージョンに全エネルギーを注ぎ込む。そのためバージョン1.0の完成度は高いが、反動としてその後のバージョンアップへのエネルギーが消滅してしまう。Macもスタートダッシュはすさまじいものだったが、バージョンアップが遅れ、その後失速してしまった。

　また、独裁的な言動は社内に混乱と対立を生み、ジョブズはとうとうアップルを追われ、約10年の不遇の時を過ごすことになる。だが、ネクスト社の一年後に設立したアニメ制作会社ピクサーでは、苦闘の末に完成させた一本のアニメ映画(『トイ・ストーリー』)でアカデミー賞を獲り、株式上場にも成功。その後、ジョブズはアップル社に奇跡の復活を遂げ、iPodを始めとする数々のヒット商品を生み出すなど、栄光の座に舞い戻ってみせた。

　言ってみればジョブズの経営は、ホームラン型だ。窮地に立たされても、一発逆転のホームランで相手を打ち負かす。観客はハラハラドキドキで興奮し、熱狂的に応援してしまう。アップルとジョブズの歴史は、まさに天国と地獄の繰り返しだ。

竹内一正『スティーブ・ジョブズVSビル・ゲイツ　二大カリスマCEOの仕事力』:PHP研究所より改編

📣 ことば

戦(たたか)い ⓪	[名]	战斗；交战
挑(いど)む ②	[自他五]	挑战
完璧主義(かんぺきしゅぎ) ⑤	[名]	完美主义
スティーブ・ジョブズ ⑤	[名]	Steve Jobs,史蒂夫・乔布斯
賭(か)ける ②	[他一]	打赌；赌博
アップル社(しゃ) ④	[名]	Apple Inc,苹果公司
全米(ぜんべい) ⓪	[名]	全美国
一躍(いちやく) ⓪②	[自サ]	一跃
マッキントッシュ ⑤	[名]	Macintosh,苹果麦塔金电脑
記念碑的(きねんひてき) ⓪	[形動]	纪念碑式的,里程碑式的
空調(くうちょう) ⓪	[名]	空调
オペレーター ③	[名]	operator,计算机操作人员
告(つ)げる ⓪	[他下一]	告知,宣告
コマンド ⓪②	[名]	command,指令
マウス ①	[名]	mouse,鼠标
直感的(ちょっかんてき) ⓪	[形動]	直觉
グラフィカル ③	[形動]	graphical,直观的,视觉上
インターフェース ⑤	[名]	interface,界面

第1章　ITトップ企業とカリスマ

盛り込む③	[他五]	盛入；加进
余計⓪	[形動・副]	多余，无用；富余更加，格外
巻き起こす④	[他五]	卷起；引发
シンプル①	[形動]	simple，简单的；质朴的
メガ①	[接頭]	mega，兆；百万倍
ハズレ(外れ)⓪	[名]	未中，落空
落差①	[名]	落差，差距
こだわり⓪④	[名]	拘束，拘泥
ヒット①	[名・自サ]	hit，大受欢迎
ネクスト社④	[名]	NeXT，软件公司
自慢⓪	[自・他サ]	得意，自满
ハイエンド③	[名]	high-end，同类产品中最优的品质和价格
ネクスト・キューブ⑤	[名]	NeXTcube，乔布斯自立门户后的第二款电脑
バージョン①⓪	[名]	version，版本
熱中症⓪③	[名]	热衷，入迷；热射病
注ぎ込む④	[他五]	倾注
反動⓪	[名]	反推，反作用
消滅⓪	[名・自他サ]	消灭，消亡
ダッシュ①	[名]	dash，猛冲，飞奔
凄まじい④	[形]	骇人的；惊人、猛烈的
失速⓪	[自サ]	失速，飞机失去升力
独裁的⓪	[形動]	独裁的
不遇⓪	[名]	(怀才)不遇，失意
ピクサー①	[名]	Pixar，皮克斯(公司)
苦闘⓪	[自サ]	苦战
トイ・ストーリー④	[名]	ToyStory，玩具总动员
アカデミー賞④	[名]	Academy Awards，奥斯卡奖
株式②	[名]	股份；股权
上場⓪	[自サ]	上市
復活⓪	[名・自サ]	复活
遂げる⓪②	[他一]	完成，实现；取得
栄光⓪	[名]	光荣，荣耀
ホームラン③	[名]	home run，本垒打
窮地①	[名]	困境、窘境
はらはら①	[副]	提心吊胆
どきどき①	[副]	七上八下，忐忑不安

<ruby>天国<rt>てんごく</rt></ruby>①	[名]	天堂
<ruby>地獄<rt>じごく</rt></ruby>③⓪	[名]	地獄

📢 内容理解

Ⅰ 次の質問を考えてみてください。
(1) スティーブ・ジョブズが設立した会社を挙げてください。
(2) ジョブズとアップルを全米で有名にした記念碑的製品は何ですか。
(3) "バージョン1.0熱中症"について説明してください。
(4) ジョブズの経営の特徴を説明してください。
(5) あなたはアップル社の製品を使ったことがありますか。その感想を述べてください。

Ⅱ 次の文は本文の内容と合っているものに〇、違っているものに×をつけてください。
(1) Macは普通の人が使えるコンピュータを目指して開発しました。(　　)
(2) Macはコマンドを打ち込み複雑な作業をしなければ動かなかったパソコンです。(　　)
(3) 完璧主義者のジョブズのこだわりが外れたことはありませんでした。(　　)
(4) ジョブズがすごく順風満帆な人生を過ごしてきました。(　　)

Ⅲ 適当な言葉を選んで、＿＿＿＿に入れてください。

> たとえば　　が　　と　　ため　　において

　しかし、完璧主義者は"当たり"＿＿＿＿"ハズレ"の落差も大きい。ジョブズのこだわりも、的中すればiPodのような大ヒットを生む＿＿＿＿、外れた時の傷は大きかった。＿＿＿＿、ジョブズはアップルの次に設立したネクスト社＿＿＿＿、自慢のハイエンドパソコン「ネクスト・キューブ」を発表しているが、価格が高すぎた＿＿＿＿まったく売れず、大失敗に終わった。

Ⅳ 正しい言葉を一つ選んでください。
(1) 優秀な＿＿＿＿は、競争心が強く、ある時には冷酷でもありますが、平均より「いい人」が多いと統計からわかった。
　　1　創業者　　　　2　メーカー　　　　3　ユーザー　　　　4　製品
(2) 入試試験で首席だった彼が不合格だなんて、＿＿＿＿が大きすぎるわね。
　　1　偏差　　　　　2　差別　　　　　　3　落差　　　　　　4　格差
(3) そんなにたくさん考えないで、＿＿＿＿で答えていい。
　　1　知恵　　　　　2　性能　　　　　　3　効用　　　　　　4　直感
(4) 彼女はこんなに騒いでいるようになったのは全く昔の抑圧への＿＿＿＿だ。
　　1　原因　　　　　2　判断　　　　　　3　反動　　　　　　4　処置
(5) 一人で町から＿＿＿＿寂しい場所に住む。
　　1　遠く　　　　　2　離れた　　　　　3　分かれた　　　　4　限りない
(6) 息子は最近チェスに＿＿＿＿していて、ご飯もろくに食べない。
　　1　夢中　　　　　2　勉強　　　　　　3　熱中　　　　　　4　最中
(7) このサービスの悪さで一流ホテルとは＿＿＿＿話だ。
　　1　凄まじい　　　2　するどい　　　　3　すばらしい　　　4　凄い
(8) 首脳会談の後、双方の主張を＿＿＿＿声明文が発表された。
　　1　注ぎ込んだ　　2　入れた　　　　　3　絡んだ　　　　　4　盛り込んだ

第1章　ITトップ企業とカリスマ

📢 文　型

1. ～まで　（N3）

本文　それまでコマンドを打ち込み複雑な作業をしなければ動かなかったパソコンはマウスで直感的に使えるグラフィカルなインターフェースを持ったMacの登場で一変する。

[接続] N/V－る＋まで

[意味] 直到……、在……之前，到……为止。接在名词或表示事件的短句之后，表示该事件发生前一直持续着同样的状态或动作。

①昨日は夜中3時まで勉強していた。
②ママが帰ってくるまでずっと待っていてね。

🏷️ 関連文型

（1）～まで　（N2）

[接続] N/V－る　＋まで

[意味] 连……也……，甚至……都……，到……地步，强调极端的程度。

①一番の親友のあなたまで、わたしを疑うの。
②近頃は子どもだけでなく、いい年をした大人まで漫画を読んでいる。

（2）～までして・～てまで　（N2）

[接続] N＋までして
　　　 V－て＋まで

[意味] 甚至于到……地步。接在表示极端事物的形式后，表示"竟然做那样的事"的意思。

①あなたは人を騙すようなことまでして、お金を儲けたいのですか。
②自然を破壊してまで、山の中に新しい道路をつくる必要がない。

2. ～やすい

本文　使いやすいMacは、ジョブズが考えた通り、普通の人がコンピューターを使う新たな次代を生み出したのだ。

[接続] V－ます＋やすい

[意味] 容易……。

①この本は字が大きくて読みやすいです。
②病院のお医者さんは、病気のことをわかりやすく説明してくれます。
③風邪をひきやすい季節です。どうぞお大事に。

3. ～ため（に）　（N3）

本文　（略）、価格が高すぎたためまったく売れず、大失敗に終わった。

[接続] N－の/Na－な/A/V　＋ため（に）

[意味] 表示"由于……原因"的意思，一般表示导致不寻常的后果的原因。

①過労のため3日間の休養が必要だ。
②事故のために現在5キロの渋滞です。
③去年の夏は気温が低かったために、この地方では米は不作だった。
④株価が急落したために、市場が混乱している。

4. ～までに （N3）

本文　Macはあまりに先端的な技術を盛り込んだため、完成までに予定より二年も余計にかかったが、（略）。

［接続］N/V―る　＋までに

［意味］直到……,在……之前。附在表示时间的名词或表示事件的短语之后,表示动作的期限或截止日期。后面伴随着表示动作或作用的表达方式,说明要在这期限以前的某个时间之内完成这些动作或作用。

①来週までにレポートを出してください。
②死ぬまでに一度行ってみたいところはどこですか。

5. ～において （N3）

本文　たとえば、ジョブズはアップルの次に設立したネクスト社において、自慢のハイエンドパソコン「ネクスト・キューブ」を発表しているが、価格が高すぎたためまったく売れず、大失敗に終わった。

［接続］N＋において

［意味］在……地点、在……时候、在……方面。可以用来表示处于某种状况或在某一领域。接表示场所、时代或状况的名词,表示某件事发生或某种状态存在的背景。一般可以用"で"替换,如"留学生会館で",但比"で"的感觉郑重。

①式典は弥生会館において行われる予定です。
②この植物は、ある一定の環境においてしか花を咲かせない。
③この分野において、彼の右に出る者はいない。

関連文型

～における　（N2）

［接続］N＋における

［意味］在……的、在……方面。用于修饰名词,表示某事件发生、某种状态存在时成为其背景的场所或时间及状况。在表示事情的背景时,可以和"での"替换,但比"での"的感觉更加郑重。

①過去における過ちを謝罪する。
②当時、学校におけるロシア語の使用が禁止された。

6. ～としては・～としても・としての

本文　そのためバージョン1.0の完成度は高いが、反動としてその後のバージョンアップへのエネルギーが消滅してしまう。

［接続］N＋としては・～としても・としての

［意味］作为……。表示资格、立场、种类、名目等。表示立场、观点时经常使用"としては"的形式。

①わたしは前に一度観光客として日本に来たことがある。
②古代ギリシャではじめて学問としての数学の歴史が始まった。
③この問題についてわたしとしては特に意見はありません。

7. ～末に・～末の　（N2）

本文　だが、ネクスト社の一年後に設立したアニメ制作会社ピクサーでは、苦闘の末に完成させた一本のアニメ映画(『トイ・ストーリー』)でアカデミー賞を獲り、株式上場にも成功。

［接続］V―た/N―の　＋末(に)

［意味］经过……最后……。表示结果,书面语。

①あれこれ悩んだ末に、ABC大学を志望校に決めた。

②この新しい薬は、何年にもわたる研究の末に作り出されたものだ。
③何もおっしゃらないでください。私なりによく考えた末に出した結論なのです。

8. ～を～とする・～を～として・～を～とした

本文 その後、ジョブズはアップル社に奇跡の復活を遂げ、iPodを始めとする数々のヒット商品を生み出すなど、栄光の座に舞い戻ってみせた。

［接続］N1をN2とする・N1をN2として・N1をN2とした
［意味］把……视为……、把……当做……。
①戦後70年を一つの区切りとして、平和の大切さを次代に伝えなければならない。
②この大会に参加できるのは社会奉仕を目的とする団体だけです。
③ビルの建設は安全を第一条件とし、慎重に工事を進めてください。

注　釈

1. とうとう

（1）终于……，最终……。表示花费长时间，或者最终实现……的意思。
①夏休みがとうとう終わってしまった。
②長い間入院していた祖父がとうとう亡くなった。
③20年の歳月をかけて、研究はとうとう完成した。
（2）最终还是没……。后面接否定表示所期待的事态，最后没有实现。"ついに"也有相同的用法。
①二時間も待ったが、彼女はとうとう来なかった。
②全力を挙げて調査が行われたが、事故の原因はとうとうわからなかった。

2. あまり（に）

过于……。一般多与形容词一起使用，有时也与动词一起使用，表示该形容词或动词所表示事物的程度超出一般常识。
①あまりにおかしくて涙が出た。
②ゆったりしたシャツが好きだが、これはあまりにも大きすぎる。
③彼があまりに僕の失敗を笑うから、だんだん腹が立ってきて殴ってしまった。

3. まさに

真正、确实、正是。是较生硬的书面语，用于口语时有夸张的感觉。
①警察に届けられていたのは、まさに私がなくした書類だった。
②（領収書）金(きん)十万円まさに受領いたしました。

関連用語

* **PC**

　　PC（personal computer），个人计算机一词源自于1981年IBM的第一部桌上型计算机型号PC，在此之前有Apple II的个人用计算机。

* **iPod**

　　iPod是苹果公司设计和销售的系列便携式多功能数字多媒体播放器。iPod系列中的产品都提供设计简单易用的用户界面，除iPod touch与第6—8代iPod nano以外，皆由一环形滚轮操作。在早期，大多数iPod产品使用内置的硬盘储存媒介，而iPod nano、iPod shuffle及iPod touch则早已采用闪存。iPod（除iPod touch外）也可以作为电脑的外置数据储存设备使用。苹果公司按iMac的命名方式，将数字音乐播放

器命名为 iPod。

ことば

式典①	[名]	仪式，典礼
弥生⓪	[名]	阴历三月的别称；弥生时代
植物②	[名]	植物
環境⓪	[名]	环境
分野①	[名]	范畴，领域；事物的一个方面
ギリシャ①	[名]	Greece，希腊
戦後⓪①	[名]	战争之后，特指第二次世界大战之后
区切り③⓪	[名]	段，事物的阶段；文章或诗歌的段落
平和⓪	[名]	和平
奉仕①⓪	[自サ]	服务，奉献，为国家、社会等无私地效劳
団体⓪	[名]	团体，群体，众人的集合
第一条件⑤	[名]	首要条件
慎重⓪	[形動]	慎重。谨慎认真，沉着冷静而从不轻率从事
犯す②⓪	[他五]	犯。违反法律、规则、道德等
犠牲⓪	[名]	牺牲，代价。

練習問題

I　次の文の_____の部分に入る最も適切なものを1、2、3、4から一つ選びなさい。

(1) このメーカーのヘルメットは安全性_____、どのメーカーの製品よりも優れている。
　　1　に沿って　　　　　　　　　　2　に向けて
　　3　にわたって　　　　　　　　　4　において

(2) 今年の映画祭の来場者は、開幕から3日で10万人に達した。8日間の開催期間で最終的には昨年の20万人を大幅に上回る_____。
　　1　までだ　　　　　　　　　　　2　次第だ
　　3　勢いだ　　　　　　　　　　　4　最中だ

(3) ——ねえ、鳥居さん。昨日の夜、ワールドカップ中継見た？
　　——ううん。昨日は残業で疲れちゃって。だから、夕飯_____食べないで寝ちゃったんだ。
　　1　も　　　　　2　が　　　　　3　とは　　　　　4　にまで

(4) 内容が分からない話を長時間_____、大人だって耐えられないことでしょう。
　　1　聞かなくていいとしたら　　　2　聞かなければならないことで
　　3　聞かなければならないとしたら　4　聞かなくていいことで

(5) 休日は混雑が予想されますので、お電話でご予約の_____、ご来店ください。
　　1　あげく　　　2　あまり　　　3　うえ　　　　　4　ほう

(6) 入社試験の面接で、緊張の_____、声が震えてしまった。
　　1　わけで　　　2　あまり　　　3　ことに　　　　4　中を

(7) 私がテニスを教えている中学生が、県大会で初めて優勝した。彼の努力をずっと見てきた＿＿＿＿、本当にうれしい。
 1　あげく　　　　2　際に　　　　3　あまり　　　　4　だけに

(8) 監督：「みんな、今日は本当によくやった。この調子であしたの決勝戦もがんばろう。俺たちが勝って世間を＿＿＿＿じゃないか。」
 1　驚いてやろう　　　　　　　　　2　驚いてもらおう
 3　驚かせてやろう　　　　　　　　4　驚かせてもらおう

(9) フルートをちょっと習ってみたが、＿＿＿＿難しさについやめてしまった。
 1　こととて　　　2　あまりの　　　3　から　　　　4　上は

(10) 難しいということは、ある意味＿＿＿＿いいことです。
 1　においては　　2　にあって　　　3　うちに　　　4　際

(11) わたしは私費留学生＿＿＿＿日本に来ました。
 1　上で　　　　　2　なりに　　　　3　にとって　　4　として

(12) 客　：「書き＿＿＿＿ボールペンはありませんか。」
 店員：「そうですね。こちらのボールペンはどうですか。」
 1　にくい　　　　2　見えない　　　3　やすい　　　4　見られない

(13) 妻：「ねえ、最近、天気予報、当たらないよね。今日＿＿＿＿1日晴れるって言ってたのに、午後は雨が降ったし。」
 夫：「そうだね。」
 1　くらいでも　　2　だったり　　　3　だって　　　4　とかで

(14) ——山田さん、先ほど木村建設の木村様からお電話がありました。至急連絡がほしい＿＿＿＿。
 ——はい、わかりました。
 1　までです　　　　　　　　　　　2　とします
 3　とのことです　　　　　　　　　4　ことになります

(15) 現在、港周辺では再開発が進んでおり、道路や公園などの公共施設が整備＿＿＿＿。
 1　させられそうになる　　　　　　2　し始めていく
 3　させ続ける一方だ　　　　　　　4　されつつある

(16) ——ゲームをしていたら、急に画面が暗くなってしまいました。どうしたらいいですか。
 ——一度電源を切り、1分ぐらい経ってからまたつけてみてください。ただし、同じことが何度も＿＿＿＿故障です。修理を依頼してください。
 1　繰り返させるようならば　　　　2　繰り返せるようになれば
 3　繰り返されるようならば　　　　4　繰り返させられるようになれば

Ⅱ　次の文の＿★＿に入る最もよいものを1、2、3、4から一つ選びなさい。

(1) アップル社から新しく発売される腕時計は、これまでどの時計にも＿＿＿＿＿＿★＿＿＿＿そうで、非常に楽しみだ。
 1　なっている　　2　デザインに　　3　なかった　　4　全く新しい

(2) 友人に＿＿＿＿＿★＿＿＿＿が、やってみたら意外に面白くて、自分に向いていると感じた。
 1　塾講師の仕事だった　　　　　　2　どうしても
 3　引き受けた　　　　　　　　　　4　と頼まれて

(3) 優しい子になってほしい。娘の＿＿＿★＿＿＿＿込めたからだ。
 1　「優子」に　　　　　　　　　　2　そういった願いを
 3　名前を　　　　　　　　　　　　4　したのは

(4) 日本では携帯電話が発売されて約30年。今や携帯電話は＿＿＿＿　＿＿＿＿　★　＿＿＿＿定着したといえるのではないか。
　　1　に欠かせない　　　　　　　　　　2　道具
　　3　として　　　　　　　　　　　　　4　生活
(5) 筋肉トレーニングを＿＿＿＿　＿＿＿＿　★　＿＿＿＿効果は全く違います。
　　1　今自分がどこを鍛えているのか　　2　しているとき
　　3　しないのでは　　　　　　　　　　4　意識するのと

Ⅲ　次の文章の（　）に入れる最も適切な言葉を、1、2、3、4から一つ選びなさい。

　昭和四年生まれ。父は元々知多半島の裕福な漁師の家だったが、曽祖父の船が嵐で沈没し（　1　）、貧しい生活を強いられた。職を探す祖父（　2　）幼いオヤジは横浜に移り住んだ。七人兄弟の大家族で、満足に食べることもできない。自分が独立すれば家計が楽になる（　3　）考えて、十四歳で自ら予科練習生に志願したが、飛行機の訓練中に終戦を迎えて、（　4　）命拾いをした。そんな育ちからだろうか。やるとなったら、半端なことは嫌いで、働いて、働いて、大げさではなく、命懸けで働き続けた昭和の父親（　5　）だった。

(1) 1　てから　　　2　たのに　　　3　のと　　　4　ても
(2) 1　として　　　2　とは　　　　3　とともに　　4　とする
(3) 1　に　　　　　2　と　　　　　3　を　　　　　4　で
(4) 1　何も　　　　2　なんとか　　3　どうか　　　4　やっと
(5) 1　のため　　　2　だから　　　3　のよう　　　4　そのもの

Ⅳ　各文章を読んで、以下の問いに答えなさい。答えは、1、2、3、4から最も適当なものを一つ選びなさい。

文章1
　学習者が真剣に外国語に取り込んでいるのに、どうしても間違ってしまう。間違えるのは仕方のないことだけれど、せっかく文法を覚えてそれを応用したつもりなのに、「それは例外」とか言われると、何だかやる気がなくなってしまう。
このような誤用をきちんと分析すれば、その成果としてすばらしい教科書ができるはずだ。本来教科書とはその対象である学習者のことをよく考えて、難しそうなところ、間違えそうなところをきちんと分かりやすく説明する必要があるのだ。

問　外国語の教科書について、筆者はどのように述べているか。
　　1　学習者が成果を実感できるものを作成するべきだ
　　2　学習者が真剣に取り組めるように工夫をするべきだ
　　3　学習者が間違えやすいところを丁寧に説明するべきだ
　　4　学習者のやる気が出るようにすべての規則を説明するべきだ

文章2
　ある楽器メーカーによって、新しい木材を古い木材のように変化させる技術が開発された。長い年月をかけて木材に起こる変化を、短時間に人工的に起こさせるのだそうだ。バイオリンなどの木製楽器では製造後数百年たったものが素晴らしい音を出すとされている。名器といわれるようなものは数少なく非常に高価で、手に入れることが難しい。この技術を利用することで、名器並みの優れた楽器が入手しやすくなるだろう。そんな楽器がそろったオーケストラの演奏が聴ける日もそう遠くはないかもしれない。

問　「そんな楽器」とは、どのようなものか。
　1　新しい技術で作られていて、名器よりも素晴らしい音が出せるもの
　2　古い木材で作られていて、名器よりも素晴らしい音が出せるもの
　3　長い年月をかけて作られていて、名器のような音が出せるもの
　4　新しい木材で作られていて、名器のような音が出せるもの

文章3

　子育てでは「褒める」ことが大事だとよくいわれますが、私はそれは少し違うと考えています。褒めるということは一つの価値判断であり、親が褒めるのは、より強化したい子供の行為であり、子供は親のその価値観を刷り込まれながら育っていきます。つまり、「褒める」ということは、親から子供への「命令」を含んでいるのです。その意味においては、その行為をするなという「叱る」行為と同じだと捉えることができます。

問　筆者によると、「褒める」とは親が何をすることなのか。
　1　子供に親自身の価値観を押し付けること
　2　子供にさまざまな価値観を示すこと
　3　子供を常識的な価値観に従わせること
　4　子供自身が持つ価値観を認めること

文章4

　次は「バーベキュー会場開設のお知らせ」である。下の問いに対する答えとしてもっともよいものを、1・2・3・4から一つ選びなさい。

バーベキュー会場開設のお知らせ

　　　　　　　　　　　　　西の丘公園内で本格的なベーベキューが楽しめます

開設期間　4月1日～11月30日
利用時間　①10:30～14:30（4時間）
　　　　　　②15:00～19:00（4時間）
利用料金　個人：1200円（1名分）

- 施設および調理器具使用料となります。
- バーベキューの材料は、各自ご持参いただくが、会場内で書きの＜バーベキューセット＞をご購入ください。
- 飲み物も自由にお持ち込みいただけます。会場内でも販売しております。
- 利用時間①②を続けて利用される場合、利用料金は2回分必要となります。

団体でのご利用は割引料金が適用されます。20名以上：1000円（1名分）

団体割引

＜バーベキューセット＞

　バーベキューに必要な材料がそろったお得なセットです。以下の2種のメニューからいずれかをお選びください。

| ボリュームセット | 2200円（1名分） | 数種類のお肉と野菜がたっぷり |
| ミックスセット | 2600円（1名分） | お肉と魚介類の両方が楽しめる |

利用方法
- ホームページ、またはお電話で、事前にご予約ください。
- ご利用日の1ヶ月前から先着順でご予約を受け付けます。団体でご予約のお客様は、
- 2ヶ月前から優先予約が可能です。
- 空きがある場合のみ、当日のご利用も可能です。
- 料金は、ご利用日当日、会場でお支払いください。

注意
(1) お客様が調理器具を持ち込むことはできません。
(2) 花火やカラオケなど他の利用者や近隣の住民の方への迷惑となる行為は禁止です。
(3) 屋外施設のため、強風などの悪天候により営業を中止する場合があります。

西の丘公園バーベキュー予約センター
ホームページ：http：//www.minaminnnka-knpn.rfim/hhq
電話：0775-055-5555

問　この施設を利用する際に気をつけなければならないことは、次のうちどれか。
1　飲み物と調理器具は各自持参する
2　10：30から19：00まで利用する場合、2回分の利用料金を払う
3　団体で利用する場合、予約は2ヶ月前にしておく
4　予約と料金の支払いは、利用の前日までに済ませておく

豆知識

世界ITトップ企業の共通点　その2
プロダクトを軸に、優秀な開発者を惹きつけるアカデミーを作る

　ミッションを達成できるかどうかはプロダクトの品質にかかっている。そして、プロダクトの品質は、そのプロダクトを手がける人の才能、目的意識、努力に影響される。未来を作るという強い信念を持つリーダーは、優秀な人材を採用することに時間を使い、直接彼らと働くことに重点を置いている。

　どの会社にとっても人材は重要な資産だろう。スティーブ・ジョブズは、優秀な作り手は平均的な作り手より25倍価値があると言った。ザッカーバーグはその違いは100倍だと言う。マーク・アンドリーセンは5人の優秀な作り手は、平均的な作り手の1千人分に相当すると考えている。ビル・ゲイツは1万倍違うと主張する。それぞれが語る数字の科学的な根拠はないだろうが、これらの発言から卓越したリーダーがいかに優秀な人材を獲得することを意識しているかがわかるだろう。ジェフ・ベゾスは2016年、アマゾンの株主向けの手紙にこう書いている。「野球とビジネスの違いは、野球では成果が限定されていることです。バットを振った時、ボールをいかに確実にとらえていようと、その一振りで得られる点数の上限は4点です。しかし、ビジネスでは打席に立った時、1千点獲得できるチャンスが時折やってきます。たった一振りでそのようなリターンを得るためには、強く大胆でいることが重要です。」優秀な人材がいなければ、会社が強く大胆でいることはできない。そして優秀な人は、単に賃金を得るために働くのではなく、働きたいと思える職場を選ぶ。優秀な人材を獲得するには、心に響くミッションが重要だ。「抜群の作り手」は感情より深い、もはや衝動に近いものに突き動かされるものだ。彼らは、着手する仕事が人々や世界に与える影響に関心がある。

マイク・ホフリンガー、大熊希美、滑川海彦『フェイスブック　不屈の未来戦略』TACより改編

第3課

世界を統合しつつあるフェイスブック

　ハーバード大学の寮の一室でスタートして以来、フェイスブックは常にシンプルでクリーンな整頓された印象を与え続けてきた。ザッカーバーグは長年にわたってエレガントなユーザーインターフェース*に関心があった。彼はフェイスブックの自身のプロフィールに「オープンさ、物事を変革すること、つくり上げること、革命、情報の流れ、ミニマリズム、無用なことに対する欲望を排除すること」に関心があると書いている。

　しかし創立者の好みがミニマリズムだというわりに、フェイスブックはあらゆる面で過剰さが溢れている。フェイスブックは常にあらゆる情報の集まる場となろうとしてきた。ウェブリンク、ニュース、日記、写真その他、毎月200億ものコンテンツが投稿される。たとえばフェイスブックは他を大きく引き離してインターネット最大の写真共有サイトだ。ここには毎月30億枚の写真が投稿される。それに加えてささいな告知、もったいぶった宣言、挑発的な政治的見解、誕生日のお祝い、異性への口説き、侮辱、軽口、ブラックジョーク、深遠な考察、そしてポークも無数にある。それに加えて、フェイスブックにはあってもなくてもかまわないような機能が山ほど盛り込まれている。

　それにフェイスブックがいかに普及しているとはいえ、直接顔を合わせて話すコミュニケーションの代わりにはならない。そのような形以外でフェイスブックを利用するユーザーが多数いるとはいえ、もともとザッカーバーグと彼のチームは「同級生、同僚、友だちといった現実世界での知り合いとの交流を深め、スムーズにするためのツールになることを意図してフェイスブックを開発している」と明言してきた。これがフェイスブックとほかの似たようなソーシャルサービスとの根本的な相違点だ。同時に、この点がことあるごとにフェイスブックの運営を悩ませてきた。

　フェイスブックの影響は多くの場合、メンバー同士が親しい小グループの日常的な活動の中に現れる。具体的にはコミュニケーションがスムーズかつ効率的になり、それによって親

密さが増すといったことだ。たとえば、友だちはニュースフィード*であなたがこれからショッピングモールに買い物に出かけることを知る。あなたは友だちに宛ててそのメッセージを送信したわけではない。フェイスブックのソフトウェアがやったのだ。すると友だちは「それじゃショッピングモールで会おう」と言ってくる。そして実際に、そこに友だちが現れる。

フェイスブックが設計者の目論見どおり、現実の世界ですでに知り合いであるメンバー同士の情報共有のツールとして使われた場合、とても有意義なものである。これは現実の個人間の交友に基づいた新しいコミュニケーションツールであり、根本的に新しい関係を作り出す力がある。その結果、楽しみを与えることもあれば、苦痛を与えることもある。いずれにせよ、「フェイスブックは世界で初めての民衆のためのプラットフォームだ」と、フェイスブックの投資家でテクノロジー評論家のエスター・ダイソンは述べている。

フェイスブックは世界を統合しつつある。世界中の人々、ことに若い世代はフェイスブックを通じて文化的体験を共有するようになった。19歳のひとりの学生のささやかなプロジェクトとしてスタートしたサービスが、今や個人の生活に限らず公的分野にも巨大な影響力を持つまで成長をとげた。ユーザーは世代、国籍、言語、階級を問わずあらゆる層に広がっている。フェイスブックはあらゆる分野を通じて歴史上最も急速に成長しつつある企業でもある。

デビッド・カークパトリック、滑川海彦、高橋信夫『フェイスブック 若き天才の野望』日経BP社より改編

ことば

統合⓪	[名・他サ]	统一；综合
フェイスブック④	[名・形動]	Facebook。脸书
クリーン②	[名・形動]	clean。清洁的，干净的；漂亮的，出色的
整頓⓪	[名・他サ]	整理，整顿
印象⓪	[名]	印象
与える⓪	[他一]	给，给与；使蒙受，使承受；分配，布置
長年⓪	[名]	长年，多年
エレガント①	[形動]	elegant。高雅，优雅，雅致
ユーザー①⓪	[名]	user。用户，需求者，商品使用者
プロフィール③	[名]	profile。人物简介；侧面，轮廓
オープン①	[名・自他サ]	开始，开业，开店；开放，公开
物事②	[名]	事物

第1章　ITトップ企業とカリスマ

変革⓪	[名・自他サ]	变革,改革
つくり上げる⑤	[他一]	做出来,完成
革命⓪	[名]	革命
情報⓪	[名]	情报,信息
ミニマリズム④	[名]	minimalism。极简主义
無用⓪①	[名・形動]	无用,没用;没事,无事;不许做,不准;不用,无需
欲望⓪	[名]	欲望
排除①	[名・他サ]	排除;除掉
創立者③	[名]	创立者
過剰⓪	[名・形動]	过剩
溢れる③	[自一]	溢出,满。充满,朝气蓬勃。挤满
ウェブリンク③	[名]	web link。网络连接
コンテンツ③①	[名]	contents。内容;目录
投稿⓪	[名・自他サ]	投稿
引き離す④	[他五]	拉开;拆开;拉下,拉开距离
共有⓪	[名・他サ]	共有
サイト①⓪	[名]	site。网站
告知①⓪	[名・他サ]	告知,布告,通报。解约
もったいぶる⑤	[自五]	摆架子,装模作样
宣言③	[名・他サ]	宣言
挑発的⓪	[形動]	挑起的
見解⓪	[名]	见解
異性⓪①	[名]	异性
口説き③	[名]	告白
侮辱⓪	[名・他サ]	侮辱,凌辱
軽口⓪	[名]	俏皮话,诙谐话;双关语,歇后语
ブラックジョーク⑤	[名]	black joke。黑色笑话
深遠⓪	[名・形動]	深远,深奥
考察⓪	[名・他サ]	考察,研究
ポーク①	[名]	pork。点赞,点击;猪肉
普及⓪	[名・自他サ]	普及
直接⓪	[名・副・形動]	直接
深める③	[他一]	加深,加强
スムーズ②	[形動]	顺利,流畅
ツール①	[名]	tool。工具

意図①	[名・他サ]	意图,打算;心意,动机
明言⓪	[名・自他サ]	明言,明确说出
ソーシャルサービス⑥	[名]	social service。社交服务
根本的⓪	[形動]	根本的
相違点③	[名]	不同点
運営⓪	[名・他サ]	运筹管理,运作
持ち込む⓪③	[他五]	携入,拿进,带入;进入,达到。提出
現れる④	[自一]	显露,露出;显眼。发觉
具体的⓪	[形動]	具体的
効率的⓪	[形動]	效率的
親密⓪	[名・形動]	亲密,和睦的样子
増す⓪	[自他五]	增大,增多,增加
ショッピングモール⑥	[名]	shopping mall,购物中心。商业中心
宛てる⓪	[他一]	发,给
メッセージ①	[名]	口信,消息;声明
送信⓪	[名・他サ]	发报,发送
実際⓪	[名]	实际
設計者③	[名]	设计者
情緒的⓪	[形動]	情绪的
喚起力③	[名]	唤起力
交友⓪	[名]	交友,朋友
作り出す④⓪	[他五]	创造,发明;始作,开始制造
苦痛⓪	[名]	痛苦,苦痛
民衆⓪	[名]	民众
プラットフォーム⑤	[名]	platform。平台
投資家⓪	[名]	投资家
テクノロジー③	[名]	技术;工艺;术语
評論家⓪	[名]	评论家
体験⓪	[名・他サ]	体验
階級⓪	[名]	阶级,地位;阶层
最も③①	[副]	最;顶;但是
急速⓪	[名・形動]	急速,迅速

第1章　ITトップ企業とカリスマ

📢 内容理解

Ⅰ　次の質問を考えてみてください。
(1) ザッカーバーグはフェイスブックの自身のプロフィールに何と書いていますか。
(2) フェイスブックの機能を具体的に挙げてみてください。
(3) もともとザッカーバーグと彼のチームは何のためにフェイスブックを開発しましたか。
(4) フェイスブックの影響はどの場合に現れますか、例を挙げてみてください。

Ⅱ　次の文は本文の内容と合っているものに〇、違っているものに×をつけてください。
(1) フェイスブックは常にあらゆる情報の集まる場だと言われています。（　　）
(2) フェイスブックは毎月30億ものコンテンツが投稿されています。（　　）
(3) フェイスブックは新しいコミュニケーションツールであり、根本的に新しい関係を作り出す力があるから、楽しみだけ与えます。（　　）
(4) フェイスブックのユーザーは世代、国籍、言語、階級を問わずあらゆる層に広がっています。（　　）

Ⅲ　適当な言葉を選んで、＿＿＿＿に入れてください。

〚　ような　　ため　　ごとに　　とはいえ　　同時に　〛

　それにフェイスブックがいかに普及している＿＿＿＿、直接顔を合わせて話すコミュニケーションの代わりにはならない。もともとザッカーバーグと彼のチームは「同級生、同僚、友だちといった現実世界での知り合いとの交流を深め、スムーズにする＿＿＿＿のツールになることを意図してフェイスブックを開発している」と明言してきた。これがフェイスブックとほかの似た＿＿＿＿ソーシャルサービスとの根本的な相違点だ。＿＿＿＿、この点がことある＿＿＿＿フェイスブックの運営に特有の困難さを持ち込んできた。

Ⅳ　正しい言葉を一つ選んでください。
(1) 家の中は＿＿＿＿清潔にしておきましょう。
　　1　たんに　　　　2　ついに　　　　3　つねに　　　　4　すでに
(2) 人間は言葉による＿＿＿＿を行う動物である。
　　1　コミュニケーション　　　　　　2　オートメーション
　　3　コレクション　　　　　　　　　4　ファッション
(3) 彼の発言は来年の渡米を＿＿＿＿する。
　　1　意味　　　　　2　意思　　　　　3　意義　　　　　4　意図
(4) 今回のマラソンは、こちらの競技場から＿＿＿＿することになっています。
　　1　セット　　　　2　ノック　　　　3　スタート　　　4　サービス
(5) 明日の試合では、この2つの＿＿＿＿が初めて戦うことになっている。
　　1　シリーズ　　　2　チーム　　　　3　ゲーム　　　　4　メンバー
(6) 雲間から月が＿＿＿＿。
　　1　表れた　　　　2　表れる　　　　3　現れた　　　　4　現れる

📢 文　型

1. ～にわたって （N2）

本文　ザッカーバーグは長年にわたってエレガントなユーザーインタフェースに関心があった。

［接続］N+にわたって

35

［意味］在……范围内,涉及……,一直……。接表示期间、次数、场所的范围等词,形容其规模之大。用于正规的文章体。
①この研究グループは水質汚染の調査を10年にわたって続けてきた。
②首相はヨーロッパからアメリカ大陸まで8カ国にわたって訪問し、経済問題についての理解を求めた。
③話し合いは数回にわたって、最終的には和解した。
④彼の研究は多岐にわたって、その成果は世界中の学者に強い影響を与えた。

2. ～わりに （N3）

本文　しかし創立者の好みがミニマリズムだというわりに、フェイスブックはあらゆる面で過剰さが溢れている。

［接続］N－の/Na－な/A－い/V　＋わりに
［意味］（比较起来）虽然……但是……。表示与从某种状态中常识性地去猜想的基准做比较。
①あのレストランは値段のわりにおいしい料理を出す。
②私の母は、年を取っているわりには新しいことに意欲的です。
③この椅子は値段が高いわりには、座りにくい。
④あまり勉強しなかったわりにこの前のテストの成績はまあまあだった。

区別文型

わりに・わりと
［意味］副词,比较……,格外……,分外……。
①今日の試験はわりと簡単だった。
②ああ、あの映画？わりとおもしろかった。
③あのレストランの料理はわりとおいしいね。
④あの仕事はわりとうまくいった。

3. ～（よ）うとする （N3）

本文　フェイスブックは常にあらゆる情報の集まる場となろうとしてきた。

［接続］V－（よ）うとする
［意味］
(1) 即将……,就要……。表示动作变化将要开始或结束的"临近、咫尺"的意思。
①時計は正午を知らせようとしている。
②お風呂に入ろうとしたところに、電話がかかってきた。
③長かった夏休みもうじきに終わろうとしている。
④日は地平線の彼方に沈もうとしている。
(2) 想要……。接表示意向或行为的动词,表示为实现该动作行为而进行努力或尝试。
①いくら思い出そうとしても、名前が思い出せない。
②彼女は25歳になる前に、何とか結婚しようとしている。

関連文型

（1）～（よ）うとしない （N3）

［接続］V－（よ）うとしない
［意味］不肯……,不打算……。表示第一人称"我"之外的人,不去做别人希望自己做的事。
①張さんは病気のときでも、医者に行こうとしません。
②あの子は叱られても、けっしてあやまろうとしない。

③たばこは体に悪くても、彼はやめようとしない。
（2）～（よ）うとしている　（N2）
[接続] V－（よ）うとしている
[意味] 马上就要……。表示事物变化开始或结束之前的那个时刻的状态。
①大きな夕日が海に沈もうとしていた。それを人々は船の甲板から眺めていた。
②授業が始まろうとしているとき、わたしの携帯に電話がかかっていた。
③作成に3年間かかった辞書がまもなく完成しようとしている。

4．～に加えて

本文　それに加えてささいな告知、もったいぶった宣言、挑発的な政治的見解、誕生日のお祝い、異性への口説き、侮辱、軽口、ブラックジョーク、深遠な考察、そしてポークも無数にある。

[接続] N＋に加えて
[意味] 加上……，而且……。
①台風が近づくにつれ、大雨に加えて風も強くなってきた。
②今学期から日本語の授業に加えて、英語と数学の授業も始まります。
③今年から家のローンに加えて、子どもの学費を払わなければならないので、大変だ。
④二人は、子どもの誕生に加えて、仕事も順調に進み、幸せいっぱいの毎日を送っている。

5．～ほど　（N2）

本文　それに加えて、フェイスブックにはあってもなくてもかまわないような機能が山ほど盛り込まれている。

[接続] N/A－い/V　＋ほど
[意味] 表示某种状态达到了一定程度……。
①昨日は山登りに行ったから、もう1歩も歩けないほど疲れました。
②いじめは子どもにとって死ぬほどづらい経験なのかもしれない。
③医者に行くほどのけがではない。
④この商品はおもしろいほどよく売れる。
⑤それほど言うなら、好きなようにすればいい。

🏷 関連文型

～ほど～ない　（N3）
[接続] N＋ほど～ない
[意味] 没有……，没有比……更……的了。表示比较，强调"ほど"前的名词为后项范围中之最。
①昨夜ほど寝苦しい夜はなかった。
②彼女ほど気の利く女性はいない。
③この町の夜景ほどきれいな景色はない。

6．～とはいえ　（N1）

本文　それにフェイスブックがいかに普及しているとはいえ、直接顔を合わせて話すコミュニケーションの代わりにはならない。

[接続] N－（だ）/Na－（だ）/A/V　＋とはいえ
[意味] 虽然……，但是……。用于从前边的事情所预想期待的事和其结果不一致时，也可单独使用做接续词。书面语。
①いかに家賃が高いとはいえ、こんなに環境がいいのなら納得できるのではないか。

②いかに才能のある芸術家であるとはいえ、こんなに難解な作品ばかりでは、一般の人には理解してはもらえないだろう。
③いかに国全体が豊かになってきたとはいえ、まだまだ今の生活水準に満足していない人も多いのである。
④病状は危険な状態を脱して、回復に向かっている。とはいえ、まだ完全に安心するわけにはいかない。

7．〜ため（に）

本文　そのような形以外でフェイスブックを利用するユーザーが多数いるとはいえ、もともとザッカーバーグと彼のチームは「同級生、同僚、友だちといった現実世界での知り合いとの交流を深め、スムーズにするためのツールになることを意図してフェイスブックを開発している」と明言してきた。

［接続］N－の/V－る　＋ため（に）
［意味］为了……。表示目的。
①世界平和のために、国際会議が開かれる。
②子どもたちのためには自然豊かな田舎で暮らすほうがいい。
③外国語を習うためにこれまでずいぶん時間とお金を使った。
④家を買うために朝から晩まで働く。

区別文型

〜ため（に）（原因）　第2課参照

8．〜ごとに

本文　同時に、この点がことあるごとにフェイスブックの運営を悩まさせてきた。

［接続］N/V－る　＋ごとに
［意味］每……，表示"反复出现的事情的每一次"。
①このめざまし時計は5分ごとに鳴る。
②列車が到着するごとに、ホームは人であふれそうになる。
③グループごとに別の地域で行動した。
④彼は、会う人ごとに、今度建てた家のことを自慢している。

関連文型

〜おきに

［接続］数量詞＋おきに
［意味］每隔……。主要接表示时间或距离的词语后，"表示相隔这么长的时间或距离"的意思。
①この薬は3時間おきに飲んでください。
②この道路には10mおきにポプラが植えられている。
③このあたりは高級住宅街で、2軒おきぐらいに外車を持っている家がある。
④映画館に入ると、座席はひとつおきにしかあいていなかった。
如例①②所示，在表示时间轴或一段距离上的一个点时，可与"ごとに"替换。但当数字为"1"时，将"おきに"替换成"ごとに"，表达的意思会发生变化。
例：一年おきに大会が開かれる。（2年に1回）/隔一年开一次大会。（两年开一次）
例：一年ごとに大会が開かれる。（1年に1回）/每年开一次大会。（一年开一次）

9. ～によって・～により・～による （N3）

[本文] 具体的にはコミュニケーションがスムーズかつ効率的になり、それによって親密さが増すといったことだ。

[接続] N+によって

[意味] 接名词后，表示"那就是原因"的意思，后接表示结果的词句。

①ほとんどの会社は不況によって経営が悪化した。
②女性の社会進出が進んだことにより、女性の社会的地位もだんだん向上してきた。
③今回の地震による死者は100人以上になるようだ。
④私の不注意な発言によって、彼を傷つけてしまった。

10. ～わけではない （N3）

[本文] あなたは友だちに宛ててそのメッセージを送信したわけではない。

[接続] N－な・である/Na－な/A/V ＋わけではない

[意味] 并不是……，并非……。表示整体或部分否定。

①わたしは学生時代に勉強ばかりしていたわけではない。よく旅行もした。
②このレストランはいつも客がいっぱいだが、だからといって特別においしいわけではない。
③わたしの部屋は本で埋まっているが、全部を読んだわけではない。
④わたしは普段あんまり料理をしないが、料理が嫌いなわけではない。忙しくてやる暇がないだけなのだ。。

関連文型

（1）～というわけではない （N3）

[接続] N・Na －(だ) ＋というわけではない
　　　 A－い/V ＋というわけではない

[意味] 并不是说……，并非是……，并不是因为……。

①今日は学校へ行く気がしない。雨だから行きたくないというわけではない。ただなんとなく、今日は何もする気になれない。
②人間は、食べるためだけに生きているというわけではない。

（2）～ないわけではない （N3）

[接続] N・Na －ではない ＋わけではない
　　　 A－くない/V－ない ＋わけではない

[意味] 并不是不……。表示部分肯定。

①来月から英会話を習うことにした。全然話せないわけではないのだが、日頃から英語をしゃべる機会がないからだ。
②会社をやめたいという。あなたの今の気持ちもわからないわけではありません。しかし将来のことをよく考えて…。
③あの映画を見たくないわけではありませんが、ただ時間がないんです。

区別文型

～わけ が/は ない （N3）

[接続] N－の・である/Na－な/A/V ＋わけ が/は ない

[意味] 不可能。用于强烈主张不可能或没有理由成立。

①あんなまずい料理が食べられるわけがない。

②この料理は2万円もするから、まずいわけがない。
③いつも忙しそうに仕事をしている彼女が暇なわけがない。
④あんなに痩せた人が相撲取りのわけがない。

11．～に基づく・～に基づいて　（N2）

本文　これは現実の個人間の交友に基づいた新しいコミュニケーションツールであり、根本的に新しい関係を作り出す力がある。

［接続］N＋に基づく・基づいて

［意味］根据……，按照……。

①公職選挙法に基づく公正な選挙が行われるべきです。
②この小説は歴史的事実に基づいて書かれたものです。
③これは単なる推測ではなく、たくさんの実験データに基づいた事実です。
④長年の経験に基づいた判断だから、信頼できる。

12．～つつある　（N2）

本文　フェイスブックは世界を統合しつつある。

［接続］V－ます＋つつある

［意味］正在……。表示某一动作或作用正向着某一方向持续发展。一般用于书面语或较拘谨的会话。

①海外旅行をする人が年々増えつつある。
②彼は自分が死につつあることを意識していた。
③わたしの会社では、職場の環境が改善されつつある。
④その時代が静かに終わりつつあった。

13．～を通じて　（N2）

本文　世界中の人々、ことに若い世代はフェイスブックを通じて文化的体験を共有するようになった。

［接続］N＋を通じて

［意味］

(1) 通过……。意思是"经由……"。在叙述经由某事物来传达信息或建立关系时使用。

①わたしはそのことをテレビのニュースを通じて知りました。
②彼とは共通の友人を通じて知り合った。

(2) 在……期间。附在表示时间的名词后，表示"在某固定时间不间断一直……"的意思。书面语。

①この公園には四季を通じていろいろな花が咲きます。
②この地方は、1年を通じてほとんど同じような天候です。

🏷 関連文型

～を通して　（N2）

［接続］N＋を通じて

［意味］

(1) 在……期间；虽然表达的意思与"を通じて"基本相同，但"を通して"后面多使用表示积极意义的、意志性的句子。

①1年を通して彼は、欠席、遅刻をしないでがんばった。
②田中さんはこの会社にいた10年間を通していつも意欲的だった。

(2) 通过……。

③社長に会うときは、秘書を通してアポイントメントを取ってください。

④佐藤さんを通しての就職の話は残念ながらうまくいかなかった。

14．～に限らず～も （N2）

本文　19歳のひとりの学生のささやかなプロジェクトとしてスタートしたサービスが、今や個人の生活に限らず公的分野にも巨大な影響力を持つまで成長をとげた。

［接続］N＋に限らず

［意味］不只……。

①日曜日に限らず、休みの日はいつでも、家族と運動をしに出かけます。
②男性に限らず女性も、新しい職業分野の可能性を広げようとしている。
③この家に限らず、この辺りの家はみんな庭の手入れがいい。
④この国の航空会社も国内線に限らず急いで禁煙を実施すべきだと思う。

15．～を問わず （N2）

本文　ユーザーは世代、国籍、言語、階級を問わずあらゆる層に広がっている。

［接続］N＋を問わず

［意味］无论……都……、无论……与否……。多接在"昼夜""男女"等表示正反意的名词之后，表示"与其无关""不将此作为问题"，也可以像例④那样用"Nは問わず"的形式。

①彼は昼夜を問わず作業を続けた。
②意欲のある人なら、年齢や学歴を問わず採用する。
③新空港の設計については、国の内外を問わず広く設計案を募集することとなった。
④(アルバイトの広告で)販売員募集。性別は問わず。

注　釈

1．～つづける

接尾词，接在动词"ます"形后，表示某动作或某事已经开始尚未结束，正在维持某种状态。
①長い時間テレビを見つづけると、目が痛くなる。
②1時間ぐらい話しつづけたので、のどが渇いた。
③帰国しても、日本語を勉強し続けます。

2．かつ

［接続］N(であり)かつN
　　　　NaかつNa
　　　　V－ますかつV

［意味］既……又……。罗列同时具备的两种状态，书面语。
①これで、新校舎建設に関する提案を提出する必要かつ十分な条件が整った。
②そのニュースを聞いてみんな驚きかつ喜び、涙を流す者もいた。
③彼は私の親友であり、かつライバルだもある。

3．すると

接续词。
(1) 于是，结果……。表接下来发生的事情，引起的结果。
例：すると突然まっ暗になった。
(2) 那么……。表示从前面事由得出的结论。
例：すると君は知っていたのか。

4. ～出す

接尾词。接在动词ます形后,组成复合动词,表示开始……,……起来,(动作)显露出来。
①突然雨が降り出した。
②赤ちゃんが泣き出した。
③物陰から子どもが飛び出した。
④山田さんは社長と用件を切り出した。

5. いずれにせよ

接在句首。反正,总之,不管怎样。与"いずれにしても""いずれにしろ"意思相同。
①山本さんは仕事の都合で遅れると言っているが、いずれにせよ来ることにはなっている。
②やりたい仕事はいろいろあるが、いずれにせよこんな不況では希望する職にはつけそうもない。
③ちょっと来客があったりするかもしれませんが、いずれにせよこの日なら時間が取れるので大丈夫です。

関連用語

* **ユーザーインターフェース**

User Interface。简称 UI,用户界面,亦称使用者界面,是系统和用户之间进行交互和信息交换的媒介,它实现信息的内部形式与人类可以接受形式之间的转换。用户界面是介于用户与硬件而设计彼此之间交互沟通相关软件,目的在使得用户能够方便有效率地去操作硬件以达成双向之交互,完成所希望借助硬件完成之工作,用户界面定义广泛,包含了人机交互与图形用户接口,凡参与人类与机械的信息交流的领域都存在着用户界面。

* **ニュースフィード**

News feed。动态消息,也称"纯新闻",是最常见的消息类型,它迅速及时地报道国内外正在发生或新近发生的新闻事实,是反映新事物、新情况、新动向的主要的消息体裁,是一种重要的应用文体,也是应用写作学科研究的重要文体之一。在新闻中,动态消息就是准确、迅速地报道新近发生的或正在发生的国内外重大事件、新闻事实的一种消息形式。它是最能鲜明、直接体现新闻定义,及时传递信息、沟通情况的一种消息形式。

ことば

水質⓪ すいしつ	[自他サ]	水质
汚染⓪ おせん	[名・自サ]	脏;污染
求める③ もとめる	[他一]	寻求;渴望;要求,征求
和解⓪ わかい	[名・自サ]	和好
多岐① たき	[名・形動]	复杂;多方面
意欲的⓪ いよくてき	[形動]	充满热情的,积极的
地平線⓪ ちへいせん	[名]	地平线
沈む⓪ しずむ	[自五]	沉,下沉;消沉;落,降
眺める③ ながめる	[他一]	凝视,注视;眺望,远眺
順調⓪ じゅんちょう	[名・形動]	顺利,事物顺利进展(状)

第1章　ITトップ企業とカリスマ

納得⓪	[名・他サ]	领会,同意,认可,理解
難解⓪	[名・形動]	难解,难懂
水準⓪	[名]	水准,水平面;标准,水平
脱する⓪③	[自他サ]	漏掉,逃脱,脱离,摆脱
回復⓪	[名・自他サ]	恢复,收复
公職⓪	[名]	公职
選挙①	[名・他サ]	选举,推选
実施⓪	[名・他サ]	实施,实际施行
天候⓪	[名]	天气,天气情况
物陰⓪	[名]	隐蔽处;背阴处

練習問題

I 次の文の_____の部分に入る最も適切なものを1、2、3、4から一つ選びなさい。

(1) 今後誰にこのプロジェクトを任せるかは未定だが、_____彼には降りてもらうことに決めた。
　　1　いずれも　　　　　　　　　　2　いずれにせよ
　　3　いずれ　　　　　　　　　　　4　いずれにする

(2) 人口の増加とともに、この辺りの住宅事情は悪く_____。
　　1　なる通りだ　　2　なりぬいた　　3　なりつつある　　4　なる次第だ

(3) そのアルバイトは、仕事が大変できつい_____給料が安いよ。
　　1　ために　　　2　わりに　　　　3　からには　　　　4　といって

(4) 中田さんご夫妻とは、山口さん_____知り合いました。
　　1　をはじめ　　2　にわたり　　　3　にともなって　　4　をつうじて

(5) 1000メートル登る_____、気温が6度ずつ下がるそうだ。
　　1　ことに　　　2　ごとに　　　　3　ために　　　　　4　うちに

(6) 彼はこの町を数回_____訪れ、ダム建設について住民との話し合いを行っている。
　　1　にわたって　2　にとって　　　3　につれて　　　　4　にたいして

(7) 学生たちは毎日の宿題_____毎週レポートを出さなければならなかった。
　　1　について　　2　によって　　　3　にかけて　　　　4　にくわえて

(8) 男女平等の世の中_____、職場での地位や仕事の内容などの点でまだ差別が残っている。
　　1　のため　　　2　のうち　　　　3　とはいえ　　　　4　とばかり

(9) でも、別に永住する_____し、5年たったらまた帰ってきますよ。
　　1　わけだから　　　　　　　　　　2　わけにはいかない
　　3　わけても　　　　　　　　　　　4　わけではない

(10) 計画表_____行動する。
　　1　に基づいて　2　に対して　　　3　に伴って　　　　4　に関して

(11) ゲーム好きは、子ども_____。
　　1　にすぎる　　2　にすぎない　　3　にかぎる　　　　4　にかぎらない

(12) 株価が急落した_____、市場が混乱している。
　　1　ことに　　　2　のに　　　　　3　ために　　　　　4　うえに

43

(13) このまま海面の上昇が続けば、これらの島々が海の中に沈んでしまうことも_____。
　　1　しうる　　　　　2　ありうる　　　　3　ありえない　　　4　しえない
(14) 明日は、所_____雨が降るそうだ。
　　1　にかんして　　　2　について　　　　3　につれて　　　　4　によって
(15) 研究生_____、この大学で勉強している。
　　1　にして　　　　　2　にする　　　　　3　として　　　　　4　とする
(16) その仕事を彼に任せたらどうなるかなど容易に想像_____ことだ。
　　1　します　　　　　2　しない　　　　　3　できる　　　　　4　できない
(17) あなたのように日本語が_____いいなと思いますけど。
　　1　話したら　　　　2　話せたら　　　　3　話しても　　　　4　話せても

Ⅱ　次の文の___★___に入る最もよいものを1、2、3、4から一つ選びなさい。

(1) 彼は_____ _____ ★ _____以上です。
　　1　留学生　　　　　　　　　　　　　2　日本語を読む力は
　　3　普通の日本人　　　　　　　　　　4　とはいえ
(2) 今度の台風は、_____ _____ ★ _____。
　　1　被害を　　　　　2　日本全域　　　　3　及ぼした　　　　4　にわたって
(3) テレビが故障した。これでは_____ _____ ★ _____見られない。
　　1　好きな　　　　　2　としても　　　　3　みよう　　　　　4　番組を
(4) 彼女は_____ _____ ★ _____。
　　1　見えます　　　　2　わりには　　　　3　年齢の　　　　　4　若く
(5) この季節は、_____ _____ ★ _____なるという。
　　1　ひと雨　　　　　2　あたたかく　　　3　ごとに　　　　　4　よく

Ⅲ　次の文章の(　)に入れる最も適切な言葉を、1、2、3、4から一つ選びなさい。

　日本には世界平均の約2倍近い雨が降っている。(　1　)、国の面積が小さく人口が多いため、国民一人当たりの雨の量は世界平均の4分の1程度しかいない。
　実際たくさんの雨が降っても、日本には流れが急な川が多いので、その雨水は(　2　)海へ流れ出てしまう。また、雨は梅雨や台風の季節などに集中しており、それ以外の時期は(　3　)降らないし、雨の量は地域(　4　)もかなり差がある。
　このように考えると、日本は決して水が豊かにある国だとは言えない。日本人は水をもっと大切な資源(　5　)使っていくべきなのではないだろうか。

(1) 1　ところで　　　2　ところが　　　3　それから　　　4　そして
(2) 1　すぐに　　　　2　また　　　　　3　まだ　　　　　4　いつも
(3) 1　とても　　　　2　たいへん　　　3　かなり　　　　4　あまり
(4) 1　にとって　　　2　にたいして　　3　によって　　　4　について
(5) 1　にして　　　　2　として　　　　3　をして　　　　4　がして

Ⅳ　各文章を読んで、以下の問いに答えなさい。答えは、1、2、3、4から最も適当なものを一つ選びなさい。

文章1

　学習や教育についての調査研究をしていると、「自分は何のために学ぶのか」についていろいろな考え方に出会う。教育心理学者もまた、さまざまな理論を出してきた。大きく分けると、「何らかの目的のために手段として人間は学ぶのだ」という「外発的」な考え方と、「人間は学ぶことそれ自体を楽しむ存在だ」という「内発的」な考え方の2つがある。

第1章　ITトップ企業とカリスマ

　どちらの理論も、それなりに人間性のある面をついていて、もっともらしく思える。（　①　）、どちらかで押し通そうとすると、どこか無理があって息苦しい。そこで、学ぶということは、「なりたい自己」と「なれる自己」を広げることだと考えてみるとどうだろう。「なりたい自己」というのは、社会的役割、趣味、思想などを含めた「あのようになりたい」と思う生き方である。「なれる自己」というのは、今の自分の延長として可能な選択肢である。

　私たちは、学ぶことによって、それらの自己を広げて、その重なりあうところから何かを選んで「なっていく」。なぜ学校で学ぶのかといえば、日常生活だけでは、「なりたい自己」も「なれる自己」も狭いところで閉じられてしまうからである。学校の学習に限らず、自分が何か新しいことにトライしてみることによって、「それを楽しめる自分」を発見できたり、自分の将来の可能性を広げたりできる。

　昨年、ある中学校で総合学習の発表を見た。地域でさまざまな生き方をしている人の様子を見学し、ポスターにまとめ、教室や廊下を使って報告しあうものだった。その中で、私がたまたま聞いたのは、子どものために絵本をつくり、読み聞かせをしているボランティアの方に取材した女子中学生だった。

　彼女の丁寧な発表から、いかに多くのことを学びとり、その方に尊敬の念を抱いているかが見て取れた。しかし、私が②驚いたのは、「君もあの人のようになってみたいと思うの」と聞いたときの答えである。「いえ、まだ、すぐには決めません。一人の方に取材してみて、これだけいい経験ができたので、他の人からもいろいろ聞いてみたいからです」。

　果てしなく広がって行く（　③　）を見た思いがした。

問1　（　①　）に入る最も適当な言葉はどれか。
　　1　すると　　　　　　　　　　　　　　　2　だから
　　3　しかし　　　　　　　　　　　　　　　4　つまり

問2　筆者によると、学ぶとはどういうことか。
　　1　なりたい自分になるのに必要な知識を、日常生活の中で得ること
　　2　学ぶ目的を理解し、学校生活や日常生活を楽しめるようにすること
　　3　人生の目標を見つけるために、今の自分ができることに集中すること
　　4　自分がしたいこととできることを増やして、将来の選択肢を多くすること

問3　「なりたい自己」「なれる自己」が広がるとはどういうことか。考えられる例として最も適当なものはどれか。
　　1　立派な仕事に就いて、みんなに尊敬される人になる。
　　2　将来してみたいことや、できそうな職業の種類が増える。
　　3　行動範囲が広くなり、自分を的確に表現する力も伸びる。
　　4　ボランティアの方に取材ができる丁寧な態度が身につく。

問4　筆者は学校をどのような場所だと考えているか。
　　1　新しいことにトライできる、唯一の場所
　　2　日常生活と変わらない、狭く閉じられた場所
　　3　決められたことしかできない、制限が多い場所
　　4　日常生活ではできない、さまざまなことが経験できる場所

問5　筆者は女子中学生の発表を聞いて、彼女がボランティアの人に対してどのように思っていると感じたか。
　　1　このボランティアの人からは、あまり多くのことは学べなかった。
　　2　このボランティアの人は、立派な活動をしているすばらしい人だ。
　　3　このボランティアの人は、自分の理想の人なので、ぜひそうなりたい。
　　4　このボランティアの人を尊敬はできるが、同じような活動はしたくない。

問6 ②「驚いた」とあるが、筆者はなぜ驚いたのか。考えられる理由として最も適当なものはどれか。
1 筆者は、この女子中学生が若いのに、取材したボランティア活動をしっかり理解していると感じたから
2 筆者は、この女子中学生が内容のよい丁寧な取材をしたのに、自分の取材に満足していないと感じたから
3 筆者は、この女子中学生がすでにたくさんのことを学んだのに、もっと学びたいと思っていると感じたから
4 筆者は、この女子中学生がボランティアは大変な活動だとわかったのに、自分もやりたいと考えていると感じたから

問7 （ ③ ）に入る最も適切な表現はどれか。
1 尊敬の念　　2 学びの姿　　3 丁寧な発表　　4 ボランティア活動

文章2
A

　乳幼児の子どもは、身近な人との関わり合い、そして遊びなどの実体験を重ねることによって、人間関係を築き、心と身体を成長させます。ところが乳幼児からメディア漬けの生活では、外遊びの機会を奪い、人とのかかわり体験の不足を招きます。実際、運動不足、睡眠不足そしてコミュニケーション能力の低下などを生じさせ、その結果、心身の発達の遅れや歪みが生じた事例が臨床の場から報告されています。このようなメディアの弊害は、ごく一部の影響を受けやすい個々の子どもの問題としてではなく、メディアが子ども全体に及ぼす影響の甚大さの警鐘と私たちはとらえています。特に象徴機能が未熟な2歳以下の子どもや、発達に問題のある子どものテレビ画面への早期接触や長時間化は、親子が顔をあわせ一緒に遊ぶ時間を奪い、言葉や心の発達を妨げます。

B

　専門家からは、「テレビをやめて積極的に外遊びをしましょう」「自然の中で遊びましょう」という意見が聞かれますが、お母さんたちは進んでテレビを見せているのではなく、地域に出ても同世代の子どもがいない、昔と比べて自然がなくなった、という問題もあるのだと思います。
（中略）
　多くの親は、テレビの長時間視聴がよくないことを自覚しており、見せる内容にも気を遣っています。生活の中からテレビを排除するだけではなく、一日に六時間も七時間も子どもにテレビを見せる親の背景に何があるのかを考えなければ、問題の根本的な解決にはならないのです。
　したがって、私たちの生活スタイルと、子どもにとって望ましいテレビ視聴のあり方のバランスをとりながら、これらの検証を進める必要があるのではないでしょうか。

問1 子どもにテレビを長時間見せることについて、AとBの観点はどのようなものか。
1 Aは問題解決を意識した今後の課題を述べ、Bは批判的に現状を報告している。
2 Aは解決を意識した問題提起をし、Bは問題の原因は社会的背景にあると指摘している。
3 Aは影響の大きさを示して注意を喚起し、Bは問題解決を意識した今後の課題を述べている。
4 Aは問題の原因は社会的背景にあると指摘し、Bは影響の大きさを示して注意を喚起している。

第1章　ITトップ企業とカリスマ

問2　子どもとテレビの関係について、AとBはどのように述べているか。
1　Aはメディアとの接触より親子のかかわりが大切だと述べ、Bはテレビを見せるよりも外での遊びを重視したほうがいいと述べている。
2　Aはメディアとの接触が子どもの発育を妨げる要因だと述べ、Bは子育てを取り巻く状況がテレビの見せ過ぎを引き起こす場合があると述べている。
3　Aはメディアとの接触が長いことよりも実体験の不足のほうが問題だと述べ、Bは生活の中からテレビを排除しただけでは問題は解決しないと述べている。
4　Aはメディアに長時間接することが子どもの成長に影響を与える場合が多いと述べ、Bは親が子どもに適切にテレビを見せることが大切だと述べている。

豆知識

グーグルが成功した原動力

　グーグルは「自律的思考」をあらゆる活動の基礎にしてきた。それはグーグルの誇るすばらしい成功、そしてときにはとんでもない失敗の原動力となった。グーグルが自律的思考の持ち主を採用し、壮大な目標を設定するためにあらゆる手を尽くす。適切な人材と壮大な夢がそろえば、たいていの夢は現実になる。たとえ失敗しても、きっと重要な学びがあるはずだ。

　たいていの会社はこれまでやってきたことを継続し、多少の漸進的な変化を加えるだけで満足している。だが、漸進的アプローチではいずれ時代に取り残される。とくにテクノロジーの世界では漸進的進化ではなく、革命的変化が起こりやすいからだ。だから将来に向けて、あえて大胆な賭けに出なければならない。グーグルが自動運転車や気球を使ったインターネット構築といった、一見すると荒唐無稽な事業に投資するのはこうした理由からだ。いまでは考えられないが、ぼくらがグーグル・マップを始めたときも、すべての道路の写真を含む世界地図をつくるという計画は不可能という見方が大勢を占めていた。過去が未来の参考になるとすれば、こんにちの大胆な賭けは数年も経てばそれほど突飛な試みには思えなくなるだろう。

エリック・シュミット/ジョナサン・ローゼンバーグ/アラン・イーグル著　土方奈美訳
『How Google Works(ハウ・グーグル・ワークス)　私たちの働き方とマネジメント』日本経済新聞出版社より改編

課外読解 1

アップルへの復帰を果たした開拓者ジョブズ

　ジョブズはアップルを追い出された後、1986年に、ピクサー社を作り、CGアニメの世界に挑んでいった。

　「スター・ウォーズ」で知られる映画監督ジョージ・ルーカスが離婚の慰謝料のために手放したアニメ部門が母体のピクサーは、設立当初、高性能なビデオ機能を持つコンピューターハードウエアを販売していた。ところが、途中で方向転換し、アニメ映画製作を手がけるようになった。

　当時のアニメは手書きが一般的であり、コンピューターでアニメ映画を作るには膨大な金額と時間が必要だと思われていた。ハリウッドに君臨する帝国ディズニーも、「白雪姫」以降アニメは手書きで制作し続けていた。

　エド・キャットムルやジョン・ラセターといった有能な人材にも恵まれたピクサーは、徐々にアニメ制作で力を発揮し、ジョブズの巧みな交渉でディズニーの協力を引き出して、4年がかりの大作を完成させた。それが、「トイ・ストーリー」である。

　全編CGで作られたこのアニメは、1995年の公開後すぐに大ヒットとなり、ピクサーは公開わずか一週間で株式上場にも成功した。以降ピクサーは、ヒット作の不足にあえぐハリウッドで唯一と言ってもいい"ヒットを連発する"映画会社として、多くの観衆に感動を与え続けた。14年間で9本の映画を作り出し、すべてが興行収益3億ドル以上の大ヒットとなり、これらの興行収益は合計で約50億ドルに及んだ。コンピューター技術を使ってアニメ映画を制作するという未開の地にジョブズたちは乗り出し、アカデミー賞の常連となるほどの成功を遂げたのだ。

　ピクサーが株式を上場した1年後に、ジョブズはアップルに復帰を果たした。そしてジョブズは、2001年同時多発テロの喧騒の中で、あのiPodを世に送り出した。

　Macに保存した音楽ファイルを外に持ち出して使うデバイスとして生まれたiPodは、数十曲しか入らなかった従来の音楽プレーヤーとは桁違いの、1000曲もの保存を可能にした。これなら一般的なユーザーが持つCDはすべて入ってしまう。まさに、音楽を聴くスタイルに変革を巻き起こしたのだった。

　当初Mac専用としてスタートしたiPodは、その後、ウィンドウズ版を出して販売に弾みをつけ、さらにインターネット音楽配信サービスのiTMS(アイチューンズ・ミュージックストア)を始めるや、最初

第 1 章　IT トップ企業とカリスマ

の 3 日間でダウンロード数は百万回を突破し、関係者を驚かせた。

　iTMS 以前にも、音楽配信ビジネスはあった。だが、各音楽会社が利害対立のため別々に楽曲を配信しており、この音楽レーベルの壁がユーザーの足を遠のかせていた。しかし、ジョブズは音楽会社の CEO 一人ひとりを口説き落としたことにより、音楽レーベルの壁を破ったのだ。CD ショップにわざわざ出向かなくても最新の楽曲が居ながらにして手に入り、曲ごとのバラ売りも可能で、しかも一曲 99 セントというわかりやすい価格づけに、ユーザーの購買意欲は高まるばかりだった。そして 2008 年には累計 50 億曲以上を販売した。ジョブズは音楽業界の常識を打ち破り、下落一辺倒だった CD 販売数に悩む音楽業界に新風を吹き込んだ。

　iPod は 2 億台以上販売され、グッチやフェンディなどのファッションブランドをはじめ、スポーツ業界、自動車産業界なども iPod 仕様の関連製品を生み出した。ジョブズは iPod で新たなビジネスゾーンを作ったのだ。アップルの経営も右肩上がりに回復し、リーマンショック以降でもプラス成長を続け、2009 年には 365 億ドルという創業以来最高の売り上げを記録した。

　iPod に続いて、2007 年に登場した iPhone（アイフォーン）は、それまでの携帯電話に満足できなかったユーザーたちを惹きつけ、2009 年度に全世界で 2000 万台以上も販売した。iPhone で使えるアプリケーションを販売するダウンロード・サービスの「APP ストア」は、世界中のソフトウエア開発者を引き寄せ、サービス開始から 1 年間で約 7 万本のアプリケーションと 18 億回のダウンロード数を記録した。10 万人以上のアプリケーション開発者が世界中で誕生し、新しいビジネス領域を生み出した。

　そして 2010 年には電子書籍機能がついたタブレット型端末 iPad（アイパッド）を発表し、出版界や新聞業界を驚かせた。このように、世の中にない製品を他社に先駆けて作り出し、市場を開拓し、ユーザーを広げていくのがジョブズの経営の特徴だ。

　　　　　　　　　　　ウォルター・アイザックソン著　井口耕二訳『スティーブ。ジョブス』講談社より改編

📢 ことば

監督⓪（かんとく）	[名・他サ]	监督，监督者；导演，教练，领队
離婚⓪① （りこん）	[名・自サ]	离婚
慰謝料②（いしゃりょう）	[名]	慰问金，精神赔偿费
手放す③（てばなす）	[他五]	放手，卖掉；撒手不管；松开手
母体⓪（ぼたい）	[名]	母体；前身，基础
手がける③（てがける）	[他一]	亲自动手
君臨⓪（くんりん）	[名・自サ]	君临；称雄，称霸
帝国⓪①（ていこく）	[名]	帝国

白雪姫（しらゆきひめ）④	[名]	白雪公主
恵む（めぐむ）⓪	[他五]	周济,施舍;恩惠,体恤
巧み（たくみ）⓪	[名・形動]	精巧,巧妙;匠心,别出心裁
喘ぐ（あえぐ）②	[自五]	喘,喘息;挣扎
観衆（かんしゅう）⓪	[名]	观众
興業（こうぎょう）⓪	[名・自サ]	兴业,开办事业
未開（みかい）⓪	[名]	未开化;未开垦
常連（じょうれん）⓪	[名]	常客,熟客;老伙伴,老搭档
テロ①	[名]	恐怖行为
喧騒（けんそう）⓪	[名・形動]	喧闹,喧嚣
桁（けた）⓪	[名]	位数,定位
口説く（くどく）②	[自他五]	说服,劝服
購買（こうばい）⓪	[名・他サ]	购买
累計（るいけい）⓪	[名・他サ]	累记
下落（げらく）⓪	[名・自サ]	下跌,价格下降
一辺倒（いっぺんとう）③	[名]	一边倒
右肩上がり（みぎかたあがり）⑤	[名]	逐年上升,越来越高
書籍（しょせき）①⓪	[名]	书籍

第 2 章

ビッグデータ

第4課
「ビックデータ」とは何か

　情報社会の成果は一目瞭然だ。誰もが携帯電話を身に付け、デスクにはパソコン、会社の管理部門では巨大なITシステムが稼働している。ただ、情報そのものはあまり注目されていない。

　世の中でコンピュータが本格的に利用され始めてから50年が経った。データの蓄積が進み、これまででは考えられなかったようなことがいつ起こっても不思議ではない状況にある。かつて世界がこれほどの情報洪水に見舞われたことはないし、その情報量も日増しに拡大する一方だ。規模の変化は状態の変化につながる。そして、量的な変化は質的な変化をもたらす。

　天文学やゲノム科学のような研究領域では、2000年代半ばに初の情報爆発を経験し、「ビッグデータ」という言葉が生まれた。このコンセプトが今、人間の活動のあらゆる分野に広がり始めたのだ。

　ビッグデータに厳格な定義はない。元々は、情報量が増えすぎて、研究や分析に使用するデータがコンピュータのメモリーに収まりきらなくなり、分析用ツールの改良が必要になったというのが、ビッグデータと呼ばれるようになった背景である。こうした技術が発展して、グーグルの「MapReduce*」といった新型の情報処理技術が生まれている。その結果、きれいに整理された表や従来型データベースには入りきらないほどの大量のデータでも管理できるようになった。厳格な階層構造や均一性のないデータを処理できる技術も現れ始めている。

　ネット企業は膨大なデータを収集できるし、実際にそうするだけの大きな経済的メリットもあったことから、このような最先端のデータ処理技術をいち早く導入し始めた。だから、ときには何十年もの実績を誇る非ネット系企業さえ追い抜くケースも見られる。

　現時点でビッグデータの捉え方は、次のようにまとめることができる。「小規模ではなしえないことを大きな規模で実行し、新たな知の抽出や価値の創出によって、市場、組織、さらには市民と政府の関係などを変えること」。

　それがビッグデータである。

　もう1つの定義としては、「ビッグデータとはインターネットの普及とIT技術の進化によって生まれた、これまで企業が扱ってきた以上に、より大容量かつ多様なデータを扱う新たな仕組みを表すもので、その特性は量、頻度(更新速度)、多様性(データの種類)によって表される」と考える。

第2章　ビッグデータ

「ビッグデータ」はこれまでのDWH*やOLTP*などといったシステムにくらべ、以下の3つの部分に違いがある。1つ目はデータ量が多いということ、2つ目はデータの種類が多いということ、そして3つ目はデータの変化する頻度が多いということである。そして、これらの条件が重なることで、従来のシステムでは取り扱うことが困難であったデータとそれを扱うためのシステムのことを「ビッグデータ」と呼ぶ。

ただし、これは始まりにすぎない。これからのビッグデータの時代には、暮らし方から世界との付き合い方まで問われることになるだろう。特に顕著なのは、相関関係*が単純になる結果、社会が因果関係*を求めなくなる点だ。「結論」さえわかれば、「理由」はいらないのである。過去何百年も続いてきた科学的な慣行が覆され、判断の拠り所や現実の捉え方について、これまでの常識に疑問を突きつけられるのだ。

ビッグデータは大変革の始まりを告げるものだ。望遠鏡の登場によって宇宙に対する認識が深まり、顕微鏡の発明によって細菌への理解が進んだように、膨大なデータを収集、分析する新技術のおかげで、これまでは全く思いもつかぬ方法で世の中をとらえられるようになる。真の革命が起こっているのは、データ処理の装置ではなく、データそのもの、そしてその使い方なのだ。

ビクター・マイヤー＝ショーンベルガー／ケネス・クキエ著　斎藤栄一郎訳
『ビッグデータの正体　情報の産業革命が世界のすべてを変える』講談社より改編

ことば

一目瞭然（いちもくりょうぜん）⓪②	[名・形動]	一目了然
デスク①	[名]	desk。书桌
巨大（きょだい）⓪	[名・形動]	巨大的
稼働（かどう）⓪	[名・自サ]	开动,运转；工作,劳动,做工
蓄積（ちくせき）⓪	[名・他サ]	蓄积,积累,存储
洪水（こうずい）①⓪	[名]	洪水
見舞（みま）う②⓪	[他五]	遭灾；探望,慰问
日増（ひま）し⓪③	[名]	日渐
もたらす③⓪	[他五]	带来,带去
天文学（てんもんがく）③	[名]	天文学
ゲノム①	[名]	genome。染色体组,基因组
領域（りょういき）⓪	[名]	领域
爆発（ばくはつ）⓪	[自サ]	爆炸
コンセプト①③	[名]	concept。概念
厳格（げんかく）⓪	[形動]	严格,严肃

定義①③	[他サ]	定义
従来①	[名]	从来。从以前到现在
膨大⓪	[形動]	庞大，大量
メリット①	[名]	merit。好处，益处
誇る②	[他五]	自豪
成す①	[他五]	做完，完成；形成；使成为，使变成
追い抜く③	[他五]	赶过，超越
ケース①	[名]	case。事例，情形
抽出⓪	[名・他サ]	抽出，提取
創出⓪	[名・他サ]	创出，首创
扱う⓪③	[他五]	运用，操纵；处理，处置
組織①	[名]	组织
頻度①	[名]	频次，频率
重なる⓪	[自五]	重叠；两个以上的事情、现象同时发生
顕著①	[形動]	显著
単純⓪	[形動]	单纯，单一；简单
因果①	[名・形動]	因果关系
慣行⓪	[名]	传统、习惯的行为
覆す③	[他五]	翻转；颠覆
突きつける④	[他下一]	推到前面；强硬地提出
望遠鏡⓪	[名]	望远镜
宇宙①	[名]	宇宙
顕微鏡⓪	[名]	显微镜
細菌⓪	[名]	细菌

内容理解

Ⅰ 次の質問を考えてみてください。

(1) 情報社会の成果例を挙げてください。
(2)「ビックデータ」という言葉が生まれた背景は何ですか。
(3) ネット企業はなぜいち早く最先端のデータ処理技術を導入し始めたのですか？

Ⅱ 次の文は本文の内容と合っているものに○、違っているものに×をつけてください。

(1) 情報社会の成果が一目瞭然だから、情報そのものも注目されています。（　　）
(2) 規模の変化が状態の変化をもたらします。（　　）
(3) 分析用ツールの改良が必要になったというのは情報量が増えすぎて、データがコンピュータのメモリーに収まりきらなくなったからです。（　　）
(4) ビックデータはいろいろなことを変えます。（　　）

(5) 革命が起こっているのはデータを処理する装置なのです。( )

Ⅲ　適当な言葉を選んで、_____に入れてください。

> ようになった　その結果　といった　ほど　元々

　ビッグデータに厳格な定義はない。_____は、情報量が増えすぎて、研究や分析に使用するデータがコンピュータのメモリーに収まりきらなくなり、分析用ツールの改良が必要になったというのが、ビッグデータと呼ばれる_____背景である。こうした技術が発展して、グーグルの「MapReduce」_____新型の情報処理技術が生まれている。_____、きれいに整理された表や従来型データベースには入りきらない_____の大量のデータでも管理できるようになった。

Ⅳ　正しい言葉を一つ選んでください。
(1) この両者の違いは_____だ。
　　1　一目瞭然　　　　2　一目惚れ　　　　3　一目十行　　　　4　一目千本
(2) 新システムが導入されて以来、効率アップの効果が_____だ。
　　1　対比　　　　　　2　間隔　　　　　　3　大別　　　　　　4　顕著
(3) 希望の職に就きたいのなら、情報を集めて、必要な知識を_____おくことが大切だ。
　　1　蓄えて　　　　　2　招いて　　　　　3　抱えて　　　　　4　結んで
(4) さまざまなデータを_____した結果、事故の原因が明らかになった。
　　1　視察　　　　　　2　検査　　　　　　3　発明　　　　　　4　分析
(5) 先週のマラソン大会で、彼はゴール間際で_____。
　　1　超えた　　　　　2　統一した　　　　3　追い抜いた　　　4　注目した
(6) これは特殊な_____として取り扱う。
　　1　ケース　　　　　2　スーツ　　　　　3　マウス　　　　　4　ソース
(7) 彼は急に敵にピストルを_____。
　　1　見せつけた　　　2　突きつけた　　　3　見せだした　　　4　突き見せた
(8) 過剰投資や営業不振の損失が_____ため倒産した。
　　1　した　　　　　　2　合った　　　　　3　統合した　　　　4　重なった

文　型

1．～とは　（N2）

本文　「ビックデータ」とは何か。

(1) [接続] N＋とは

　　[意味] 所谓的……就是(即)。下定义，用于陈述前面名词的性质意义内容。
①教育ママとは自分の子供の教育に熱心な母親のことです。
②パソコンとは、個人で使える小型のコンピューターのことだ。
(2) [接続] N・Na—(だ)　＋とは
　　　　　A/V　＋とは

　　[意味] ……就是……。表示引用。
①——森さん、会社退職するそうです。
　——えっ、退職するとは、結婚するということですか。
②——このお話、なかったことにしてください。
　——「なかったことにする」とはどういうことですか。

（3）［接続］N・Na －（だ）＋とは
　　　　　　A－い/V－る ＋とは

［意味］居然……。表示吃惊。

①全員そろって授業をサボるとはあきれた学生たちだ。

②あの人がこんな嘘をつくとは。

関連文型

（1）～というのは （N3）

［接続］N＋というのは

［意味］所谓的……就是。

①パソコンというのはパーソナルコンピューターのことだ。

②季語というのは季節を表す言葉で、俳句の中で必ず使われるものです。

（2）～ということは （N2）

［接続］N/Na－だ/A－い/V ＋ということは

［意味］……也就是说……。是就某种情况加以解释的表达方式。在"Xということは Y だ"形式中，先叙述听话人也知道的情况 X，从那种情况推测，从而导出作为结论的事情，用 Y 来表示，也可以用在后面表示结论的句子的开头。

①電車がストライキをするということは、学校に行けないということだ。

②一日 5 時間働き、月曜日から金曜日まで働くということは、1 週間で25 時間の労働だ。

③車が一台しかないということは、私たちのうち誰かがバスで行かなければならないということだ。

④――この先で事故があったようです。

　――ということは、渋滞するということですね。

2．～一方だ （N2）

本文　かつて世界がこれほどの情報洪水に見舞われたことはないし、その情報量も日増しに拡大する一方だ。

［接続］V－る＋一方だ

［意味］越来越、一直、一个劲儿。表示某种状况一直朝着一个方向不断发展，没有止境。多为贬义。

①2 週間前に入院した母の病状は悪くなる一方で、心配です。

②最近、円は値上がりする一方だ。

③事業に失敗して希望を失い、川口さんの生活は荒れていく一方だった。

3．～すぎる

本文　元々は、情報量が増えすぎて、（略）。

［接続］N/Na/A－/V－ます ＋すぎる

［意味］太……，过于……。表示过分的状态。

①わあ、このスーツ10 万円ですか。高すぎますよ。

②食べ過ぎてお腹がいっぱいです。

③下宿のおばさんは親切すぎてときどき迷惑なこともあります。

④この役は思春期の役だから10 歳では子どもすぎて話にならない。

4．～だけの （N2）

本文　ネット企業は膨大なデータを収集できるし、実際にそうするだけの大きな経済的メリットもあったことから、このような最先端のデータ処理技術をいち早く導入し始めた。

[接続] N/Na—な/A/V ＋だけ

[意味] 表示与……相符,与……相适应。前面经常接"价值""能力""效果""量""意味""もの""金"等词。

①お金をいただいただけことはしますが、これ以上はできかねます。
②妻に本当のことを打ち明けるだけの勇気もなかった。
③どんなところでも生きていけるだけの生活力が彼にはある。

関連文型

（1）～だけのことはある （N2）

[接続] N/Na—な/A—い/V ＋だけのことはある

[意味] 到底没白……,到底不愧是……。表示与其做的努力、所处地位、所经历的事情等相称的意思,对其相称的结果、能力、特长给予高度评价。

①さすがスピーチ大会で優勝したキムさんだけのことはある。今日のパーティーのスピーチもとても上手だった。
②——このナイフ、いつまでもよく切れるね。
　——買った時は高いと思ったけど、それだけのことはあるね。

（2）～だけあって （N2）

[接続] N/Na—な/A—い/V ＋だけあって

[意味] 到底没白……,不愧是……。用于表示某事的结果果然符合说话人所了解的知识或他所持有的社会观念,通常只用于褒义。

①ここは一流ホテルだけあって、サービスがとてもいい。
②さすがに熱心なだけあって、鈴木さんのテニスはたいしたものだ。
③体が大きいだけあって、鈴木さんは力があるわねえ。
④10年もフランスに住んでいただけあって、彼女は洋服のセンスがいい。

（3）～だけに （N2）

[接続] N/Na—な/A—い/V ＋だけに

[意味]

（1）到底是……,正因为是……。表示由于前项事情理所当然地导致后来的状况,是对原因的强调。

①連休だけに、道路は行楽地へ向かう車でいっぱいだ。
②辻さんは子どもの時からイギリスで教育を受けただけに、きれいな英語を話す。

（2）不愧是……。可以和"だけあって"互换。

①お茶の先生だけに言葉遣いが上品だ。
②彼らは若いだけに徹夜をしても平気なようだ。

（4）～だけ

[接続] V/V—れる/V—たい ＋だけ

[意味] 表示在某一范围内全部,最常用"できるだけ"的形式。

①テーブルの上のものは食べたいだけ食べてもいいのです。
②わかっているだけのことはもう全部話しました。
③頑張れるだけ頑張ってみます。

5. ～ことから （N2）

本文　ネット企業は膨大なデータを収集できるし、実際にそうするだけの大きな経済的メリットもあったことから、このような最先端のデータ処理技術をいち早く導入し始めた。

[接続] N—である/A—い/V—る ＋ことから

　　　　　Na－である・な　＋ことから

［意味］因为，所以。表示根据或来历，是较严肃的、书面性语言表达方式。

①この辺は桜の木が多いことから、桜木町と呼ばれるようになった。
②彼女はアラビア語ができるということから、オリンピックの通訳に推薦された。
③彼女は父親が中国人であることから、中国人の知り合いも多い。
④顔がそっくりなことから、双子であることを知った。

関連文型

（1）～ところから　（N2）

［接続］N－である/A－い/V－る　＋ところから
　　　　Na－である・な　＋ところから

［意味］因，因为。含有"除此以外还有原因"的意思。

①灰皿に煙の立っている吸殻が残っているところから、犯人はまだ遠くへは行っていないと思われる。
②部屋がきれいなところから、誰か掃除に来ていると思われる。
③その人物が殺害されたことを記録した文書が全く存在しないところから、実はその人物は生き延びて大陸に渡ったのだという伝説が生まれたらしい。
④足跡が大きいところから、どうやら犯人は男らしい。

（2）～ことだから　（N2）

［接続］N－の＋ことだから

［意味］因为。表示自己的判断依据，主要接在表示人物的名词后，用于对说话人、听话人都熟知的人物的性格、行为习惯等作出某种判断。如②所示有时还可在人物名词前加上修饰词语，以明确指出该人物的性格或特征来作为自己判断的依据。

①戦争中のことだから、何が起こるか分からない。
②慎重な鈴木さんのことだから、そのへんのところまでちゃんと考えてあるとは思うけどね。
③彼のことだからどうせ時間通りには来ないだろう。

（3）～ことだし　（N2）

［接続］N－の/Na－な/A－い/V－る　＋ことだし

［意味］因为。表示陈述理由。接短句后，以"ことだ＋し"的结构，用以表示各种判断、决定、要求等的理由或根据等。②中的"ことですし"是更加有礼貌的形式。③表示陈述两种理由，②只陈述一种理由，是在句末补充陈述的形式。虽是口语形式，但比单独使用"し"要显得郑重。

①雪が降ってきそうだから、今日は散歩はやめておこうか。子供たちも風邪をひいていることだし。
②木村さんのことだし、隠す必要がありません。
③誰も来ないことだし、店を閉めよう。
④この部屋は静かなことだし、勉強部屋にしよう。

6．～得ない　（N2）

本文「小規模ではなしえないことを大きな規模で実行し、新たな知の抽出や価値の創出によって、市場、組織、さらには市民と政府の関係などを変えること」。

［接続］V－ます＋えない

［意味］不可能。表示没有可能性。

①私一人の力ではとてもなしえないことでした。
②彼が事件の現場にいたなんて、そんなことはあり得ない。
③この事故はまったく予測し得ないことであった。

7. 〜によって （N3）

[本文] 小規模ではなしえないことを大きな規模で実行し、新たな知の抽出や価値の創出によって、市場、組織、さらには市民と政府の関係などを変えること。

[接続] N＋によって

[意味] 根据……，通过……，靠……。表示"以此为手段""用其方法"的意思。

①その問題は話し合いによって解決できると思います。
②数学者は正しい推論によって次々と定義を導き出す。
③この資料によって多くの事実が明らかになった。

8. 〜に比べ（て）・〜に比べると・〜に比べれば （N3）

[本文] 「ビッグデータ」はこれまでのDWHやOLTPといったシステムにくらべ、以下の3つの部分に違いがある。

[接続] N＋に比べて
　　　 V－る＋の＋に比べて

[意味] 与……相比。用"Xに比べてY""Xに比べるとY""Xに比べればY"的形式，表示与X相比就Y而言的意思。可以和"XよりY"互换。

①今年は昨年に比べて、米の出来がいいようだ。
②女性は男性に比べると、平均寿命が長い。
③パソコンを使うと、手で書くのに比べれば字もきれいだし早い。

9. 〜にすぎない （N2）

[本文] ただし、これは始まりにすぎない。

[接続] N/Na－である/A－い/V　＋にすぎない

[意味] 只是，只不过。表示"只是……"的意思，伴有"这并不重要"的语气。

①——あなたはアラビア語ができるんですってね。
　　——いいえ、ただちょっとアラビア文字が読めるにすぎません。
②私は無名の一市民にすぎませんが、この事件について政府に強く抗議します。
③彼はただ父親が有名であるにすぎない。彼に実力があるわけではない。

10. 〜さえ〜ば・〜さえ〜なら （N2）

[本文] 「結論」さえわかれば、「理由」はいらないのである。

[接続] N＋さえ＋V　－ば/A－ければ/Na－であれば
　　　 V－~~ます~~＋さえすれば/A－く＋さえあれば/Na－で＋さえあれば

[意味] 只要……就……。表示只要某事能实现就足够了，其余的都是小问题，没必要，没关系的心情。

①うちの子は暇さえあれば、本を読んでいます。
②これは薬を飲みさえすれば治るという病気ではない。入院が必要だ。
③子供たちが丈夫でさえあれば、親はそれだけで満足だ。
④おいしくさえあれば何でも食べる。

11. 〜について （N3）

[本文] 過去何百年も続いてきた科学的な慣行が覆され、判断の拠り所や現実の捉え方について、これまでの常識に疑問を突きつけられるのだ。

[接続] N＋について

［意味］关于……,就……。表示处理、对待的对象,修饰名词时用"N＋についての"的形式,郑重地说的时候用"N＋につきまして"。

①彼女は自分自身について何も語ろうとしない。
②この町の歴史についてちょっと調べてみようと思っている。
③将来についての夢を語った。

12. 〜に対して(は/も)・〜に対する （N3）

本文　望遠鏡の登場によって宇宙に対する認識が深まり、(略)。

［接続］N/V－る　＋に対して
［意味］对……,向……。表示"向着、根据某事物"等意思,后续对所面向的行为以及态度产生某种作用。修饰名词时用"〜に対してのN""〜に対するN"的形式。

①鈴木先生は勉強が嫌いな学生に対して、とりわけ親しみをもって接していた。
②私が手を振って合図したのに対して、彼女は大きく腕を振って応えてくれた。
③青年の親に対する反抗心は、いつ頃生まれ、いつ頃消えるのだろうか。

13. 〜おかげで・〜おかげだ （N3）

本文　(略)、膨大なデータを収集、分析する新技術のおかげで、これまでは全く思いもつかぬ方法で世の中をとらえられるようになる。

［接続］Nの/Na－な・だった/A/V－た　＋おかげで
［意味］多亏,幸亏,由于,托您的福。用于因为某种原因、理由产生好的结果,导致坏结果时则使用"〜せいで"的形式。

①母は最近新しく発売された新薬のおかげで、ずいぶん元気になりました。
②祖父は生まれつき体が丈夫なおかげで、年をとっても医者の世話にならずに済んでいる。
③今年は夏が涼しかったおかげで冷房はほとんど使わずに済んだ。
④夜の道路工事が終わったおかげで、昨夜はいつもよりよく寝られた。

注　釈

1. ただ （N2）

但,不过。接续词,用于讲述与前述事项相关的更加详细的注意事项或非同一般的情况,表示保留、注释、条件的附加,"ただし"为其强调形式。

①品質はいいと思う。ただ少し高すぎる。
②彼女は確かに可愛い。ただ、わがままなのが欠点だ。

2. 〜そのもの

……本身,……自身。接在名词后使用。

①機械そのものには問題はないが、ソフトに問題があるようだ。
②この本がつまらないんじゃない。読書そのものが好きになれないんだ。

3. 〜始める

开始……。接在动词ます形后,表示有始有终的连续性动作、作用、自然现象、习惯等的开始,不能与瞬间动词相接。

①この地方で桜が咲き始めるのは、3月の終わりごろです。
②もう7時だから、そろそろ食べ始めましょう。
③鍋に牛肉を入れて色が変わりはじめたら、砂糖と醤油を入れてください。

4. かつて

曾经，以往。书面语。否定形式"かつてない""かつて～ない"表示"到目前为止没有发生过"。

①この地方は、かつて有名な米の産地だ。

②久しぶりに会った彼は、相撲取りのように太っていて、かつての精悍なスポーツマンの面影はどこにもなかった。

③今度この地方で地震が起こるとすれば、それはかつてないほどの規模のものになる恐れがある。

5. ～きる（N3）

……完、尽……。接在动词ます形后，表示"把……做到最后""把……做完"的意思。其否定形式为"～きれない"，表示"不能完全……""不能充分……"的意思。

①お金を使い切ってしまった。

②山道を登りきったところに小屋があった。

③それはいくら悔やんでも悔みきれないことだった。

④その人との別れは、あきらめきれないつらい思い出として、今でも私の胸の奥底にある。

6. ～さえ

连……都。接在名词或助词后使用，表示举出极端例子以暗示其他。

①幼い息子を失った彼女は生きる希望さえなくしてしまった。

②えり子は親友の花子にさえ知らせずに外国に旅立った。

③そんなことは小学生でさえ知ってるよ。

7. ～方（かた）

……的方法。接在动词ます形后，表示做前项动作的方式和方法。

①自分の話し方に気をつけてください。

②どんな痛み方をされていますか。

8. ただし

但，但是。给前述事项补充条件或例外情况时使用（后述事项表示转折语气）。

①当店は年中無休です。ただし元旦は休みます。

②食べてもよろしい。ただし、その前に手を洗うこと。

📢 関連用語

＊ MapReduce

　　MapReduce（マップリデュース）是面向大数据并行处理的计算模型、框架和平台，它隐含了以下三层含义：(1) MapReduce 是一个基于集群的高性能并行计算平台（Cluster Infrastructure）。它允许用市场上普通的商用服务器构成一个包含数十、数百至数千个节点的分布和并行计算集群。(2) MapReduce 是一个并行计算与运行软件框架（Software Framework）。它提供了一个庞大但设计精良的并行计算软件框架，能自动完成计算任务的并行化处理，自动划分计算数据和计算任务，在集群节点上自动分配和执行任务以及收集计算结果，将数据分布存储、数据通信、容错处理等并行计算涉及到的很多系统底层的复杂细节交由系统负责处理，大大减少了软件开发人员的负担。(3) MapReduce 是一个并行程序设计模型与方法（Programming Model & Methodology）。它借助于函数式程序设计语言 Lisp 的设计思想，提供了一种简便的并行程序设计方法，用 Map 和 Reduce 两个函数编程实现基本的并行计算任务，提供了抽象的操作和并行编程接口，以简单方便地完成大规模数据的编程和计算处理。

* **DWH**

　　Data Warehouse(データウェアハウス)数据仓储技术。数据仓库,是为企业所有级别的决策制定过程,提供所有类型数据支持的战略集合。它是单个数据存储,出于分析性报告和决策支持目的而创建。为需要业务智能的企业,提供指导业务流程改进、监视时间、成本、质量以及控制。

* **OLTP**

　　On-Line Transaction Processing(オーエルティーピー)联机事务处理过程,也称为面向交易的处理过程,其基本特征是前台接收的用户数据可以立即传送到计算中心进行处理,并在很短的时间内给出处理结果,是对用户操作快速响应的方式之一。

* **相関関係/因果関係**

　　"相関関係"指一方变化,另一方也随之变化的关系,两者之间相关联但不一定互为因果。而"因果関係"指在几个事项关系中,处于其一方为原因而他方为结果的一种关系。

ことば

蓮華⓪	[名]	莲花,荷花
蓮⓪	[名]	莲,莲藕,荷
季語①	[名]	季语,季节用语
十五夜⓪	[名]	阴历十五的夜晚,满月之夜
満月①	[名]	满月。完全明亮而看似溜圆的月亮
地域①	[名]	地域,区域
住民⓪③	[名]	居民,住民。住在当地的人
強硬⓪	[形動]	强硬,不妥协、不退让
マスコミ⓪	[名]	mass communication,大众传媒
ストライキ③	[名]	strikes,罢工
荒れる⓪	[自下一]	狂暴,汹涌;荒芜,破败;荒唐,放荡
文句①	[名]	意见,牢骚
活字⓪	[名]	活字,铅字
アラビア⓪	[名]	Arabia。阿拉伯半岛
灰皿⓪	[名]	烟灰缸
吸殻⓪	[名]	烟头,烟蒂
蛇①	[名]	蛇
生き延びる④⓪	[自上一]	幸存,延命
大陸⓪①	[名]	大陆
推論⓪	[名・自サ]	推理,推论
敵⓪	[名]	敌人,仇敌
反撃⓪	[名・自サ]	反击
建築家④	[名]	建筑家,建筑师

宗教①	[名]	宗教
米②	[名]	大米
平均寿命⑤	[名]	平均寿命
無名⓪	[名]	无名,没有名字或不知道名字;没名气
合図①	[名・自サ]	发信号,暗号
青年⓪	[名]	青年,年轻人
新築⓪	[名・自サ]	新建,新建筑物
欠点③	[名]	缺点,短处
センス①	[名]	sense。感觉,感知事物微妙处的能力
行楽地④③	[名]	游览地
小屋②⓪	[名]	小房,简易房
悔やむ②	[名]	懊悔,后悔;吊唁,哀悼
奥底⓪	[名]	深处,底层,底蕴
下宿⓪	[名]	寄宿人家
思春期②	[名]	青春期
役②	[名]	任务;角色
幼い③	[形]	幼小;幼稚
旅立つ③	[自五]	起身,动身

練習問題

I 次の文の_____の部分に入る最も適切なものを**1**、**2**、**3**、**4**から一つ選びなさい。

(1) ——もう無理だよ、私には5キロなんて走れないよ。
——まだ500メートルだよ。何でそうやってすぐ、もうだめ_____言うの。
 1　を　　　　　　　　　　　　　　　2　は
 3　とか　　　　　　　　　　　　　　4　とは

(2) 顔を洗うときには、石けんを_____、さっと洗うのが肌にはよい。
 1　使いすぎずに　　　　　　　　　　2　使うすぎず
 3　使うにすぎなく　　　　　　　　　4　使いすぎもなくて

(3) この美術館はとても広くて、たった3時間では全部の作品を_____。
 1　見たきりだった　　　　　　　　　2　見きれなかった
 3　見ないで済んだ　　　　　　　　　4　見ないでもなかった

(4) 夫は何でも捨てないで取っておくので、家の中は物が増える_____。
 1　ためだ　　　　2　ほどだ　　　　3　一方だ　　　　4　最中

(5) 南極の氷を調べること_____、数十万年前の地球の気候を知ることができるそうだ。
 1　によって　　　2　にとって　　　3　に関して　　　4　に対して

(6) この曲は、私には難しすぎて、_____弾けそうにない。
 1　だんだん　　　2　今にも　　　　3　必ず　　　　　4　とても

(7) 石原選手は前大会に続いて、今大会でも優勝を果たした。彼の今後の活躍に周囲の期待は高まる＿＿＿＿＿＿。
　　1　中心だ　　　　　2　事情だ　　　　　3　原因だ　　　　　4　一方だ
(8) 仕事の合間にときどき遠くを見る＿＿＿＿＿＿、目が疲れにくくなった。
　　1　ようにしたところに　　　　　　　2　ようにしたところ
　　3　までになったところに　　　　　　4　までになるところ
(9) 人間の脳に関する研究で明らかになったことはまだほんの一部＿＿＿＿＿＿、その研究は着実に進んできた。
　　1　にすぎないとすると　　　　　　　2　にかかわらないとすると
　　3　にすぎないとはいえ　　　　　　　4　にかかわらないとはいえ
(10) この料理はとても簡単で、鶏肉と卵＿＿＿＿＿＿あればすぐに作れます。
　　1　にも　　　　　2　こそ　　　　　3　とも　　　　　4　さえ
(11) 受講料は無料です。＿＿＿＿＿＿、資料代500円をいただきます。
　　1　ただし　　　　2　および　　　　3　すなわち　　　4　あるいは
(12) 大連市は、かつては小さな漁村＿＿＿＿＿＿が、今では人口700万人の大都市だ。
　　1　でもなかった　　　　　　　　　　2　よりほかなかった
　　3　にすぎなかった　　　　　　　　　4　ばかりではなかった
(13) パソコン教室の講師に＿＿＿＿＿＿、人に教えるのは難しいけど楽しいということがわかりました。
　　1　なったかぎり　　　　　　　　　　2　したかぎり
　　3　したおかげで　　　　　　　　　　4　なったおかげで
(14) （本屋で）
　　——あ、この本、面白いよ。
　　——どんな話？
　　——主人公と恋人が、親に無理やり＿＿＿＿＿＿話なんだけど、すごくドキドキするんだ。
　　1　別れそうになる　　　　　　　　　2　別れられそうになる
　　3　別れさせそうになる　　　　　　　4　別れさせられそうになる
(15) 最近は毎月決まった金額でかけ放題の国際電話サービスがある。私が留学していたときにもそんなサービスがあったら＿＿＿＿＿＿。
　　1　どれだけよかった　　　　　　　　2　どれだけよかったか
　　3　どうしてもよかった　　　　　　　4　どうしてもよかったか

Ⅱ　次の文の　★　に入る最もよいものを1、2、3、4から一つ選びなさい。
(1) 「これは地元ではよく知られた料理で、この酸っぱさがおいしい。ただ、＿＿＿＿＿＿＿＿＿＿★＿＿＿＿増えていることだね。」と山田さんは語る。
　　1　なんていう　　　　　　　　　　　2　残念なのは
　　3　若者が最近　　　　　　　　　　　4　酸っぱいのが苦手だ
(2) 国民の、政治＿＿＿＿＿＿＿＿★＿＿＿＿政治家は指導力を発揮できるのだ。
　　1　初めて　　　　2　に対する　　　3　があって　　　4　信頼
(3) ——サラリーマンから農家＿＿＿＿＿＿＿＿★＿＿＿＿があるんだね。
　　——自分の夢をどうしてもあきらめきれなくてね。
　　1　勇気　　　　　2　とは　　　　　3　ずいぶん　　　4　になる
(4) 狭い部屋でもテーブルの上に物を置かない＿＿＿＿＿＿＿＿★＿＿＿＿に書いてあった。
　　1　だけで　　　　2　ようになると　　3　ようにする　　4　広く感じられる

(5) ——あ、今から行く博物館、一週間前に予約してないと入れないってガイドブックに書いてあるよ。
　　——え、そうなの？　困ったなあ。
　　——行く＿＿＿＿　＿＿＿＿　★　＿＿＿＿みようか。
　　　1　行って　　　　　2　だけ　　　　　3　交渉して　　　　4　入れてもらえないか

Ⅲ　次の文章の（　）に入れる最も適切な言葉を、1、2、3、4から一つ選びなさい。

　人に強い影響を与えるのは大部からなる作品（　1　）限りません。何気なく読んだ、（　2　）一言に心打れることもあります。（　3　）、書物を超えて、私たちは世の中のあらゆる出来事についても同じように、そのときどきに応じた深度で読んでいるのです。（　4　）、読み取ろうと思えばどんな出来事からでも「自分にとって意味あること」を読み取れるということではないでしょうか。学ぼうとする姿勢が（　5　）何からでも価値あることが学び取れるのだとつくづく私は思うのです。

(1)　1　には　　　　　　2　とは　　　　　　3　ても　　　　　　4　にも
(2)　1　たった　　　　　2　さえ　　　　　　3　だけ　　　　　　4　ばかり
(3)　1　ただし　　　　　2　なのに　　　　　3　しかし　　　　　4　そして
(4)　1　幸い　　　　　　2　なんとか　　　　3　つまり　　　　　4　やっと
(5)　1　あると　　　　　2　あれば　　　　　3　ある　　　　　　4　あってから

Ⅳ　各文章を読んで、以下の問いに答えなさい。答えは、1、2、3、4から最も適当なものを一つ選びなさい。

文章1

　この間、雑誌で紹介されていたのですが、①通信技術の発達を利用して、遠く離れて暮らす人とコミュニケーションするための商品が開発されているようです。

　特におもしろいなと思ったのは、離れて暮らす恋人たちのための電気スタンド。これは、どちらか片方の電気スタンドをつけると、もう一方の電気スタンドもつくようになっているものです。一人で暮らしていて、電気スタンドが自動的にパッとついたら、恋人が今電気をつけたことが分かるのです。ただそれだけのことなのですが、その瞬間、恋人の存在が感じられて、いっしょに暮らしているような温かい気持ちになれるというわけです。

　②同じように、ゴミ箱のふたを開けると、もう一方のゴミ箱のふたも開くというのもあります。これなんかは、ちょっとうるさいのではないかと思いますが、実験によると、恋人同志がちょっとしたケンカをした後に、相手の気を引くためにわざとゴミ箱のふたを開けたりするのだそうです。思わずほほえんでしまいますが、言葉では伝えにくい思いも、こうやって伝えられるというのは、いいなと思います。

　これらはまだ研究の段階だということですが、実際に商品化されたものでは、一人で暮らすお年寄りのための電気ポットがあります。電気でお湯を沸かして保温するポットですが、お年寄りがポットのスイッチを入れると、離れて暮らす家族の携帯電話にメールが届くようになっていて、使用状況が分かるのです。

　このように、生活用品をコミュニケーションの手段に利用するというのは、とても現代的なアイディアだと思います。言葉だけが伝達手段ではありません。孤独な現代人にとっては利用価値の高い商品だといえるでしょう。

問1　①通信技術の発達を利用して、遠く離れて暮らす人とコミュニケーションするためのものに属していないのはどれか。
　1　離れて暮らす恋人たちのための電気スタンド。
　2　離れて暮らす恋人たちのためのゴミ箱。
　3　お年寄りのための電気ポット。
　4　お年寄りのための携帯電話。

問2　②「同じように」とあるが、何が同じなのか。
　　1　離れて暮らす相手に気持ちを伝えるための商品だということ。
　　2　離れて暮らす恋人たちがケンカしないための商品だということ。
　　3　相手に気持ちを伝えるためには、やはり言葉が必要だということ。
　　4　相手に気持ちを伝えるためには、必ずしも言葉が必要ではないということ。

問3　ここにあげられた商品に対する筆者の考えとして、正しいものはどれか。
　　1　コミュニケーションの苦手な現代人に、とても役に立つ商品である。
　　2　携帯電話があれば気持ちを充分に伝えられる。
　　3　一人暮らしをしている現代人の気持ちをとらえた価値ある商品だ。
　　4　一人で暮らす人のようすがもっとよくわかるような商品が必要だ。

文章2

　私たちはなぜ観光をしたくなるのでしょうか。細かい条件にこだわらないで大胆に述べるならば、それは「変化」を求めるということです。私たちの感覚は同じ刺激を受けつづけていると、その強さ、性質、明瞭性などは次第に弱まります。著しい場合には刺激の感覚が消失することもあり、こうしたことを感覚の順応といいます。風呂の湯の熱い温度や腕時計を付けた時の違和感など、初めは鮮明な感覚であっても数分もしないうちに減衰してしまいます。同様のことが日々の体験についてもいえるでしょう。

（中略）

　よく言えば慣れてくる、悪く言えば飽きてくるのです。そこで人は新たな刺激、つまり日常に存在しない感覚や感動を求めるのです。そのために新しい刺激をもたらすための「変化」が必要になります。変わった珍しいコトやモノを手に入れても、日常生活がベースになっていたのでは「変化」は日常の一部分にしかなりません。より劇的な「変化」を求めるには自らが「変化」の中へ入る、すなわち日常と離れた場所へ移動することでそれは達成されます。自分の家の近所へ移動した程度ではそれほどの変化へ得られません。遠くへ離れれば離れるほど、見知らぬ町並みや自然の風景、聞きなれない言葉や音楽、初めての味や香りなどが立ち現れてくるのです。外国で異文化に接するとき、この「変化」は最大になり、自分自身を除く周囲のすべてが「変化」した状態となるのです。

問1　こうしたこととは、どのようなことか。
　　1　与えられる刺激が弱まると、その感じ方も弱まること。
　　2　刺激を受ける回数が減ると、その刺激に反応しなくなること。
　　3　同一の刺激を受けていると、その刺激を感じにくくなること。
　　4　強弱の違う刺激を受けていると、その違いを感じなくなること。

問2　筆者によると、なぜ人々は観光したいと思うのか。
　　1　日常生活の中に「変化」を取り入れたいから。
　　2　日常生活では感じられない「変化」を求めるから。
　　3　新しい自分に生まれ変わるために「変化」が必要だから。
　　4　日常生活の良さを再認識するために「変化」がほしいから。

問3　以下の例のうち、「変化」が最大になるのはどれか。
　　1　文化の異なる国へ、知人と旅行したとき。
　　2　文化の異なる国へ、一人で初めて旅行したとき。
　　3　文化の異なる国へ旅行してから、日常へ戻ってきたとき。
　　4　文化の異なる国へ旅行することが、自身の日常になったとき。

第2章　ビッグデータ

文章3

　私がやっている企業研修の現場で、学歴で差が出る瞬間に出くわすことがある。それは、能力の差ではない。どの時点で「あっ、オレにはできない」と諦めるかの差だ。

　高学歴の者が得てして優秀な成績を収めるのは、その人の能力が高いと言うよりも、その成長過程の中で「やればできる」、「私にわからないはずがない」という自信が身についているからだ。この自信は、過去の成功体験に裏打ちされている。

問　企業研修の経験から、筆者は、なぜ高学歴の成績が優秀だと考えているか。
1. 成功体験によって自信がつき失敗しなくなっているから。
2. 成功するにはどのような能力が必要かを知っているから。
3. 成功によって裏付けられた確かな方法を身につけているから。
4. 成功したことでついた自信があり、簡単には諦めないから。

ビッグデータ4つのV

(1) Volume　容量

　ビッグデータの特徴の1つは、その容量の巨大さにあります。「既存の一般的な技術では管理できないデータ」ということになりますが、現状では数テラバイトから数ペタバイト程度のデータ量という見方が多いようです。

(2) Variety　種類

　ビッグデータは企業の基幹システムで通常扱っているような構造化データであるとは限りません。テキスト、音声、ビデオ、ログファイル、位置情報、センサ情報等のさまざまな種類の非構造化データも存在します。もちろん、これら非構造化データの中には以前から存在し蓄積されてきたものもあります。今後は、単に蓄積するだけでなく、これを分析し、そこから有用な知見を得ようとする取り組みが始まっています。

(3) Velocity　頻度・スピード

　全国のコンビニエンスストアで24時間発生するPOSデータ、交通系ICカードから生み出される乗車履歴データ、昨今の変化の著しい市場環境では、これらデータによりリアルタイムに対応することが求められています。

(4) Value　価値

　ビッグデータに関わる取り組みは、ビジネス上の価値につながらなくて意味がありません。ビッグデータの活用場面は多岐に渡っており、今後さらに広がるでしょう。ビッグデータに係る取り組みを価値の高い取り組みとし、企業が求めるべき価値を着実に得ていくためには、単なるツールの導入や新たなサービスの利用だけでなく、戦略的施策に基づいて、業務やサービスを一体的に再構成する必要があります。

　ビッグデータを利活用することの意義は、ICT(情報通信技術)の進展に伴い多種多量なデータの生成・収集・蓄積等がリアルタイムで行うことが可能となり、そのようなデータを分析することで未来の予測や異変の察知等を行い、利用者個々のニーズに即したサービスの提供、業務運営の効率化や新産業の創出等が可能となっている点にあるといえます。

http://www.hitachi-solutions.co.jp/belinda/sp/special/landing01/bigdata.htmlより改編

第 5 課

データが富の源泉

　ビッグデータに対して、頭を冷やして考えなければならない。

　世の中にやたら大量のデータが溢れ出し、データの特徴が3V、つまり量(Volume)、多様性(Variety)、速度(Velocity)であることも腑に落ちた。とはいえ、ただデータを集めただけでは、かえって無用の長物、エネルギーの浪費ではないだろうか。

　いったいビッグデータとは何なのか？——その回答として強調したいのは、「データが富をうむ」という発想である。

　日本だけでなく、多くの経済先進国はもはや、以前ほどの経済成長率が見込めない。その一方、増加し続ける社会保障費のために苦しんでいる。これを賄うために増税すれば、国家財政は健全になるものの、景気が悪くなって逆効果をうむかもしれない。もっとも望ましいのは、技術革新によって斬新な商品やサービスをうみだし、経済活動そのものを活性化することなのである。

　従来は社会や自然のなかに埋没していた情報を、コンピュータで処理できるデータとして抽出し、分析統合することで、もし、あらたな経済価値が誕生するなら、活路が開けるのではないか。つまり、われわれの周囲のさまざまな対象が「データフィケーション（データ化）」されることにより経済効果が期待できる、という理屈である。

　ポイントは、ビッグデータの利用で、われわれの生活をめぐる生産と消費のあり方が変化するということである。具体的には、人々の個別の細かい好みに応じた新たな消費需要を、ビッグデータの分析が掘りおこす可能性が生まれるのである。

　開発途上国であれば、平凡な規格品でも日常生活での需要は大きい。家電品でもクルマでも、大量生産の商品をテレビで宣伝すれば、人々に大量消費されて経済はどんどん発展する。だが、ひとまず生活用品が行きわたった先進国ではそうはいかない。個人の好みをふまえた、多様なカスタムメードの商品やサービスでなければ、消費活動はとどこおってしまう。こうして、個人向けのターゲティング広告をはじめ、ピンポイントにしぼったマーケティング

第2章 ビッグデータ

戦略が不可欠となってくる。

　グーグル社の検索サービスに伴う広告宣伝活動が、こういう社会状況とみごとに合致していたことは言うまでもないだろう。テレビのコマーシャルで商品イメージを一般大衆向けにばらまくのではなく、入力された検索ワードから消費者の興味を絞りこみ、検索画面上に限られた商品の情報を示すことで、はるかに効率のよい広告宣伝活動が可能になるのである。

　ビッグデータによって、こういう「個人向けマーケティング」をさらに徹底することができる。ある人が、どんな所に住み、どういう仕事をして、どんな本を読み、いかなる趣味をもっているか、どんな悩みをもっているか、などを的確に分析できれば、それに応じて、選んだ商品やサービスの紹介をすればよい。日常の中で、スマホやパソコンを手放さないわれわれの活動履歴は、インターネットのなかにしっかり埋めこまれているのだから。

　それだけではない。個人の交友関係や家族構成が交信記録でわかれば、さらに芋づる式に、関連する人々の活動履歴も探りだせる。これは人脈ならぬ貴重な「金脈」である。それらすべてをマーケティング用データとして採掘（マイニング）することが、ビッグデータによる消費需要を呼び起こすことに繋がるのである。

　いま一つ、肝心なことがある。ビッグデータは、消費だけでなく、先進国の生産活動をも変えると期待されているという点である。

西垣通『ビッグデータと人工知能　可能性と罠を見極める』中公新書より改編

ことば

富①	［名］	资源，富源；财富，财产，资产，钱财
源泉⓪	［名］	泉源，事物产生的地方；源泉，水源
ビッグデータ④	［名］	大数据
冷やす②	［他五］	冰镇，使……冷静；使发抖，使吃惊
やたら(に)⓪	［副］	胡乱，随便，任意；过分，非常大量
溢れ出す④	［自五］	液体从容器中漫出来
腑に落ちる	［連語］	理解；领会；信服
無用の長物	［連語］	无用之物
エネルギー③	［名］	能量，能源；精力，活力，干劲
発想⓪	［名・自他サ］	想出，主意；表达，表现
先進国③	［名］	先进国家，发达国家

成長率③	[名]	増長率,生長率,生長速度
もはや①	[副]	事到如今已经,早就
見込む⓪②	[他五]	预料,估计;估计在内,计算在内;相信,信赖,认为有希望;盯上,纠缠住
保障費②	[名]	社保医保等费用
賄う③	[他五]	供应,供给;筹措,维持
増税⓪	[名・自サ]	增税,加税
財政⓪	[名]	财政;经济情况
健全⓪	[形動]	身心健康,健全;正常,坚实,稳固
逆効果③	[名]	反乎预期的效果,适得其反的效果
望ましい④⓪	[形]	最好,最理想的
革新⓪	[名・他サ]	革新
斬新⓪	[形動]	崭新,新颖
活性化⓪	[名・他サ]	活力;活化作用,活性化;使……活跃
従来①	[名・副]	过去,从前,以前
埋没⓪	[名・自サ]	埋藏,掩埋,埋没
処理①	[名・他サ]	处理,办理,处置
抽出⓪	[名・他サ]	抽出,提取,提炼
統合⓪	[名・他サ]	统一,综合,合并
新た①	[形動]	新的,首次;重新
活路①	[名]	活路,生路,生活方法
データフィケーション⑤	[名]	datafication。数据处理
理屈⓪	[名]	道理,理由;歪理,诡辩,借口
ポイント⓪	[名]	要点,要领;分数;点数;小数点
個別⓪	[名]	个别
好み①③	[名]	爱好,嗜好,趣味;流行,时尚
需要⓪	[名]	需要,需求
掘り起こす⓪④	[他五]	耕地,开垦;挖出来;发掘
開発途上国⓪	[名]	发展中国家
平凡⓪	[名・形動]	平凡
規格品⓪	[名]	标准化产品
家電品⓪	[名]	家用电器
宣伝⓪	[名・自他サ]	宣传,宣扬,吹嘘
一先ず②	[副]	暂且,姑且

第 2 章　ビッグデータ

踏まえる③②	[他一]	踏,踩;根据,依据
カスタムメード⑤	[名]	custom maid。量身定制,特别定制
滞る⓪③	[自五]	堵塞,积压;拖延,迟延,耽搁,拖欠
ターゲティング⓪	[名]	targeting。定位销售
広告⓪	[名・他サ]	广告,宣传
ピンポイント③	[名]	pinpoint。精确测定的位置,约定点
絞る②	[他五]	榨,挤,拧,用力挤或拧掉其中水分;集中,限定,缩小对象的范围;绞尽脑汁
戦略⓪	[名]	战略
不可欠②	[名・形動]	不可缺少,必需
グーグル①⓪	[名]	Google。谷歌
検索⓪	[名・他サ]	检索,检查,查看
伴う③	[自他五]	带,带领;随着,跟着;伴随,相称
見事①	[形動]	漂亮,卓越,地道,精彩,巧妙;完全,彻底
合致⓪	[名・自サ]	合乎,吻合,符合,一致
コマーシャル②	[名]	commercial。商业的,商务的;商业广告,广告节目
大衆⓪	[名]	大众,群众
ばらまく③	[他五]	播散,散播;散财
入力⓪	[名・他サ]	输入(能量,数据,信号等)
ワード①⓪	[名]	单词,字,词;字节,位数(计算机内部一次处理的信息量的单位)
絞り込む④	[他五]	拧,榨;锁定,限定,检索
画面①⓪	[名]	画面,画的表面;(电影,电视等)图像,画面
示す②⓪	[他五]	表示,呈现,表现,指示
遥か①	[形動]	远,遥远
効率⓪①	[名]	效率
徹底⓪	[名・自サ]	彻底,透彻;贯彻,全面
的確⓪	[形動]	正确,准确,恰当
手放す③	[他五]	放开,松开;卖掉,出售,转让,赠送;离开,分手,舍弃;放下,撂下(工作)
履歴⓪	[名]	履历,经历
埋め込む③	[他五]	埋入,填入,嵌入
構成⓪	[名・他サ]	构成,组织,结构,构造
交信⓪	[名・自サ]	互相通讯(联系)
芋づる式⓪		顺藤摸瓜(的方式),一个接一个,一连串地,连锁式

探り出す④	［他五］	摸索出，试探出，探听出
人脈⓪	［名］	人脉，(同一系统的)人的线索，人的关系
採掘⓪	［名・他サ］	开采，采掘
マイニング⓪	［名］	mining。挖掘；矿业，采矿
呼び起こす④	［他一］	唤醒，叫醒；唤起，引起，激起
繋がる⓪	［自五］	连接，相连；有关系，相关
肝心⓪	［名・形動］	首要，重要，紧要，关键

内容理解

Ⅰ　次の質問を考えてみてください。
(1) なぜ「ビッグデータが富をうむ」と言いますか。
(2) ビッグデータはどのように、われわれの生活をめぐる生産と消費のあり方を変えますか。
(3) 「金脈」とはどういう意味ですか。

Ⅱ　本文の内容と合っているものに〇、違っているものに×をつけてください。
(1) データの特徴は3Vつまり、量(Volume)、多様性(Variety)、速度(Velocity)です。（　　）
(2) 経済先進国は開発途上国より、平凡な規格品でも日常生活での需要は大きいです。（　　）
(3) ビッグデータによって、個人の交友関係や家族構成がすべてわかります。（　　）

Ⅲ　適当な言葉を選んで、＿＿＿＿に入れてください。

〔　ために　もはや　によって　一方　もっとも　〕

　日本だけでなく、多くの経済先進国は＿＿＿＿、以前ほどの経済成長率が見込めない。その＿＿＿＿、増加し続ける社会保障費の＿＿＿＿苦しんでいる。これを賄うために増税すれば、国家財政は健全になるものの、景気が悪くなって逆効果をうむかもしれない。＿＿＿＿望ましいのは、技術革新＿＿＿＿斬新な商品やサービスをうみだし、経済活動そのものを活性化することなのである。

Ⅳ　正しい言葉を一つ選んでください。
(1) あの男の供述にはどうも＿＿＿＿点がある。
　　1　心に落ちない　　　　　　　　　2　腑に落ちない
　　3　頭に落ちない　　　　　　　　　4　手に落ちない
(2) テレビの＿＿＿＿で商品イメージを一般大衆向けにばらまく。
　　1　コミュニケーション　　　　　　2　マーケット
　　3　マーケティング　　　　　　　　4　コマーシャル
(3) 医者を呼んでも＿＿＿＿手遅れだ。
　　1　もうすぐ　　2　これから　　3　もはや　　4　さすが
(4) 彼と私は血が＿＿＿＿。
　　1　つながっている　　　　　　　　2　とどこおっている
　　3　かよっている　　　　　　　　　4　ならんでいる
(5) 文書内に様々な形式のデータを＿＿＿＿ことができる。
　　1　埋め合わせる　　　　　　　　　2　埋め込む
　　3　埋め立てる　　　　　　　　　　4　埋め尽くす

(6) ＿＿＿＿はしたものの、どうしたらいいか分からない。
　　1　引き上げ　　　　2　引き取り　　　　3　引き受け　　　　4　引き替え
(7) 健康のためには、栄養の＿＿＿＿がいい食事を取ることが大切だ。
　　1　バランス　　　　2　リズム　　　　　3　ビタミン　　　　4　エネルギー
(8) ここは桜の＿＿＿＿で、春になると大勢の花見客が訪れる。
　　1　要所　　　　　　2　名所　　　　　　3　実地　　　　　　4　現場

📢 文　型

1. ～なければならない （N3）

本文　ビッグデータに対して、頭を冷やして考えなければならない。

［接続］V－なければならない

［意味］必须……，应该……。表示必要性、义务。

①日本語がうまくないので、日本の小説を読むとき辞書を引かなければならない。
②あのレストランはいつも込んでいるので、予約しなければならない。
③政府は国民の福祉に貢献しなければならない。

🏷 関連文型

(1) ～てはならない （N2）

［接続］V－てはならない

［意味］不要，不许，不可。表示禁止，即在道理上不允许那样做。多用于书面语，口语中多用"～てはだめだ""～てはいけない"。

①運転手は決して油断してはならない。
②警察が来るまで、誰もここに入ってはならないそうだ。

(2) ～なくてはならない・～なくてはいけない・～なくちゃ （N3）

［接続］V－なくてはならない
　　　　V－なくてはいけない
　　　　V－なくちゃ

［意味］必须……，应该……。表示义务、责任。其中"～なくちゃ"用于口语表达。

①部長は部下の業務内容を把握していなくてはならない。
②目上の人と話をするときは、言葉遣いに気を付けなくてはいけない。
③明日までに、この宿題を全部終わらせなくちゃ。

(3) ～ないと （N3）

［接続］V－ないと

［意味］必须……，应该……。是"～ないといけない"的口语形式。

①そろそろ遅刻しちゃいます、早くしないと。
②もう行かないと。

2. ～ではないだろうか・～ではないか （N2）

本文　とはいえ、ただデータを集めただけでは、かえって無用の長物、エネルギーの浪費ではないだろうか。

［接続］N－/Na－/A－い/V　＋ではないだろうか
　　　　N－な/Na－な/A－い＋/V　＋のではないだろうか

［意味］不是……吗，也许是……吧。与"～ではないか（と思う）"的意思相同，用于说话人对事物的推断，但语气更委婉，更礼貌的说法是"～ではないでしょうか"。"～ではないだろうか"的语气更为强烈。

①好きな人に気持ちを伝えないと悔しいのではないだろうか。
②この2、3日、山田君の顔を見ませんでしたね。病気ではないでしょうか。
③何回も携帯をかけたが、電話に出ない。彼女は僕のことがいやなんじゃないだろうか。
④彼の予想は間違っているのではないでしょうか。

関連文型

～ではあるまいか　（N2）

［接続］N－（なの）　＋ではあるまいか
　　　　Na－（なの）＋ではあるまいか
　　　　A－い/V　＋の＋ではあるまいか

［意味］难道没有……吗？是不是……呀？比"～ではないだろうか"更为正式，常用于比较郑重的场合或书面语中。

①皆の意見を聞いてから行動する方が、妥当ではあるまいか。
②いまの教育は、「思いやりの心」を育てることを忘れているのではあるまいか。

3. ～一方（で）（N2）

本文　（略）、その一方、増加し続ける社会保障費のために苦しんでいる。

［接続］V/A　＋一方で
　　　　N－の/である＋一方で
　　　　Na－な/である＋一方で

［意味］
(1) 虽然……但是……，一方面……另一方面……。表示前后两项的对比、对照关系，经常用"その一方（で）"的形式。"一方"也可以作为接续词单独使用。
①神社は正月は忙しい一方、それ以外の日は暇らしい。
②A国は資源が豊かな一方で、それを活用できる技術がない。
③花子はみんなが帰った後も毎日残業していた。一方、桃子は定時退社し、毎晩遊びまわっていた。
(2) 在……的同时。表示前后两项同时进行。
①この辺は新しいビルが増える一方で、古い建物はどんどん壊されていく。
②彼女は学校に通う一方で、学費のためにアルバイトをしている。

関連文型

～一方だ　（N2）　第4課参照

4. ものの　（N2）

本文　これを賄うために増税すれば、国家財政は健全になるものの、景気が悪くなって逆効果をうむかもしれない。

［接続］V/A　＋ものの
　　　　N＋である　＋ものの
　　　　Na＋な/である　＋ものの

［意味］虽然……。表示逆接，后项多为消极的事情。经常使用的形式还有"とはいうものの"。
①東京大学を卒業したものの、就職難で仕事が見つからない。

②今の会社は給料は安いものの、人間関係がいいので満足している。
③今回の主題歌の作詞は共作であるものの、この作品以降の作詞は柴咲コウ自身がするようになる。
④冷凍食品は便利なものの、毎日続くと嫌になる。
⑤暖かくなってきたとはいうものの、まだまだ冬です。

5．(もしかすると/もしかしたら)～かもしれません （N3）

本文　これを賄うために増税すれば、国家財政は健全になるものの、景気が悪くなって逆効果をうむかもしれない。

［接続］N/Na/V/A ＋かもしれない/かもしれません

［意味］或许……，大概……。表示推测，不确定。口语表达可省略为"かも"。

①急行に間に合うかもしれないと思って走った。
②もしかすると、30分くらいの時間は必要かもしれません。
③もしかしたら、あの人は新しい部長かもしれません。
④あ、塩と間違えて、砂糖を入れちゃった。でも、意外とおいしいかも。

6．～によって （N3）

本文　もっとも望ましいのは、技術革新によって斬新な商品やサービスをうみだし、経済活動そのものを活性化することなのだ。

［接続］N＋によって

［意味］通过……。表示方法、手段。

①その問題は話し合いによって、解決できると思う。
②毎日、早く起きることによって、体の調子がよくなってきた。
③アンケート調査によって、社員が何に不満を感じているのか知ることができた。

7．～なら （N3）

本文　…略。あらたな経済価値が誕生するなら、活路がひらけるのではないか。

［接続］V/A ＋(の)なら
　　　　N・Na－(なの)＋なら

［意味］

(1) 表示假设。
①体が大丈夫なら、このぐらいの仕事はできる。
②外国へ行くなら、これを持って行ったほうがいい。
(2) 提起某一话题。
①風景ならスイスに及ぶ国はない。
②――夏休みは旅行したいです。
　　――夏の旅行なら沖縄がいいですよ。

8．～をめぐる・～をめぐって （N2）

本文　ポイントは、ビッグデータの利用で、われわれの生活をめぐる生産と消費のあり方が変化するということだ。

［接続］N＋をめぐる・めぐって

［意味］围绕……，就……。围绕着前项某问题，某焦点在多数人之间展开一轮争论、讨论、发表各种意见或出现了对立意见。

①多くの学校や専門家から、ゆとり教育をめぐって貴重な意見が出された。

②土地開発をめぐる意見の対立がますます激しくなってきた。
③政治献金をめぐる疑惑がマスコミに大きく取りあげられていた。

9. ～に応じる・～に応じて・～に応じた （N2）

本文　具体的には、人々の個別の細かい好みに応じた新たな消費需要を、ビッグデータの分析が掘りおこす可能性がうまれるのである。

［接続］N＋に応じる・に応じて・に応じた
［意味］按照，根据。表示根据其情况的变化相应地做出改变和调整。
①相手が事実の確認に協力しない場合には、要求に応じる必要はありません。
②実際のデータ通信料に応じて料金が決まる。
③状況に応じて、緊急対応する。
④無理をしないで体力に応じた運動をしてください。

10. ～でも/ても （N3）

本文　家電品でもクルマでも、大量生産の商品をテレビで宣伝すれば、人々に大量消費されて経済はどんどん発展する。

［接続］N・Na　＋でも
　　　　Aくても/V－ても
［意味］即使……，就算……。前面常与"どんなに""いくら""たとえ"等搭配使用。
①これは先生でも解けない小学生の国語の問題です。
②明日暇でも行きません。
③どんなに寒くても、オーバーは着ない。
④いくら説明しても、分かってくれなかった。

🏷 関連文型

～てでも （N2）

［接続］V－て＋でも
［意味］就是……也要……。表示采取强硬的手段，后文多为表示强烈愿望或坚强决心的内容。
①いざとなれば、会社を辞めてでも裁判で争うつもりだ。
②どうしても留学したい。家を売ってでも行きたいと思った。

11. ～向けだ・～向けに・～向けの （N2）

本文　こうして、個人向けのターゲティング広告をはじめ、ピンポイントにしぼったマーケティング戦略が不可欠となってくる。

［接続］N＋向けだ・向けに・向けの
［意味］面向，适合……。表示以前者为对象。
①この家は、部屋が多くて、ファミリー向けだ。
②消防庁が一般市民向けに、救命講習をwebで提供します。
③子供向けの絵本コーナーは、13番の棚にあります。
④最近では、外国人向けのWI-FIサービスが出てきている。

🏷 関連文型

～向きだ・～向きに・～向きの

［接続］N＋向きだ・向きに・向きの

［意味］
（1）朝……方向。
①物事は前向きに考えた方がいい。
②北向きの部屋は日差しが入らないので暗い。
（2）适合……。
①ヨガ教室はどちらかというと女性向きだ。
②営業の仕事には向き不向きがある。誰でも慣れるものではない。

区別文型

（1）～に向けて
［接続］N＋に向けて
［意味］为了……。表示将某事作为直接的目标。
①試験に向けて準備をする。
②来月の演奏会に向けて毎日バイオリンの練習を続けている。
（2）～に向かう
［接続］N＋に向かう
［意味］朝着，前往。
①事態は悪いほうに向かってきた。
②救助隊は直ちに遭難者の救助に向かった。

12．～をはじめ（とする／として）（N2）

本文　こうして、個人向けのターゲティング広告をはじめ、ピンポイントにしぼったマーケティング戦略が不可欠となってくる。

［接続］N＋をはじめとする／として
　　　　N＋をはじめとした＋N
［意味］以……为代表。表示从一类事物中举出一个代表性例子。
①上野動物園にはパンダをはじめ、子供たちに人気がある動物がたくさんいます。
②会議には社長をはじめとして幹部も参加し、それぞれ意見を述べた。
③結婚式には両家の両親をはじめ多くの親戚が参列した。
④社長をはじめとして、社員全員が式に出席しました。

13．～に伴う・～に伴い・～に伴って（N2）

本文　グーグル社の検索サービスに伴う広告宣伝活動が、こういう社会状況とみごとに合致していたことは言うまでもないだろう。

［接続］V－る／N　＋に伴う・伴い・伴って
［意味］
(1) 前项发生变化，后项也随之发生改变。
①人口が増えるに伴って、いろいろな問題が起こってきた。
②円高に伴い、来日する外国人旅行者が少なくなった。
③経済発展に伴う環境破壊が問題になっている。
(2) 前后两项同时发生。
①地震に伴って、火災が発生することが多い。
②自由には、それに伴う責任がある。

③マラソン大会の開催にともない、13日、14日は営業時間等が変更になります。

関連文型
～とともに （N2） 第1課参照

14．～までもない （N2）

本文　グーグル社の検索サービスに伴う広告宣伝活動が、こういう社会状況とみごとに合致していたことは言うまでもないだろう。

［接続］V＋までもない

［意味］不必……，用不着……。表示没有必要做某事。

①彼は結婚したばかりで、今幸せなのは言うまでもない。
②ここの料理は絶対においしいよ。食べるまでもない。匂いでわかる。
③他人のものを盗んではいけないことなんて、考えるまでもないことでしょう。

注　釈

1．やたら（に）
副詞。非常，过分。胡乱，任意。表示程度厉害，没有秩序，也可用"やたらと"的形式。
①今日はやたらに忙しい一日だった。
②この学校はやたらに規則を変更するので困る。

2．かえって
反而，反倒。表示结果与预料相反。
①親切で言ったつもりだが、かえって怒らせてしまったようだ。
②道が込んでいるときは、自動車より歩くほうがかえって早い。
③機能買ったカーテンはすこしは出すぎたかと思っていたが、かえって部屋が明るくなってよかった。

3．もはや
副詞。已经，是比"もう"更生硬的表达。
①少し前までは車を持つことが庶民の夢だったが、もはや一家に車二台の時代だ。
②地球の自然環境の悪化はもはや無視できないところまできている。
③長年彼のうそに騙されてきて、もはや誰一人として彼を信じるものはなかった。

4．～わたる
接尾词，接在动词"ます"形后。表示涉及和涵盖前面的所有范围。
①いつか晴れ渡る空の下でまた君に会いたい。
②プリントが全員にいきわたる。
③五臓六腑に染み渡る。

ことば

寝苦しい④	［形］	睡不着觉的，难以入睡的
気が利く	［連語］	机灵，聪敏；心细，有眼力，善于察言观色；漂亮，美观
冷凍食品⑤	［名］	冷冻食品，速冻食品
スイス①	［名］	Suisse。瑞士
ゆとり教育④	［名］	减负教育

第2章 ビッグデータ

献金⓪	[名・自サ]	捐献的金钱；捐献，捐款
疑惑⓪	[名]	疑惑，疑心，疑虑
マスコミ⓪	[名]	mass communication。（利用报纸、电视等）大规模宣传，大众传播
取り上げる④⑤	[他一]	拿起，举起；夺取，没收；采纳，提起（问题）
緊急対応⑤	[名]	紧急措施
オーバー①	[名・他サ]	over。超过；夸张
いざとなれば①	[連語]	一旦紧急，一旦发生问题，一旦有情况
裁判①	[名・他サ]	审判，理
争う③	[他五]	争夺，斗争；争论，争辩
消防庁③	[名]	消防厅（日本总务省的外设局之一）
輸出⓪	[名・他サ]	输出，出口
演奏会③	[名]	演奏会
バイオリン⓪	[名]	violin。小提琴
救助隊⓪	[名]	救护队
遭難者③	[名]	遇难者，幸存者
幹部①	[名]	干部
円高⓪	[名]	日元升值，日元汇价高
破壊⓪	[名・自他サ]	破坏
開催⓪	[名・他サ]	召开，举办，举行
五臓六腑④	[名]	五脏六腑；腹中，心中
行き渡る④	[自五]	普及，遍及
染み渡る④	[自五]	渗透，浸遍，蔓延

練習問題

I 次の文の_____の部分に入る最も適切なものを1、2、3、4から一つ選びなさい。

(1) 日本の6月は1年で一番日が暮れるのが遅くて、7時に_____暗くなりません。
　　1 なると　　　　　2 なっても　　　　　3 なって　　　　　4 なれば
(2) 保険金は被害状況_____、払われる。
　　1 にかけて　　　　2 について　　　　　3 に応じて　　　　4 につれて
(3) 私の町にはこのお寺を_____、いろいろな古い建物がある。
　　1 ぬきに　　　　　2 こめて　　　　　　3 ともなって　　　4 はじめ
(4) 母校のチームが去年の優勝校を破ったからと言って、それほど驚くには_____。
　　1 あたらない　　　2 もとづかない　　　3 そういない　　　4 たえない
(5) 上の息子は社交的だが、_____、弟のほうは引っ込み思案である。
　　1 それに　　　　　2 ものの　　　　　　3 おかげで　　　　4 一方
(6) 山本さんは、_____値段のかばんをさがしている。
　　1 気楽な　　　　　2 けんきょな　　　　3 そまつな　　　　4 手ごろな

(7) 今日の会議には、どんな手段を_____時間通りに到着しなければならない。
　　1　使ってでも　　2　使いつつ　　3　使ううちに　　4　使おうとして
(8) その島は、森林の減少_____、鳥や動物の数が減ってきている。
　　1　にともなって　　2　をたよりに　　3　をめぐって　　4　に対し
(9) 結婚をひかえ、家具はもちろん、皿やスプーンに_____新しいのを買い揃えた。
　　1　いたりで　　2　いたっては　　3　いたっても　　4　いたるまで
(10) 母が病気になり、心配_____。
　　1　てしょうがない　　　　　　2　するしょうがない
　　3　でしょうがない　　　　　　4　しょうがない
(11) 目的に_____まっすぐに進んでいるときが幸せな時だ。
　　1　あたって　　2　のって　　3　むかって　　4　あって
(12) その政治家がスピーチで言った一言_____、さまざまな議論がわき起こっている。
　　1　にあたって　　2　に加えて　　3　をめぐって　　4　をかねて
(13) 若い人に人気のあるゲームだというのでやってはみたものの、わたしには_____。
　　1　楽しめた　　　　　　　　　2　若すぎた
　　3　無理だった　　　　　　　　4　年を取っていた
(14) 現代の医学は進歩している。それに_____、平均寿命が延びている。
　　1　ともなって　　2　反して　　3　わたって　　4　比べて
(15) 旅行のプランは、お客様のご希望_____変更できます。
　　1　のことで　　2　といって　　3　をまえにして　　4　におうじて

Ⅱ　次の文の　★　に入る最もよいものを1、2、3、4から一つ選びなさい。

(1)「いやあ、_____ _____ ★ _____なんて、とても無理ですよ。」
　　1　今月中なら　　2　今週中　　3　ともかく　　4　作る
(2) そうなんだけど、友達がどうしても_____ _____ ★ _____だから、私のチケットをあげたの。
　　1　行きたい　　2　言う　　3　もの　　4　って
(3) 彼女は_____ _____ ★ _____、下を向いていた。
　　1　投資話に　　　　　　　　　2　喋り続ける
　　3　興味なさそうに　　　　　　4　銀行員の
(4) _____ _____ ★ _____大きくてとても読みやすい。
　　1　向けの　　2　字が　　3　小学生　　4　辞書は
(5) 好きになった女の子に誕生日のプレゼントを渡そうと、_____ _____ ★ _____、そのまま帰ってきてしまった。
　　1　行ったものの　　　　　　　2　恥ずかしくなり
　　3　急に　　　　　　　　　　　4　家の前まで

Ⅲ　次の文章の（　　）に入れる最も適切な言葉を、1、2、3、4から一つ選びなさい。

　105歳の日本人男性が、陸上競技の100メートルで世界記録を出した。2015年に行われたある陸上の世界大会でのことだ。「マスターズ」と呼ばれる（　1　）。日本ではまだあまり知られていないが、スポーツをいくつになっても楽しむことを目的とした大会で、陸上、水泳、テニスなど様々な競技の大会が世界中で開催されている。陸上の大会では通常5歳ごとに分けられたクラスで同年代と競う。そのため、体力が落ちて若いころのように走れなくても対等に競うことができる。つまり、105歳の男性が出した世界記録は、彼が参加したクラスにおける世界記録（　2　）。

　ある調査によると、マスターズに参加している高齢者は心と体の健康を維持しているという。運動

は心に活気を生み、記録という目標は生活の中で感じる不安やストレスを少なくするそうだ。心も体も元気な高齢者の多い社会は、高齢化社会の一つの理想である。マスターズに参加する高齢者が増えれば、この理想に近づくことができる。（　3　）、マスターズの存在が影響を与えるのは、参加者にとどまらない。参加者以外の高齢者も、同年代が記録を目指す姿を目にすることで、体を動かすきっかけや心の活力が得られるに違いない。（　4　）、マスターズが広く知られる必要がある。テレビなどで目にする機会が増えるといい。いつまでも心身ともに元気でいられる（　5　）。その社会の実現に向けて、マスターズの今後の発展が期待される。

(1) 1　大会はある　　　　2　大会がある　　　　3　大会はあるのか　　　　4　大会があるのか
(2) 1　というわけだ　　　　　　　　　　　　2　と言えないこともない
　　3　というだけではない　　　　　　　　　4　と言ってもいいぐらいだ
(3) 1　とすると　　　　2　とはいえ　　　　3　さらに　　　　4　このように
(4) 1　そうやって　　　2　そうなったら　　3　それでも　　　4　それには
(5) 1　社会　　　　　　2　社会だ　　　　　3　社会とは　　　4　社会だから

Ⅳ　各文章を読んで、以下の問いに答えなさい。答えは、1、2、3、4から最も適当なものを一つ選びなさい。

文章1

　女性の誇りは如何に質の高い愛をもらったか、如何にたくさん愛をもらったか、ということです。女性はいつの時代も愛されることに命をかけています。世界中の女性がそう思って生きているのです。ほとんど例外はありません。きれいになれたい、という女心は、愛されたいがゆえの願望です。きれいになりたくない、などと思う女性は、百人に一人いるかいないかという確率です。可愛い自分になってたくさんの男性を引き寄せ、その中から質の高い男性を選ぼうとするのが女性というものです。それが女性の戦略です。

問　「それ」は何を指しているか。
　　1　男性に愛されることに命をかけること。
　　2　たくさんの男性に愛されたいということ。
　　3　きれいになりたいという女心を見せること。
　　4　きれいになることで質の高い男性をえること。

文章2

　話しかけるタイミングの悪い人が増えた。彼らは呼吸がうまくつかめないのである。私は、これはネット社会の影響だろうと考えている。
　電子メールは便利である。メールのおかげでビジネス関連の時間、特に伝達事項にかける時間がずいぶん短縮された。こちらは、時間の余裕のある時にメールを書けばよい。相手も、時間の余裕のあるときに読めばよい。自分の都合、相手の都合、双方に利益があるのである。
　これを繰り返している自分には、相手の都合を考えなくてもよいのである。自分の都合のいい時に「伝達」が済んでしまう。ということは、相手の様子を読むトレーニングを積まなくなる。相手の呼吸に合わせるという感覚がなくなっていくのである。

問　筆者の考えとして正しいものはどれか。
　　1　電子メールが不利益をもたらしたのはネット社会の影響である。
　　2　電子メールを使い続けると、相手の呼吸がつかみにくくなる。
　　3　電子メールを使うときには、相手の呼吸をよく見て判断するべきだ。
　　4　電子メールを送るタイミングを間違えるのは、ネット社会のせいだ。

文章3

　価値の多様性ということが、最近よく言われるようになった。生き方が多様になっただけ、価値観の方も多様になってきた、というのであるが、果たしてそうだろうか。

　教育の「実情」を考えてみると、日本人すべてが、「勉強のできる子はえらい」という、一様な価値観に染まってしまっている、と言えないだろうか。親は子供の点数のみ、序列のみを評価の対象にする。少しでもよい点をとってきて少しでも上位に位する子は「よい子」なのである。教師も親ほどではないにしても、それに近いであろう。

問　筆者の考えとして正しいものはどれか。
1　最近は生き方の多様性が価値観の多様性ももたらした。
2　子どもは点数や序列という一つの価値観によって評価される。
3　日本の教育を見てみると、多様な価値観が存在している。
4　教師の価値観と親の価値観は基本的に違っていると言える。

文章4

　下の表は、あるビジネススクールのホームページである。下の問いに対する答えとして最もよいものを、1、2、3、4 から一つ選びなさい。

JBセンター

ビジネス研修のご案内

　JBセンターでは、ビジネス場面で役立つ様々なコースをご用意しております。ご希望に応じて「通学型研修」、「講師出張型研修」の二つのスタイルからお選びいただけます。

通学型研修

　JBセンターのセミナールームで受講していただくスタイルです。お一人様からでも受講可能です。

コース名	内容	開催曜日*1（9月）	受講料
A	・ビジネスマナー	①毎週　水曜 9:00〜12:00 ②毎週　金曜 13:00〜16:00	21,000 円 （3 時間）
B	・電話応対	①毎週　火曜 9:00〜12:00 ②毎週　木曜 13:00〜16:00	
C	・ビジネス文書	毎週　金曜 9:00〜12:00	
D	・ビジネスマナー ・電話応対	毎週　金曜 9:00〜16:00	35,000 円 （6 時間）
E	・ビジネスマナー ・ビジネス文書	毎週　木曜 9:00〜16:00	
F	・ビジネスマナー ・電話応対 ・ビジネス文書	毎週　月・火曜（2 日連続） 10:00〜16:00	60,000 円 （2 日間）

*1　A、Bを受講される方は、①か②のどちらかをお選びください。

第2章　ビッグデータ

> **講師出張型研修**
> 　講師が出張し、貴社内で受講していただくスタイルです。通学型研修で実施しているプログラムはもちろん、ご希望に添ったプログラムのご提案、実施が可能です[*2]。
> 　**出張可能な曜日**　月～土（日・祝日をご希望の方は可能な範囲で対応いたします。）
> 　**受講対象人数**　小人数から100名までしています。
> 　**料金**　研修内容、時間等によって異なりますが、受講者数による料金の増減はございません。
> 　　　　　貴社のご希望をお伺いした後、お見積りいたします。
> 　[*2]　講師対応の都合上、実施希望日の2か月前までのお申し込みをお願いしています。
>
> 　研修の詳しい内容、お申し込み方法は、各詳細ページをご覧ください。

問1　サラさんは、通学型研修で「ビジネスマナー」について学ぶように上司から指示された。「ビジネスマナー」が学べて、受講料が4万円以下なら、自由にコースを選んでいいと言われたので、できるだけ多くの内容を含むものを受けるつもりだ。行ける曜日は、金曜日である。サラさんの条件に最も合うコースはどれか。

　　1　A　　　　　　　2　B　　　　　　　3　C　　　　　　　4　D

問2　田中さんは、新入社員のための社内研修を企画中で、JBセンターの講師出張型研修を利用しようと思っている。申し込みに関して気をつけなければならないことは、次のうちどれか。

　　1　通学型研修のプログラムの中から内容を選ばなければならない。
　　2　研修の実施日を月曜から土曜の間で決めなければならない。
　　3　受講者が少ない場合でも、料金は変わらない。
　　4　実施日の2か月前にならなければ、申し込めない。

豆知識

意思決定の高度化をもたらすビッグデータ

　「おむつとビールの法則」をご存知でしょうか。スーパーマーケットの購買データを分析すると、おむつとビールが一緒に売れる傾向が見つかりました。そこで、子供を持つ父親がおむつを買いにきた際に、ついでにビールを購入しているという仮説を立て、おむつとビールを並べて陳列すると、売り上げが上昇したというエピソードです。このように大量のデータを分析することで、人手でのデータ分析では知り得なかった知見を得ることがビッグデータの利点と言えるでしょう。

　ビジネス・科学・公共サービスの分野では、勘・経験・度胸といった目に見えないものに頼って意思決定を行う場面がまだまだ多く見られます。人間の意思決定に、ビッグデータ分析に基づいた定量的な評価を加えることで、より良い判断が行えることが期待されています。

ビッグデーターが活用できる範囲について	
目的	例
経営戦略、事業戦略の策定	売り上げデータ等の社内情報や統計情報等の社外情報を幅広く収集・分析することによって売り上げへの影響などを予測し、注力事業の決定や戦略立案を行う。
経営や市場の調査・分析	顧客データ・販売データ・SNSへの書き込みデータなどから消費傾向を分析し、ニーズや企業への評価を把握する。

ビッグデーターが活用できる範囲について	
経営管理	経営データや売り上げデータ、各部門から上がってくるデータを分析してこれまでよりも短時間で予実管理を行う。
事務の効率化	RFIDやセンサーを取り付け稼働状況や位置情報を収集し、そのデータを活用することによって事業プロセスの効率化・最適化を行う。
基礎研究・学術研究	センサーなどから収集される大規模データを有効活用するための研究開発を行う。
在庫圧縮、最適供給	販売データや気象データなどから需要予測を行い、生産・出荷量の調整を行う。またRFIDやセンサーを取り付けてリアルタイムに在庫状況を把握する。

http://www.hitachi-solutions.co.jp/belinda/sp/special/landing01/bigdata.html より改編

第6課

オープンデータは「宝の山」だ

　官民でデータの共有化が進み、しかるべき方法で分析できるようになれば、社会や経済、商業上の問題で以前は思いつかなかった解決策が生まれるはずだ。多くの人がそう考えているが、こうした「オープンデータ」の推進派でさえ、その有益性を過小評価している傾向がある。

　実際は、誰もが利用できるオープンデータからは多くの儲かるアイデアやビジネスが生まれるだろう。既に世界40か国以上の政府が電子データ（気象記録、犯罪統計、交通情報など）の一般公開に取り組んでいる。米シンクタンクのマッキンゼー・グローバル・インスティテュートの試算では、オープンデータが生む付加価値は教育、運輸、消費財、電力、石油・ガス、医療、消費者金融の7センターだけで年間3兆ドルに上る。

　こうしたメリットは広範囲にわたる。作業効率アップのほか、商品やサービスの新規創出や質の向上という形でも表れる。例えば農業支援企業のクライメート・コーポレーションは、複数の政府機関から何十年もの気象データや農作物の収穫データなどを収集し、農家向けの収入保障保険を提供している。

　スマートフォンのアプリからリアルタイムの交通情報にアクセスし、バスの到着予定時刻や渋滞を避けるルートなどを調べることもできる。メーカーが自社製品に関するネット上のコメントを分析し、消費者のニーズに応じたビジネス・投資戦略を立てることも可能だ。

　ビジネスチャンスは至る所に転がっている。イギリス政府の支援を受けて11年に設立されたオープンデータ・インスティテュート（ODI*）は企業経営、医療、エネルギー、金融、運輸など公益に関する分野を重点的に、オープンデータを使った新ビジネスを支援しているため、企業的効果も期待できる。

　特に恩恵を受けるのは消費者だ。情報に基づいて賢い買い物をすれば、年間1兆1000億ドルの節約になる可能性もある。既に第三者が集積したデータのおかげで、複数のネットショップや実店舗の価格を比較できるようになっている。商品やサービスの質、安全性に関す

るデータ、食品の産地や生産者に関する情報などを比較できるケースも多い。

　最も効率化が求められる分野の一つは医療だろう。病院や医師は大勢の患者の治療データを共有することで、効果的な治療法を突き止めて年間約1800億ドルも節約できる可能性がある。

　ODIが支援する新興企業マストドンCは、オープンデータを使ってイギリスの国民保健サービス(NHS*)が負担した処方薬の費用を分析することで、高価な先発医薬品の代わりに安価なジェネリック医薬品を使えば1種類の薬だけでも1年間で約4億ドルの経費節減が見込めるという。

　マストドンCはまた、オープンデータを基にイギリスの病院ごとの院内感染率を公表している。その結果、イギリスの院内感染率は85％も減少するに至った。

　データの共有はエネルギーの節約にも効果的だ。自分の電気使用量を他人のそれと比べれば、温暖化ガスはもとより電気代も大幅に減らせる可能性がある。

　経営効率を上げたいエネルギー企業にはさらに有益だ。石油・ガス業界の場合、探鉱から供給まで全段階の施設の管理データを匿名化し集積して共有すれば、年間4500億ドルの経費節減が見込める。

　最後に、オープンデータの推進には社会的効果もある。例えばナイキなどのグローバルに展開する大手企業がサプライチェーンに関するデータや、自社の事業が環境に及ぼす影響について情報開示することには大きな意味があるだろう。

　その反面、オープンデータの拡散と体系化によって、企業の知的財産や一般市民の個人情報の悪用が懸念されているのも確かだ。

　年間3兆ドルの付加価値を手に入れるには、こうした問題への慎重な対応が不可欠だ。消費者と政策立案者と企業が一丸となって、個人情報と知的財産の保護に関する基本原則を確立しなければならない。

ナイジェル・シャドボルト(オープンデータ・インスティテュート共同創設者)
マイケル・チュイ(マッキンゼー・グローバル・インスティテュートのパートナー)
From Project Syndicate(http://www.project-syndicate.org/)より改編

ことば

オープンデータ⑤　　　　　　［名］　　　　　　　open data。开放数据

第2章　ビッグデータ

官民①	[名]	政府和民间
然るべき④	[名・連体]	应该,理所应当;适当的,合适的
商業①	[名]	商业
思いつく④	[他五]	想到,回想起
解決策④	[名]	解决方案
推進派⓪	[名]	主张派,推进者
有益性⓪	[名]	有益性
過小⓪	[形動]	过小
儲かる③	[自五]	赚钱;得便宜,捡便宜
気象⓪	[名]	气象;天性,秉性,脾气
統計⓪	[名・他サ]	统计
取り組む③	[自五]	努力,埋头;较量,与……为对手
シンクタンク①	[名]	think tank。智囊团,专家集团
グローバル②	[形動]	global。全球的,全世界规模的
インスティテュート⑤	[名]	institute。学会,协会;会馆,研究机关
試算⓪	[名・他サ]	试算,验算
付加②①	[名・他サ]	附加,添加,追加
運輸⓪	[名]	运输,运送,搬运
消費財③	[名]	消费品,生活资料
金融⓪	[名]	金融
兆①	[名]	万亿,兆,数的单位
メリット①	[名]	merit。优点,好处,价值
広範囲③	[名]	大范围
作業①	[名・自サ]	工作,操作
新規①	[名]	新,从新,重新;新规章
創出⓪	[名・他サ]	创造出
向上⓪	[名・自サ]	向上,提高,进步
表れる④	[自一]	表现,显出
農業①⓪	[名]	农业,农耕
支援①⓪	[名・他サ]	支援
クライメート④	[名]	climate。气候
コーポレーション④	[名]	corporation。有限公司,股份公司;法人
複数③	[名]	复数
農作物④	[名]	农作物

収穫⓪ しゅうかく	[名・他サ]	收获；收成，收割
農家①⓪ のうか	[名]	农民；农家
リアルタイム④	[名]	real time。实时，即时，第一时间
アクセス①	[名・自サ]	access。检索文件的方法；连接机场等地点的公路或铁道。利用,弄到手;(计算机)存取,选取数据
ルート①	[名]	route。道路,渠道,门路
コメント⓪	[名・自サ]	comment。评语,解说,注释,说明
ニーズ①	[名]	needs。需要,必要,要求
投資⓪ とうし	[名・他サ]	投资
転がる⓪ ころがる	[自五]	滚转；倒下，躺下
公益⓪ こうえき	[名]	公益,公共利益
恩恵⓪ おんけい	[名]	恩惠,恩德
賢い③ かしこい	[形]	聪明,高明
集積⓪ しゅうせき	[名・自他サ]	集积,集聚
実店舗③ じってんぽ	[名]	实体店
突き止める④ つきとめる	[他一]	追究,彻底查明
新興⓪ しんこう	[名]	新兴,新兴起
処方薬② しょほうやく	[名]	处方药
先発⓪ せんぱつ	[名・自サ]	先出发,先动身
医薬品⓪ いやくひん	[名]	医疗用品,医疗物资
安価① あんか	[形動]	廉价,便宜；没有价值,肤浅的
ジェネリック③	[形動]	generic。一般的,通用的；无厂家商标的
経費① けいひ	[名]	经费,开销
節減⓪ せつげん	[名・他サ]	节省,减少
感染⓪ かんせん	[名・自サ]	感染
温暖化⓪ おんだんか	[名]	温室效应
有益⓪ ゆうえき	[名・形動]	有益,有意义,有好处
探鉱⓪ たんこう	[名・自サ]	勘探,勘察
匿名⓪ とくめい	[名]	匿名
推進⓪ すいしん	[名・他サ]	推进,推动
サプライチェーン⑤	[名]	supply chain。供应链
拡散⓪ かくさん	[名]	扩散
体系化⓪ たいけいか	[名]	系统化
知的財産④ ちてきざいさん	[名]	知识产权

第 2 章　ビッグデータ

悪用⓪	[名・他サ]	滥用,胡用
懸念⓪①	[名・他サ]	惦记,担忧；固执,执念
慎重⓪	[名・形動]	慎重,谨慎
立案者③	[名]	立案者
一丸⓪②	[名]	一个整体,抱团

🔊 内容理解

Ⅰ　次の質問を考えてみてください。
(1) オープンデータにはどのようなメリットがありますか。
(2) オープンデータは経営効率を上げたいエネルギー企業に利益があるという。例をあげてください。
(3) 「ODI」は何の組織ですか。

Ⅱ　本文の内容と合っているものに〇、違っているものに×をつけてください。
(1) オープンデータの推進には社会的効果がある。しかし、オープンデータの拡散と体系化によって、企業の知的財産や一般市民の個人情報の悪用もあります。（　　）
(2) ODIはオープンデータを基にイギリスの病院ごとの院内感染率を公表している。その結果、イギリスの院内感染率は85％も減少するに至りました。（　　）
(3) スマートフォンのアプリから先日の交通情報しかアクセスできません。（　　）

Ⅲ　適当な言葉を選んで、＿＿＿に入れてください。

〜〜〜〜〜〜〜〜〜〜〜〜〜〜〜〜〜〜〜〜〜〜〜〜〜〜〜〜〜〜〜
　　例えば　　さらに　　もとより　　によって　　に関する
〜〜〜〜〜〜〜〜〜〜〜〜〜〜〜〜〜〜〜〜〜〜〜〜〜〜〜〜〜〜〜

　データの共有はエネルギーの節約にも効果的だ。自分の電気使用量を他人のそれと比べれば、温暖化ガスは＿＿＿電気代も大幅に減らせる可能性がある。

　経営効率を上げたいエネルギー企業には＿＿＿有益だ。石油・ガス業界の場合、探鉱から供給まで全段階の施設の管理データを匿名化し集積して共有すれば、年間4500億ドルの経費節減が見込める。

　最後に、オープンデータの推進には社会的効果もある。＿＿＿ナイキなどのグローバルに展開する大手企業がサプライチェーン＿＿＿データや、自社の事業が環境に及ぼす影響について情報開示することには大きな意味があるだろう。

　その反面、オープンデータの拡散と体系化＿＿＿、企業の知的財産や一般市民の個人情報の悪用が懸念されているのも確かだ。

Ⅳ　正しい言葉を一つ選んでください。
(1) 市役所には騒音などの迷惑行為に対する＿＿＿が寄せられる。
　　1　苦情　　　　2　悪意　　　　3　不便　　　　4　多難
(2) この資格を持っていると就職に＿＿＿になると聞いた。
　　1　先着　　　　2　優先　　　　3　強力　　　　4　有利
(3) 全員＿＿＿となって難局を切り抜ける。
　　1　一応　　　　2　一丸　　　　3　一括　　　　4　一気
(4) ドル高を＿＿＿外貨預金をする。
　　1　見て　　　　2　見上げて　　3　見つけて　　4　見込んで

(5) 電車に遅れそうだったが、＿＿＿＿＿＿間に合って何とか乗れた。
　　1　ばったり　　　　2　ぐっすり　　　　3　ぎりぎり　　　　4　がらがら
(6) あの政治家は記者会見に元気な様子で現れて、病気だといううわさを＿＿＿＿＿＿。
　　1　入れ替えた　　　2　打ち消した　　　3　追い返した　　　4　差し引いた
(7) 買い物に行くのに財布を忘れてしまうとは、山口さんは本当に＿＿＿＿＿＿人だ。
　　1　たのもしい　　　2　そうぞうしい　　3　あつかましい　　4　そそっかしい
(8) 雑誌に新しい広告を出して、わが社の商品の良さを消費者にもっと＿＿＿＿＿＿したい。
　　1　アピール　　　　2　インストール　　3　チャージ　　　　4　セット

文型

1．～はずだ　（N3）

本文　官民でデータの共有化が進み、しかるべき方法で分析できるようになれば、社会や経済や商業上の問題で以前は思いつかなかった解決策が生まれるはずだ。

［接続］A—い/Na—な/N—の/V　＋はずだ

［意味］应该……，会……。表示按常理进行的推测。

①夕日がきれいなので明日は天気がいいはずだ。
②黒田さんは毎日ジョギングをしていますから、ジョギングが好きなはずです。
③先生の電話番号は080－1234－5678のはずです。
④両親はもう知っているはずなのに、わざと知らないふりをしている。

関連文型

～はずがない　（N3）

［接続］A—い/Na—な/N—の/V　＋はずがない

［意味］不会……，不可能……。表示没有可能性，可以和"～わけがない"互换。

①それを失敗するなんて、彼が賢いはずがない。
②彼が試験に落ちたって？ そんなはずはない。
③あんたは空腹のはずがない。少し前に軽食をとったんだからな。
④漢字を1日に100字も覚えられるはずがない。

2．～ほか（に）

本文　作業効率アップのほか、商品やサービスの新規創出や質の向上という形でも表れる。

［接続］N—の/V＋ほか

［意味］除了……以外。

①日本では、茶道のほかに生け花も習った。
②君のほかにこの仕事を任せられる人はいない。
③明日は歯医者に行くほかは、特に用事はない。

関連文型

（1）～ほかでもない

［接続］（文）＋ほかでもない＋文

［意味］不是别的，正是……。表示强调，表达十分肯定的语气。

①地球環境を破壊しているのは、ほかでもない、われわれ人類だ。
②ほかでもない、働かざるを得ないから働くのだ。

③彼がそういうことを言ったのはほかでもない、責任逃れをしようと思ってのことだ。

（2）〜よりほか（に/は）ない　（N2）

[接続] V＋よりほか（に/は）ない

[意味] 只好……，只能……。表示除此之外没有其他途径或方法。

①自立するためにはまず両親のもとを離れるよりほかない。

②拗れた離婚問題は家庭裁判所の調停に従うよりほかにない。

③気がすすまないのなら、この結婚は断るよりほかはない。

（3）〜にほかならない　（N2）

[接続] N＋にほかならない

[意味] 正是……，不外乎是……。

①彼が今日成功を収めたのは、長年の苦労の結果にほかならない。

②彼の証言は、真っ赤な嘘にほかならない。

③離婚の原因は性格の不一致にほかならない。

3. 〜に関する・〜に関して（は/も）　（N3）

本文　メーカーが自社製品に関するネット上のコメントを分析し、消費者のニーズに応じたビジネス・投資戦略を立てることも可能だ。

[接続] N＋に関する/に関して

[意味] 书面语。表示与后述动作、状态有关或表示后述事项涉及的对象等，可译为"关于"等。"〜に関して"与"〜について"用法相似，但前者较后者语气郑重。

①双方は国際問題に関して意見を交換した。

②経済に関する本はたくさんある。

③そのことに関して私は何も知らない。

④この件に関しては保留させてください。

関連文型

〜について　（N3）　第4課参照

4. 〜かわりに　（N3）

本文　高価な先発医薬品の代わりに安価なジェネリック医薬品を使えば1種類の薬だけでも1年間で約4億ドルの経費節減が見込めるという。

[接続] N－の/A－い/V　＋代わりに

[意味]

(1) 代替，代理。

①社長の代わりに、私がパーティーに出席した。

②毎日コーヒーの代わりに、台湾茶を飲んでいる。

(2) 表示作为补偿或交换。

①昨日残業した代わりに、今日は少し早く帰っていいと言われた。

②じゃあ、今日は僕が作る代わりに、あした風邪が治ったら君が料理が作るんだぞ。

(3) 虽然……但是……。

①その家は広くない代わりに、とても日当たりがいい。

②彼女のような生き方をしていたんでは、大きな失敗もしない代わりに、胸を踊るような経験もないだろうね。

🏷️ 関連文型

～にかわって （N3）

［接続］N＋にかわって

［意味］代替，替。

①母にかわって、私があいさつします。

②急病の友達にかわって、彼が出席した。

5. ～をもとに(して) （N2）

本文　マストドンCはまた、オープンデータを基にイギリスの病院ごとの院内感染率を公表している。

［接続］N＋をもとに(して)

［意味］以……为基础，以……为依据。

①この映画は実際にあった事件をもとにして作られたものです。

②あれは、イタリアの建築技術をもとにして建てられた教会だ。

③成績をもとに、各自志望校を決めてください。

④この小説は被災者の実体験をもとにしたものだ。

6. ～に至る （N1）

本文　その結果、イギリスの院内感染率は85％も減少するに至った。

［接続］V－る/N　＋に至る

［意味］直到……，达到……阶段。表示经历过一定的过程到达了某种结果和程度。

①4月から8月に至る5か月間だ。

②この川は大草原を横切って流れ、やがては海に至った。

③事故の被害は次第に広がり、ついに被害者は20人を出すに至った。

④企業倒産に至ったその責任は、社長である私にある。

🏷️ 関連文型

（1）～に至って(は/も) （N1）

［接続］V－る/N　＋に至って

［意味］「～に至っては」:"至于……，谈到……"。表示既然已经到了这样的地步，某种极端的程度……。

　　　　「～に至っても」:就算是达到了某种程度，也(不)……

①事ここに至ってはもう手の打ちようがない。

②その日は遅刻する人が多く、田中さんに至っては1時間も遅れて来た。

③会議は紛糾し、深夜に至っても結論が出ない。

④ひどい症状が出るに至っても、彼女は病院へ行こうとしなかった。

（2）～に至らず・～に至らない・至らぬ （N1）

［接続］V－る/N　＋に至らず・至らない・至らぬ

［意味］不至于……，没到……的地步。表示事情没有达到某种程度或地步。

①手術するまでには至らないが、通院治療を要する。

②事は無事に済んだ。大事に至らずに済んだ。

③大事に至らぬうちに火事を消し止める。

7. ～はもとより （N2）

本文　自分の電気使用量他人のそれと比べれば、温暖化ガスはもとより電気代も大幅に減らせる可能性がある。

[接続] N+はもとより

[意味]……是当然的,……自不必说。表示前项为理所当然的,后者也是如此。

①最近の子どもたちは学校はもとより塾へも通わせられている。
②田中先生には勉強はもとより恋人やアルバイトの相談もできる。
③わたしはスポーツが全然だめだ。サッカーはもとより、ピンポンもできないんです。
④漫画の種類が増えている。子供のためのものはもとより、大人が読むための歴史や経済の漫画もよく見かける。

注 釈

1. 至る所

副词。无论哪里,到处,处处。
①部屋中至る所ほこりだらけだ。
②市内の至る所に自転車が放置されている。
③わが社の製品は世界のいたるところで、多くの人に愛用されている。
④危険物はいたるところに存在します。

2. 既に

副词。已经,业已。
①これは既に周知の事実となっている。
②このことは既にご存じだと思います。
③既に手遅れだ。
④私が着いた時には彼らは既に出発していた。

関連用語

* ODI

The Open Data Institute 的缩写,在英国政府支持下建立的世界上首个开放式数据研究所 ODI(The Open Data Institute),首批注资十万英镑。这是英国政府研究和利用开放式数据方面的一次里程碑式发展。未来,英国政府将通过这个组织来利用和挖掘公开数据的商业潜力,并为英国公共部门、学术机构等方面的创新发展提供"孵化环境",同时为国家可持续发展政策提供进一步的帮助。

* NHS

National Health Service,即英国国家医疗服务体系。这个体系一直承担着保障英国全民公费医疗和保健的重任,遵行救济贫民的选择性原则,并提倡了普遍性原则。

ことば

夕日 ①	[名]	夕阳
自立 ⓪	[名・自サ]	自立,独立
拗れる ③	[自一]	(事物)复杂化,恶化;(病)缠绵难愈;别扭,乖僻
裁判所 ⑤⓪	[名]	法院,法庭
調停 ⓪	[名・他サ]	调停,调解
気が進む	[連語]	起劲

収める③	[他一]	收存，放进；控制；交纳，缴纳
証言③⓪	[名・他サ]	证言；作证
日当たり⓪④	[名]	向阳；日照
兼業⓪	[名・他サ]	副业；兼营，兼业
双方⓪	[名]	双方，两方
志望校②	[名]	志愿学校，想上的学校
手遅②	[名]	耽误，为时已晚，错过时机
埃⓪	[名]	灰尘，尘土，灰尘
だらけ①	[接尾]	满是，净是，全是
放置①⓪	[名・他サ]	放置，搁置，置之不理

練習問題

Ⅰ 次の文の_____の部分に入る最も適切なものを1、2、3、4から一つ選びなさい。

(1) 田中さんが、病気の子供を一人で家においておく_____。
　　1　ことでもない　　　　　　　　　　2　ものにはしない
　　3　ほかではない　　　　　　　　　　4　はずがない

(2) このイベントが成功したのは、周囲の支援とメンバー全員の努力の結果_____。
　　1　になくてはならない　　　　　　　2　にあたらない
　　3　にほかならない　　　　　　　　　4　にすぎない

(3) 昨日見たドラマは、実際にあった話を_____作られたそうだ。
　　1　もとに　　　　2　通して　　　　3　問わず　　　　4　めぐって

(4) この国の経済_____、今後も注目していく必要がある。
　　1　にあたっては　　　　　　　　　　2　に関しては
　　3　にかけては　　　　　　　　　　　4　に際しては

(5) スーツケースを貸す_____食事をごちそうしてもらった。
　　1　ほどに　　　　2　あまりに　　　3　とたんに　　　4　かわりに

(6) ワープロは_____、タイプライターすら使ったことがない、いつも手書きだ。
　　1　もとより　　　2　もとには　　　3　もとまで　　　4　もとでは

(7) ──ねえねえ、夏休みのキャンプ、楽しみだね。
　　──うん。早く夏休みに_____。
　　1　なるかな　　　　　　　　　　　　2　ならないかな
　　3　なるんだね　　　　　　　　　　　4　ならないんだね

(8) 最終電車に乗り遅れてしまったので、歩いて帰る_____。
　　1　あるまい　　　　　　　　　　　　2　ほかはない
　　3　ものではない　　　　　　　　　　4　かもしれません

(9) この辺りは、春はお花見、夏は川遊び、秋は紅葉、冬はスキー_____、1年中自然を楽しむことができます。
　　1　のことかと　　　　　　　　　　　2　かのように
　　3　ということと　　　　　　　　　　4　というように

(10) きれいな鳥がいたので写真を撮りたかったが、かばんからカメラを＿＿＿＿飛んでいってしまった。
　　1　取り出そうとしたまま　　　　　　　　2　取り出すようにしたまま
　　3　取り出そうとしているうちに　　　　　4　取り出すようにしているうちに
(11) 電車はすぐ来る＿＿＿＿です。この時間は、2分に1本ぐらい来ますからね。
　　1　はず　　　　　2　もの　　　　　3　こと　　　　　4　わけ
(12) みんなに知られたからには白状する＿＿＿＿。
　　1　ほかはない　　　　　　　　　　　　　2　に過ぎない
　　3　ところだ　　　　　　　　　　　　　　4　ものだ
(13) 「東京マラソン」には、日本人は＿＿＿＿世界中から参加者が集まります。
　　1　もとより　　　　　　　　　　　　　　2　ものより
　　3　もとに　　　　　　　　　　　　　　　4　もはや
(14) 先生「皆さん、海や川に落ちてしまったときは、無理に＿＿＿＿、仰向けになって、浮かんで助けを待つことが大切です。」
　　1　泳げなくなると　　　　　　　　　　　2　泳ごうとしないので
　　3　泳げなくなって　　　　　　　　　　　4　泳ごうとしないで
(15) (夕食時に)妻「ねえ、このスープ、レシピ通りに作ったんだけど、どう？ 味、薄くない？ もう少し塩を＿＿＿＿。」夫「ううん、ちょうどいいよ。」
　　1　入れたことはよかったね　　　　　　　2　入れたからよかったなあ
　　3　入れたほうがよかったかな　　　　　　4　入れたところがよかったよね

Ⅱ　次の文の　＿★＿　に入る最もよいものを1、2、3、4から一つ選びなさい。
(1) 良い＿＿＿＿　★　＿＿＿＿＿＿＿＿増加は期待できない。
　　1　その良さが　　　　　　　　　　　　　2　客に伝わらなければ
　　3　売り上げの　　　　　　　　　　　　　4　商品やサービスであっても
(2) 先輩の家にはオルガンがある。5年前に＿＿＿＿　★　＿＿＿＿だと言っていた。
　　1　もらったときに　　　　　　　　　　　2　一度弾いたきり
　　3　海外に引っ越した　　　　　　　　　　4　友達からもらったもので
(3) 雑誌か＿＿＿＿　★　＿＿＿＿人との出会いだとインタビューに答えていたのを見て、本当にそうだなと思った。
　　1　自分にとって　　　　　　　　　　　　2　何かで
　　3　人生で一番大切なのは　　　　　　　　4　誰かが
(4) なかなか＿＿＿＿＿＿＿＿　★　＿＿＿＿行けることになった。
　　1　ようやく　　　　　　　　　　　　　　2　行けなかった
　　3　レストランに　　　　　　　　　　　　4　予約がとれなくて
(5) なぜときどき駅ですれ違う＿＿＿＿＿＿＿＿　★　＿＿＿＿自分でもよくわからない。
　　1　だけの　　　　　　　　　　　　　　　2　こんなに気になる
　　3　のか　　　　　　　　　　　　　　　　4　彼女のことが

Ⅲ　次の文章の(　)に入れる最も適切な言葉を、1、2、3、4から一つ選びなさい。
　以下は、ある子供雑誌に寄せられた質問と、質問に対する回答である。
　　◇質問◇　鳥はなぜ飛べるのですか。人間も翼をつけたら、飛べますか。(草太　小3)
　　◇回答◇　空を飛ぶためには体が軽いことが大切です。(　1　)、空を飛ぶ鳥は、体や翼の大きさのわりには、体がとても軽くできているのです。例えば、コンドルという鳥は、翼の長さ(左右の翼を広げた

ときの翼の先から先までの長さ）が3mほどもありますが、体重は10～15kgしかありません。鳥が重そうに見えるのは、羽が膨らんでいるからで、本当はとても細い体をしています。そして、鳥の骨は細く、骨の中はトンネルのような空洞の状態になっているため、軽いのです。でも草太君は、もしかしたら「それなら人間は、体重に合わせて大きい翼をつければいい。」と思うかもしれませんね。では、翼はどのくらいの（　2　）。ある説によると、体重60kgの人間が飛ぶのに必要な翼の長さは、約34mだそうです。長さ10mの大型バスを3台並べたときの長さよりも長いわけです。（　3　）は人間にはとても動かせませんよね。鳥が体のわりに大きな翼を動かせるのは、胸の筋肉が大変発達しているからです。鳥の胸の筋肉は、体重の約35％を占めると言われています。そのため、鳥は翼を強く動かすことができるのです。そのほかにも、鳥の体は表面の羽がなめらかで、空気の抵抗を受けにくい形になっています。（　4　）、鳥は、単に翼があるから飛べるのではなく、いろいろな点で体全体が飛ぶのに最適な構造になっていることがわかりますね。鳥は飛ぶために進化してきたのです。残念ながら、人間は、翼をつけただけでは飛ぶのは（　5　）。

(1) 1　一方　　　　　　　　　2　実は　　　　　　　　3　ところが　　　　　　　4　なぜなら
(2) 1　長さがあるのでしょう　　　　　　　　　　　2　長さになりましたか
　　3　長さだと言いましたか　　　　　　　　　　　4　長さが要るのでしょう
(3) 1　翼　　　　　　　　　　　　　　　　　　　　2　そんなに大きな翼
　　3　こっちの翼　　　　　　　　　　　　　　　　4　あのような大きな翼
(4) 1　これに対して　　　　　　　　　　　　　　　2　最初に述べたように
　　3　こうして見てみると　　　　　　　　　　　　4　最後の結論から
(5) 1　難しそうです　　　　　　　　　　　　　　　2　難しいからです
　　3　難しくなってきたらしいです　　　　　　　　4　難しくなってしまうためです

IV　各文章を読んで、以下の問いに答えなさい。答えは、1、2、3、4から最も適当なものを一つ選びなさい。

文章1

　俺の今日の夕食はヒレカツ弁当だった。いつもはせいぜい鶏そぼろか幕の内なんだけど、店長が帰りしな（注1）、にこにこ笑って言ってったのだ。「林君、今日はヒレカツ弁当を食べていいぞ。クリスマスなんだからな」って。ありがとうございますって言ったけどさ、何ていうか、クリスマスイブのヒレカツ弁当はかえって侘しかったな。

　今年の場合、バイトがなくても他に予定があるわけじゃなかったし、店長のせいで侘しい（注2）わけじゃないけどね。①それにしてもばかばかしいよな。何でクリスマスだと俺が侘しくならなきゃいけないのかな。おめでたい日なのにさ。イエス様の誕生日、生きてたらいくつになるんだろう。天にまします（注3）イエス様、見えますか。僕は健気（注4）に働く勤労学生です。もしも哀れに思し召す（注5）なら、②願いの一つも叶えてください。たとえば英文科の加藤さんが突然何か買いに現れるとか――まさかね。

　時計は午後十時を指している。客がとだえたので、俺はモップをひっぱりだして床をふく。結構きれい好きなんだ。汚れた靴で足跡なんてつけられると、早くふきたくて③うずうずする。

　ドアの開く音、四、五人の集団客の気配。

　「いらっしゃいませ」

　反射的に明るい声をだし、俺って軽薄（注6）だな、と思った。レジに戻ると、客は男女4人組、どう見ても16歳、二輪免許とりたてって感じのガキどもだった。大声で騒ぎながらお決まりの品物をカゴに入れていく。もっともチキンのかわりにポテトチップス、シャンパンのかわりにコークのペットボトルを買うあたり、やっぱり高校生のチョイスだな。え？コーンフレークと牛乳も買うの？おいおい、泊まっ

ちゃう気か。いいのかよ。女の子たち、家の人には何て言ってきたんだ。
　…何やってんだ、俺。大きなお世話だよな。ガキのプライバシーを詮索する(注7)なんて。あー、情けない。

(注1) 帰りしな：帰るときに
(注2) 侘しい：さびしい、貧しい感じがすること。
(注3) まします：「在す」の尊敬語。いらっしゃる。
(注4) 健気：一生懸命やっている様子
(注5) 思し召す：思っていらっしゃる
(注6) 軽薄：軽い感じで、考えが深くない様子
(注7) 詮索する：細かく事情を聞いたり調べたりする

問1　①「それにしてもばかばかしい」とは、何がばかばかしいのか。
　1　クリスマスはおめでたい日なのに、自分は予定がなくてさびしい気持ちになること。
　2　店長がヒレカツ弁当を食べてもいいと言ったが、他の弁当とあまり差がないこと。
　3　クリスマスにアルバイト先で、どんな夕食をとるかあれこれ迷うこと。
　4　イエスは昔の人なので、会えるはずもないのに何か願いごとをしようとすること。

問2　俺の②「願い」とはどのような内容ですか。
　1　おいしくて豪華な夕食を食べること。
　2　憧れの加藤さんがこの店にくること。
　3　楽でお金のもらえるアルバイトをすること。
　4　クリスマスにきれいな女性と出会うこと。

問3　③「うずうずする」とはどのような意味ですか。
　1　すぐにやりたいのをおさえている落ち着かない気持ち。
　2　時間が過ぎていくのを感じて残念に思うこと。
　3　早く仕事を片付けたくていらいらするような気持ち。
　4　汚いことが嫌いで、いつもきれいにしたいという気持ち。

文章2

A

　かつては、演劇の公演は生で鑑賞することが一般的だったが、最近は、自宅で公演のビデオやDVDを鑑賞する人が増えている。これらの映像は、何台ものカメラを使い、出演者の表情を近くから映したりステージ全体をとらえたりしているので、会場に行かなくても十分に楽しめるというのだ。しかし、生の公演を鑑賞することの良さの一つに、自分の視点で楽しめるということがある。ビデオやDVDの映像は他人の視点で切り取られたものなので、自分が本当に見たい部分だとは限らない。私はやはり生で、好きな出演者の姿を追い続けるなど自由に鑑賞するのが面白いと思う。

B

　先日、劇場で演劇を鑑賞する機会があった。久しぶりに生で鑑賞して、会場でしか得られないものがあると気づいた。それは出演者と観客との一体感から生まれる感動だ。出演者の素晴らしい演技を見て、観客が泣いたり笑ったりする。観客が出演者に声援を送ることもある。このように会場が一つになったときの感動は、その場にいる人にしか得られない特別な感動だろう。最近は、多くの公演がインターネットやDVDなどで自宅でも鑑賞できるようになった。自宅

で鑑賞するほうが楽だと言って、生の公演を鑑賞しない人も増えている。しかし自宅での鑑賞では、演技の素晴らしさは分かっても、会場の一体感は感じられない。私はあの感動を味わうため、またぜひ生の公演を鑑賞したいと思う。

問1　最近の演劇の鑑賞の仕方について、AとBで共通して述べられている変化は何か。
1　自宅で鑑賞するのを好む人が増えている。
2　自宅で鑑賞しても生で鑑賞しても同じだという人が増えている。
3　生で鑑賞しなければ楽しめないという人が増えている。
4　生で鑑賞するだけでなく、自宅でも鑑賞する人が増えている。

問2　生で演劇を鑑賞することの良さについて、AとBはどのように述べているか。
1　AもBも、会場独特の緊張感が伝わってくることだと述べている。
2　AもBも、思いがけない発見があることだと述べている。
3　Aは見たいものを自由に鑑賞できることだと述べ、Bは出演者の演技の素晴らしさが実感できることだと述べている。
4　Aは自身の視点で鑑賞できることだと述べ、Bは出演者と観客との一体感を味わえることだと述べている。

豆知識

データの活用——「会議の支援」

　世界最大の一般消費財メーカーであるプロクター・アンド・ギャンブル(P&G)は、会議の質を上げるためにITとデータの活用を進めてきました。その一例が、「ビジネス・スフェア」です。ビジネス・スフェアは「意思決定を行うための会議室」であり、役員と一部の限られた社員だけが利用します。この部屋には、多数の大型ディスプレイが壁に配置されており、参加者が必要に応じて必要な様々な社内データを参照できるようになっています。

　ただのハコモノだけが提供されるのではなく、ビジネスアナリストと呼ばれる分析スタッフのサポートがセットで機能していることが特徴です。「(ビジネスアナリストは)担当者が勘で導き出す選択肢だけではない、幅広いオプションを提供する。そうすることで、意思決定がより確からしいものになっていく」としています。「分析者が意思決定者を支援する」という構図といえるでしょう。ビジネスアナリストの評価は導入したシステムの利用率や満足度によって決定する、という徹底ぶりです。

　このようなビジネス・スフェアは、世界各国の拠点に50以上設置されており、それらは相互に接続され、共有されるデータの量は200テラバイトにのぼります。これにより各拠点に生産計画などが共有され、業務の効率化が実現されるのです。ビジネス・スフェアでのある意思決定は、在庫の25％削減を実現し、数千万ドルの経済効果をもたらしました。

　ビジネス・スフェアの事例は、主として会議の対象となる議題や仮説の洗練と、判断をするための支援が中心となっています。つまり、少なくとも「何を決めなければならないか」がわかっている人を対象としたものです。なんとなく報告をしあうだけの会議を常日頃からしている人であれば、この会議室を使いこなすことはできないでしょう。そもそもビジネス・スフェアの利用者として想定しているのが、P&Gのなかでも役員層と一部のスタッフという意思決定の手だれであることもひとつの理由といえます。

デーヴィス・ダイアー『P&Gウェイ：世界最大の消費財メーカー P&Gのブランディングの軌跡』東洋経済新聞社より改編

課外読解 2

今更聞けないビッグデータの基礎と業界別の活用事例 15 選

　ビッグデータが巷を賑わせていますが、どんな情報をどのように利用しているのかという実態が理解されていないため、ビッグデータ活用への疑問の声が聞かれます。ビッグデータの価値は大量のデータから新しい知見をもたらし、医療や都市計画といった社会問題を解決する点にあります。本記事では、各業界の最新事例からビッグデータが社会にもたらす価値を紹介します。

通信：スマホ接続率向上を実現したソフトバンク

　ソフトバンクのデータ通信は"つながりにくい"とのネガティブな評価を受けることが多く、顧客満足度の向上が課題でした。ソフトバンクはスマートフォンから位置情報や接続状況などの個人情報を除いたデータを収集し、"つながりにくい"地域の特定を行ったのです。月間 3 億件とも言われるデータに基づいて接続状況を改善し、「接続率ナンバーワン」の座を獲得しました。

金融：「顧客の声」を活用する三井住友銀行

　店舗やコールセンターには大量の「顧客の声」が寄せられ、音声やテキストで保存することができますが、年間 3 万 5 千件ものデータを手作業で処理するには限界がありました。三井住友銀行では好意的・否定的な意味を持った文章を抽出したり、商品やサービスに関する意見の増減を調べたりすることで、迅速に顧客サービスを改善することに成功しました。

交通：事故と渋滞を軽減する本田技研工業

　カーナビに通信機能を加えたサービス「インターナビ」登録者数 200 万人を超えました。会員車両から毎月 1 億キロに上る走行データを収集・分析することで、渋滞を回避するルート案内の提供や交通事故多発地域の特定による交通安全対策への提言など、社会に価値あるサービスを実現しています。東日本大震災発生時には被災地域の住民や救援者の移動を助

けるために走行実績データを公開し、災害対策活動に大きく貢献しました。

流通：10％以上の省エネ効果を達成した日本郵船

　SIMS(Ship Information Management System)の導入によりエンジンの回転数や燃料消費量などの船舶データと外部データを組み合わせて運行・配船を効率化し約10％の省エネ効果を達成しました。

運輸：グループ連携で顧客サービス向上を図る遠州鉄道

　浜松市の約半数50万人をポイントカード利用者として持つ遠州鉄道は、鉄道・タクシー・デパート・ガソリンスタンド・宿泊施設などを運営するグループ企業です。顧客へのおすすめキャンペーンだけでなく、利用状況に基づいたバスの運行計画最適化にもビッグデータ分析を活用しています。

小売：コンビニ立地の最適化を進めるサークルKサンクス

　コンビニの成功は立地に大きく影響されますが、従来、出店計画はベテラン社員の経験に依存していました。人口、就業者数、交通量、店舗のサイズといった多種のデータを分析し、社員の定性的な評価と組み合わせることで、最適な立地をはじき出すことが可能になったのです。

製造：飲料販売時の配置を決定するダイドードリンコ

　ダイドードリンコでは、自動販売機にて飲料を販売する際の商品サンプルの配置を「アイトラッキング・データ」を元に決定しています。「アイトラッキング・データ」は、実際の自動販売機で商品を購入する際に顧客がどこを見て商品を認識しているのかを表すデータで、消費者行動に関するデータの種類を増やすことができ、分析の効果が上昇しました。

医療：手術プロセスと経営管理を最適化する岐阜大学付属病院

　大量なデータが存在する医療分野はビッグデータによる高度化が期待される分野です。50万人に上る患者の診療実績や年間4000件の手術データを解析することで、再手術の割合を3割削減や、薬剤費の最適化により年間2億円の医療費削減を実現といった大きな成果を上げました。

公共：5万トンのCO_2削減を目指す柏市

　ビッグデータによって高度な都市計画を進める取り組みは「スマートシティ」と呼ばれています。柏市では、道路に設置されたカメラやナンバープレート識別センサーなどから交通状況の監視を行いCO_2算出を行うスマートシティの取り組みを行っています。乗合バスや自

転車共同利用サービスの運営などを組み合わせることで、CO_2の削減を実現する計画です。ビッグデータによって、人々に気づきを与え、行動の変化を促すことを狙っています。

農業：農業情報サービスを提供するIHI

専用のカメラで撮影した画像から植物の活性度合いを把握し、小麦などの農作物の生育状況を把握することができるので、生育の状態に合わせ、適切な作業を行うことができ、収量の安定化につながっています。

金融：リスク管理を高度化する東邦銀行

窓口取引、ATM、インターネット取引など、年間数億件の取引が銀行では行われています。ビッグデータ分析を行うことで、事務処理のミスや不正を暴いたり、マネーロンダリングや反社会的取引の特定を行ったりすることが可能になりました。

電力：スマートメーターにより適切な設備コストを算出している関西電力

電力量計に通信機能を搭載したスマートメーターを活用し、メーターからのデータをデータセンターに集約、このデータを活用して、ウェブを通じ電力使用量や電気料金を見える化するサービス「はぴみる電」を展開している。また、変圧器等の容量について必要十分なサイズに縮小することができるため、年間10億円程度の効率化を見込んでいます。

飲食：ICタグにより正確な需要予測を出したあきんどスシロー

お皿につけてICタグによる鮮度管理により、いつレーンに流したかを把握し、鮮度管理を徹底しています。タッチパネルを用いた大人、子供の人数管理によりリアルタイムでの需要予測を実施しています。

公共：犯罪予測により治安を改善したサンタクルーズ市警

米カリフォルニア州サンタクルーズ市では、犯罪が発生するリスクの高い場所や時間帯を予測し、犯罪を未然に防いだり、犯人を迅速に逮捕したりする試みを行っています。犯罪発生率、前科者の有無、街頭の有無などを分析することで、重点警戒地域を特定し、結果として17％の犯罪発生件数減少を実現しました。

ビックデータを活用する際に注意すべき点

ビッグデータの活用を進める企業が増えていく中で、注意するべき点があります。それは、相関関係よりも因果関係を見つけることが大事だということです。

相関関係とは、例えば気温が上昇すると冷たい飲み物の販売が伸びるように、いくつかの事象がそれぞれ関係性を持っている状態のことを指します。ただ、相関関係では、何がその

効果をもたらしたのかはっきりとさせることは難しいと言われています。先ほどの例だと販売が伸びたのは商品の配置が影響しているかもしれませんし新しいキャンペーンやCMの効果かもしれません。このように明確に〇〇だからこうなった、ということが難しいのが相関関係です。

　因果関係とは、原"因"と結"果"が明確にわかっている状態を指します。

　ビッグデータはいろいろなデータを集めますが、一見すると因果関係がありそうです。実は明確にはできず相関関係で止まってしまうこともあります。活用するためには何が因果関係であるのかをはっきりさせることが重要です。

　ビッグデータは人間では気付けなかった新しい知見をもたらし、単なるマーケティングツールではなく、様々な社会問題への解決に寄与しています。ビッグデータの価値を正しく理解し、上手に活用していく態度が求められているのかもしれません。

https://blog.codecamp.jp/bigdata より改編

📢 ことば

語	品詞	意味
巷⓪①	[名]	社会，民间；街道，繁华街；地方，场所
知見⓪	[名]	实地观察得到的知识，见识，见解
ネガティブ①	[名・形動]	negative，底片，用作底片的胶卷。否定的，消极的
顧客⓪	[名]	顾客，主顾
ナンバーワン⑤	[名]	number one。第一，第一号，第一名
獲得⓪	[名・他サ]	获得，取得，争取
店舗①	[名]	店铺，商店，铺子
コールセンター④	[名]	call center，呼叫中心，客户服务中心
迅速⓪	[名・形動]	迅速
軽減⓪	[名・他サ]	减轻
カーナビ⓪	[名]	car navigation，汽车导航系统
救援者③	[名]	救援人员
貢献⓪	[名・自サ]	贡献。贡献
船舶①	[名]	船的总称，一般指大型船
配船⓪	[名・自サ]	分配船只，调度船只
連携⓪	[名・自サ]	联合，合作，协作
キャンペーン③	[名]	campaign，宣传运动，宣传活动
小売⓪	[名・他サ]	零售
立地①	[名]	工农业的布局，地区选定

第2章　ビッグデータ

出店⓪	[名・他サ]	开新店
ベテラン⓪	[名]	veteran,老手,老资格,老练的人
弾き出す④	[他五]	弹出,发射出去;揪出,赶出去;算出,筹集(费用)
割合⓪	[副・名]	比较;比率,比例;虽然……但是……
薬剤費③	[名]	药费
ナンバープレート⑥	[名]	number plate,汽车牌照,汽车号码牌
センサ①	[名]	censor,审查,检查;传感器,探测器
乗合⓪	[名]	共同乘交通工具(的人)
促す③⓪	[他五]	促使,促进,催促
度合い⓪	[名]	程度
小麦②⓪	[名]	小麦
取引②	[名]	交易,贸易
暴く②	[他五]	刨开,掘,挖;揭露,揭发
マネーロンダリング⑦	[名]	money laundering,洗钱
搭載	[名・他サ]	搭载,安装
縮小⓪	[名・自他サ]	缩小,缩减
タグ①	[名]	tag,标签,标识
レーン①	[名]	lane,泳道;车道
タッチパネル④	[名]	touch panel,接触板,触摸屏
防ぐ②	[他五]	防卫,防守;防止,防备
前科者⓪	[名]	犯过罪的人
警戒⓪	[名・他サ]	小心谨慎,警戒,防范
寄与①	[名・自サ]	贡献,有助于……,对……有用

第3章

AI・人工知能

第 7 課

人工知能のブームの鍵――ディープラーニング（上）

　人間の領域がどんどんコンピュータやAI、ロボットなどに侵されようとしています。将棋や囲碁のような伝統的ゲームはもとより、IBMのAIコンピュータ「ワトソン」* が企業の経営判断や銀行のコールセンター業務などに導入され、グーグルや世界の自動車メーカーはドライバーのいらない自動運転車の開発を急いでいます。

　また米国の通信社や出版社では文書作成ソフトが自動で記事を書く時代になり、日本の国立情報学研究所では東大入試にチャレンジするコンピュータを開発しています。さらに人間のように外界を認識して器用に動ける次世代ロボットが、工場や倉庫、物流などの現場に投入される日も、そう遠からず訪れると見られています。

　それらの是非はさておき、ここに来て一体何が、そうしたコンピュータ科学やAIの爆発的な発達を促したのでしょうか？　その最大の要因は、AIの一種である「(人工的)ニューラルネット」の技術革命です。

図1　人工知能の進化

第1次AIブーム 1950年代後半～70年代前半	第2次AIブーム 1980年代～1990年代	第3次AIブーム 2006年～現在まで
探索・演繹推敲の時代	知識獲得の時代	機械学習の時代
トイプロブレム*は解けても、実用上の問題ほとんど解けずに、冬の時代に	専門家の知識を機械に教え込もうとしたが、それ時代が極めて難しく、冬の時代へ	機械学習によって、人からではなく、データから知識を獲得する時代へ
★1950　チューリングテスト*提唱	★巨大 AIPJ 設立（1982 日 ICOT*、1983 米 MCC*、1984 英 Alvey*）	★脳科学 PJ 設立*（BRAIN Initstive Human Brain）
★1956　AI命名（ダートマス会議*）	★1986　逆伝搬学習法*	★2012　将棋勝利
★1958　Lisp 開発*	★1988　ベイズネット開発*	★2012　Deep Learning 脚光
★1962　パーセプトロン開発*	★1997　チェス勝利	★2015　Zinrai*
★1964　対話 ELIZA 開発*		
★1972　Prolog 開発*		
★1973　AI失敗報告（ライトヒル*）		

第3章　AI・人工知能

　人工知能には「人間が知能を駆使して行っていることを、コンピュータで実現する」テクノロジーという定義があります。人工知能が最初のブームを迎えたのは1950年代後半から70年代前半にかけてのことです。初めて「人工知能」という言葉が作られたのもこの時期です。

　その時から研究開発が始まったニューラルネットは、「私たちの脳を構成する無数のニューロン（神経細胞）のネットワークを工学的に再現したAI」と言われてきました。しかし実際には脳をお手本にしたのはシステム全体のごく一部に過ぎず、残りの大部分は数学的なテクニックの集合体でした。つまりニューラルネットの実態は「脳科学」というより「数学の産物」に過ぎなかったのです。しかもその動作速度は遅く、応用範囲も個別の用途に限られていました。

　その後、いったんブームは去りますが、1980年代以降、第2次ブームが到来しました。この時代の人工知能は、まだコンピュータが学習し、判断するというレベルのものではなく、あくまで「人間が知識をコンピュータに教える」タイプのものが主流でした。1990年代になると、チェスのチャンピオンをコンピュータが打ち負かすという出来事が大きな話題をさらったものの、当時は人間の知識をコンピュータに教え込ませ、管理すること自体が難しく、再び冬の時代を迎えました。

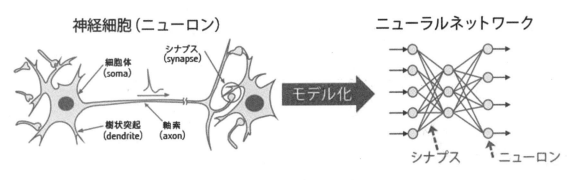

図2　ニューラルネットワーク

　ところが2006年頃を境に、この状況が一変します。この頃からようやく脳科学の研究成果（たとえば大脳視覚野の情報処理メカニズムなど）がAI開発へと本格的に応用され、コンピュータやスマホなどが音声や画像を認識するための「パターン認識能力」を飛躍的に高めることに成功しました。

　この技術は「ディープ・ニューラルネット」あるいは「ディープラーニング」などと呼ばれます。グーグルやフェイスブック、さらにはマイクロソフトやIBMなど世界的IT企業が今、先を争うように開発を進めている最先端のAIです。ディープラーニングとは、人間の脳の仕組

みをモデル化したニューラルネットワークの最新技術です。人間の脳は、ニューロン（神経細胞）と、ニューロン間を結んで情報を伝えるシナプスから構成されますが、ニューラルネットワークはそのニューロンとシナプスをモデル化して作られたものです。

　例えば、顔を見て、それが「人間の顔」なのか、「猿の顔」「犬の顔」なのかを判断するシステムを作るとします。これまでは、エンジニアが「人の顔の条件はこういうもの」というプログラムを作る必要がありました。つまり、人間がコンピュータを教育していたのです。しかし、これでは「人間の条件」「猿の条件」「犬の条件」として考えられることを全てコンピュータに教え込む必要があり、プログラムを作成するだけでも膨大な時間がかかってしまいます。ディープラーニングでは、大量の画像データをコンピュータに読み込ませるだけで、そこから「人間の条件」「猿の条件」「犬の条件」という法則を、コンピュータ自身が獲得することができるようになったのです。

小林雅一『AIの衝撃—人工知能は人類の敵か』講談社現代新書

https://www.fujitsu.com/jp/より改編

ことば

侵す②	[他五]	侵犯,侵入,侵害;侵占
将棋⓪	[名]	象棋,日本象棋
囲碁①	[名]	围棋
器用①	[形動]	巧,灵巧;精巧,巧妙,精明
倉庫①	[名]	仓库
現場⓪	[名]	（案件、事故）现场;（工作）现场,工地
物流⓪	[名]	物流
投入⓪	[名・他サ]	扔进去;投入
遠からず③	[副]	不远,将要
是非①	[名・副]	是非;正确与错误。务必,一定,无论如何
ニューラルネット⑤	[名]	ニューラルネットワーク⑧的缩略形式。Artificial neural network,人工神经网络
駆使①	[名・他サ]	驱使;运用;操纵自如
ニューロン①	[名]	neuron,神经元
手本②	[名]	字帖,范本;模范,榜样
テクニック①	[名]	technic;technique,技巧;技术
集合体⓪	[名]	集合体

第3章　AI・人工知能

産物⓪	[名]	产物
用途①	[名]	用途,用处
いったん⓪	[副]	一旦,既然;姑且,暂且
去る①	[自五]	离去,离开
主流⓪	[名]	主流
チェス①	[名]	chess,国际象棋
チャンピオン①	[名]	champion,冠军
打ち負かす④	[他五]	打败,战胜
攫う⓪	[他五]	攫取,抢走;拐走;拿走,取得,赢得
教え込む④	[他五]	谆谆教诲,灌输,培植
再び⓪	[副]	再次,又一次
境②	[名]	边界,交界,界线,界限。境界,境地;分界
一変⓪	[名・自サ]	完全改变;突然改变
メカニズム③	[名]	mechanism,机械装置。机构,原理
音声①	[名]	音声,声音
画像⓪	[名]	图像
パターン②	[名]	pattern,模式,式样,模型。图案
飛躍的⓪	[形動]	飞跃式的
高める③	[他五]	提高
先を争う	[連語]	争先,抢先
最先端③	[名]	最先进
モデル化⓪	[名・他サ]	模型化
シナプス①	[名]	synapse,(神经元的)突触
法則⓪	[名]	法则,规律

📢 内容理解

Ⅰ　次の質問を考えてみてください。

(1) 現在、人工知能はどのように応用されていますか。
(2) 人工知能が発展する三つの段階を簡単にまとめてください。
(3) 人工知能の第1次と第2次のブームが去ったのはなぜですか。
(4) ニューラルネットの技術革命はAIの爆発的な発達をどのように促したのですか。
(5) ディープラーニングとは何ですか。

Ⅱ　次の文は本文の内容と合っているものに〇、違っているものに×をつけてください。

(1) 人工知能の応用範囲はますます広くなっています。（　　）
(2) 日本では人工知能はすでに東大入試に導入されています。（　　）
(3)「人工知能」という言葉が作られたのは1970年代後半のことです。（　　）
(4) 第2次ブームの時、コンピューターが自主的に学習できるようになりました。（　　）

(5) ディープラーニング技術が普及されたおかげで、人間がコンピューターに教えなくてもすむのです。（　　）

Ⅲ　動詞を選んで、適当な形にして、_____に入れてください。

> 過ぎる　　始まる　　限る　　構成する　　言う

　　その時から研究開発が_____ニューラルネットは、「私たちの脳を_____無数のニューロン（神経細胞）のネットワークを工学的に再現したAI」と_____てきました。しかし実際には脳をお手本にしたのはシステム全体のごく一部に_____ず、残りの大部分は数学的なテクニックの集合体でした。つまりニューラルネットの実態は「脳科学」というより「数学の産物」に_____なかったのです。しかもその動作速度は遅く、応用範囲も個別の用途に_____ていました。

Ⅳ　正しい言葉を一つ選んでください。

(1) 電車が着いたとたんに、乗客が_____ホームに降りてきた。
　　1　ますます　　　　　　　　　　2　どんどん
　　3　とんとん　　　　　　　　　　4　とうとう

(2) 大連は、メーカーやIT企業が日本向けの_____を構える集積地だ。
　　1　ゲームセンター　　　　　　　2　ショッピングセンター
　　3　コールセンター　　　　　　　4　スポーツセンター

(3) _____全体何が起こったのか、さっぱり見当がつかない。
　　1　いったん　　　　　　　　　　2　いっさい
　　3　いっきに　　　　　　　　　　4　いったい

(4) ICT（情報通信技術）を_____て、お客さまの利便性向上と新しいサービスの提供を目的に二つの会社が協業した。
　　1　駆動し　　2　駆使し　　3　駆け　　4　働い

(5) もともと美しい花火ですが、_____と工夫次第で面白い作品が撮れるものです。
　　1　テクノロジー　　　　　　　　2　パニック
　　3　テクニック　　　　　　　　　4　ピクニック

(6) 来月_____の予定はまだ決まっていない。
　　1　以降　　2　以来　　3　以前　　4　以遠

(7) 日本の平均寿命は世界で最も長寿命国で、長寿であるということは医療_____も最先端ということを意味していると言われていますが、はたして実際はそうなのでしょうか。
　　1　ライバル　　2　トラベル　　3　ラベル　　4　レベル

(8) 世界のナンバーワン選手を_____とは思ってもいなかったし、しかもそれが15歳の時に訪れるとは。
　　1　打ち明かす　　　　　　　　　2　打ち落とす
　　3　打ち負かす　　　　　　　　　4　言い負かす

(9) Pythonエディターは自分の_____のスキルをさらに向上させたい人に最適です。
　　1　プロジェクト　　　　　　　　2　プログラム
　　3　プログラマー　　　　　　　　4　プログラミング

(10) 製品の複雑化が進む現在では、設計、開発、検証という一連のプロセスを通して_____集録が不可欠です。
　　1　データ　　2　デート　　3　テースト　　4　テープ

第3章 AI・人工知能

📢 文　型

1．～はさておき （N2）

本文　それらの是非はさておき、ここに来て一体何が、そうしたコンピュータ科学やAIの爆発的な発達を促したのでしょうか?

［接続］N/疑問詞～か　＋はさておき

［意味］暂且不提，先不考虑。因为有更重要的事情，所以……先不考虑。

①大学進学の問題はさておき今の彼には健康を取り戻すことが第一だ。

②責任が誰にあるのかはさておき、今は今後の対策を考えるべきだ。

③(二人の男の人が仕事の話をした後)

「それはさておき、社員旅行のことはどうなっているんだろう。」

「ああ、それは木村さんが中心になって進めているという話ですよ。」

🏷 関連文型

（1）～はともかく（として）、～　（N2）

［接続］N/疑問詞～か　＋はともかく（として）

［意味］……暂且不提，先不考虑……。因为有更重要的事情，所以……先不着急。

①費用の問題はともかく、旅行の目的地を決める方が先です。

②コストの問題はともかくとして、重要なのはこの商品が売れるか売れないかだ。

③この計画は実行できるかどうかはともかくとして、まず実行する価値があるかどうかをもう一度よく考えてみよう。

★「～はともかく（として）」強調両者的比較，优先考虑和解决后者。

　「～はさておき」使用的时候暗示前者的问题基本不需要考虑。

（2）～はもとより　第6課参照

2．～から～にかけて （N3）

本文　人工知能が最初のブームを迎えたのは1950年代後半から70年代前半に掛けてのことです。

［接続］NからNにかけて　（N：時・場所）

［意味］从……到……。接在表示场所或时间的名词后，表示"两个地点・时间之间"的意思。表示时间时，既可以如例①那样表示两个时间中的某一时刻，也可以如例②那样表示其间的某一时间带。

①台風は今晩から明日の朝にかけて上陸するもようです。

②今月から来月にかけて休暇を取るつもりだ。

③九州から本州にかけて梅雨入りしました。

🏷 区別文型

（1）～かける・～かけの・～かけだ　（N3）

［接続］V－ます＋かける・かけの・かけだ

［意味］做一半，没做完，快……了。表示动作进行到一半，或者非意志的状态已经开始发生。

①お風呂に入りかけたとき電話が鳴った。

②この本はまだ読みかけだ。

③こんなところに食べかけのりんごを置いて、あの子はどこへ行ったのだろう。

④その猫は飢えでほとんど死にかけていたが、世話をしたら奇跡的に命を取り戻した。

（2）～にかけて（は）・～かけての　（N2）

［接続］N＋にかけて（は）・かけての

［意味］在……方面、论……。后面多接对人的技术和能力的正面评价。

①水泳部員は50人もいるけれど、飛び込みのフォームの美しさにかけては、あの選手の右に出るものはいない。

②忍耐力にかけて人より優れているという自信がある。

③彼は誠実な男だが、商売にかけての才能はあまり期待できない。

（3）～にかけて（も）

［接続］N＋にかけて（も）

［意味］拼命、舍面子、赔上。多接"命""面子""名誉""信用"等表示从社会的角度对人的生存或价值给予保证的名词，表示"无论如何绝对"的强烈决心。后面接表示决心或者诺言的表达。

①私の命にかけて、彼らを助け出してみせます。

②面子にかけても約束を守る。

3. ～というより

本文　つまりニューラルネットの実態は「脳科学」というより「数学の産物」に過ぎなかったのです。

［接続］N/V/Na/A　＋というより

［意味］与其说……不如说……。用于对某事的表达和判断方法加以比较。

①お前の車が遅すぎて、走るというよりはっているようだ。

②この絵本は子供向けというより、大人のために書かれたような作品だ。

③あの人は失礼というより、無神経なのだ。

④今日は涼しいというより寒いくらいだ。

4. ～に限られる

本文　しかもその動作速度は遅く、応用範囲も個別の用途に限られていました。

［接続］N＋に限られる

［意味］限于……。

①仕事の時間が十日に限られている。

②住宅難は大都会に限られない。

🏷 関連文型

（1）～に限って　（N2）

［接続］N＋に限って

［意味］

（1）偏偏……。表示与平时不同，可以表示对不好的状况的不满。

①ハイキングに行こうという日に限って雨が降る。

②普段酒などあまり飲まない彼が、今日に限ってかなり飲んだ。何かあったのだろうか。

（2）只有……绝不会……。表示对某个人或者某种情形特别的期待或者信赖。

①あの先生に限って、そんな叱り方はしないと思う。

②うちの子に限って同級生をいじめるようなことはしないと思う。

（2）～に限り　（N2）

［接続］N＋に限り

［意味］仅限于……是特别的或例外的。书面语。用于向公众解释说明时使用，前接表示被例外处理的事

情的词语,后续表示仅适用于该例外的句子,后面一般不接否定句和要求听话人做某事的句子。
①欠席理由が正当な場合に限り出席扱いにしますが、それ以外の欠席は認めません。
②この券をご持参のお客様に限り、500円割引いたします。
③朝9時までにご来店の方に限り、ケーキのサービスがあります。

(3) ～に限る （N2）

[接続] N/V－る/V－ない　＋に限る

[意味] 最好……做，……是最好的选择。表示说话人的主观看法。

①一日の仕事を終えた後は、冷えたビールに限ります。
②一人で悩んだりしていないで、とにかく経験者の意見を聞いてみるに限る。
③太りたくなければ、とにかくカロリーの高いものを食べないに限る。

(4) ～に限らず～も　第3課参照

区别文型

(1) ～限り （N2）

[接続] N－の/V－る/V－ている　＋限り

[意味] 在……范围内最大限度地做某事或持续某种状态。前接动词时,多用"ている"或可能动词。

①環境を守るために、できる限りのことをしたい。
②君が知っている限りのことを全部わたしに話してほしい。
③明日はいよいよ入学試験だ。力の限り頑張ろう。
④戦後この辺りは見渡す限り焼け野原だった。

(2) ～限り(は) （N2）

[接続] N－である/Na－な・である/A/V　＋限り(は)

[意味] 只要……就……。只要……的状态,后项的状态也同样持续。前后都接表示状态的词语,后项不接过去时态的句子。

①親である限り、子供に対する責任があると思う。
②体が丈夫な限り、まだまだ山登りが楽しめるだろう。
③「私の目が黒い限り、おまえに勝手なことはさせないぞ。」
④日本がこの憲法を守っている限り、平和が維持されると考えていいだろうか。
⑤校長が考え方を変えない限りは、この学校は何も変わらないのではないか。

(3) ～限り(では) （N2）

[接続] N－の/V/V－ている　＋限り(では)

[意味] 据……所……。根据……的信息,可以断言……。前接"見る・聞く・覚えている・知っている・調査"等词,后接表示某种判断或者公布某种信息的句子。

①今回の調査の限りでは、この問題に関する外国の資料はあまりないようだ。
②ちょっと話した限りでは、彼はいつもとまったく変わらないように考えている。
③私の知っている限りでは、この近所に銀行はありません。
④このグラフを見る限りでは、わが社の商品の売れ行きは順調だ。

(4) ～限りだ

[接続] N－の/A－い/Na－な　＋限りだ

[意味] ……极了。表示说话人的主观感受。

①両親が側にいなくて、心細い限りです。
②いよいよ明日は試合です。緊張の限りです。

5. ～とする

> 本文　例えば、顔を見て、それが「人間の顔」なのか、「猿の顔」「犬の顔」なのかを判断するシステムを作るとします。

［接続］N－(だ)/Na－(だ)/A/V　＋とする

［意味］如果……、假如……。是以假定、想象的事情来设立条件的用法。

①今、仮に3億の宝くじがあなたに当たったとします。あなたはそれで何をしますか。
②今、東京で関東大震災と同程度の地震が起こったとしよう。
③たとえば50人が来るとして、会費は一人いくらぐらいにすればよいでしょうか。

関連文型

～としたら・～とすれば・～とすると　（N3）

［接続］N－(だ)/Na－(だ)/A/V　＋としたら・～とすれば・～とすると

［意味］如果……、假如……。表示"如果将其当做事实""如果实现时"或者"在这样的事实和现状的基础之上"。有假定条件和既定条件两种情况。

①東京大学を受験するとしたら、どんな準備が必要ですか。
②まだ大学に進むかどうかわからないけど、もし行くとすれば、一人暮らしをすることになる。
③「図書館は明日から2週間休館になります。」
　「2週間休館だとすると、今日のうちに必要な本を借りておかなければならないな。」

区別文型

～とする

［接続］N－(だ)/Na－(だ)/A/V　＋とする

［意味］看成……，视为……。用于新闻报道、法律条文等方面稍生硬的文章中。

①酔ったうえでの失言(だ)として、彼の責任は問われないことになった。
②今の法律では、夫婦はどちらか一方の姓を選ばなければならないとされている。

注　釈

1. しかも

接续词。并且，而且。

①いいアパートを見つけた。部屋が広くて、南向きで、しかも駅から歩いて5分。
②この不況で会社は昇給なし、しかもボーナスは例年の半分になった。
③日が暮れて、しかも雨まで降ってきた。

2. ところが　（N3）

接续词。但是。表示后项出现了前项预料外的事实和结果。

①昨夜はコンサートへ行くつもりだった。ところが、病気で行けなくなった。
②ダイエットを始めて3週間になる。ところが、減った体重はわずか1キロだけだ。
③いつも8時半ごろ会社につく。ところが交通事故に巻きこまれて、一時間も遅れて到着した。

区　別

ところで

接续词。且说，可是。用于转换为其他话题时，或者添加与现在话题相关联的事，使其相互对比的场合。

①今日はお疲れ様でした。ところで、駅のそばに新しい中華料理屋さんができたんですけど、今夜行ってみませんか。

②今日の授業はこれまでです。ところで、田中君を最近見かけませんが、どうしているか知っている人いますか。
③もうすぐ、今年も終わりますね。ところで、お正月はどうなさいますか。

3. つまり

副词。也是就说。
①父の兄、つまり私の伯父は、医者をしている。
②田中さんは、携帯もパソコンも持っていない。つまり、メールで連絡できないのだ。

4. ようやく

(1) 渐渐、终于。可以用于自然现象渐渐变化的状态，也可以用于经过长时间或者半途中出现各种情况之后事态发生变化或说话人预料所期待的事实现了的时候。
①降り続いた雨もようやく上がって、日が差し始めた。
②子供たちは、ようやく一人前になって、それぞれ独立していった。
(2) 表示经过时间和劳累实现了的状态。やっと、なんとか、どうにか、かろうじて。
①一生懸命走って、ようやく間に合った。
②両親から援助を受けて、ようやく生計を立てている。
③人に支えてもらって、ようやく歩ける状態だ。

関連

やっと
实现了所期盼的事情，并表达"高兴""放心了"的心情。
①三回試験を受けて、やっと合格した。
②やっと、退院できるところまで回復した。

とうとう 第2課参照

関連用語

＊　ワトソン（Watson）

　　Watson 是 IBM 的人工智能计算机，并非机器人。Watson 的命名来源于 IBM 公司创始人托马斯·约翰·沃森(Thoms J. Watson)的名字。它利用语义分析、自然语言处理和机器学习造福人类。2011 年 2 月，Watson 在智力节目《危险边缘》打败了人类对手，用自然语言实现深度问答，展示了其强大的学习能力。Watson 能够分析数据、提供建议、理解人类语言等，开发者可以把 Watson 集成到自己的应用和设备，让自己的产品更加智能。

　　Watson 代表的是一种名为"认知计算"的计算模式，具体包括三个方面：理解、推理和学习。

　　理解：能"理解"人类，是 Watson 能进行认知协作的第一步，主要运用的是计算系统处理结构化和非结构化数据的能力。

　　推理：Watson 主要运用的是一种名为"假设生成"的算法，能从数据中抽丝剥茧，寻找事物间的相关联系。

　　学习：Watson 从大数据中提取关键信息，以证据为基础进行学习。

　　此外，它还有精细的个性化分析能力，它能利用文本分析与心理语言学模型对海量社交媒体数据和商业数据进行深入分析，掌握用户个性特质，构建 360 度个体全景画像。

　　Watson 不仅仅是这些技术的简单集合，而是以前所未有的方式将这些技术统一起来，深刻改变了商业问题解决的方式和效率。

　　IBM 和软银机器人控股公司(SBRH)合作推出了基于 Watson CCP 的智能机器人 Pepper，它可以与

人类正常沟通，可识别文字、图像和语音，通过行业定制化，可以在银行服务台、餐饮、零售、酒店、医疗接待等领域为人类提供智能的信息化服务。

* **トイプロブレム**

　　Toy Problem。指像国际象棋、象棋一类的在规定好的规则中寻找最快最适合的答案的问题。在第一次人工智能热潮中，人工智能已经能够处理此类课题，但是还是无法处理例如疾病的治疗方法之类的既需要知识又需要判断力的复杂的现实的问题。

* **チューリングテスト**

　　图灵测试（The Turing test）由现代计算机科学之父英国人阿兰・图灵于 1950 年提出，源于计算机科学和密码学的先驱阿兰・图灵写于 1950 年的一篇论文《计算机器与智能》，指测试者与被测试者（一个人和一台机器）隔开的情况下，通过一些装置（如键盘）向被测试者随意提问。进行多次测试后，如果有超过 30% 的测试者不能确定出被测试者是人还是机器，那么这台机器就通过了测试，并被认为具有人类智能。

　　2014 年 6 月 7 日在英国皇家学会举行的"2014 图灵测试"大会上，举办方英国雷丁大学发布新闻稿，宣称俄罗斯人弗拉基米尔・维西罗夫（Vladimir Veselov）创立的人工智能软件尤金・古斯特曼（Eugene Goostman）通过了图灵测试。虽然"尤金"软件还远不能"思考"，但也是人工智能乃至于计算机史上的一个标志性事件。

* **ダートマス会議**

　　达特茅斯会议（Dartmouth Conference）。1956 年 8 月，在美国汉诺斯小镇宁静的达特茅斯学院中，约翰・麦卡锡（John McCarthy）、马文・闵斯基（Marvin Minsky，人工智能与认知学专家）、克劳德・香农（Claude Shannon，信息论的创始人）、艾伦・纽厄尔（Allen Newell，计算机科学家）、赫伯特・西蒙（Herbert Simon，诺贝尔经济学奖得主）等科学家聚在一起，讨论着一个完全不食人间烟火的主题：用机器来模仿人类学习以及其他方面的智能。

　　会议足足开了两个月的时间，虽然大家没有达成普遍的共识，但是却为会议讨论的内容起了一个名字：人工智能。因此，1956 年也就成为了人工智能元年。

* **Lisp 开发**

　　LISP 是一种通用高级计算机程序语言，长期以来垄断人工智能领域的应用。LISP 名称源自列表处理（List Processing）的英语缩写，由来自麻省理工学院的人工智能研究先驱约翰・麦卡锡（John McCarthy）在 1958 年基于 λ 演算所创造，采用抽象数据列表与递归作符号演算来衍生人工智能。

　　LISP 作为因应人工智能而设计的语言，是第一个声明式系内函数式程序设计语言，有别于命令式系内过程式的 C、Fortran 和面向对象的 Java、C♯ 等结构化程序设计语言。

* **パーセプトロン开发**

　　Perceptrons，人工模拟神经元模型的一种，在学术上被称为感知器，与"シグモイドニューロン（Sigmoid Neuron）"并称为两种最重要的人工神经元。早期的相关工作是 Warren McCulloch 和 Walter Pitts 进行的，后来在 20 世纪 50 年代后期和 60 年代初期，科学家 Frank Rosenblatt 对其进行了研究并且发扬光大。它可被用来解决二元分类问题（因为模型的输出是 0 或 1）。感知器虽然在某种程度上模拟了神经元里轴突的行为，但处理方式有些太过粗糙了，因为在生物学上，神经元输出的是一个连续值而非离散值。这导致感知器的模型效果很一般。为了改进这一点，通常使用 sigmoid 函数（sigmoid function，也称为 S 函数）来作为神经元的激活函数，这样的模型被称为 sigmoid 神经元（sigmoid neuron）。

* **对话 ELIZA 开发**

　　ELIZA 聊天程序开发。1966 年，在 MIT 任职的德裔美国计算机科学家 Joseph Weizenbaum，开发出了一款名为 ELIZA 的聊天机器人程序，是基于"模式匹配"的自然语言系统中最有名的一个。ELIZA 模拟一位心理治疗医生（机器）同一名患者（用户）进行交谈。下面就是一段 ELIZA 和用户的经典对话：

用户：Men are all alike.（男人都是一样的）

ELIZA：IN WHAT WAY（比如）

用户：They're all ways bugging us about something or other.（他们总是打探我们各种事情）

ELIZA：CAN YOU THINK OF A SPECIFIC EXAMPLE（你能举一个例子吗）

用户：Well，my boyfriend made me come here.（我男朋友让我来到这里）

ELIZA：YOUR BOYFRIEND MADE YOU COME HERE（你男朋友……）

用户：He says I'm depressed much of the time.（他说我最近很"丧"）

ELIZA：I AM SORRY TO HEAR YOU ARE DEPRESSED（很抱歉你心情这么低落）

Eliza 并不主动提供内容，它只是引导用户说话。Eliza 绝对无法理解她的对话者说了些什么。她只是一个纯粹的文本生成引擎，在输入的文本中寻找关键词作为生成新文本的钩子，然后把它们嵌入到回应当中去。Eliza 背后的计算逻辑其实就是一条条模式匹配和字符替换规则，下面是其中几条：

you are(depressed|sad) * => I AM SORRY TO HEAR YOU ARE 1

all * => IN WHAT WAY

always * => CAN YOU THINK OF A SPECIFIC EXAMPLE

用户说失望/伤心，ELIZA 就回答"我好抱歉啊"；

用户用了"所有"这个词，机器人就追问一句"以何种方式"；

如果用户说"总是"如何如何，程序就引导"你能举个例子吗"……

这样的语义识别模式让 Eliza 成为了一款非常会聊天的机器人。Eliza 这个名字来源于萧伯纳的戏剧《卖花女》中的一个下层女子，这名女子的职业是在街头卖花，但她憧憬着学会上流社会说话的腔调和词汇，以便将来可以开一个花店。这是一个绝好的比喻，因为计算机程序本应该使用刻板的程序设计语言，而现在它要学着说人类的语言。

Weizenbaum 编写 Eliza 使用的是 Lisp 语言，一种比较难懂和小众的程序设计语言。不过他做了非常详尽的注释，这使得将 Eliza 移植到别的平台和语言成了相当容易的一件事。在 1970 或者 1980 年代，似乎没有任何一台微型计算机上没有某个 Eliza 的变种存在。但是，这样一款机器人并不能解决现实的问题。如果用户需要的确定或者咨询某件事，得求助别的机器人。

＊　Prolog 開発

Prolog(Programming in Logic 的缩写)是一种逻辑编程语言，它的第一个系统是 1972 年开发的。它建立在逻辑学的理论基础之上，其理论基础是一阶谓词逻辑，重点在于对象问的逻辑描述，因而又称描述性语言。编写的程序是由说明程序应达到目标的逻辑说明组成的，程序员只需说明达到程序目标的逻辑方法，而不必说明程序执行的步骤，所以又有人把 Prolog 称为面向目标的语言。Prolog 程序设计不是描述计算机"如何做"，而是描述计算机要"做什么"，至于如何做，则由 Prolog 语言自己完成。这说明 Prolog 语言在向自动求解方面迈进了一大步。Prolog 的基本机制是匹配、递归定义、自动回溯和控制回溯。程序接近于自然语言、文法简捷、逻辑性强、易写易读、便于学习使用、易于正确性证明。它最初被运用于自然语言等研究领域，现已广泛的应用在关系数据库、抽象问题求解、数理逻辑、符号处理、定理证明、自然语言理解、专家系统以及人工智能的许多领域。日本在开展第五代计算机计划时，曾经把 Prolog 语言作为核心语言使用。

＊　ライトヒル

莱特希尔报告。人工智能是在人们信心大爆棚时诞生的，尽管科学家非常乐观，但大多数人并不能从这一乐观态度中看到什么明显的进步。当时美国政府对此非常热心，在这个领域投了很多钱，与之相反英国政府却采取了一种完全不同的做法。1973 年，他们请了一位著名的数学家——詹姆斯·莱特希尔(Sir

James Lighthill)教授,对人工智能做一个彻底的评估。这位教授在看了所有重要的相关论文后,写出了一份报告,后来世人称之为《莱特希尔报告》。这份报告说人工智能绝不可能有什么用途,因为它只能被用来解决简单的问题。英国政府以后没有在人工智能上进行大量的投资,此后人工智能逐渐变得少有人问津。事实上第一波人工智能浪潮止步于以下三种困难:

第一种困难是早期的人工智能程序对句子的真实含义完全不理解,它们主要依赖于句法处理获得成功。第二种困难则是《莱特希尔报告》里重点强调的组合爆炸。这导致让程序每次产生一个小变化,最终产生出可以解决问题的程序这种思路被堵死了。第三种困难则是那时候发现虽然人工智能具有的神经网络简单形式可以学会它们能表示的任何东西,但它其实只能表示很少的东西,应用范围十分有限。

正因为这些困难得不到有效的解决,在20世纪70年代人工智能渐渐冷却,直到专家系统的兴起和神经网络让人们看到了新的希望。

* 日 ICOT

日本1981年10月向全世界公布了它制造第五代电子计算机的十年计划(1982年—1991年),由新一代计算机技术委员会(ICOT)主持实施,耗资约1000亿日元。该计划全面采用人工智能技术,采用Prolog作为和新语言,目标是研制出具有智能接口、知识库管理、能够自动学习、联想、作出推论、具有并行处理特征、能理解讲话和看懂照片的智能电子计算机。日本的第五代计划在世界范围内引起了强烈的反响。但1992年6月,日本政府宣布向全世界公开第五代计算机项目所开发的软件,允许任何人免费使用,这标志着日本雄心勃勃的第五代计算机项目的失败。第五代计算机项目并没有带来人工智能的突破,甚至有人说,第五代计算机项目的最大收获其实是项目的副产物:其训练了成百上千的计算机领域的专家。该项目的失败有多重原因,一般认为,通用型微型机对专用型大型机的冲击及项目研发成果缺乏商业化场景是项目失败的重要原因。

* 米 MCC

1982年美国政府决定联合18家计算机公司组成了"美国微电子学和计算机技术联合公司(Microelectronics and Computer Consortium)",简称"MCC",制定了6—10年的研制规划,作为对日本五代机项目的回应,每年投资七千五百万美元,共600个职位编制,拟研制能看、听、说和思考的新一代电子计算机,美国海军上将英曼被任命为MCC的董事长兼CEO,英曼曾任美国国家安全局长和中央情报局副局长。MCC是一个工业界的松散耦合联盟(Consortium),除了IBM和AT&T之外的美国所有重要高科技公司都参与。

* 英 AIvery

阿尔维计划(Alvey Program),又称Alvey智能知识库系统(IKBS)计划。英国发展高级信息技术的计划。面对美国和日本在信息技术方面的挑战,英国政府于1982年至1987年期间成立了以阿尔维任主席并以其姓氏命名的阿尔维委员会,负责制定和实施发展高级信息技术计划。其内容包括软件工程、人机接口、智能系统和超大规模集成电路等领域,共150个研究项目。该计划从1983年开始,研究期为10年,投资3.5亿英镑旨在通过大学与工业界的密切合作,发展英国的高级信息技术工业。该计划直接费用由3/4由政府提供,其余由工业界自助。Alvey影响了学术界研究能力的发展,也鼓励了行业应用,使其专注于已经取得进展的实际问题,尤其是自然语言处理、界面和KBS。

* 逆転搬学習法

又叫做"误差逆伝搬法(Error Back Propagation;BP)",中文叫"误差反向传播算法"。自从40年代赫布(D. O. Hebb)提出学习规则以来,人们相继提出了各种各样的学习算法,其中以在1986年Rumelhart等提出的误差反向传播法,即BP(error Back Propagation)法影响最为广泛。直到今天,BP算法仍然是自动控制上最重要、应用最多的有效算法,是用于多层神经网络训练的著名算法,有理论依据坚实、推导过程严谨、物理概念清楚、通用性强等优点。但是,人们在使用中发现BP算法存在收敛速度缓慢、易陷入局部

第3章　AI・人工知能

极小等缺点。

* **ベイズネット開発**

   又叫做"ベイジアンネットワーク(Bayesian Network)",中文叫做贝叶斯网络,也被称为信度网络(Belif Networks)或者因果网络(Causal Networks),是基于概率推理的图形化网络,它是贝叶斯法则的扩展,是描述数据变量之间依赖关系的一种图形模式,是一种用来进行推理的模型。贝叶斯网络为人们提供了一种方便的框架结构来表示因果关系,这使得不确定性推理变得在逻辑上更为清晰、可理解性强。1988年由Juden Pearl提出,最初主要用于处理人工智能中的不确定信息。随后,逐步成为处理不确定性信息技术的主流,并在文本分类、字母识别、经济预测、医疗诊断、工业控制等领域得到了广泛的应用。是目前不确定知识表达和推理领域最有效的理论模型之一。

   一个贝叶斯网络是一个有向无环图,由代表变量节点及连接这些节点有向边构成。对于贝叶斯网络,我们可以用两种方法来看待它:首先贝叶斯网络表达了各个节点间的条件独立关系,我们可以直观的从贝叶斯网当中得出属性间的条件独立以及依赖关系;另外可以认为贝叶斯网用另一种形式表示出了事件的联合概率分布,根据贝叶斯网的网络结构以及条件概率表(CPT)我们可以快速得到每个基本事件(所有属性值的一个组合)的概率。贝叶斯学习理论利用先验知识和样本数据来获得对未知样本的估计,而概率(包括联合概率和条件概率)是先验信息和样本数据信息在贝叶斯学习理论当中的表现形式。

* **脳科学 PJ 設立(BRAIN initiative,Human Brain)**

   BRAIN initiative 和 Human Brain 分别是美国和欧洲的脑科学研究计划。

* **Zinrai(ジンライ)**

   富士通的人工智能体系,全称为"FUJITSU Human Centric AI Zinrai"。"Zinrai"来源于日语"疾風迅雷(しっぷうじんらい)",以为"快速剧烈"。这个名字倾注了富士通公司想要给予人们的判断和行动以迅速的支持以及给企业和社会带来有力的变革的愿望。

ことば

取り戻す④	[他五]	取回,收回,拿回;挽回,恢复
今後⓪	[名]	今后
対策⓪	[名]	对策
コスト①	[名]	cost。成本
上陸⓪	[名・自サ]	上岸,登陆,登岸
梅雨入り⓪	[名]	入梅,进入梅雨期
飛び込み⓪	[名]	跳水
フォーム①	[名]	form,形式,样式;姿势
忍耐力③	[名]	忍耐力
誠実⓪	[形動]	诚实,真诚;老实
商売①	[名]	买卖
面子⓪①	[名]	面子
這う①	[自五]	爬
無神経②	[形動]	反应迟钝,反应慢;没反应,没感觉

正当⓪ <ruby>せいとう</ruby>	[形動]	正当，合理，合法
持参⓪ <ruby>じさん</ruby>	[名・他サ]	带来，带去；自备
見渡す③⓪ <ruby>みわた</ruby>	[他五]	放眼望去；远望
焼け野原③ <ruby>や の はら</ruby>	[名]	被野火烧过的原野
順調⓪ <ruby>じゅんちょう</ruby>	[形動]	顺利，顺当；如意，理想
心細い⑤ <ruby>こころぼそ</ruby>	[形]	心中没底，不安，没依靠；孤独，沮丧，失望
生計を立てる <ruby>せいけい た</ruby>	[連語]	谋生
支える⓪③ <ruby>ささ</ruby>	[他一]	支，支撑，扶；支持，维持；阻止，防止
全力を挙げる <ruby>ぜんりょく あ</ruby>	[連語]	尽全力

練習問題

I 次の文の_____の部分に入る最も適切なものを1、2、3、4から一つ選びなさい。

(1) ——田村君、きみ、また大阪に出張なんだって？
　　——ええ、そうなんですよ。ついこの前も出張に_____なんですけどねえ。
　　1 行かれたまま　　　　　　　　2 行かされたまま
　　3 行かれたばかり　　　　　　　4 行かされたばかり

(2) _____はともかくとして、会長の考えは筋が通っていると思う。
　　1 賛成するかどうか　　　　　　2 賛成できないか
　　3 賛成できない　　　　　　　　4 賛成しないか

(3) お酒を飲むか飲まないか_____、新年会の会費は全員7000円です。
　　1 はさておき　　　　　　　　　2 も構わず
　　3 にかかわらず　　　　　　　　4 にもかかわらず

(4) 日本の夏は、暑いのはともかく、_____。
　　1 私の国ほどではない　　　　　2 湿度が高いので嫌いだ
　　3 クーラーがあればいい　　　　4 毎日アイスクリームが食べない

(5) エンジンの開発_____、日本ではN社が一番進んでいると思う。
　　1 に対しては　　　　　　　　　2 にこたえては
　　3 にかけては　　　　　　　　　4 については

(6) 考えられる_____考えてみたんですが、いい案が出てきませんでした。
　　1 ことを通じて　　　　　　　　2 ことにわたって
　　3 限りのことは　　　　　　　　4 ばかりのことは

(7) 私に収入が_____、寄付を続けるつもりだ。
　　1 ある場合に限って　　　　　　2 ある限りでは
　　3 ある限りは　　　　　　　　　4 ある場合に限り

(8) ここに車を止められるのは、許可をもらっている人_____です。
　　1 しか　　　2 だけ　　　3 に限り　　　4 こそ

(9) 選手一人一人がチーム全体のことを考えない限り、このチームは_____。
　　1 今度の試合で勝だろう　　　　2 今度の試合で勝てるだろう
　　3 強くならない　　　　　　　　4 強くなる

(10) みんな彼が勝つと思っていた。＿＿＿＿＿＿、簡単に負けてしまった。
　　1　ところが　　　　2　ところで　　　　3　ですから　　　　4　それで
(11) 彼の失礼な態度に、怒る＿＿＿＿＿＿あきれてしまった。
　　1　といっても　　　　　　　　　　　　2　というと
　　3　というより　　　　　　　　　　　　4　といったら
(12) 地震があった綿陽市では中国の救援隊はすこしでも望みのある＿＿＿＿＿＿、最後の一瞬まで努力すると述べました。
　　1　あげく　　　　2　以上　　　　3　かぎり　　　　4　うえ
(13) ＿＿＿＿＿＿のシャンパンはどうやって保存するの。
　　1　飲むかけ　　　　2　飲みかけ　　　　3　飲んでかけ　　　　4　飲みがけ
(14) 努力を＿＿＿＿＿＿、失敗なんてこの世にはないのだ。
　　1　あきらめないかぎり　　　　　　　　2　あきなめる以上
　　3　あきらめるかぎり　　　　　　　　　4　あきらめない以上
(15) 明日は忙しいので、行ける＿＿＿＿＿＿夜遅くなってしまいます。
　　1　になっても　　　　　　　　　　　　2　としても
　　3　によっても　　　　　　　　　　　　4　ときても
(16) 長年連れ添った主人を亡くし、何か心の中に穴があいたみたいで寂しい＿＿＿＿＿＿。
　　1　至りだ　　　　2　限りだ　　　　3　極みだ　　　　4　きりだ
(17) もし、私のいったことに何か失礼があった＿＿＿＿＿＿、深くお詫びします。
　　1　につけ　　　　2　としたら　　　　3　にせよ　　　　4　としても
(18) 4月下旬から5月上旬＿＿＿＿＿＿休みの日が多い。
　　1　にかけて　　　　2　において　　　　3　にわたって　　　　4　に及んで
(19) 内容がわからない話を長時間＿＿＿＿＿＿、大人だって耐えられないことでしょう。
　　1　聞かなくていいとしたら　　　　　　2　聞かなければならないことで
　　3　聞かなければならないとしたら　　　4　聞かなくていいことで
(20) プリンターの調子が悪くなり、製造会社に電話で問い合わせたら、向こうの担当者からの質問に、あれこれ答え＿＿＿＿＿＿あげく、対応できないと言われた。
　　1　させた　　　　2　させられる　　　　3　させる　　　　4　させられた

Ⅱ　次の文の　★　に入る最もよいものを1、2、3、4から一つ選びなさい。
(1) 日本語を＿＿＿＿＿＿＿＿＿＿＿★＿＿、＿＿＿＿＿早く覚えたほうがいいです。
　　1　勉強するなら　　　　　　　　　　　2　漢字は
　　3　ともかく　　　　　　　　　　　　　4　平仮名は
(2) 新しいのを＿＿＿＿＿＿＿＿＿＿＿★＿＿＿＿＿＿母に言われた。
　　1　ですよと　　　　　　　　　　　　　2　使いかけのを
　　3　買うのは　　　　　　　　　　　　　4　使い切ってから
(3) ＿＿＿＿＿＿＿＿＿＿＿★＿＿＿＿＿しなければならない。
　　1　学生　　　　2　かぎり　　　　3　勉強　　　　4　である
(4) ＿＿＿＿＿＿＿＿＿＿＿★＿＿＿＿＿はずがない。
　　1　に限って　　　　　　　　　　　　　2　こんな失敗をする
　　3　あの選手　　　　　　　　　　　　　4　期待されていた
(5) 本当にそんな＿＿＿＿＿＿＿＿＿＿＿★＿＿＿＿＿理由はなんだろう。
　　1　彼が　　　　2　としたら　　　　3　した　　　　4　ことを

IT日语精读教程

Ⅲ 次の文章の（　）に入れる最も適切な言葉を、1、2、3、4から一つ選びなさい。

　私の知る（　1　）、ヤンさんはとても芸術的才能がある人だ。今度の個展でも、ヤンさん（　2　）の作品を見せてくれると信じている。この個展では先着30名（　3　）、彼が書いた色紙をもらえることになっているから、友人にもすすめてみようと思っている。

　ヤンさんは私の後輩だから、私が日本にいる（　4　）ヤンさんのお世話をしたいと思っているが、彼はなぜか私がお金がないとき（　5　）、お金を借りに来る。しかし将来私の画廊を発展させてくれる人は、彼をおいて外にないと思って、私は彼との交際を大切にしたい。ヤンさんは今、ただ前進ある（　6　）だ。将来が楽しみな青年である。

(1) 1　に限り　　　　2　に限って　　　　3　限りでは　　　　4　限りは
(2) 1　ならでは　　　2　だけ　　　　　　3　こそ　　　　　　4　のみ
(3) 1　に限り　　　　2　に限って　　　　3　限りでは　　　　4　限りは
(4) 1　に限り　　　　2　に限って　　　　3　限りでは　　　　4　限り
(5) 1　に限り　　　　2　に限って　　　　3　限りでは　　　　4　限りは
(6) 1　ばかり　　　　2　のみ　　　　　　3　しか　　　　　　4　こそ

Ⅳ 各文章を読んで、以下の問いに答えなさい。答えは、1、2、3、4から最も適当なものを一つ選びなさい。

文章1

　「恥の文化」が国民性の日本では、親の介護を他人に任せるのは「身内の恥」とするような風潮が強く、それが高齢者介護などの社会化を遅らせる大きな要因だったと言える。しかし、1990年代の半ばを過ぎたころから、介護に疲れて嫁が姑を殺した事件とか、老人虐待事件が頻発し始めた。かつての日本では、年老いた親面倒をみることを「親孝行」と言い、親孝行したいときには、「親はなし」と言ったものだが、①これは平均寿命が短かったからよかったのであり、今では、「親の長生き、子のため息」という言葉が生まれる。もはや「（　②　）」どころではなくなったのである。こうして日本でも遅ればせながら、介護保険制度（2000年4月）が発足したのだが、日本の公的介護システムは、北欧諸国に比べて、まだまだ遅れていると言わざるをえない。だが、目下のところは、この制度に頼るほか方法がないのが現状だ。

　このようにとかく暗いイメージで語られがちな高齢社会であるが、少し視点を変えれば、高齢社会の到来こそ、よりよい社会をつくるチャンスだと言うこともできる。なぜなら、高齢社会とは80年サイクルで人生を考えることができる社会であり、もし「効率と競争」ばかりが優先される社会の歪みが是正され、高齢者や障害者にも社会参加の場があるようなバリアフリー社会を築くことができれば、それは誰にとっても住みやすい社会を作り出すことにつながると考えるからである。

　若いうちというのは、老いは他人事としてしか思えないものだが、老いは誰にも必ず訪れるものである。これを機会に、自分が老いを迎えたとき、どのように生活したいのか考えてみようではないか。それに答えがあるはずなのだ。

問1　①「これ」は何を指しているか。
　　1　親孝行
　　2　年老いた親の面倒をみること
　　3　親孝行したいときには、親はなし
　　4　親の長生き、子のため息

問2　（　②　）に入る最も適当な言葉はどれか。
　　1　恥の文化　　　　　　　　　2　身内の恥
　　3　高齢者介護　　　　　　　　4　高齢社会

問3　筆者の考え方と一致しているのはどれか。
　　1　高齢社会は、老人世代の扶養負担が増え、社会の活力を失わせる。
　　2　介護保険制度の発足によって、介護疲れで嫁が姑を殺す事件とか、老人虐待事件は減少しつつある。
　　3　高齢社会の到来は、誰にとっても住みやすい社会を作るチャンスともなる。
　　4　社会が豊かになったからこそ、高齢社会が訪れたのであり、喜ぶべきことである。

文章2

　文明生活に飽きた人達は、「自然に還れ」というような主張をする。それはいちおうもっともな主張であるけれども、そのような主張をしている人達の生活をよく見ると、現代のもっとも洗練された生活技術を、十分に①堪能することは続けながら、これに人工を加えた「自然」を取り入れることを主張しているにすぎないことが多い。
　外国にある大規模の国立公園では自然保護が②ゆきとどいている。しかし、それは人間に都合のよい所だけを残して、都合の悪い所は除いてあるので、昔のままの自然ではない。道は完全に舗装してあるし、危険な動物や虫は駆除してある。飲料水は浄化してあるし、電気が使えることも多い。もし、泊まれる設備があるとすれば、そこにはもちろんベッドがあり、水洗便所もある。文明生活の程度は保ったままで景色を楽しめるということである。
　今から三、四十年には前、日本では暖房は火鉢だけということが珍しくなかった。いま③それが強制されたらどうだろう。ほとんどの人は、火鉢にあたるだけで何の活動もしなくなるか、風邪を引くかするだけであろう。夏になって冷蔵庫を使わないで生活ができるだろうか。中世時代には誰もが食べていたような腐りかけの肉—その臭みを消すために高価な東洋産のコショーが珍重されたというが—をたべさせられたら、現代人の何パーセントが無事でいるだろうか。このような肉体的な条件を考えるだけでも、今の生活程度を昔のものに戻すことはほとんど不可能である。

問1　①「堪能する」とはどういう意味か。
　　1　よりいっそう向上させること　　　　2　満足するまで楽しみ味わうこと
　　3　努力して研究しつくすこと　　　　　4　才能をすっかり出させること

問2　②「ゆきとどいている」ということばの使い方の間違っているものを1・2・3・4の中から一つ選びなさい。
　　1　社員の数が多すぎて全員には目がゆきとどかない。
　　2　隣の家の芝生は手入れがゆきとどいている。
　　3　荷物がゆきとどいたのは夕方だった。
　　4　設備がゆきとどいた病院をさがす。

問3　③「それ」とは、何をさすか。
　　1　文明社会　　　　　　　　　　　　　2　火鉢のない生活
　　3　冷蔵庫やコショーのない生活　　　　4　三、四十年前の生活

問4　この文章の内容と合わないものを、1、2、3、4から一つ選びなさい。
　　1　人間は自分の都合のいいように自然に手を加え、保護する。
　　2　「自然に還れ」と主張している人々は、自らそういう生活を実践している。
　　3　現代人の体力は文明生活によって衰えてきたと言えるだろう。
　　4　本当の意味で「自然に還る」のは、ほとんど不可能である。

文章3

　もし、宇宙人が私たちの住む太陽系の探検にやってきて、地球を見つけたらなんというでしょうか。おそらくこの地球を「青く光る美しい水球」と名づけることでしょう。

　海は地球の表面の70.8%を覆っています。また、陸地にもたくさんの川が流れていますし、大きな湖もあります。

　宇宙人はまた、地球のところどころが、いつも雲に覆われているのに驚くことでしょう。雲のかかっている空からは、水が雨となって降り、陸地も常に、水であらわれています。こうしてみると、私たちは水の世界で暮らしているとさえ言えます。

問　この文で筆者が言いたいことは何か。
1　宇宙人が地球を「青く光る美しい水球」と名づけること
2　宇宙の中で地球は水の豊富な星であること
3　宇宙人が始めて私たちの住む地球にやってくること
4　宇宙の中では地球がどの星よりも美しいこと

豆知識

機械学習

　機械学習とは、明示的にプログラミングすることなく、コンピュータがデータから自動的に知識やルールを学習する仕組みの実現手法のことである。今、機械学習に注目が集まっている要因が大きく3つある。

　1つ目は、スマートフオンに代表されるモバイルインターネットの普及やストレージの大容量化・低価格化により、テキストや音声、画像などのデータを大量、かつ容易に収集・蓄積できるようになったことだ。機械学習の分析精度を高めるためには、大量の学習データを必要とする。このため、こうした状況が機械学習の活用に向けた追い風となった。

　2つ目は、機械学習のわかりやすい活用事例がいくつも出てきたことだ。2011年にアメリカのクイズ番組「Jeopardy!」でIBMのコグニティブ・コンピューティング・システム「Watson」が人間のクイズチャンピオンに勝利した。また、2016年には、グーグルが開発したコンピュータ囲碁プログラム「AlphaGo」や、コンピュータ将棋プログラム「Ponanza」が、プロ棋士に勝利している。これらのシステムやプログラムには、機械学習が利用されており、わかりやすいかたちで世の中にその実力を示したことで、機械学習に注目が集まる契機となった。

　3つ目は、機械学習を手軽に利用できる技術や環境が整備されてきたことだ。インメモリデータベース、列指向データベース、Hadoop、Sparkなどの大規模データを高速に扱える技術が相次いで登場したほか、GPGPU(General-purpose computing on GPU：GPUによる汎用計算)により、並列計算の処理能力が著しく向上している。また、RやPythonなどのプログラミング言語では、機械学習のライブラリがすでに数多く存在する。

　とくに3つ目は、クラウドコンピューティングの普及とともに進展しており、大手クラウドベンダーが続々と参入している。ここでは、機械学習を比較的手軽に利用できる環境である「機械学習プラットフォーム」について紹介する。

　機械学習プラットフォームには、①音声認識や画像認識等、すでに学習してある状態でAPIとして提供されるもの、②予測やカテゴリ分類などデータ分析を行うための機械学習ライブラリやツールがクラウド上で提供されているもの、③SaaS(Software as a Service)に機械学習の機能が組み込まれているものなどがある。

『ITロードマップ　2017年版』　野村総合研究所デジタルビジネス開発部　東洋経済新報社より引用

第8課

人工知能のブームの鍵──ディープラーニング（下）

　この技術は汎用性に富み、当初の「パターン認識」にとどまらず、今後は「自然の言語処理（コンピューターが人間の言葉を理解するための技術）」や「ロボット工学」など、さまざまな分野への応用が期待されています。今話題の自動運転車にも導入が図られており、その動作性能や安全性を一挙に高めると見られています。

　しかし、これはまだ、ほんの序の口に過ぎません。今後、そうした巨大プロジェクトによって脳に対する理解が急速に深まり、この成果をいち早くニューラルネットの開発などに導入していけば、そこには想像を絶する人工知能が登場する可能性があります。

　その最大の特徴は、人間とコンピュータの強みを足し合わせたところにあります。私たち人間の脳が持つ最大の強みは「何かを学んで成長する能力」です。脳科学の成果を取り入れた「ディープ・ニューラルネット」のような最新鋭のAIは、この学習能力を備えているのです。これは「機械学習」と呼ばれます。

　これまでのコンピュータや産業用ロボットなどは、大規模な計算や単調な繰り返し作業は得意でしたが、所詮は人間があらかじめプログラムしたことしかできない単なる機械でした。しかし最先端のAIを搭載する、これからのコンピュータや次世代ロボットなどは、強力なコンピューティング・パワーをフル稼働して、サイバー空間や実世界に溢れる膨大な情報（ビッグデータ）を自ら吸収し、これを機械学習することによって、自律的に進化するのです。

　そこにはプラスとマイナスの両面が考えられます。まずプラス面は、これまで想像もつかなかったような知的製品の登場です。これからは私たち人間があれこれ面倒な操作をしなくても、各種のマシンやサービスが自力で必要なことを学んで人間に奉仕するようになるのです。これは私たちの暮らしや社会の利便性を飛躍的に高めると同時に、既存のITや自動車、ロボットをはじめ、産業各界のビジネス・モデルに計り知れないインパクトをもたらすでしょう。

　一方、マイナス面は、予測不能なAIの進化です。「自ら学んで進化するAI」は、それを作り

出した人類が意図したのとは全く違う方向へと発達してしまう危険性を秘めています。最近、巷で囁かれる「異常な発達を遂げたAIが暴走して人類を破滅させる」といった懸念は、この点に起因しています。また、「AIが人間の雇用を奪う」との予想もあります。

かつてはSF*に過ぎなかった、これらの危険性が、今や現実味を帯びて語られるようになりました。たとえば著名な理論物理学者のスティーブン・ホーキング氏*やマイクロソフト共同創業者のビル・ゲイツ氏ら、先見の明のある有識者が次々とそうした警鐘を鳴らしています。

われわれ人類に、途方もなく豊かで便利な暮らしをもたらしてくれるかもしれないAI。その一方で扱い方を誤れば、人類を破滅に導くかもしれないAI。

人工知能の研究において人間が大切にすべくのが、「あくまでも人工知能は、人間だけでは出来ないことや、苦手なことをサポートしていくためにある」という考え方です。一見賢そうな人工知能ですが、実は人間なら簡単にできるような処理が苦手だったり、常識が通用しないことも多々あります。一方で私たち人間は、人工知能ほど速く膨大なデータを処理することはできません。

このように、得意とするエリアが異なるからこそ、「ここまでは人工知能の判断に任せる」「最終的な判断は人間に仰ぐ」などと、裁量の範囲を人間が適切に決めることで、人間と人工知能は共存していけると考えています。

小林雅一『AIの衝撃―人工知能は人類の敵か』講談社現代新書
https://www.fujitsu.com/jp/より改編

ことば

汎用性⓪ はんようせい	[名]	通用性
図る② はかる	[他五]	图谋,策划,谋求;安排,考虑;意料
一挙① いっきょ	[名・副]	一举,一下子
序の口⓪ じょのくち	[名]	刚开始,开端,序幕
プロジェクト②③	[名]	project,项目,课题,计划
深まる③ ふかまる	[自五]	加深,变深
いち早く③ はやく	[副]	迅速地,飞快地,马上
絶する⓪③ ぜっする	[自サ]	超绝;少有;隔开
強み③ つよみ	[名]	力量,强度;优点,长处;依仗,靠山

第3章　AI・人工知能

最新鋭③	[名]	最先进
備える③	[他一]	准备,防备;备置,装置;具备,具有
大規模③	[名]	大规模
単調⓪	[名・形動]	单调
所詮⓪	[副]	归根到底,结局,毕竟,反正,终归
単なる①	[連体]	仅仅,只不过
次世代②	[名]	下一代;技术革新进步阶段
フル①	[名]	full。充分,最大限,全部
サイバー①	[名]	cyber。电脑上的,网络上的
実世界③	[名]	现实世界
自ら①	[名・副]	自己,自身;亲自
吸収⓪	[名・他サ]	吸收
自律的⓪	[形動]	自律的
マシン②	[名]	machine。机器
自力⓪	[名]	自己的力量
利便性⓪	[名]	便利性,方便性
既存⓪	[名]	既存,原有,现有
計り知れない④	[連語]	不可测量,不可估量
インパクト①	[名]	impact。冲击,碰撞,强烈影响
秘める②	[他一]	隐藏,隐瞒,隐秘
囁く③	[自五]	低声私语,咬耳朵,喃喃细语
暴走⓪	[名・自サ]	乱跑;失去控制突然驶出;鲁莽从事,随心所欲
破滅⓪	[名・自サ]	灭亡,毁灭
起因⓪	[名・自サ]	起因,原因
雇用⓪	[名・他サ]	雇佣
現実味⓪	[名]	现实感
帯びる②	[他一]	佩戴,携带;担任,负担;带有,含有;围绕,靠近
先見の明	[連語]	先见之明
警鐘⓪	[名]	警钟
鳴らす③⓪	[他五]	敲响,弄响
途方もない	[連語]	毫无道理;出奇,骇人听闻
誤る③	[他五]	弄错;贻误
導く③	[他五]	引路;指导,引导;导致
あくまで(も)②①	[副]	彻底,到底;始终

IT日语精读教程

サポート②	[名・他サ]	支持
一見①（いっけん）	[名・自サ・副]	一见,看一次;乍一看
常識⓪（じょうしき）	[名]	常识
通用⓪（つうよう）	[名・自サ]	通用
多々①（たた）	[副]	很多
エリア①	[名]	area。区域,范围
異なる③（ことなる）	[自五]	不同,不一样
仰ぐ②（あおぐ）	[自他五]	仰望,向上看;尊为,推为;仰仗,依赖;请求
裁量⓪③（さいりょう）	[名・自サ]	斟酌决定,酌情定夺

内容理解

I 次の質問を考えてみてください。
(1) 人間とコンピューターの強みはそれぞれ何ですか。
(2) 機械学習によってもたらされたプラスの面は何ですか。
(3) 機械学習によってもたらされたマイナスの面は何ですか。それにどう対応すればいいですか。
(4) 人間と人工知能とはどうやって共存できるのでしょうか。

II 次の文は本文の内容と合っているものに〇、違っているものに×をつけてください。
(1) 機械学習とは簡単に言うと機械であるコンピューターが学習できるという意味です。（　　）
(2) 最先端のAIは、今までのビジネスモデルにインパクトをもたらすのはそのマイナスの影響です。（　　）
(3) 最先端のAIのプラスの影響は、私たちの暮らしを便利にすることにあります。（　　）
(4) 膨大なデータを処理することにおいて、AIは人間より優れています。（　　）
(5) 人工知能の発達につれて、すべての判断をAIに任せればいいので、人間がかなり楽になります。（　　）

III 適当な言葉を選んで、_____に入れてください。

> 一見　　一方で　　において　　ため　　なら　　あくまでも　　だけ

　人工知能の研究_____人間が大切にすべくのが、「_____人工知能は、人間_____では出来ないことや、苦手なことをサポートしていく_____にある」という考え方です。_____賢そうな人工知能ですが、実は人間_____簡単にできるような処理が苦手だったり、常識が通用しないことも多々あります。_____私たち人間は、人工知能ほど速く膨大なデータを処理することはできません。

IV 正しい言葉を一つ選んでください。
(1) 今度の映画祭で30本の映画を_____上映することになった。
　　1　一気　　　　2　一挙　　　　3　いっさい　　　　4　いっかつ
(2) ソニーが手掛けるネットワーク・サービス「Sony Entertainment Network(SEN)」とSCEが手掛けるネットワーク・サービス「PlayStation Network(PSN)」を_____累計のアカウント数は1億を超えている。
　　1　組み合わせた　　　　　　　　2　抱き合わせた
　　3　足し合わせた　　　　　　　　4　取り合わせた

第3章 AI・人工知能

(3) ＿＿＿＿分かっていたことなのに、なぜ準備しなかったのでしょう。
　　1　あらかじめ　　　2　事前　　　　　　3　以前　　　　　　4　前に
(4) 最近、政府機関や防衛関連企業など国家の中枢を狙った＿＿＿＿攻撃による情報流出が相次いでいる。
　　1　サーバー　　　　2　サイド　　　　　3　サイバー　　　　4　サイズ
(5) これらの環境対応車、特に内燃機関を持たないEVの普及は、自動車業界や、ものづくり、そして周辺産業にどのような＿＿＿＿を与えるのか。
　　1　チャレンジ　　　2　メリット　　　　3　コンパクト　　　4　インパクト
(6) 世界を＿＿＿＿ほどの威力を持つ核ミサイルはどのような手順で発射されるのか。
　　1　破たんさせる　　2　絶滅させる　　　3　破滅させる　　　4　撃滅させる
(7) 首都移転の構想が、首相の発言をきっかけに、にわかに現実味を＿＿＿＿きた。
　　1　もって　　　　　2　兼ねて　　　　　3　含めて　　　　　4　帯びて
(8) 彼はオートバイで世界一周をするという、＿＿＿＿ことを計画した。
　　1　途方に暮れる　　2　途方もない　　　3　間違いない　　　4　残りない
(9) 日本には、ここ20年、日本政府に対して謝罪や賠償を求める中国の戦争被害者を＿＿＿＿してきた弁護士団がいる。
　　1　サポート　　　　2　サービス　　　　3　サプライズ　　　4　サポーター
(10) そこから、＿＿＿＿コンピューティング環境の行方が見えてくるような気がする。
　　1　進行する　　　　2　進展する　　　　3　進歩する　　　　4　進化する

文　型

1. 〜にとどまらず

本文　この技術は汎用性に富み、当初の「パターン認識」にとどまらず、今後は「自然の言語処理」や「ロボット工学」など、さまざまな分野への応用が期待されています。

［接続］N/V－る　＋にとどまらず
［意味］不仅，不限于。
①その流行は大都市にとどまらず、地方にも広がっていった。
②干ばつはその年だけにとどまらず、その後3年間も続いた。
③大気汚染による被害は、老人や幼い子供にととまらず、若者たちにまで広がった。
④学歴重視は子供の生活から子供らしさを奪うにとどまらず、社会全体を歪めるに至っている。

2. 〜しか〜ない　（N3）

本文　（略）、所詮は人間があらかじめプログラムしたことしかできない単なる機械でした。

［接続］N/助詞　＋しかV－ない
［意味］只，只有。与否定表达方式一起使用，用以提示一件事物而排斥其他事物。与"だけ"同时使用时，语气显得更强。
①1時間しか待てません。
②こんなことは友達にしか話せません。
③あの店は6時までしかやっていない。
④日曜日しか空いている日はないんで、打ち合わせはその日にしてもらえませんか。
⑤今日はお客様が一人だけしか来ませんでした。
⑥この説明会は、会員だけしか入れません。

関連文型

～しかない （N3）

［接続］V－る＋しかない

［意味］只有、只好。表示"只有这样做"的意思，多用于别无选择，或者没有其他可能性的语境。

①高すぎて買えないから、借りるしかないでしょう。
②ここまで来れば、もう頑張ってやるしかほかに方法はありませんね。
③そんなに学校が嫌なら、やめるしかない。

3. ～べく （N1）

本文 人工知能の研究において人間が大切にすべくのが、「あくまでも人工知能は、人間だけでは出来ないことや、苦手なことをサポートしていくためにある」という考え方です。

［接続］V－る＋べく（例外：するべく/すべく）

［意味］助動詞"べし"的连用形。"べき"是其连体形。接"する"时可以用"するべく""すべく"两种形式，但是"すべく"比较生硬。

（1）应该。经常以"べくして"的形式使用，前后重复同一动词，表示预料的事实际发生了。

①驚くべく誤植の多い本。
②愛すべくかつ敬すべきわれらの母親。
③この機械の危険性は以前から何度も指摘されていた。この事故は起こるべくして起こったと言える。
④彼が勝ったのは偶然ではない。練習に次ぐ練習を重ねて、彼は勝つべくして勝ったのだ。

（2）为了做……，为了能够做……。表示目的。是比较生硬的书面语。

①彼女は新しい気持ちで再出発するべく、東京に引っ越していった。
②ひとこと田中さんに別れの言葉を言うべく彼のマンションを訪れたのですが、彼はすでに出発していた。

関連文型

（1）～べきだ （N3） 第1課参照

（2）～べからず

［接続］V－る＋べからず（例外：するべからず/すべからず）

［意味］禁止，不得。是"べきはない"的文言形式。表示强烈的禁止，多用于布告或者标语牌。

①落書きするべからず。
②芝生に入るべからず。

4. ～からこそ （N3）

本文 このように、得意とするエリアが異なるからこそ、「ここまでは人工知能の判断に任せる」「最終的な判断は人間に仰ぐ」などと、裁量の範囲を人間が適切に決めることで、人間と人工知能は共存していけると考えています。

［接続］N－だ/Na－だ/A/V ＋からこそ

［意味］正因为……。特别强调原因和理由的表达方式，多与"のだ"一起使用。

①先生に手術していただいたからこそ、再び歩けるようになったのです。
②知らない人ばかりだったからこそ、言いにくいことも言うことができたのだ。
③子供がかわいいからこそ、叱るんです。

関連文型

～ばこそ （N2）

[接続] N/Na＋であればこそ
　　　　A－ければこそ
　　　　V－ばこそ

[意味] 正因为……。是强调理由的稍陈旧的说法，可用于文章或者郑重的口语，句尾多用"のだ"，一般可以和表示理由的"から"互换，但如果用"から"就失去了强调理由的意思。

①厳しく注意したのは、あなたを思えばこそです。
②体が健康であればこそ、つらい仕事もやれるのだ
③優れた教師であればこそ、学生からあれほど好かれるのです。

注意："からこそ"可以用于好的理由和坏的理由，而"ばこそ"不太用于坏的理由。
○　体が弱いからこそ嫌いなものでも無理して食べなければならない。
×　体が弱ければこそ嫌いなものでも無理して食べなければならない。

注　釈

あくまでも

坚决；彻底地、无论如何。
①私はあくまでも医学部を受けます。
②あくまでも私は彼が嫌いです。
③あくまでも頑張る。
④この家はあくまでも仮の住まいで、ここに永住するつもりはない。

関連用語

* **SF**

　　英语单词 science fiction 首字母缩写，"科幻"的意思，也用来指代"SF 映画"，即科幻电影。

* **スティーブン・ホーキング氏**

　　史蒂芬·威廉·霍金(Stephen William Hawking，1942 年 1 月 8 日—2018 年 3 月 14 日)，出生于英国牛津，英国剑桥大学应用数学与理论物理学系物理学家、著名物理学家、宇宙学家、数学家。霍金毕业于牛津大学、剑桥大学，1979 年至 2009 年任卢卡斯数学教授，后为荣誉卢卡斯数学教授(牛顿曾任此职，是人类历史上最伟大的教授职位)。霍金是继爱因斯坦之后最杰出的理论物理学家和当代最伟大的科学家，人类历史上最伟大的人物之一，被誉为"宇宙之王"。他的代表作品有《时间简史》《果壳中的宇宙》《大设计》等。2015 年 7 月 20 日，史蒂芬·霍金启动了人类历史上规模最大的外星智慧生命的搜索行动。2016 年 1 月，史蒂芬·威廉·霍金获得卢德奖。2018 年 3 月 14 日，史蒂芬·威廉·霍金去世，享年 76 岁。

ことば

地方②	[名]	地方，地区；(相对于中央)地方，外地
干ばつ⓪	[名]	干旱
広がる⓪	[自五]	变宽，拓宽，扩大；扩展，蔓延，传开；展现
誤植⓪	[名]	印刷错误

敬する③	［他サ］	尊敬，恭敬
重ねる⓪	［他一］	摞，码，重叠堆放；再加上，放上，盖上；反复，屡次，再次
落書き⓪	［名］	涂鸦
芝生⓪	［名］	草坪

練習問題

I 次の文の＿＿＿＿の部分に入る最も適切なものを1、2、3、4から一つ選びなさい。

(1) 難しいからやめてしまうのはだめだ。難しいから＿＿＿＿最後まで頑張るんだ。
　　1　こそ　　　　　2　ほど　　　　　3　のに　　　　　4　より

(2) 山田さんは夏に旅行をするつもりでした。＿＿＿＿病気になってしまってどこへも行けませんでした。
　　1　それでは　　　2　それでも　　　3　ところで　　　4　ところが

(3) あなたの健康を考える＿＿＿＿、お酒を飲ませないのです。
　　1　ほど　　　　　2　くらい　　　　3　からこそ　　　4　にかぎって

(4) 電車が動かないなら、歩いて帰る＿＿＿＿。
　　1　くらいだ　　　2　ほどだ　　　　3　わけだ　　　　4　しかない

(5) 電子メールが普及している今の時代であるから＿＿＿＿、手書きの手紙に温かい気持ちを感じる。
　　1　さえ　　　　　2　こそ　　　　　3　すら　　　　　4　だけ

(6) たとえ未成年でも、意図があって相手を傷つけたものはそれなりに＿＿＿＿。
　　1　罰させるしかない　　　　　　　2　罰せられるべきだ
　　3　罰しかねない　　　　　　　　　4　罰するはずではない

(7) 困ったときに＿＿＿＿、真の友です。
　　1　助け合ってこそ　　　　　　　　2　助け合えばこそ
　　3　助け合うこそ　　　　　　　　　4　助け合うからこそ

(8) 留学試験＿＿＿＿、広く日本語を勉強したい人にとっても役に立つ本である。
　　1　にしても　　　　　　　　　　　2　にとどまらず
　　3　にだけでなく　　　　　　　　　4　にばかりでなく

(9) この事業が成功したのも、貴社のご協力が＿＿＿＿こそです。
　　1　なければ　　　2　あったら　　　3　なかったら　　4　あれば

(10) そう考え＿＿＿＿結局そうしなかった。
　　1　ても　　　　　2　るまま　　　　3　たり　　　　　4　つつも

(11) その議員は言う＿＿＿＿言葉を吐いて、世間を騒がせた。
　　1　べく　　　　　　　　　　　　　2　べからざる
　　3　べきがない　　　　　　　　　　4　べからず

(12) 円は1ドル152円台に＿＿＿＿、さらに下がりそうだ。
　　1　とめず　　　　2　とまらず　　　3　とどまらず　　4　とどけず

(13) 留学するまで、私は自分が見ている世界がすべてだと思っていた。実はそれが世界のほんの小さな一部分＿＿＿＿気づいていなかった。
　　1　でないことにしか　　　　　　　2　でしかないことに
　　3　にないことでしか　　　　　　　4　にしかないことで

(14) 兄は締め切りに間に合わせる_____、昼も夜も論文に取り組んでいる。
　　1　から　　　　　2　べく　　　　　3　ので　　　　　4　ゆえ
(15) セミナーの日の朝は準備の時間がないので、資料は_____コピーしておいてください。
　　1　遅くとも　　　2　あらかじめ　　3　とっくに　　　4　先々

Ⅱ　次の文の＿★＿に入る最もよいものを1、2、3、4から一つ選びなさい。
(1) 松本監督が選手たちに厳しくするのは、一度は優勝を＿＿＿＿＿＿＿★＿＿＿＿＿だ。
　　1　と　　　　　　　　　　　　　　　　2　経験させたい
　　3　からこそ　　　　　　　　　　　　　4　ねがう
(2) いつもぎりぎりにならないと準備ができない。今回ももっと＿＿＿＿＿＿★＿＿＿＿だった。
　　1　準備して　　　2　早くから　　　3　べき　　　　　4　おく
(3) 最近、子供がピアノを習いたいと言い出した。私は、子供が＿＿＿＿＿★＿＿＿＿と思っている。
　　1　したい　　　　2　やりたい　　　3　やらせて　　　4　と思うことは
(4) レポートを作成＿＿＿＿＿★＿＿＿＿ことは、事実なのか意見なのかを明確にすることだ。
　　1　注意　　　　　2　上で　　　　　3　する　　　　　4　すべき
(5) ホテルや旅館の料金は、休日のほうが高い。このシステムは＿＿＿＿＿★＿＿＿＿ものだ。
　　1　旅行できない　2　人にしたら　　3　休日しか　　　4　つらい

Ⅲ　次の文章の（　）に入れる最も適切な言葉を、1、2、3、4から一つ選びなさい。
　最近のサッカーの人気はすごい。古くからのファンは（　1　）、普通のスポーツファンの人気も集めている。特に人気のあるチームの試合となると、ファンの熱狂はただのスポーツの試合の応援に（　2　）、まるでお祭り騒ぎだ。サッカーがこのように盛んになったのは、ファンの熱心な応援もさることながら、地元に根を下ろしたプロのチームを作ろうという関係者の努力が実を結んだのだろう。
　先月のサッカー大会でも、主催者の組織力が、晴天続きという好条件と相まって大会に大成功をもたらした。しかし、関係者も選手もこの人気に安心していてはいけない。サッカーに（　3　）プロのスポーツというものは、ファンがいる（　4　）のものである。これからも選手たちに面白く、見る者に感動を与えるような試合を見せてほしいというのが、一人熱狂的なファンに（　5　）一般のサッカーファンの願いだろう。

(1) 1　別に　　　　　2　もとより　　　3　ともかく　　　4　さておき
(2) 1　とどまらず　　2　だけでなく　　3　限らず　　　　4　のみならず
(3) 1　とどまらず　　2　だけでなく　　3　限らず　　　　4　のみならず
(4) 1　うえ　　　　　2　から　　　　　3　ため　　　　　4　からこそ
(5) 1　とどまらず　　2　かかわらず　　3　限らず　　　　4　のみならず

Ⅳ　各文章を読んで、以下の問いに答えなさい。答えは、1、2、3、4から最も適当なものを一つ選びなさい。

文章1
　「知識」ということばと「知恵」ということばがある。知識は「得る」というが、知恵は「出す」という。同じ「知」という字を使っていてもずいぶん違った意味になる。
　人工知能つまり知的情報処理をする機械と、人間との違いを一言で言えば、知的な面からみる限り、この知識と知恵の違いだと思えばよい。
　人工知能は知識を蓄えることができる。また、それを加工して出力(注1)することもできる。しかし、私たちが思っているような意味で「知恵を出す」ことは難しい。
　例えば、ある家庭でお父さんとお母さんがけんかしている。それを子どもがだまってみている。場

の雰囲気が険悪になって、これ以上けんかが続くとあとにしこり(注2)が残るというぎりぎりのところまできたとき、その子がポツンと独り言のように言う。「僕、お父さんもお母さんも好きなんだ」急に場がなごんで(注3)、とげとげした雰囲気がうそのようになる。こういうのが知恵である。人間ならば小さな子どもでも知恵を出すことができるのに、機械には難しい。

　人間と機械とはどこが違うかという問いは、もともと不毛(注4)な問いである。なぜなら、どこまでが機械で、どこからが人間かという境目は、人間や機械をどう見るかによって変わってくるからである。むしろここでは、人間と機械とは全然違うものだという立場から出発して、機械による知的情報処理の意義と限界を探ってみることにしたい。その出発点として、先にあげた「知識」と「知恵」の違いから始めようというわけである。

(注1) 出力：原動機・通信機・コンピューターなどの装置が入力を受けて仕事または情報を外部へ出すこと。
(注2) しこり：物事が片付いた後などにまだ残っている何となくすっきりしない気分。
(注3) なごむ：和やかになる。穏やかになる。
(注4) 不毛：一般に、成果の実らないこと。

問　機械と人間の違いについて考えるときの筆者の姿勢はどうか。最も適切なものを一つ選びなさい。
1　人間や機械をどう見るか、まずその基準をはっきりさせようとしている。
2　様々な考え方ができるので、簡単に答えられる問題ではないと思っている。
3　機械と人間について考えることには限界があるので、むしろ共通性を見出す方向で考えようとしている。
4　すでに十分論じられた問題なので、考える必要は特にないと見なしている。

文章2

　試験というもので、いったい何を調べようとしているのだろうか。たぶん、「学力」といったものだろう。しかし、その「学力」というのが、知識や技能かというと、すこし違うような気がする。

　おそらく、例えば数学なら数学の世界が、心の中にどれだけ豊かに広がっているか、それが「学力」というものなのだと思う。たしかに、その数学の風景の一部としては、知識や技能もあるかもしれない。しかし、それ以上に、知識を忘れても何とかなり、技能でつまずいて(注1)も回復できるほうが、「学力」のような気がする。それは、この景色の内面化のあり方にかかわっていよう。

　それはいくらか、個人の心にかかわってもいる。同じ知識を得るにも、そこに歓びがあったか、同じ技能を得るにも、それを楽しんで身につけたか、そのことが彼の心に刻み付けられている(注2)。しかし、試験というもので、そこまで見るのは無理だろう。むしろ、そこを断念(注3)すべきかもしれない。試験というものは、いくぶんか(注4)は断念の上にだけ成立する。心には踏み込まないというのが、試験の限界と考えるべきかもしれない。ぼくの心を他人にははかられる(注5)のは嫌だ、そう言って拒否してもよさそうだ。

　それでも、良質な試験としては、できるだけ彼の世界を判断しようとすることはできよう。例えば数学の試験というと、世間では答の正否だけのように考えられかねないが、実際には、答案の表現のあり方から彼の心の世界を探ろうとするものだ。現実の大学入試の採点でも、そうしたことは試みられている。

(注1) つまずく：物事の途中で、失敗してうまくいかなくなる。
(注2) 刻み付ける：記憶に深くとどめる。
(注3) 断念：あきらめること。思い切ること。
(注4) いくぶんか：すこし。いくらか。
(注5) はかる：推し量る。見当をつける。

問　この文章で筆者が一番言いたいことは何か。
1　どのぐらい知識や技能があるかを、詳しく調べられるのがいい試験だ。
2　数学なら数学の知識や技能を、楽しみながら調べられるのがいい試験だ。
3　知識や技能がまったくなくても、よく考えれば答えられるのがいい試験だ。
4　心の中の豊かさまでも調べられるのがいい試験だ。

文章3

　本を読む習慣のない大学生が、つまり、読書の本当の喜びを知らない人が、本など読まなくてもいいのではないかと言うのは、たしかに腹が立つ(注1)が、理解できないわけではない。好きも嫌いも、当の(注2)読書をそれほどやっていないわけだから、読書の必要性がよくわからないのも、ある意味無理はない(注3)。

(注1) 腹が立つ：怒りたくなる。
(注2) 当の～：まさにその～。
(注3) 無理はない：しかたがない。

問　「無理はない」とあるが、ここで筆者は何が無理はないと考えているのか。
1　本を読まない大学生でも、読書の必要性をよく理解していること
2　あまり本を読まない人が、本など読まなくてもいいと考えること
3　最近の大学生は本を読む習慣がないのでその喜びを知らないこと
4　あまり本を読まない大学生が増えたことに腹が立つこと

文章4

東京楽遊パス

東京楽遊パスで、東京を楽しみましょう
このパスがあると、こんなことができます。

①**交通**　東京市内のバス、地下鉄、JR、私鉄に1日または2日自由に乗車できます。（なお、市内でも長距離の場合は追加料金を払っていただくことがあります。バスについている楽遊オリジナルガイドブックでご確認ください。）

②**見物**　楽遊の表示がある博物館、美術館、寺院、庭園などで、このパスをお見せください。入場料が100円やすくなります。

③**買物**　楽遊の表示があるお店で、2,000円以上の買い物をすると、代金か5％割引します。会計の前に、お店の人にパスをお見せください。

④**食事**　楽遊の表示があるレストランや食堂で、飲み物サービスが受けられます。

★②～④でのご利用は交通機関の利用と同じ日にかぎります。
★楽遊オリジナルガイドブックには、東京観光や交通、飲食、ショッピングなどに役立つ情報をたくさん紹介しています。

購入　このパスは、東京都内の観光案内所や、JR、私鉄、地下鉄の各駅やホテル、デパートの受け付けや案内、コンビニエンスストアなどで購入できます。「大人」以外のパスを購入する場合は、学生証など、年齢がわかるものをご提示ください。

> **価格**
> 1日パス
> 大人：1,500円、学生：1,000円、小学生以下：500円、シルバー（60歳以上）：1000円
> 2日パス
> 大人：2,500円、学生：1,800円、小学生以下：800円、シルバー（60歳以上）：1800円
> 東京楽遊パスオフィス（電話：03－1234－5678　年中無休、8：30—18：30）

問1　このパスを手に入れるのに、どうしたらいいか。
　　1　東京楽遊パスオフィスに行けば無料でもらえる。
　　2　東京都内の主な観光施設で買える。
　　3　東京都内の観光案内所、駅、ホテルなどで買うことができる
　　4　東京都内のバスや地下鉄などに乗るともらうことができる。

問2　このパスを持っているとどんなことが可能になるか。
　　1　指定の店での買い物はすべて5％引きになる。
　　2　距離に関係なく、市内の乗り物が無料になる。
　　3　指定の博物館では入場料が100円引きになる。
　　4　市内のレストランでの食事はいつでも飲み物のサービスがあります。

豆知識

人間を超え初めた人工知能

「人間 vs 人工知能」の戦いはすでにあちこちで繰り広げられている。

クイズで人間に勝つ人工知能も現れた。2011年、IBMが開発した人工知能「ワトソン」は、アメリカの有名なクイズ番組で、人間のチャンピオンを破って優勝し、賞金100万ドルを獲得した。たとえば「米国が外交関係を持たない世界の4カ国のうち、この国は最も北にある」という問いの答えを、早押しで解答する。正解は「北朝鮮」である。

クイズ番組で優勝したワトソンの技術は、今後、医療分野にも応用されるという。蓄積された膨大なデータから、患者の治療方針を的確に示す。がん治療のケースでは、専門の医学誌42誌のデータや、臨床医療データが取り込まれ、60万件に及ぶ医学的根拠や150万人分の治療カルテが判断のもとになる。長年、がんを専門に治療してきたベテランの名医よりも、経験の豊かな医師になりうるのかもしれない。

ワトソンは料理の世界にも進出している。大量のデータをもとに新しいレシピを自動的に考える「シェフ・ワトソン」である。2014年の暮れには、「シェフ・ワトソン」の考案したレシピを一流のフレンチシェフが調理して振る舞う試食会が日本で開催された。ワトソンを使えば、ありとあらゆることが可能になるかもしれない。

さらに、三井住友銀行とみずほ銀行は2014年11月、コールセンターへの問い合わせにワトソンを利用すると発表した。問い合わせをしてきた利用者とオペレーターとの会話をシステムが聞き取り、ワトソンが適切な回答を見つけるというもので、1回当たりの対応時間が大幅に削減される見込みだという。

松尾豊『人工知能は人間を超えるか—ディープラーニングの先にあるもの—』角川選書より改編

第9課

AIは人間の仕事を奪うのか

　2016年1月に開催された「世界経済フォーラム」(ダボス会議*)で、フォーラムの創始者であり会長でもあるスイスの経済学者クラウス・シュワブ氏*が『仕事の未来』というレポートを発表し、「AI、ロボット技術、バイオテクノロジーの発展で5年以内に約500万人の雇用が失われる」というショッキングな報告を行ったことで大きな注目を浴びた。

　イノベーションにより人間の仕事がなくなるという指摘は、実は最近に始まったことではない。技術革新によって人間の仕事が奪われる現象は、19世紀初頭の産業革命の頃から繰り返されてきた。

　産業革命当時、機械の使用の普及により、それまで手作業で織物を作っていた手工業者・労働者たちが失業のおそれを感じ、その元凶である機械を破壊し、資本家に使用を止めさせる運動を起こして大きな社会問題となった。

　それが「ラッダイト運動*」である。手工業者・労働者たちが恐れていた通り、現実に機械の導入のせいで仕事を失い、路頭に迷ったのであろうか。

　結果的には、機械の進歩や普及により、生産効率自体が飛躍的にアップして企業の生産力が向上した。そして、増えた分の利益が資本家から手工業者・労働者たちへ給料の形で還元されることによって彼らの所得が増え、中産階級が生まれたのである。

　1990年代以降、IT技術の導入がもたらす技術的失業を懸念し、テクノロジーの発達と普及に対して反対を唱える「ネオ・ラッダイト運動*」が起きた。「ネオ・ラッダイト運動」自体は「銀行にATMが導入されると窓口係が職を失う」「Amazonが普及すると街中の書店は廃業に追い込まれる」といった近視眼的なものだが、「シンギュラリティ」への道筋が明確になっていくにつれて、今後、似たような形で技術的失業に対するノイズが上がっていく可能性がないとは言えないだろう。

　「ラッダイト運動」の後、手工業者・労働者たちが新たに中産階級という層に変化していったように、技術革新が、単純な仕事を人間から奪う一方で新たな付加価値を生み出す職業を

世の中に生み出してきた、という歴史的な事実に注目すべきである。

　例えば、産業革命後、しばらくの間、機能性はありつつも、デザイン的な美しさに欠けていたり、他社の製品と似通って独自性に乏しかったりするプロダクトが多かった。

　機能性は満たしつつも、もっと造形的な美しさを追求しても良いのではという人々の欲求から、20世紀初頭になると「インダストリアルデザイン」という概念が米国や欧州で発達し（T型フォード*はその典型である）、「デザイナー」という職業が生まれたのである。

　デザインが20世紀以降、ブランドの差別化のドライバーのひとつとして機能していることは疑う余地もない。

　同様の変化は現在進行形で起きている。

　AIが人間の仕事を奪う…。それはより厳密に言えば、AIが主体的に人間の仕事を奪取するのではなく、あくまでもAIを管理する側の人間がその導入を決めることで、特定の仕事をする人間が不要になるということである。

　しかし、ここで気をつけなくてはいけないことは、人間の役割をAIが代行することで、人間が職場から排除され、経済的に追い込まれるという、単純な変化に目を奪われてはいけない、ということだ。

　例えば、デジタル化の急速な進展により、新聞や雑誌などのアナログのマスメディアが衰退する一方、インターネット関連のメディア（ウェブマガジン、企業のオウンドメディア*、SNS*、ネット通販サイトなど）が誕生し、ウェブマガジンの記者、ITエンジニア、ウェブデザイナー、ウェブ解析士など次々に新しい雇用を創出している。

　この変化は今後の企業経営者の取るべき戦略、つまり「ヒト・モノ・カネ」のリソース配分をどう考えるかという点で、具体的な方向性を示唆していると言えるだろう。

　それは、とりもなおさず、お客さまの気持ちの変化に寄り添う形で、コンピュータと人間との役割分担を考えることである。

　AIの導入で余剰になった人材リソースや資金をそこに重点投入して、お客さまとの接点で機能させて行くことが必要だ。

　AIの導入が進めば進むほど、個々のお客さまの気持ちの変化に寄り添い、お客さまの体験が豊かになる方向で企業（や病院などの公共サービス機関）が提供する商品やサービスの内容を最適化（デザイン）する目配りや気配りが、企業間競争の最強の差別化ドライバーとして注目されるはずである。

第3章　AI・人工知能

　銀行の窓口係、保険の営業職員や代理店の事務職員、携帯電話のショップの店員などはAIに仕事を奪われるのではなく、AIの導入によりその立ち位置がよりお客さまに近い場所へと変わり、AIができない「人間ならではの発想や価値の提案」をお客さま趣向で専門的に担うことが求められるはずだ。

朝岡 崇史 IoTでお客様のエクスペリエンスが変わる6つの事例

(http://jbpress.ismedia.jp/articles/－/47632)より改編

ことば

AI(エーアイ)③	[名]	Artificial Intelligence。人工智能。它是研究、开发用于模拟、延伸和扩展人的智能的理论、方法、技术及应用系统的一门新的科学技术
奪う②⓪	[自五]	抢夺、剥夺；消耗；强烈地吸引人心和注意力等
フォーラム①	[名]	forum,"フォーラムディスカッション(forum discussion)"的略称,集体公开讨论会,公共论坛
創始者③	[名]	创始人
スイス①	[名]	Switzerland,瑞士
バイオテクノロジー⑥	[名]	biotechnology,生物工程,生物技术
失う⓪	[他五]	丧失,失掉；迷失,迷惘
注目を浴びる	[連語]	受到瞩目,引起关注、重视
イノベーション③	[名]	innovation。创新。技术革新、新设计。经济学家熊彼特的用语,指(经济上的)革新。表示构成经济增长动力的生产技术的革新、资源的开发、消费资料的引进以及重新组织特定产业结构等非常广义的概念
指摘⓪	[他サ]	指摘,指出,提出特定事项加以揭示
初頭⓪	[名]	初,始,起初;初叶,某期间或年代的开头
繰り返す③⓪	[他五]	反复,重复,将同样的事进行数次
手作業②	[名]	手工作业。不通过机械,用手工进行的作业
織物②③	[名]	织物
恐れ③	[名]	畏惧,害怕;担心,忧虑
元凶⓪	[名]	元凶,首恶
恐れる③	[自他一]	害怕,惧怕;恐怕,担心
路頭⓪	[名]	街头;道路旁边
アップ①	[名・自サ]	上升,提高
分①	[名]	(被分配的)份儿
還元⓪	[名・他サ]	还原

139

中産階級⑤	[名]	中产阶级。有产阶级和无产阶级中间的社会阶层
唱える③	[他一]	唱诵；高呼；倡导
窓口係⑤	[名]	窗口工作人员
追い込む③	[他五]	赶入，攒进，使陷入；冲刺
近視眼⓪	[名]	近视眼；目光短浅
シンギュラリティ④	[名]	singularity,特异点,奇点。在这里指人工智能AI超过人类智慧的转换点（技术特异点），也指其带给世界的变化
道筋⓪	[名]	道路，路径，通道；事理，事物的道理，条理
ノイズ①	[名]	噪音，杂音；干扰，数据混乱
似通う③	[自五]	相似，相像，类似
乏しい③	[形]	乏，缺少，不足
プロダクト③	[名]	product。生产，制品，产品
満たす②	[他五]	装满，填满；(使)满足
造形的⓪	[形動]	造型（形）上的，造型（形）方面的
欲求⓪	[名·他五]	欲求，欲望，希求
インダストリアルデザイン⑩	[名]	industrial designer,工业设计
ブランド⓪	[名]	品牌，商标
ドライバー②⓪	[名]	driver。司机，驾驶员；驱动程序
余地がない	[連語]	没有……的余地
進行形⓪	[名]	现在进行态，进行时；进行中
厳密に言えば	[連語]	严格的说
主体的⓪	[形動]	主动的，积极的
奪取①	[名·他サ]	夺取
不要⓪	[形動]	不要，不需要，不必要
代行⓪	[名·他サ]	代行，代理，代替。代为办理某事，亦指这样的人
排除①	[名·他サ]	排除，消除
目を奪われる	[連語]	看得入迷，被吸引住
デジタル化⓪	[名]	数字化，数码化
アナログ⓪	[名]	analog,模拟,用连续变化的物理量来表现物质、系统等的状态
ウエブマガジン④	[名]	web magazine。网络杂志
ネット通販サイト⑧	[名]	网络销售网站
ITエンジニア(アイティーエンジニア)③+③	[名]	IT工程师
ウエブデザイナー⑤	[名]	网页设计师
ウエブ解析士⑦	[名]	网络分析师

第3章　AI・人工知能

リソース②	[名]	resource。資源,財源,資産;可利用的軟件和硬件
配分⓪	[名・他サ]	分配;配額
示唆①	[名・他サ]	暗示,启发,婉转的指点
寄り添う③	[自五]	靠近,挨靠,紧挨
余剰⓪	[名]	余剩,剩余
接点①	[名]	切点,直线与曲线相切的点,或某切平面与曲平面相切的点;接点,触点,开合点,电流通过狭窄面的接触或流动被切开的部分;接触点
最適化⓪	[名]	最佳化,最优化
目配り②	[名・自サ]	环顾,环视,留意地四下张望
気配り②	[名・自サ]	用心周到,照顾,照料,处处给予细心关照
差別化⓪	[名・他サ]	差别化,差异化
立ち位置③⓪	[名]	在发言、行动时,全体状况中所占据的位置;立场,位置

📢 内容理解

Ⅰ　次の質問を考えてみてください。

(1) 技術革新によって人間の仕事が奪われる現象は、いつから始まったのですか。
(2) 「ラッダイト運動」というのは何ですか。
(3) 「デザイナー」という概念が誕生する経由を述べてみてください。
(4) 今後の企業経営者の取るべき戦略、「ヒト・モノ・カネ」のリソースをどう配分するか、具体的な方向性は何ですか。
(5) AIは本当に人間の仕事を奪ったのか、自分の意見を言ってみてください。

Ⅱ　本文の内容と合っているものに〇、違っているものに×をつけてください。

(1) 中産階級が生まれたのは産業革命の結果です。（　　）
(2) 「ネオ・ラッダイト運動」は20世紀以降起きました。（　　）
(3) 技術革新が、単純な仕事を人間から奪った。その反面、新たな付加価値を生み出す職業も生み出してきました。（　　）
(4) T型フォードは機能性と造形的美しさを兼ねていました。（　　）

Ⅲ　適当な言葉を選んで、＿＿＿＿に入れてください。

> に対して　　に対する　　という　　といった　　いく　　いった

　1990年代以降、IT技術の導入がもたらす技術的失業を懸念し、テクノロジーの発達と普及＿＿＿＿反対を唱える「ネオ・ラッダイト運動」が起きた。「ネオ・ラッダイト運動」自体は「銀行にATMが導入されると窓口係が職を失う」「Amazonが普及すると街中の書店は廃業に追い込まれる」＿＿＿＿近視眼的なものだが、「シンギュラリティ」への道筋が明確になって＿＿＿＿につれて、今後、似たような形で技術的失業＿＿＿＿ノイズが上がっていく可能性がないとは言えないだろう。
　「ラッダイト運動」の後、手工業者・労働者たちが新たに中産階級＿＿＿＿層に変化して＿＿＿＿ように、技術革新が、単純な仕事を人間から奪う一方で新たな付加価値を生み出す職業を世の中に生み出してきた、という歴史的事実に注目すべきである。

141

Ⅳ 正しい言葉を一つ選んでください。

(1) テレビで_____なニュースを聞きました。
　　1 ジョギング　　　2 ショギング　　　3 ショキング　　　4 ショッキング

(2) 彼はちょっとしたミスで不利な地位に_____。
　　1 追い込んだ　　　2 追い込まれた　　3 追い込まされた　4 追い込ませた

(3) その時代については歴史的記録が_____。
　　1 ひとしい　　　　2 とばしい　　　　3 とぼしい　　　　4 いとしい

(4) 鈴木会社の_____はいつも品質がいい。
　　1 プログラム　　　2 プロジェクト　　3 プロアスタンド　4 プロダクト

(5) これだけ証拠があっては、反論の_____がない。
　　1 よそ　　　　　　2 よほど　　　　　3 よち　　　　　　4 よゆう

(6) これは_____個人的な考えですが…。
　　1 けっきょく　　　2 最後　　　　　　3 いつも　　　　　4 あくまでも

(7) 富士山の美しさに_____を奪われる。
　　1 こころ　　　　　2 目　　　　　　　3 気　　　　　　　4 口

(8) 親子二人がたがいに_____生きてきた。
　　1 ちかよって　　　2 よりあって　　　3 よりそって　　　4 ちかづいて

文型

1. ～せいで・～せいだ・～せいか （N3）

本文　手工業者・労働者たちが恐れていた通り、現実に機械の導入のせいで仕事を失い、路頭に迷ったのであろうか。

[接続] N－の/Na－な/A/V　＋せい

[意味] 都怪……。用于表示发生坏事的原因或责任所在。

①小林さんが急に休んだせいで、今日は3時間も残業しなければならなかった。
②父が今日の晩御飯を全然食べなかったのは病気のせいだと思う。
③年のせいか、このごろつかれやすい。

2. ～につれて （N2）

本文（略）、「シンギュラリティ」への道筋が明確になっていくにつれて、今後、似たような形で技術的失業に対するノイズが上がっていく可能性がないとは言えないだろう。

[接続] N/V－る　＋につれて

[意味] 随着……。前后都接表示变化的表达，表示随着前项事态进展的同时，后项也在进展。表示笼统的比例关系，后项不用表示说话人意志的表达。

①時間が経つにつれて、印象も次第に薄れていく。
②町が発展につれて、前になかった新しい問題が生まれてきた。
③成長するにつれて、息子は無口になった。

関連文型

（1）～とともに　（N2）　第1課参照
（2）～に伴い/伴って/伴う　（N2）　第5課参照
（3）～に従って・～に従い（N2）

［接続］N/V－る ＋に従って
［意味］
(1) 随着……。前后都接表示变化的表达，表示随着前项事态进展的同时，后项也在进展，后项可以接表示说话人意志的表达。
①進むにしたがって、道が険しくなる。
②物価の上昇に従い、リサイクル運動への関心が高まってきた。
③今後、通勤客が増えるにしたがって、バスの本数を増やしていこうと思っている。
(2) 根据……、按照……。
①リーダーの指示に従って行動してください。
②矢印に従って進んでください。
③上司の命令に従い不正を働いた。

3．～つつ （N2）

本文　例えば、産業革命後、しばらくの間、機能性はありつつも、デザイン的な美しさに欠けていたり、他社の製品と似通って独自性に乏しかったりするプロダクトが多かった。

［接続］V－~~ます~~＋つつ
［意味］
(1) 虽然，尽管。还可以有"つつも"的形式。基本与"～ながら(も)"意思相同，经常可以表示说话人的反省和后悔的心情。书面语。
①夏休みの間、勉強しなければならないと思いつつ、毎日遊んで過ごしてしまった。
②その言い訳は嘘だと知りつつ、私は彼にお金を貸した。
③顔色の悪い木村さんのことが気になりつつ、急いでいたので何も聞かずに帰ってしまった。
(2) 一边……一边……。基本与"～ながら"意思相同，但是"～つつ"倾向于用于书面语。
①この問題については、社員の皆さんと話し合いつつ解決を図っていきたいと考えております。
②汽車に揺られつつ、2時間ほどいい気持ちでうとうと眠った。
③その選手は足のけがをかばいつつ、最後まで完走した。

区別文型
～つつある （N2）　第5課参照

4．～ば～ほど・～なら～ほど・～ほど （N3）

本文　AIの導入が進めば進むほど、個々のお客さまの気持ちの変化に寄り添い、(略)。

［接続］Nであれば N であるほど/N であればであるほど　　Nほど
　　　　Naであれば Na なほど　　　　　　　　　　　　（Naなら）Na なほど
　　　　A－ければA－いほど　　　　　　　　　　　　　（Aなら）　A－いほど
　　　　V－ばこそV－るほど　　　　　　　　　　　　　（Vなら）　V－るほど
［意味］越……越……。同一个单词重复使用，表示伴随着同一事物的进行其他事物也在进行。
①入学試験のことは、考えれば考えるほど心配になってくる。
②お礼の手紙を出すのは、早ければ早いほどいい。
③日常で使う器具の操作は簡単なら簡単なほどいい。
④優れた営業マンほど客の声に耳を傾け、外の人の批判にも謙虚になれるものだ。
⑤活発で優秀な学生であればあるほど、知識を一方的に与えるような授業はつまらなく感じるのだろう。

5. ～ならでは （N1）

> 本文　(略)AIができない「人間ならではの発想や価値の提案」をお客さま趣向で専門的に担うことが求められるはずだ。

[接続] N＋ならでは

[意味] 只有……才有的，只有……才能，表示对……高度评价。

① この祭りは京都ならではの光景です。
② この絵には子供ならでは表せない無邪気さがある。
③ 当店ならではの素晴らしい料理をお楽しみください。

📢 注　釈

とりもなおさず

副词。就是……。表示前项毋庸置疑是后项的原因、结果、根据或者示例。

① 連絡がないとは、とりもなおさず元気だということだ。
② 西洋では、「知的生活」というのがとりもなおさず「修道院生活」と考えられていた時代があったのである。

📢 関連用語

* **ダボス会議**

　达沃斯会议，World Economic Forum，中文名为世界经济论坛，是以研究和讨论世界经济领域存在的问题、促进国际经济合作与交流为宗旨的非官方国际性机构，总部设在瑞士日内瓦。

* **クラウス・シュワブ氏**

　KlausSchwab。克劳斯·施瓦布，1938年出生于德国拉芬斯堡，后加入瑞士籍。他于1971年倡议创建了世界经济论坛，并担任论坛主席。还担任联合国发展规划委员会副主席1997年10月访问中国。2000年6月，来华参加"21世纪论坛"2000年会议。2006年6月来华参加世界经济论坛北京代表处揭牌仪式。2007年9月来华参加"从达沃斯到大连—新领军者年会"。

* **ラッダイト運動/ネオ・ラッダイト運動**

　Luddite/New Luddite。Luddite，卢德运动。英国工业革命时期，英国工人以破坏机器为手段反对工厂主压迫和剥削的自发工人运动。1811～1817年间，织物手工业者将生活贫困及失业的原因归咎与机器的使用而掀起的运动，首领称为卢德王，故以此命名。最后以失败告终。从那以后，"卢德运动"逐渐指代那种抵制新技术，对抗社会发展的倒退行为，引申出来的"卢德主义"也成了保守、落伍的代名词。New Luddite，"新卢德运动"是指20世纪90年代，随着IT技术的导入，技术人员们恐惧失业而掀起的抵制科技发展和普及的风潮。

* **T型フォード**

　Ford Model T，T型福特汽车，俗称 Tin Lizzie 或 Flivver，是美国亨利·福特创办的福特汽车公司于1908年至1927年推出的一款汽车产品。

* **オウンドメディア**

　Owned media，自有媒体，指企业自身拥有的媒体平台，是相对于 Paid media（付费媒体，即企业花钱购买宣传的媒体平台）和 Earned media（赢得媒体，即企业免费赢得的传播平台）来说的。自有媒体为品牌自己控制的渠道，如网站、手机网站及应用等和现存的潜在消费者建立一个长期的关系并创造赢得媒体。

＊ SNS

Social Networking Services，社交网络服务，包括了社交软件和社交网站，也指社交现有已经成熟普及的信息载体，如短信 SNS 服务。

ことば

薄れる③⓪	[自一]	变薄，渐薄；退化，模糊；变得淡薄
険しい③	[形]	陡峭，险峻；艰险，险恶；严峻，因紧张而表情严厉
矢印②	[名]	箭头（标志）
不正⓪	[形動]	不正，不公正；不正经，不正派；指不对的，不正当的
揺れる⓪	[自一]	动，摇晃，扭动
うとうと①	[副・自サ]	迷迷糊糊，似睡非睡的状态
眠る⓪	[自五]	睡觉，长眠，死亡，沉睡，（能力、价值等）未能得到活用；停止活动，呈静止状态
庇う②	[他五]	庇护，袒护
完走⓪	[名・他サ]	跑完（全程），跑到终点
耳を傾ける	[連語]	倾听，仔细的听
批判⓪	[名・他サ]	评论，评判；批评，指出错误或不当之处，加以议论
活発⓪	[形動]	活泼，活跃，轻快，生气勃勃
光景⓪①	[名]	光景，情景，景象
表す③	[他五]	表现，表露；表达，象征；标明，标明，指示或指明
無邪気①	[名・形動]	纯真，天真可爱，无邪；幼稚，没有深刻的想法
当店①	[名]	本店，我们店。自谦的说法
修道院③	[名]	修道院

練習問題

I 次の文の_____の部分に入る最も適切なものを1、2、3、4から一つ選びなさい。

(1) 食べ過ぎたせい_____、おなかの調子が悪い。
　　1　か　　　　　　　2　の　　　　　　　3　こそ　　　　　　4　も

(2) 見てはいけないと言われれば_____ほど、見たくなる。
　　1　言う　　　　　　2　言われる　　　　3　言われて　　　　4　言え

(3) 車の数が増えるにつれて、_____。
　　1　私たちの生活は便利だ　　　　　　2　道が広くなった
　　3　もう30年になった　　　　　　　4　車の音が問題だ

(4) 「やっと降りましたね。」
　　「ええ、この雨の_____、作物も元気になるでしょう。」
　　1　せいで　　　　　2　おかげで　　　　3　かわりに　　　　4　原因で

(5) 夜が明けるか明けないか_____、彼は働き始める。
　　1　のかぎり　　　　2　とともに　　　　3　につれて　　　　4　のうちに

(6) これは一週間分の食事のメニューです。このメニュー＿＿＿＿＿＿、料理を作ってください。
　　1　につれて　　　　2　にしたがって　　　3　にともなって　　　4　とともに
(7) あの人ったら自分が悪いくせに、いつも＿＿＿＿＿＿。
　　1　ひとのせいにする　　　　　　　　　2　あやまってばかりいる
　　3　結局困っている　　　　　　　　　　4　失敗ばかりしている
(8) 笑っては失礼だと思い＿＿＿＿＿＿、笑わずにはいられなかった。
　　1　きり　　　　　2　につけ　　　　　3　がちに　　　　　4　つつ
(9) 祖父母から孫まで三世代が同居、女性が家庭で家事、育児をやるという生活様式は、次第に過去のものに＿＿＿＿＿＿。
　　1　なりつつある　　　　　　　　　　　2　なる一方だ
　　3　なるのみだ　　　　　　　　　　　　4　なったわけではない
(10) 夜更かしをする＿＿＿＿＿＿、いつも朝起きられない。
　　1　わりに　　　　2　ために　　　　　3　せいで　　　　　4　おかげで
(11) 日本の円安不況に＿＿＿＿＿＿消費の冷え込みがアジア諸国の輸出不振をもたらし、さらに金融不安を増幅している。
　　1　つれる　　　　2　伴う　　　　　　3　従う　　　　　　4　沿う
(12) 情報はすべてコンピューター＿＿＿＿＿＿、処理される。
　　1　にとり　　　　2　により　　　　　3　によると　　　　4　に基づいて
(13) 主婦のアイディアを採り入れた新製品は、おもいろい＿＿＿＿＿＿よく売れた。
　　1　ほど　　　　　2　こそ　　　　　　3　あまり　　　　　4　ばかり
(14) 学校の勉強が将来役に立つかどうかについて、小学生を対象に調査した。その結果、低学年では肯定的だが、高学年＿＿＿＿＿＿その考えに否定的だった。
　　1　になるから　　　　　　　　　　　　2　になるにつれて
　　3　になっても　　　　　　　　　　　　4　になるほど
(15) 従来の歴史観＿＿＿＿＿＿世界を見ても、複雑な現代社会は解明できないだろう。
　　1　によると　　　　　　　　　　　　　2　にかぎって
　　3　にわたって　　　　　　　　　　　　4　に基づいて
(16) 日本全国、その地方＿＿＿＿＿＿名産がある。
　　1　なみに　　　　　　　　　　　　　　2　ながらの
　　3　なりとも　　　　　　　　　　　　　4　ならではの
(17) 南極の氷を調べること＿＿＿＿＿＿数十万年前の地球の気候を知ることができるそうだ。
　　1　によって　　　　　　　　　　　　　2　にとって
　　3　に関して　　　　　　　　　　　　　4　に対して

Ⅱ　次の文の＿★＿に入る最もよいものを1、2、3、4から一つ選びなさい。
(1) 日本語を＿＿＿＿＿＿＿＿＿＿＿★＿＿＿＿＿＿日本へ行きたくなった。
　　1　ほど　　　　　2　する　　　　　　3　すれば　　　　　4　勉強
(2) 都会の＿＿＿＿＿＿＿＿＿＿＿★＿＿＿＿＿＿ひどくなった。
　　1　ともなう　　　2　人口増加に　　　3　だんだん　　　　4　問題は
(3) 携帯電話が＿＿＿＿＿＿＿＿＿＿＿★＿＿＿＿＿＿使われなくなった。
　　1　公衆電話は　　2　する　　　　　　3　普及　　　　　　4　につれて
(4) 政治の情勢を＿＿＿＿＿＿＿＿＿＿＿★＿＿＿＿＿＿計画しよう。
　　1　つつ　　　　　2　事業の　　　　　3　見守り　　　　　4　拡大を

(5) 朝、開花したときには＿＿＿　＿＿＿　★　＿＿＿珍しい花があります。
　　1　花が　　　　　　　　　　　　　　　2　次第にピンクへと変化していく
　　3　真っ白だった　　　　　　　　　　　4　夕方が近づくにつれて

Ⅲ　次の文章の（　　）に入れる最も適切な言葉を、1、2、3、4から一つ選びなさい。

　わたしは今、大学院の2年生です。専攻は「コンピューターによる画像処理」です。どんな勉強をしているのか、家族に説明するのですが、みんな難しくて聞けば聞く（　1　）分からなくなると言います。社会の情報化が進む（　2　）、重要性を増してきた分野で、いろいろな方面で注目され（　3　）んですよ。専攻を希望する学生も増える（　4　）で、教授も喜んでいらっしゃいます。教授は、卒業生が増える（　5　）将来の就職先をどんどん新しく開拓するつもりだ、とおっしゃっています。私も実験が多くて、家へ帰る時間が遅くなる（　6　）ですが、充実した毎日です。

(1)　1　なら　　　　　　2　ほど　　　　　　3　こそ　　　　　　4　なり
(2)　1　につれて　　　　2　と同時に　　　　3　にしたがって　　4　に伴う
(3)　1　つつある　　　　2　つつも　　　　　3　ぎみな　　　　　4　た
(4)　1　だけ　　　　　　2　ばかり　　　　　3　一方　　　　　　4　反面
(5)　1　につれて　　　　2　と同時に　　　　3　にしたがって　　4　に伴う
(6)　1　一方　　　　　　2　だけ　　　　　　3　のみ　　　　　　4　ばかり

Ⅳ　各文章を読んで、以下の問いに答えなさい。答えは、1、2、3、4から最も適当なものを一つ選びなさい。

文章1

　「日本人には『本音』と『建前』がある。」という非難を込めた外国の人からの意見がある。この意見の裏には、「本音」は善であり、「建前」は悪であるという前提があるように見受ける。①しかし、果たしてそうだろうか。

　「建前」とは広辞苑によると「表向きの方針」とあるが、人が社会生活を営む上で守らなければならない最低限のルールということもできる。一方、「本音」とは「本心から出たことば」とあるが、それはどろどろした人間の欲望や嫉妬、羨望などのエゴイズムの世界でもある。

　この両者は車の両輪であり、例えば、「命を大切にする」というのは建前であるが、一方では牛や豚を殺して食べるのが人間である。そもそも生きるということが、清濁合わせ持っているのである。これは自然界でも言えることだ。②水が汚れすぎたら魚は死ぬが、水が清すぎても魚は棲めないのである。現実の社会もそのようなものであり、建前を失えば社会は維持できないし、本音を失えば人は生きる活力を失う。

　確かに日本人は、欧米の人に比べれば、自分の気持ちを外に表すことや、自分の意見を主張することが苦手なことは否定できない事実だろう。（　③　）、人間の喜怒哀楽の感情に違いがあるわけでもなければ、日本人が故意に本音を隠しているわけでもない。むしろ、日本人が発している微妙な言い回しや非言語メッセージに込められた本音に、外国の人が気づかないことの方が多いのである。

　いずれにせよ、建前と本音、清と濁は対立する概念だが、実際の人間生活では相互補完の関係にあり、その使い分けと、一方に偏りすぎないようにバランスをとることが大切なのである。私には、自由や正義を振り回し、世界に押し付けようとする国の方が、日本よりもはるかに「建前の国」に見えるのだ。

問1　「①しかし、果たしてそうだろうか。」の「だろうか」と、同じ使い方のものはどれか。
　　1　困ったなあ、どうすればいいだろうか。
　　2　あんな嘘つきの言葉が信じられるだろうか。
　　3　明日は晴れるだろうか。
　　4　彼はいったい何を考えているのだろうか。

問2 「②水が汚れすぎたら魚は死ぬ」というのは、人間社会ではどのようなことを表しているか。
　1　本音や感情が自由に語れる社会こそ目指すべきなのである。
　2　抑圧された本音や感情は、いくら抑えても、いつか必ず暴発するから、かえって危険である。
　3　人が本音のまま、欲望のままに生きることを認めれば社会の秩序は崩壊し、人間も生きられなくなる。
　4　建前が優先される社会は、人間の活力を奪うことになる。

問3 （　③　）に入るのはどの文か。
　1　したがって　　　　　　　　2　しかし
　3　ところで　　　　　　　　　4　ところが

問4 筆者は本音と建前についてどのように考えているか。
　1　日本人が外国の人に本音を語らないのは、遠慮しているからである。
　2　人間生活にとっては、本音も建前も、どちらも必要なものである。
　3　日本人は本音よりも建前を重視して生きている。
　4　欧米の人が常に本音で生きているわけではない。

文章2

A

　今日、多くの国々で、地球環境に配慮した車が求められている。そのような中でガソリンではなく電気で走る自動車が登場したが、まだ値段も高く長距離を走ることも難しい。また、充電する場所も限られるために、電気自動車に乗る人はそれほど多くない。
　しかし、近い将来、それらの問題も技術の進歩によって解決され、やがてはより身近で一般的な乗り物になっていることが考えられる。また、電気自動車は構造が複雑ではないため、一人用または二人用の小型のものならば、個人で製造できる可能性もあるそうだ。数十年後には一人一台電気自動車を持ち、全国どこへでも行ける時代が訪れるかもしれない。

B

　今や自動車は私たちの生活になくてはならないものになっているが、環境への意識が高まるにつれ、車に対する人々の考え方が変化してきている。その結果、電気自動車が、走行時に二酸化炭素を出さず、騒音も少ないことから、環境に優しい車として注目を集め、徐々に利用者も増えている。また、カーシェアリングといって、一台の車を複数の人で使用するというシステムも整ってきている。このような傾向が続けば、個人で車を持つ必要性は薄れてくるだろう。十年後、二十年後はガソリン車が姿を消し、電気をエネルギーとする車を数人で一台利用している、そんな時代が来るかもしれない。

問1 AとBのどちらの文章にも触れられている点は何か。
　1　電気自動車所有状況の予測
　2　人々の電気自動車に対する関心の高さ
　3　今後開発される電気自動車の新機能
　4　現在の電気自動車が環境に与える効果

問2 AとBの筆者は、車社会の今後の可能性についてどのように考えているか。
1 AもBも、車の台数はさらに増え、人々の生活に不可欠なものになるだろうと考えている。
2 AもBも、車の技術はますます進歩し、環境を意識した車が手軽に利用できるようになるかもしれない。
3 Aは電気自動車の利用者が増えると考え、Bは電気自動車の普及に加え利用の仕方も変化するだろうと考えている。
4 Aは電気自動車の技術が向上すると考え、Bは将来個人で電気自動車を所有することになるだろうと考えている。

豆知識

AIに取って代わられる主な仕事			生き残る仕事	
・電話営業員	・タクシー運転手	VS	・ソーシャルワーカー	・小学校の先生
・手縫い裁縫師	・法律事務所職員		・聴覚訓練士	・心理カウンセラー
・不動産ブローカー	・レジ係り		・作業療法士	・人事マネージャー
・税務申告書作成者	・クレジットカードの審査員		・口腔外科医	・コンピューターシステムアナリスト
・経理担当者	・小売り営業員		・内科医	
・データ入力者	・医療事務員		・栄養士	・学芸員
・保険契約の審査員	・モデル		・外科医	・聖職者
・不動産仲介業者	・コールセンターのオペレーター		・振付師	・マーケティング責任者
・ローン審査員	・飛び込み営業員		・看護師	・経営者
・銀行窓口係			・セールスエンジニア	
・保険営業員				

表の中で左側が90％以上の確率でなくなる仕事、右側が逆に90％以上の確率で残る仕事。

人間にしかできない新しい発想や価値を生む以外の仕事は「シンギュラリティ」(Singularity：AIが人間の知性を超える技術的特異点。2045年頃と推察される)を迎える前に消滅してしまう可能性が高い、という考え方には一応の説得力がある。

残る方に分類されている仕事でも、例えば教師という仕事が「学びのパーソナル化」が進むことにより、「クラスで学科を教えること」から「生徒個々人の成長をサポートするファシリテーター」へと変わるようなイメージで、その仕事の質や内容ががらりと変わってしまう可能性も出てくるだろう。

「IoTでお客様のエクスペリエンスが変わる6つの事例」(http：//jbpress. ismedia. jp/articles/－/47632)より改編

課外読解 3

人工知能と経済の未来

　近年の技術進歩の速さには目を見張るものがあります。しかも、その速度は今後ますます高まっていくことでしょう。私が英会話をマスターするよりも早く完全な自動通訳機が現れ、私がハゲるよりも早く完全な育毛剤が登場するように思われます。

　とりわけ「人工知能」は、私たちの生活、社会、経済に大きな影響を及ぼすでしょう。そういう意味で、21世紀は間違いなく「人工知能」の世紀になると思います。

　「人工知能」というのは、コンピュータに知的な作業をさせる技術のことです。最も身近な人工知能として、iPhoneなどで動作する音声操作のアプリの「Siri」が挙げられます。私も利用しており、Siriに「8時に起こして」など命令すると、その時間にちゃんとアラームを鳴らしてくれます。実際に起きるかどうかは別問題ですが。

　人工知能の発達に伴って、私たちが当たり前に思っている身の回りの事々も変わっていくでしょう。たとえば、トヨタやホンダなどは、東京オリンピックが開かれる2020年を目処に人工知能が人間に代わって運転するセルフドライビングカー（自動運転車）の実現を目指しています。2050年には、すべての自動車がセルフドライビングカーになっているという予測もあります。

　居酒屋で酔い潰れても、スマートフォンなどで無人の自動車を呼び出し、乗り込んだ車内でうたた寝をしているといつの間にか家に到着している。そんな夢のような未来が訪れるというわけです。

　分かりやすい変化をもたらす技術としてセルフドライビングカーとともに自動通訳や自動翻訳が挙げられます。人工知能の第一人者である東京大学の松尾豊准教授は、2025年頃にはコンピュータが意味をちゃんと理解して、自動翻訳や自動通訳を行うことができるようになると予測しています。

　松尾准教授は、「ビフォー自動翻訳」「アフター自動翻訳」という言い方をします。2025年以降の「アフター自動翻訳」の世界では、日本企業の海外進出も海外企業の日本進出も今より

も格段に容易になり、真のグローバリズムが訪れることになります。

あるいはまた、学生は英語を学ぶ必要がなくなるかもしれません。英語が大学の必修科目からはずれ、一部の物好きな学生が選択するマイナーな科目になりさがるということも起こり得ます。

しかし、そうしたイメージしやすい身の回りの変化が瑣末な出来事としか思えないくらいに、2030年以降の人工知能は経済や社会のあり方を大きく変えてしまうのではないかと私は予測しています。

なぜなら、ちょうど2030年頃に「汎用人工知能」の開発の目処が立つと言われているからです。「汎用人工知能」というのは、人間のように様々な知的作業をこなすことのできる人工知能です。

今の世の中に存在する人工知能は全て「特化型人工知能」であり、一つの特化された課題しかこなすことができません。SiriはiPhoneなどを操作する目的に特化された人工知能です。将棋をする人工知能は将棋だけに、チェスをする人工知能はチェスだけにそれぞれ特化されて作られています。

特化型人工知能の及ぼすインパクトは、耕運機や自動改札機といったこれまで機械と質的にはそれほど変わりないかもしれません。

近頃、人工知能が仕事を奪うという問題が盛んに取りざたされています。実際、セルフドライビングカーや人工知能を搭載したドローン（無人航空機）による配送の普及によってタクシー運転手やトラック運転手、配達員が失業する恐れがあります。

しかし、人間は、機械に仕事を奪われても、機械に対して優位性のある別の仕事に転職することができます。その点、セルフドライビングカーでも自動改札機でも変わりありません。ただし、今後続々と特化型人工知能が生み出されるのであれば、量的にはこれまでの技術を上回るような社会的影響が及ぼされるでしょう。

ところが、人間と同じような知的振る舞いをする汎用人工知能が実現し普及したならば、既存の技術とは質的に異なる変化がもたらされると考えられます。というのも、あらゆる人間の労働が汎用人工知能とそれを搭載したロボットなどの機会に代替され、経済構造が劇的に転換するからです。

その時、私たちの仕事はなくなるのでしょうか? 経済成長は停滞するのでしょうか? はたまた爆発的な経済成長がもたらされるのでしょうか?

私は、大学時代に計算機科学を専攻しており、人工知能に関連するゼミに属していました。人一倍勉学を怠っておりましたが、ひととおりの知識は持ち合わせているつもりです。

　どういうわけか現在は、マクロ経済学者として大学で教鞭をとっています。マクロ経済学というのは、一国のGDP（国内総生産）や、失業率、経済成長率などがどのように決定されるのかを明らかにする経済学の分野です。マクロ経済学というのは、その名の通り大づかみな学問なので、個々の人工知能の技術が各産業や職類をどのように変えていくかといった問題ではありません。

　私が特に注力したいのは、汎用人工知能が2030年頃に出現するならば、それ以降、経済システムの構造がどのように変化し、それによって経済成長や雇用がいかなる影響をこうむるかといった問いをめぐる議論です。

　近年の日本は、経済成長が低迷し国民の暮らしがそれほど豊かにならない「失われた20年」などと呼ばれる不況に陥っていました。安倍政権は不況からの脱却を図るために「アベノミクス」を掲げています。

　アベノミクスの本丸とも言われる成長戦略については（私は本丸だと思っていませんが）、中身がないとマスメディアにしばしば批判されています。日本経済を長期的にみると、少子高齢化がさらに進行し、成長率はますます低下する傾向にあります。

　日本が抱えるこうした経済問題に対し、汎用人工知能は救いの神になるでしょうか？ それとも、人々から根こそぎ労働を奪う結果に終わってしまうのでしょうか？ 後者の実現が濃厚でも、汎用人工知能の研究開発を止めるわけにはいかないかもしれません。

　というのも、2015年頃から汎用人工知能の世界的な開発競争が始まっており、この技術を最初に実現し導入した国が世界の覇権を握ってしまう可能性があるからです。開発に乗り遅れた国は、そうした覇権国に食い物にされてしまうかもしれません。日本が食い物にされる側に回り、後進国へと転げ落ちていく恐れもあります。汎用人工知能の普及の果てに訪れる世界は、あらゆる人々が豊かに暮らすことのできるユートピアにするには、おそらくは現在の社会制度のあり方を大きく変革しなければならないでしょう。

井上智洋『人工知能と経済の未来』文芸春秋より改編

第3章　AI・人工知能

ことば

見張る⓪	[他五]	睁大眼睛看，瞪目而视；看守，监视；戒备
高まる③	[自五]	提高，增长；高涨，兴奋
マスター①	[名・他サ]	主人，老板；硕士；精通，掌握，熟练
禿げる⓪	[自一]	秃，头发脱落
育毛剤③	[名]	生发剂
とりわけ⓪	[副]	特别，尤其，格外
及ぼす③⓪	[他五]	达到，波及；影响到；使受到，带来
アプリ①	[名]	应用程序
アラーム②	[名]	警报；闹钟
目処①	[名]	目标；眉目，头绪
酔い潰れる⑤	[自一]	酩酊大醉，醉倒
スマートフォン⓪/スマートホン⑤	[名]	智能手机
呼び出す③	[他五]	唤出来，叫出来；邀请；传唤
乗り込む③	[自五]	乘上，坐进；进入，开进
うたた寝⓪	[名・自サ]	打盹儿，假寐
ビフォー②	[名]	在……之前
アフター①	[名]	在……之后
進出⓪	[名・自サ]	进入；参加；向……发展
格段⓪	[名・形動]	特别，非常
グローバリズム⑤	[名]	全球主义
外れる④⓪	[自一]	脱落，离开；不中，不准，落空；违反
物好き③	[形動]	好奇；好事
選択⓪	[名・他サ]	选择
マイナー⓪①	[名・形動]	小型，小规模；次要，二流
成り下がる④⓪	[自五]	落魄，沦落，没落
瑣末⓪	[形動]	琐碎，零碎，细小
特化⓪	[他サ]	特殊对待，特殊处理
こなす②	[他五]	处理，做完；运用自如；弄碎；消化
耕運機③	[名]	耕运机
自動改札機⑦	[名]	自动检票机
質的⓪	[形動]	质的，质量
取りざた⓪	[名・他サ]	议论，谈论，评论
ドローン②	[名]	无人机
配送⓪	[名・他サ]	分发，分送

失業⓪	[名・自サ]	失业
転職⓪	[名・自サ]	换工作；改行
続々（と）①	[副]	陆续，纷纷，不断
量的⓪	[形動]	量的，数量
上回る④	[自五]	超过，越出
振る舞い⓪	[名]	举止，动作
あらゆる③	[連体]	所有的，一切
代替⓪	[名・他サ]	代替
劇的⓪	[形動]	戏剧性的，扣人心弦的
転換⓪	[名・他サ]	转换
停滞⓪	[名・自サ]	停滞
怠る③	[自五]	懒惰；怠慢，放松，懈怠；疏忽，大意
ひととおり⓪	[副]	大概，大略；一般，普通；整套
持ち合わせる⑤	[他一]	现有，随身带有
マクロ経済学④	[名]	宏观经济学
教鞭⓪	[名]	教鞭
大づかみ③	[名・形動]	大把抓；概括，概要；粗略，初步
職類⓪	[名]	职业种类
注力	[名・自サ]	致力于，投入精力
いかなる②	[連体]	如何的，怎样的，什么样的
被る③	[他五]	蒙受，受到，遭受；招致
低迷⓪	[名・自サ]	低迷，低潮，徘徊；低垂，弥漫
不況⓪	[名]	经济不景气，萧条
陥る③	[自五]	陷入，落入
脱却⓪	[名・他サ]	摆脱，抛弃；逃出，逃脱
アベノミクス④	[造語]	安倍经济学
掲げる④	[他一]	悬挂，举起；撩起，掀；刊登，登载
本丸⓪	[名]	城堡的中心
しばしば①	[副]	屡次，常常，再三
低下⓪	[名・自サ]	降低，低落，下降
抱える④	[他一]	抱，夹；承担，负担
救い⓪	[名]	拯救；补偿，
根こそぎ⓪②	[名・副]	全部，干净地，一点不留地
濃厚⓪	[形動]	浓厚，强烈；浓艳

覇権国②	[名]	霸权国家
食い物③	[名]	食物，食品；剥削的対象，牺牲品
後進国③	[名]	落后国家
転げ落ちる⑤	[自一]	跌落
おそらく②	[副]	恐怕，大概，也许，很可能

第4章

情報セキュリティ・情報モラル

第 4 章　情報セキュリティ・情報モラル

第 10 課

ハッキングされる身近な家電

　テレビやスピーカーなど、身の回りのIoT*デバイスとネットワークがつながり、私たちの生活がより便利になっている昨今。これまで、国家や大企業などがサイバー攻撃の脅威にさらされているイメージが強かったが、IoTの普及と比例するように、その脅威もより身近になりつつある。

　直近では、2017 年 8 月にスマートスピーカー「Amazon Echo」を盗聴器に変換する方法が発見され、大きな話題となった。これに対し、Amazonは、問題が発覚したのは2016 年モデルであり、2017 年モデルのEchoはこの脆弱性に対応していることを明らかにしている。とはいえ、今後ますます生活に浸透していくことが予想されるスマートスピーカーが、盗聴器になり得る今回の発表は、一般家庭ですらサイバー攻撃の標的になり得ることを実感させられるものだ。

　「IoTに限りませんが、インターネット空間における攻撃が激しくなってきています。攻撃者はより弱いターゲットを探しているので、そういった意味でIoTデバイスが狙われやすいという面はありますね」

　そう語るのは、セキュリティソリューションサービスを扱うラック*のサイバー・グリッド・ジャパン*、チーフリサーチャーの渥美清隆*氏である。同社が2016 年 12 月 28 日に発行したレポート『JSOC INSIGHT* vol. 14』でもデバイスの増加に伴い、「IoT 機器の乗っ取りを試みる攻撃の検知」をトピックスに挙げるなど、セキュリティ業界の中でも注目度が上がっているとのこと。

　ひとつの例として渥美氏が挙げたのが、あるネットワークカメラ購入者のケースであった。「ある日、リビングに設置したネットワークカメラが勝手に動いて、歌を歌いはじめたそうです。明らかに人の声。とても気味が悪いですよね。この件について、ほかのセキュリティの技術者に聞いてみると、おそらく実装ミスだろうとのことでした。カメラのメーカー側には別のサービスを展開する予定があり、購入者以外の開発業者にアプリケーションのAPI

を公開していたとすれば、そこに脆弱性があったため乗っ取られたのでは、という見解でした。」

　この歌うカメラは、今年の1月に話題になり、販売元のAmazonがユーザーに返金手続きをおこなったが、カメラそのものの脆弱性に関しては解決していないという。

　「こうした事例が時々あるものの、幸か不幸か、IoTのコンシューマー向けのイノベーションが進んでいない日本では、身近な乗っ取り被害はあまり出ていません。しかし、世界的にはネットワークカメラやルーター周りの乗っ取り事件が多く報告されています。」一時期話題になった、セキュリティが脆弱な監視カメラがハッキングされ、その映像をネット上に公開しているサイトの存在など、IoTデバイスが悪用されたケースは今後も増えることが予想されているという。

　近年、家庭用IoT機器のパスワードが攻撃者に突破され、ボットネット*を構築するマルウェア「Mirai」*に感染してしまったデバイスが悪用される事例も多くなってきている。さらに、2016年末にMiraiのソースコードが公開されて以降、攻撃者たちがさまざまな亜種を作成し、ウイルスの感染台数は50万台を上回っている。

　IoTが生活に溶け込むほどに、無視できなくなってきたサイバー攻撃の問題。攻撃者から自分の生活を守るために、個人でできる対策はあるのだろうか？

　セキュリティ対策は、製品を選ぶところからはじまっているのだ。そして、使わなくなった古いデバイスを適宜処分することも、セキュリティ対策につながるという。

　また、現在使用しているデバイスでもファームウェアのバージョンを定期的に確認し、最新版に更新するように心がけるのも、セキュリティ対策につながるとのこと。

　渥美氏は「技術は諸刃の剣」と語る。生活を便利にしてくれる反面、いつでも攻撃者の餌食にされる可能性を含んでいるのだ。IoTのセキュリティ対策は、日常の防犯と同じ意識を持つことが、本当の意味での快適な生活を手に入れることができるだろう。

『私生活が覗かれる！サイバー攻撃の脅威－身近な家電がハッキングされる恐怖』
http://jbpress.ismedia.jp/articles/-/50867より 改編

ことば

| 身近⓪ | [名・形動] | 身边,手边,身旁;身边的,日常熟悉习惯的 |
| ハッキング③⓪ | [名・他サ] | hacking,骇客;黑客 |

第4章　情報セキュリティ・情報モラル

IoTデバイス(アイオーティーデバイス)⑤＋②	[名]	IoT device,物联网设备
ネットワーク④	[名]	network,网络
昨今①	[名]	近来,近几天
攻撃⓪	[名・他サ]	攻击,进攻;抨击,谴责对方
脅威①	[名・他サ]	威胁,胁迫,威逼,亦指受到逼迫
比例⓪	[名]	比例;正比例
スマートスピーカー⑥	[名]	smart speaker,智能音箱
Amazon Echo(アマゾン　エコー)⑤	[名]	由亚马孙公司研制的智能音箱。2014年上线,共有三个版本。没有任何屏幕,唯一交互方式是语音
盗聴器③	[名]	窃听器
変換⓪	[名・他サ]	变换,转化;变成另一事物,发生变化
発覚⓪	[名・自サ]	发觉,暴露;隐匿的罪行、阴谋等被人知道
モデル①⓪	[名]	model,型号,款式,汽车或机器的式样;模型
脆弱性⓪	[名]	易受害性,脆弱性,攻击诱发性
対応⓪	[名・自サ]	对付,应对;看人行事
サイバー攻撃⑤	[名]	Cyber~,塞伯攻击,电子计算机网络攻击
標的⓪	[名]	靶子,攻击的目标,目标物,当目标的东西
実感⓪	[名・他サ]	实际感受,确实感到;实际面对事物时的感觉
ターゲット①	[名]	target,目标,靶子
狙う⓪	[他五]	瞄准,对准;把……作为目标,想得到……
乗っ取り⓪	[名]	篡夺,兼并;劫持
検知①	[名・他サ]	使用机器等检查,检测(故障等)
トピックス①②	[名]	topics,话题,要闻
セキュリティ②	[名]	security,安全性,安全感,防范措施
気味が悪い	[連語]	令人不快;令人毛骨悚然
実装⓪	[名]	实际安装,实装
API(エーピーアイ)⑤	[名]	Application Programming Interface,应用程序接口
コンシューマー③	[名]	consumer,用户,消费者
ルーター①⓪	[名]	router,路由器
パスワード③	[名]	password,口令,密码
突破⓪①	[名・他サ]	突破,冲破;超过
ボットネット④	[名]	bot net,僵尸网络
構築⓪	[名・他サ]	构筑,通过组装来修筑
マルウェア③	[名]	malware。恶意软件
亜種①	[名]	亚种;变种
適宜①	[名・形動]	适宜,正合适,适当;随意,酌情采取行动

IT 日语精读教程

処分① (しょぶん)	[名・他サ]	处分，处理，处置；惩处；处理事务
ファームウェア④	[名]	firm ware，固件。硬件化了的软件，把无需变更的软件写入到 ROM 等中使用，以谋求处理的高速化和电路的简单化
諸刃の剣 (もろはのつるぎ)	[連語]	双刃剑
餌食①⓪ (えじき)	[名]	饵食；牺牲品
防犯⓪ (ぼうはん)	[名]	防止犯罪

内容理解

Ⅰ 次の質問を考えてみてください。

(1) インターネットが普及している現在、一般人や一般家庭がサイバー攻撃を受ける例を挙げてください。

(2) サイバー攻撃の中で、IoTデバイスが狙われやすい原因は何ですか。

(3) サイバー攻撃者から自分の生活を守るために、個人でできる対策は何があるか、挙げてみてください。

Ⅱ 本文の内容と合っているものに〇、違っているものに×をつけてください。

(1) IoTの普及とともに、私たちの生活がより便利になってきた。その反面、サイバー攻撃の脅威もより身近になりつつあります。(　　)

(2) 「Amazon Echo」の脆弱性が発覚されたのは、2017年のモデルです。(　　)

(3) セキュリティ対策は、まず、使わなくなった古いデバイスを適宜処分することです。(　　)

Ⅲ 適当な言葉を選んで、＿＿＿＿に入れてください。

> おそらく　　について　　はじめた　　とすれば　　勝手に

ある日、リビングに設置したネットワークカメラが＿＿＿＿動いて、歌を歌い＿＿＿＿そうです。明らかに人の声。とても気味が悪いですよね。この件＿＿＿＿、ほかのセキュリティの技術者に聞いてみると、＿＿＿＿実装ミスだろうとのことでした。カメラのメーカー側には別のサービスを展開する予定があり、購入者以外の開発業者にアプリケーションのAPIを公開していた＿＿＿＿、そこに脆弱性があったため乗っ取られたのでは、という見解でした。

Ⅳ 正しい言葉を一つ選んでください。

(1) 違法に他のコンピューターを＿＿＿＿するのは犯罪です。
　　1　ハッキング　　2　バイキング　　3　パッキング　　4　ハイキング

(2) 幽霊でも出そうな＿＿＿＿が悪い家です。
　　1　気持ち　　2　気分　　3　気味　　4　気

(3) ＿＿＿＿が脆弱なIoTディバイスはネット攻撃者に狙われやすい。
　　1　セキュリティ　　2　セカリティ　　3　セキャリティ　　4　セキュリティ

(4) 予想を＿＿＿＿成果をあげた。
　　1　下回る　　2　走り回る　　3　駆け回る　　4　上回る

(5) 今のスマホには動くゲームや各種ツールなどの＿＿＿＿のことを「アプリ」と称することが多い。
　　1　キーボード　　2　ダウンロード
　　3　アプリケーション　　4　アプローチ

(6) 季節は今がいちばん_____だ。
　　1　かいふく　　　　2　かいとう　　　　3　かいてき　　　　4　かいほう
(7) 複数の人があるシステムを利用する場合、機密保護などのために登録利用者の確認に_____が必要です。
　　1　パスポート　　　2　バスケット　　　3　パスワーク　　　4　パスワード
(8) _____に感染すると、悪意のある第三者へ個人情報が漏えいし、不正送金などの重大な被害に発展する恐れがあります。
　　1　マウス　　　　　2　フレーズ　　　　3　マルウェア　　　4　クリック

文型

1. ～に対し（て）（N2）

本文　これに対し、Amazonは、問題が発覚したのは2016年モデルであり、2017年モデルのEchoはこの脆弱性に対応していることを明らかにしている。

［接続］N/これ/それ＋に対して
　　　　Na－な/A/V＋のに対して
［意味］与……相对，相对……。表示前后两项为对比、对照的关系。
①需要に対し、供給が不足している。
②都市で人口が増えているのに対し、農村では減っている。
③あの家はご主人が無口なのに対し、奥さんはおしゃべりです。

区別文型

～に対して　（N2）　第4課参照

2. ～得る　（N2）

本文　一般家庭ですらサイバー攻撃の標的になり得ることを実感させられるものだ。

［接続］V－ます＋うる/える
［意味］能，可能。会。
①彼が失敗するなんてありえない。
②これが私の知りうるすべての情報です。
③その絵のすばらしさは、とても言葉で表しうるものではない。

関連文型

～えない　（N2）　第4課参照

3. ～ものだ　（N2）

本文　一般家庭ですらサイバー攻撃の標的になり得ることを実感させられるものだ。

［接続］Na－な/A－い/V　＋ものだ
［意味］
(1) 本来就是……，就该，就是。对于所谓真理、普遍性事物，就其本来性质，带有某种感慨叙述时使用。
①人の心は、なかなかわからないものだ。
②金というのはすぐなくなるものだ。
③人生なんて、はかないものだ。
(2) 真是……。表示感慨，赞叹。
①薬は苦いものだ。

②昔のことを思うと、いい世の中になったものだと思う。
③「ステレオがないと生活できない」とは、今の学生はぜいたくなことを言うものだ。
（3）居然，竟然。经常用"よく(も)～ものだ"的形式，表示对某事、某行为钦佩欣赏的心情。
①こんなに難しい試験でいい成績が取れたなんて、よくも頑張ったものだ。
②あんな不況の時によく就職できたものだと思う。

関連文型

（1）～たいものだ/もんだ　（N2）
［接続］V－ます＋たい
［意味］"～たいものだ/もんだ"比"～たい"表达愿望的感情更强烈。"～たいものだ/もんだ"基本上不用于眼前的愿望，而是用于长期愿望或是较难实现的愿望。
①将来はアメリカに住みたいものだ。
②いつか家を買いたいもんだ。

（2）～たものだ
［接続］V－たものだ
［意味］用于带着感慨的心情回忆过去经常做的事。
①学生のころはよく貧乏旅行をしたものです。
②小学校時代、彼のいたずらには、先生たちが手を焼いたものでした。

区別文型

（1）～もの・～もん　（N2）
［接続］だ/です＋もの
［意味］因为。在较随便的会话中附在句尾，表示原因、理由，多用于为坚持自己的正当性时，年轻女性或小孩使用较多，更口语化的形式是"もん"，和"だって"一起使用时，带有撒娇口气。
①しょうがないよ。子供(なん)だもん。
②よく勉強しなかったんだもの、合格できるはずはない。
③——どうして会議に参加しないの？
　——だってつまらないんだもの。

（2）～ものだから・～もんだから　（N2）
［接続］N－な/Na－な/A/V　＋ものだから
［意味］就是因为……。表示原因、理由。可以和"から"互换使用，但是后面不能跟表示意志、命令的表达方式，多用于在叙述"由于事态的程度很厉害或重大，因此而做了什么"时，中顿形式有"もので"，在口语中使用很普遍，更随意的说法是"もんだから"，较为礼貌的说法是"ものですから、もんですから"。
①私の前を走っている人が転んだものだから、それにつまづいて私も転んでしまった。
②英語が苦手なものですから、海外旅行は尻込みしてしまいます。
③駅まであまりに遠かったもんで、タクシーに乗っちゃった。

（3）～ものか・～もんか　（N2）
［接続］A－い/Na－な/V　＋ものか
［意味］哪能……，怎么会……，难道……，绝不……，伴随下降的音调，表示强烈的否定情绪，在较随便的会话中使用，一般男性用"ものか、もんか"，女性用"ものですか"。
①元気なもんか。くたくただよ。
②誘われたって、だれが行くものか。

③うれしいものですか。困っているんです。

4. ～とのことだ （N2）

本文　セキュリティ業界の中でも注目度が上がっているとのこと。

［接続］N－だ/A－い/Na－だ/V＋とのことだ

［意味］听说，据说，他说。用于述说从别人那里听到的事情的场合，也有"だ"被省略，句子结束的情况。

①みなさんによろしくとのことでした。
②無事に大学に合格なされたとのこと、誠におめでとうございます。
③あの二人も、長かった婚約に終止符を打ち、6月に挙式するとのこと。

関連文型

～ということだ （N3）

［接続］N－だ/A－い/Na－だ/V＋ということだ

［意味］听说……，表示传闻。

①山田さんは、近く会社を辞めて留学するということだ。
②募集の締め切りは9月末だということだから、応募するのなら急いだほうがいい。
③——田中さん、まだ姿が見えませんね。
　——いや、さっきまでいたんですが、もう帰りました。今夜から出張するということです。

区別文型

～ことだ （N3）

（1）助言

［接続］V－る/V－ない＋ことだ

［意味］就得，该……。讲述在某种情况下更加理想的状态或更好的状态，表示一种间接的忠告或命令。口语形式。

①日本語がうまくなりたければもっと勉強することです。
②風邪を早く治したいんだったら、暖かくしてゆっくり寝ることだ。
③子供に触らせたくないというのなら、最初から手の届くところに置かないことだ。

（2）驚き、感動、皮肉

［接続］Na－な/A－い＋ことだ

［意味］表示说话人的惊讶，感动，讽刺，感慨等心情，可使用的形容词有限。

①家族みんな健康で、けっこうなことだ。
②いつまでもお若くて、羨ましいことです。
③夜は危ないからって、あのおかあさん、子供を塾まで送り迎えしているんだって、ご苦労なことだね。

5. ～という （N3）

本文　この歌うカメラは、今年の1月に話題になり、販売元のAmazonがユーザーに返金手続きをおこなったが、カメラそのものの脆弱性に関しては解決していないという。

［接続］N－だ/Na－だ/A/V＋という

［意味］听说……，据说……，表示传闻，听说。

①オバマは、ハーバード大出身のエリートだという。
②あのスターはテレビよりも実物の方が相当ハンサムだという。
③李さんの就職先が決まったという。

6．～て以降

本文 2016年末にMiraiのソースコードが公開されて以降、攻撃者たちがさまざまな亜種を作成し、ウイルスの感染台数は50万台を上回っている。

[接続] V－ていこう

[意味] 自从……以来，……以后。

①夏休みに風邪で寝込んで以降、どうも体の調子が悪い。
②この家に引っ越して以降、毎日のようにいたずら電話がかかってくる。
③日本から帰ってきて以降、彼はまるで人が変わったようだ。

関連文型

（1）～以来　（N2）

[接続] N＋いらい

[意味] ……以来，……以后。

①入学以来、故郷へ帰っていない。
②先週以来ずっと会議続きで、くたくたに疲れきっている。

（2）～て以来　（N2）

[接続] V－ていらい

[意味] ……以来，……以后。

①日本に来て以来、母の料理を食べていない。
②スポーツクラブに通うようになって以来、毎日の生活に張りが出てきた。

7．～ほど　（N3）

本文 IoTが生活に溶け込むほどに、無視できなくなってきたサイバー攻撃の問題。

[接続] N/Na/A－い/V－る　＋ほど

[意味] 表示按比例变化。表示随着"～ほど"所表示的事物程度的提高，另一方的程度也提高，"～ほどに"是书面表达方式，近似的表达方式有"～ば～ほど""～なら～ほど"。

①年を取るほど体が弱くなる。
②上等のワインは、古くなるほどうまくなる。
③北へ行くほど寒くなる。

8．～反面　（N2）

本文 生活を便利にしてくれる反面、いつでも攻撃者の餌食にされる可能性を含んでいるのだ。

[接続] N－である/Na－な・である/A－い/V－る　＋反面

[意味] 另一方面，相反，经常以"その反面"的形式用在后句开头。

①パソコンは便利な反面、トラブルも多い。
②彼は優れた学者である反面、精神的に弱い人間だ。
③彼は目上に対して腰が低い反面、目下に対しては威張っている。
④この薬はよく効く反面、副作用も強い。
⑤田中先生はたいへん厳しい方だが、その反面、とてもやさしいところもある。
⑥加藤さんは仕事が早いので有名だ。しかし、その反面、ミスも多い。

関連文型

～一方（で）　（N2）　第5課参照

第 4 章　情報セキュリティ・情報モラル

📢 注　釈

1. すら

就连……、甚至……。接名词或"名词＋助词"的形式后，接主格成分时，多为"ですら"的形式，是较拘谨的书面性语言表达方式。

① そんなことは子供ですら知っている。
② 昔お世話になった人の名前すら忘れてしまった。
③ そのことは親にすら言っていない。
④ 入社してもう20年近くたったが、まだ課長ですらない。

🏷 関　連

～さえ　第4課参照

2. おそらく

大概，很可能，估计。

① おそらく彼はそのことを知っているだろう。
② 台風12号は、おそらくあした未明には上陸するものと思われます。

📢 関連用語

* **IoT**

　　物联网，是新一代信息技术的重要组成部分，也是"信息化"时代的重要发展阶段。
　　英文名称是"Internet of things（IoT）"。顾名思义，物联网就是物物相连的互联网。这有两层意思：其一，物联网的核心和基础仍然是互联网，是在互联网基础上的延伸和扩展的网络；其二，其用户端延伸和扩展到了任何物品与物品之间，进行信息交换和通信，也就是物物相息。物联网通过智能感知、识别技术与普适计算机等通信感知技术，广泛应用于网络的融合中，也因此被称为继计算机、互联网之后世界信息产业发展的第三次浪潮。物联网是互联网的应用拓展，与其说物联网是网络，不如说物联网是业务和应用。因此，应用创新是物联网发展的核心，以用户体验为核心的创新2.0是物联网发展的灵魂。

* **ラック**

　　株式会社ラック，英文名称为 LAC Co., Ltd.，LAC 来自于英文 little earth corporation，三个单词各取一个字母，意为"通过互联网社会的发展，无论是时间还是空间，地球都会越来越小"。该公司成立于1986年，最早从事计算机系统开发服务，1995年开展网络安全业务，2008年经过整合开始专门从事信息安全相关业务，提供的服务包括网络安全对策服务、信息安全系统设计开发和维护、系统安全性测试、紧急信息安全事态应对、网络攻击监控等，还包括网络安全技术人员的培训。2009年在上海设立子公司 LAC CHINA CORPORATION Co., Ltd.。

* **サイバー・グリッド・ジャパン（Cyber Grid Japan）**

　　是LAC公司下研究部门，于2014年成立，集合了多位网络安全问题专家，主要从事预防网络攻击及其带来的危害方面的研究，同时也致力于开发物联网相关技术、培养网络安全人才，为日本网络安全的发展和成熟做出了贡献，同时也和其他企业团体合作，共同实现更广泛更专业的网络安全。

* **渥美清隆**

　　LAC公司 Cyber Grid Japan 部门的主管，网络安全问题专家。

* **JSOC INSIGHT**

　　JSOC（ジェイソック）是英文 Japan Security Operation Center 的缩写，也是LAC公司的下属部门，是

167

对网络安全进行监控和运营服务的基地,负责提供网络安全监控服务,于2002年在东京虎之门成立,其前身是2000年在东京台场设立的安全监视中心。在同年举办的"九州·冲绳峰会"的官方网站上对不正当访问进行了监视和处理,由此开始了安全监测服务,受到众多客户的信赖,越来越多的监视传感器成为JSOC监视和分析的对象,迄今为止已经拥有约2000个传感器,为大约900个团体提供网络安全监测服务,是日本国内规模最大的网络安全检测服务商。

JSOC INSIGHT 主要用来发布 JSOC 的分析报告,主要是由信息分析专家根据日常分析的结果,制作日本发生的由于非法登陆和病毒感染引起的安全问题的发生倾向。它可以根据 JSOC 的客户实际发生的安全事故的数据,分析网络攻击的倾向,不仅可以掌握全世界的网络攻击发展动向,也可以帮助日本的用户把握所面对的实际威胁。

* **ボットネット**

bot net,僵尸网络,采用一种或多种传播手段,将大量主机感染 bot 程序(僵尸程序)病毒,从而在控制者和被感染主机之间所形成的一个可一对多控制的网络。攻击者通过各种途径传播僵尸程序感染互联网上的大量主机,而被感染的主机将通过一个控制信道接受攻击者的指令,组成一个僵尸网络。之所以用僵尸网络这个名字,是为了更形象地让人们认识到这类危害的特点:众多的计算机在不知不觉中如同古老传说中的僵尸群一样被人驱赶和指挥着,成为被人利用的一种工具。

* **Mirai**

由三家公司合作创建的一种针对运行基于 LiNUX 的操作系统的智能设备和网络设备的恶意软件。2016年开始工作,日语意思是"未来"。通过感染那些存在漏洞或内置有默认密码的 IoT 设备,像"寄生虫"一样存在设备中,控制它们,针对目标网络系统发起定向攻击。网络监控摄像头、DVRs、路由器等其他家用网络设备都可能称为 Mirai 僵尸网络的"猎物",曾感染了177个国家的物联网设备。

ことば

躓く①③	[自五]	绊,绊跤;受挫,栽跟头,中途失败
尻込み③④	[名・自サ]	畏缩不前,踌躇不前;后退,倒退
終止符③	[名]	句点;终止符,事物的终结与结束;终止符,音乐中表示乐章、乐曲结尾的记号
挙式⓪	[名・自サ]	举行仪式,尤指举行结婚仪式
募集⓪	[名・他サ]	募集,招募,征集
締切り⓪	[名]	截止,在规定期限内把事物处理完,亦指所规定的期限
応募⓪	[名・自サ]	应募,应征
治す②	[他五]	医治,治
触る⓪	[自五]	触摸,碰,物体接触到人的身体;触及,涉及,有牵扯
羨ましい⑤	[形]	令人羡慕,眼红,让人感到羡慕(妒忌)的样子
寝込む②	[名・自サ]	熟睡,酣睡,入睡;卧床,因病长时间躺在床上
調子が悪い	[連語]	(身体、工作等进展)状况不好,不顺利
いたずら⓪	[名・形動・他サ]	淘气,恶作剧;玩耍,摆弄;玩弄,解闷;戏弄,调戏
通う③⓪	[自五]	常来常往,多次定期往复;来往,通行;通畅,流通;通晓,心情、心意相通;相似,共通

張り⓪	[名]	张力,有劲头儿,起劲
腰が低い	[連語]	腰的位置低;平易近人,不高傲,谦虚
威張る②	[自五]	张狂,高傲,逞威风,飞扬跋扈
ミス①	[名・自サ]	miss。失败,错误,失误

練習問題

I 次の文の_____の部分に入る最も適切なものを1、2、3、4から一つ選びなさい。

(1) 遠くの空が夕日で赤くなり_____風景は実に美しい。
　　1　がちだ　　　　2　つつある　　　　3　ぶる　　　　4　めく

(2) 中級_____教科書は、初級の君にはまだ無理だ。
　　1　むけに　　　　2　ために　　　　3　だけに　　　　4　むけの

(3) 高価なプレゼントをもらうのはうれしい_____、高すぎて不安になる。
　　1　一方では　　　2　反面　　　　3　につれて　　　4　ついでに

(4) 4月になった_____、まだ寒い日もある。
　　1　とすれば　　　2　としたら　　　3　とあれば　　　4　とはいえ

(5) タバコを吸う人は減り_____が、若い女の人の喫煙は増え_____。
　　1　っぽい　　　　2　気味　　　　3　つつある　　　4　め

(6) これは海外_____作られた番組だから、英語の勉強にはいい。
　　1　むけに　　　　2　として　　　　3　にそって　　　4　のように

(7) 朝になる_____、風雨も弱まってきた。
　　1　反面　　　　　2　のに　　　　　3　つつある　　　4　につれて

(8) 都市の生活は便利である_____、忙しくゆとりがない。
　　1　ついでに　　　2　がてら　　　　3　にしたがい　　4　反面

(9) 日本へ来る留学生の数は、以前と比べて減り_____。
　　1　きらいだ　　　2　がちだ　　　　3　一方だ　　　　4　つつある

(10) これはアジア_____作られた商品なので、国内では使えない。
　　1　むいた　　　　2　むきで　　　　3　むけて　　　　4　むけに

(11) コンピューターの進歩_____、出社しなくても家にいて仕事ができるようになった。
　　1　に伴い　　　　　　　　　　　　　2　の反面
　　3　の一方で　　　　　　　　　　　　4　かたわら

(12) 大学時代はフランス文学専攻だった。_____、フランス語はほとんど喋れない。
　　1　といえども　　　　　　　　　　　2　とあれば
　　3　としたら　　　　　　　　　　　　4　とはいえ

(13) 携帯電話はどこでも使えて便利な_____、電車の中などでベルが鳴ると恥ずかしくなることもある。
　　1　とともに　　　2　かたがた　　　3　反面　　　　　4　つれて

(14) 医療技術の発達_____、高齢者の比率が増大した。
　　1　かたわら　　　2　のせいで　　　3　に伴って　　　4　ついでに

(15) 知らなかったこと_____、誠に申し訳ございませんでした。
　　1　といっても　　　　　　　　　　　2　ところで
　　3　とはいえ　　　　　　　　　　　　4　として

IT日语精读教程

Ⅱ 次の文の＿＿★＿＿に入る最もよいものを1、2、3、4から一つ選びなさい。

(1) 今日は早く帰ってきたんです。＿＿＿ ＿＿＿ ★ ＿＿＿から。
  1　よくない　　　　2　です　　　　　3　もの　　　　　4　体調が

(2) 考え＿＿＿ ★ ＿＿＿ ＿＿＿試してみたが、だめだった。
  1　すべての　　　　2　を　　　　　　3　方法　　　　　4　うる

(3)あの日本人は＿＿＿ ＿＿＿ ★ ＿＿＿日本語が少しおかしいようだ。
  1　得意だ　　　　　　　　　　　　　2　反面
  3　と言われている　　　　　　　　　4　英語が

(4) 週末に外食を＿＿＿ ＿＿＿ ＿＿＿ ★ んです。
  1　おなかの　　　　2　調子が悪い　　3　以来　　　　　4　して

(5) ――＿＿＿ ＿＿＿ ★ ＿＿＿。
  ――いえ、それができるんです。
  1　今日届けさせるのは　　　　　　　2　不可能
  3　今日頼んで、　　　　　　　　　　4　というものですか

Ⅲ 次の文章の（　）に入れる最も適切な言葉を、1、2、3、4から一つ選びなさい。

 4月は新しいことが始まる月だ。部長の話では、わが社も20人の新入社員を迎える（　1　）、しばらくは落ち着かない日が続くだろう。古い社員たちも、それなりに緊張している（　2　）、いつもとは違った表情だ。誰もが新しい年度がスタートする緊張感と新鮮さを感じている（　3　）。話によると、会社も近々、大型のコンピューターを入れる（　4　）だ。ぼくものんびりしていると、若いパワーに追い越され（　5　）から、がんばろう。

(1) 1　こと　　　　　2　ことだ　　　　3　とのこと　　　4　とのことだ
(2) 1　ときいて　　　2　とみえて　　　3　にみて　　　　4　とみて
(3) 1　に違いない　　2　と違いない　　3　に違う　　　　4　と違う
(4) 1　という　　　　2　とする　　　　3　ということ　　4　こと
(5) 1　得る　　　　　2　かねない　　　3　きる　　　　　4　かねる

Ⅳ 各文章を読んで、以下の問いに答えなさい。答えは、1、2、3、4から最も適当なものを一つ選びなさい。

文章1

 だれしも、愛すること、愛されることを望んでいるのでしょうが、愛することの難しさについて考えることは少ないようです。

 ①人生の不幸は愛されることを望んで、愛することを知らないか、逆に、愛することを望んで愛されることをしらないか、どちらかによって起きるもののようです。

 宗教を信じるものは、神や仏の愛は絶対であるといいます。生きた人間のようなもの言わぬあるものを絶対であると信じることによって、そういう愛があることになるのです。

 （　②　）、事実としての愛、つまり生きた人間を対象とした愛は、真に愛することなしには愛される喜びをえることはできないし、真に愛されることによって愛する喜びをえることができるものであります。

 つまり、相対的なものなのです。だから、愛しても愛されないことがあります。だから、愛する心と心が結ばれたとき、はじめて人間は幸福を、生きる喜びを感じることになるのです。

 その瞬間においては、二人の愛は絶対のものでありますが、長くつづく瞬間はありえないように、絶対的といえるような愛は、小説やドラマの中にあっても、現実にはそのままの形ではありえないのです。

わたしたちは、つねに相対的な愛を絶対的なものにするために、すなわち、愛される喜びをえることができるのだという、人生の真実をよく知り、それを実行するものとならなければなりません。

そのような努力を惜しむものは、その人生において愛の喜びをうることができず、砂漠のような人生を歩まねばならないでしょう。

寝ている口の中へボタ餅がおちてくるような奇跡は、人生の愛においてもないことを、生きた知恵として学びたいものです。

問1 「①人生の不幸」とあるが、筆者によると、何が原因で不幸になるのか。
1 互いに愛し合うから
2 愛のむずかしさを考えないから
3 宗教を信じるから
4 愛は相対的なものであることを知らないから

問2 （ ② ）に入る最も適当な言葉はどれか。
1 しかし　　2 しかも　　3 だから　　4 それに

問3 この文章の内容と合わないものはどれか。
1 愛すれば必ず愛される。
2 愛においても相対的な立場が必要だ。
3 愛は与え合わないと幸せとは言えない。
4 もらうだけの愛ではよくない。

文章2

小学生だったとき、私は作文が①好きなほうだったが、あまり上手ではなかった。自分の書いた文章に自信が持てなかった。それは一つには、日本語の規範が曖昧で、少なくとも②一筋縄では捉えられぬ(注1)ものだと、子供心にも直観的に感じられたからである。実際、句読点の付け方一つにしても、人によってまちまち(注2)で、どうつけるのが本当に正しいのか、いつも迷っていた記憶がある。句読点は、各個人に固有のリズムや読み下し(注3)方によって異なるものである。異なっていて構わないのだと悟るようになったのは、英語というものを知って、基本的な文構造が客観的に分かり、この文章を半無意識的に書いていたそれまでの態度が完全に意識化され、普遍的な文構造の基本を踏まえた上で敢えて日本語特有な一種曖昧で無碍な文章をいくらか書けるようになってからのことだった。

このように、私が③日本語の文章を書くのに「抵抗」を感じないようになったのは、中学に入って英語を学び、その基本を一応マスターしてからのことだったわけだが、何事によらず、自分を知るには他人を知らねばならぬという原理がここでも働いていたのである。（ ④ ）、自国語をよく知るには外国語を知る必要がある、ということなのだが、はっきりした規範や統一原理がつかめないと行動できず、気質的にも本能的・感情的であるよりは知的であった私の場合には、この原理がことさら強く作用していたのであろう。従って⑤このことは、特に私の場合に当てはまることで、他の人にはそのままでは当てはまらないことかもしれないが、ある程度は誰にも適用できることだと私は思っている。日本語しか知らない人の文章と、外国語を一ヵ国語でもよく知っている人の日本語の文章とでは、特に文章の理論的なまとめ方という点で、一目瞭然の（ ⑥ ）違いがあることは誰でもお気づきであろう。

(注1) 一筋縄では捉えられぬ：普通のやり方では、自分の思う通りにならない。
(注2) まちまち：いろいろに違っている様子。
(注3) 読み下す：上から下へと読む。

問1 ①「好きなほうだったが、あまり上手ではなかった」と似たの意味を表す言い回しがある。どれか。
1 人好き好き
2 たで食う虫も好き好き
3 下手の横好き
4 好きこそものの上手なれ

問2 ②「一筋縄では捉えられぬ」はどんな意味だと思うか。
1　さまざまな方法や手段があって、どれが最もふさわしいか決められない。
2　そのことだけに力を尽くさなければ、とうてい理解できない。
3　子供のようなまだ文章が未熟な者には、とても習得できない。
4　普通の単純なやり方では、自分のものにすることはできない。

問3 ③「日本語の文章を書くのに「抵抗」を感じないようになった」はどんな意味か。
1　日本語で文章が書きたくて、書きたくてたまらなかった。
2　日本語の基本構造を押えた上で、無理なく日本語特有の文章が書けるようになった。
3　日本語特有の曖昧で文章を好んで書くようになった。
4　曖昧で無碍な文章を書いても、誰からも注意を受けたり、咎められたりすることがなくなった。

問4 （　④　）にはどんな言葉が入ると思うか。
1　つまり　　　　2　しかし　　　　3　ところで　　　　4　または

問5 ⑤「このこと」はどんなことか。
1　はっきりした範囲や統一原理がつかめないと行動できないということ。
2　何事によらず、自分を知るには他人を知らねばならぬということ。
3　気質的に本能的・感情的であるよりは知的であるということ。
4　自分を知るには他人を知らねばならぬという原理が強く作用していること。

問6 （　⑥　）にはどんな言葉が入ると思うか。
1　画然たる　　　　2　純真たる　　　　3　確固たる　　　　4　堂々たる

文章3

　「食」は文化なのであり、日本人が古くから鯨肉を食べる習慣を身に付けていたことは、多くの縄文遺跡から鯨の骨が出土していることからもわかる。アメリカを中心とする捕鯨反対運動の活動家たちは、鯨の捕殺自体を残酷だとか非人道的とかヒステリックに叫ぶが、その言葉が血の滴る牛肉のステーキをほおばる同じ口から出る言葉とは信じがたいことだ。

　確かに、乱獲によって鯨資源が絶滅することはさけなければならない。そのために減少した鯨の種群の捕獲禁止や、捕獲量や捕獲体長の制限、子連れの母鯨の捕獲禁止、操業海域および漁期の制限などは正当である。

　しかし、1986年に商業捕鯨が一律禁止されて以来、鯨資源は回復し、IWCの科学小委員会の包括的資源評価によっても、1992年にはミンク鯨などの捕鯨再開の科学的条件は整ったことが明らかとなっている。それどころか、増え続ける鯨のえさとなる鰯など、日本人の食生活に欠かせない漁業資源が年々減少しつつあるのである。

　今や反捕鯨国の商業捕鯨の一律禁止の主張は根拠がない。海の生態系を守るためにも、一定量の鯨の捕獲を解禁するべきである。

問　筆者の考えと一致しないものはどれか。
1　お互いの食文化は尊重し合うべきである。
2　鯨の捕殺と牛や馬の屠殺の間には、何の違いもないはずである。
3　鯨だけでなく、野生生物は人間が勝手に乱獲したり、保護したりしないで、自然界のことは自然に任せるべきである。
4　今日の捕鯨の解禁は、海の生態系を守る上からも必要となっている。

第4章 情報セキュリティ・情報モラル

 豆知識

"ボット"によるトラフィックが溢れている

ウェブサイトにアクセスしてくるのは、必ずしも人間だけではない。いや、むしろ人間以外によってもたらされるアクセスのほうが多いかもしれない。これは、何らかの形でウェブサイトがかかわるビジネスを行っている人たちにとって、もはや"常識"であるといってもいいだろう。それだけ現在のインターネット上には"ボット"、つまり人間以外によるトラフィックがあふれている。

ボットとは、もともと"ロボット"を語源としており、人間に代わり、自動化された作業を実行するコンピュータプログラムの総称である。ボットはたとえば、単純作業が繰り返し発生するような場合、人間が実際に手を動かすよりも正確で高速かつ大量に実行できるため、以前から多く活用されてきた。たとえば、インターネット上を巡回し、新しいウェブページを探し、検索対象にするボットなどが、その代表的な例だ。最近では人工知能などと組み合わせることによって、人との会話を自動化するチャットボットと呼ばれるものも多く出てきている。今後、われわれの生活において、ボットがかかわってくるシーンは、ますます多くなってくるはずだ。

一方でボットには悪意を伴うものも少なからず存在している。たとえばコンピュータウイルスに含まれ、感染した端末を遠隔操作し、大量のスパムメールを配信したり、個人情報を漏洩させたりするものなどは、非常によく知られている。

ほかにも不特定多数のブログに対して、片っ端から広告的なメッセージを自動的に書き込んだり、インターネット上を巡回し、スパムメールを送信するためのメールアドレスを収集するようなボットも多く存在している。また近年では、いわゆる"まとめサイト"に盗用するためのコンテンツを探し、収集するために動いているボットも少なくない。

これらは、ともすれば企業のビジネスに対して何らかのインパクトをもたらす可能性があることから、これまでも注意喚起が行われてきた。だが近年、これまでにはなかった新しいビジネス上の脅威が、ボットによってもたらされており、企業が自らを守るために積極的なアクションを取ることが求められつつある。

熊村 剛輔『ネットを蝕む「人ではない者」の大量アクセス』週刊東洋経済プラスより改編

第 11 課

サイバー攻撃は企業をつぶす？

　最近、企業の経営層のサイバー攻撃に関する意識が高まってきたからか、さまざまな企業の経営層向けに、サイバー攻撃とその対策に関して説明する機会が増えた。しかし、現状を正しく認識できていない場合も多い。サイバー攻撃への対応は、スタートしてからある程度かたちになるまで数年かかることが多い、という過去の経験をふまえると、多くの組織においてその道のりはまだまだ長いのではないだろうか。

　サイバー攻撃による被害として考えておきたいものは、情報漏えい、金銭被害、サービス・業務停止などがあげられる。特に情報漏えいについては、個人情報以外の情報が漏えいした場合に組織にどのようなリスクをもたらすのか、長期的な視点で考慮するのはむずかしく、またそのリスク分析を効果的に行っている組織はほとんどみられない。

　金銭被害も無視できないものであるが、サイバー攻撃によって窃取された金銭が、テロリストや反社会的活動等の資金源になっているという話もある。また、顧客に提供しているサービスや業務が停止した場合に、自組織にとってどの程度の被害になるのかを肌感覚で理解するのも簡単ではなく、実際に被害を受けてはじめて真剣に対応を始める組織は少なくない。

　米国のオバマ大統領が2013年の一般教書演説で、ハッカーや米国以外の国が、米企業の情報を盗み出したり、インフラを停止・破壊するようなサイバー攻撃を行おうとしているとしたうえで、「何年も後になってから『なぜ、あのとき何もしなかったのか』と振り返って後悔するわけにはいかない」という発言をしている。

　サイバー攻撃の被害のなかで実感しやすいのは、サービス停止やデータ消失などによる業務の停止である。負荷集中型の攻撃などによりサービスが停止すれば顧客へのサービス提供機会が失われ、企業の評判が落ち、顧客が離れてしまう。データが消失すれば、数時間から数日単位で、組織全体の業務が停止しかねない。さらに、サイバー攻撃によって消去され、または暗号化されたデータを復旧することができないということになれば、業務上の影響は計

第4章　情報セキュリティ・情報モラル

り知れないものになるだろう。

　被害が目に見えづらい情報漏えいでは、それがもたらす影響を想像することはさらに難しくなる。特定の組織の内部情報の入手を意図したサイバー攻撃として、たとえば、標的型攻撃があるが、攻撃手法に着目しすぎて攻撃者の目的や自組織のビジネスへの影響に目が向いていないということはないだろうか。

　ある海外の金融機関で発生した標的型攻撃事例では、企業内で国家や外国政府との政策にかかわる人物や、エネルギー業界の投資にかかわる情報に触れる部門の担当者がねらわれていた。金融業界以外でも、M&A*や海外投資にかかわる情報、政府入札にかかわる情報、経済界の上層部にいる人物の個人情報、防衛産業にかかわる人物の情報、研究機関の学術データや原子力に関係する情報などがねらわれているということが、法執行機関の長年のサイバー犯罪調査から明らかになってきている。

　では、標的型攻撃によって漏えいした情報がどのように使われるのだろうか。ライバル企業の利益追求のために使われるのか、外国政府機関の諜報活動に使われるのか、自社の顧客を陥れるために使われるのか、はたまた特定人物の自宅を特定して盗聴器を仕掛けるためなのか、いくらでも想像は可能である。ただ一ついえるのは、先ほど紹介したオバマ大統領の演説にあるとおり、「なぜ、あのときに何もしなかったのか」と後悔することだけは避けなければならない。

　また、現代のサイバー攻撃は、国家の政策の一部として行われているものもあるといわれ、サイバー攻撃によって攻撃者に盗まれたお金がテロ集団の資金源になっているとも指摘されている。国家にダメージを与えるための手段として、知らないうちに企業にサイバー攻撃が行われているとすると、「目に見える攻撃や被害がない」ことを理由に危機感をもてず、対策をすすめられないならば、いずれは国も企業も衰退し、ようやく目にみえる状態になった頃には、末期がんのように手遅れになってしまっているだろう。目にみえないところで企業や組織体力を少しずつむしばまれていくことへの危機感をどの程度もつことができるかが、サイバー攻撃対策への力の入れ方において重要な要素となる。

『サイバー攻撃は企業を潰す?』より改編

ことば

潰す①　　　　　　［他五］　　　　圧碎,弄碎,弄坏;损伤身体器官的机能;毁,搞垮,使破产;取消;毁掉;丢,败坏,损害人的面子

認識①	[名・他サ]	认识,分辨事物,理解本质,正确判断,以及这种意识的作用
道のり①	[名]	路程,到目的地间的距离,行程
漏えい⓪	[名・自他サ]	泄漏
金銭①	[名]	金钱,现金,钱
リスク①	[名]	risk。风险,不可预测的危险
窃取①⓪	[名・他サ]	窃取
肌感覚③	[名]	亲身感受
教書①	[名]	教皇诏书;咨文,美国总统或州长分别向联邦议会、州议会发表的政策上、立法上的意见书
評判⓪	[名]	风传,传闻,评论,评判;出名,闻名
消去①⓪	[名・他サ]	消去,涂掉,消失;消去,消元(方程式)
暗号化⓪	[名・他サ]	加密
復旧⓪	[名・自他サ]	恢复原状;修复,使重新回到先前的状态,被破坏或被搞乱的东西恢复原来的状态
目が向く	[連語]	关心,注目;以某种态度看待对方
入札⓪	[名・自サ]	投标
防衛⓪	[名・他サ]	防卫,保卫,捍卫,守卫
原子力③	[名]	原子动力,核动力,核能,原子能
法執行機関⑦	[名]	执法机关
ライバル①	[名・形動]	rival。对手,竞争者
諜報⓪	[名]	谍报
陥れる⑤	[他一]	陷害,坑害,诱骗,使陷入;攻,攻陷
仕掛ける③	[他一]	挑衅,寻衅;设置,安装,装置;开始做,(某一动作)做到中途;架上,坐上(锅)
蝕む③	[他五]	虫蛀,虫咬;侵蚀,腐蚀

📢 内容理解

Ⅰ 次の質問を考えてみてください。
(1) サイバー攻撃による被害として考えておきたい要素は、何が挙げられますか。
(2) サイバー攻撃者の種類として、本文で言及されたのは何型ですか。
(3) サイバー攻撃対策への力の入れ方について、自分の考え方を述べてください。

Ⅱ 本文の内容と合っているものに〇、違っているものに×をつけてください。
(1) サイバー攻撃によって窃取された金銭が、テロリストや反社会的活動等の資金源になっています。(　　)
(2) サイバー攻撃の被害のなかで実感しやすいのは、サービス停止やデータ消失などによる業務の停止です。(　　)
(3) サイバー攻撃は、攻撃も被害も目に見えない場合は、まだ大丈夫です。(　　)

第4章　情報セキュリティ・情報モラル

Ⅲ　適当な言葉を選んで、＿＿＿＿に入れてください。

> とすると　　ようやく　　うちに　　ずつ　　として　　によって

　また、現代のサイバー攻撃は、国家の政策の一部＿＿＿＿行われているものもあるといわれ、サイバー攻撃＿＿＿＿攻撃者に盗まれたお金がテロ集団の資金源になっているとも指摘されている。国家にダメージを与えるための手段として、知らない＿＿＿＿企業にサイバー攻撃が行われているとすると、「目に見える攻撃や被害がない」ことを理由に危機感をもてず、対策をすすめられないならば、いずれは国も企業も衰退し、＿＿＿＿目にみえる状態になった頃には、末期がんのように手遅れになってしまっているだろう。目にみえないところで企業や組織体力を少し＿＿＿＿むしばまれていくことへの危機感などの程度もつことができるかが、サイバー攻撃対策への力の入れ方において重要な要素となる。

Ⅳ　正しい言葉を一つ選んでください。
(1) 営業上の＿＿＿＿を事前に見込むのは重要です。
　　1　リスト　　　　2　リトル　　　　3　リスク　　　　4　リズム
(2) 自分の学生時代を＿＿＿＿と、たくさんの思い出が思い浮かんできた。
　　1　振り取る　　　2　振り返る　　　3　振り戻る　　　4　ぶり返す
(3) 今度の地震による損失が＿＿＿＿。
　　1　計り知る　　　2　図り知れない　3　図り知る　　　4　計り知れない
(4) 動物が猟師の罠に＿＿＿＿。
　　1　陥った　　　　2　陥れた　　　　3　落とした　　　4　仕掛けた
(5) あの二人は永遠の＿＿＿＿だ。
　　1　ライハル　　　2　ライアル　　　3　ライエル　　　4　ライバル
(6) 夕食の準備を＿＿＿＿たところで電話が鳴った。
　　1　しつけた　　　2　しかけた　　　3　しなれた　　　4　しづけた
(7) ＿＿＿＿にならないうちに医者にかからねばならない。
　　1　手当　　　　　2　手ずから　　　3　手引き　　　　4　手遅れ
(8) 大切にしていた盆栽が＿＿＿＿。
　　1　むしばられた　2　むしばれた　　3　むしばまれた　4　むしばされた

文型

1. ～ておく・～とく　（N3）

本文　サイバー攻撃による被害として考えておきたいものは、情報漏えい、金銭被害、サービス・業務停止などがあげられる。

[接続] V－ておく
[意味]
(1) (事先)做好……。在口语中可以说成"…とく"。
①このジュースは冷たい方がもっとおいしいから、飲む時まで冷蔵庫に入れておいたほうがいい。
②日本へ行く前に日本語を習っておくつもりだ。
③ビール冷やしといてね。
④明日健康診断の日ですから、朝ごはんを食べないでおいてください。
(2) 让某种状态继续保持下去。
①――電気を消しましょうか。

——いいえ、つけておいてください。
②帰るとき窓は開けておいてください。

2. ～にとって（は/も）（N3）

[本文] 顧客に提供しているサービスや業務が停止した場合に、自組織にとってどの程度の被害になるのか。

［接続］N＋にとって
［意味］对于……来说。后接名词时用"N＋にとって＋の＋N的形式"。
①海外旅行は中国人にとってもう珍しいことではない。
②年金生活者にとってはインフレは深刻な問題である。
③車は私にとって、作家にとってのペンのようなものだ。

3. ～てはじめて（N2）

[本文] 実際に被害を受けてはじめて真剣に対応を始める組織は少なくない。

［接続］V－てはじめて
［意味］……之后才……。只有……才能。用于叙说经历了某件事后才对以前没有注意到的事或者虽然知道但没有认真想过的事有了新的认识。
①病気になってはじめて健康が大切であることが分かった。
②日本に来てはじめて日本語らしい日本語が勉強できた。
③彼が辞めてはじめて、この会社にとって重要な人物だったということが分かった。

区別文型

～をはじめ（として）（N2）　第5課参照

4. ～上で（N2）

[本文] ハッカーや米国以外の国が、米企業の情報を盗み出したり、インフラを停止・破壊するようなサイバー攻撃を行おうとしているとしたうえで、(中略)という発言をしている。

(1) ［接続］N－の/V－た　＋うえで
　　［意味］在……之后。在……前提下。后续部分表示"根据其结果再采取下一动作"的意思。
①では、担当の者と相談したうえで、改めてご返事させていただきます。
②一応ご両親にお話しなさった上で、ゆっくり考えていただいてけっこうです。
③双方は合意の上で離婚した。

(2) ［接続］N－の＋うえで(は)
　　［意味］在……上、根据……来看。
①暦の上ではもう秋だというのに、まだまだ蒸し暑い日が続いている。
②データの上では視聴率は急上昇しているが、周りの人に聞いても誰もそんな番組は知らないという。

(3) ［接続］V－る＋うえで
　　［意味］在……时、在……方面。
①パソコンを買う上で注意しなければならないことは何ですか。
②女性が結婚相手を選ぶ上での重要なポイントとして、「三高」ということが言われていた。

区別文型

(1) ～上（に）（N2）
［接続］N－である/Na－な/A/V　＋上（に）
［意味］又，更加。表示递进。

①昨日は財布を盗まれた上、雨にも降られてしまって、ひどい目に遭った。
②あの店は料理がまずい上に、値段も高い。

(2) ～上は （N2）

［接続］V－る/V－た＋上は

［意味］既然……。

①キャプテンに選ばれた上は、がんばるしかない。
②やると言ってしまったうえは、何が何でもやらなければならない。

5．～わけにはいかない・～わけにもいかない （N3）

本文　（略）、「何年も後になってから『なぜ、あのとき何もしなかったのか』と振り返って後悔するわけにはいかない」という発言をしている。

［接続］V－る＋わけにはいかない

［意味］不能，不可……。表示从一般常识或社会上的普遍想法、过去的经验来考虑，不行或不能做的意思。

①絶対に言わないと約束したから、言うわけにはいかない。
②お世話になった人に頼まれたのだから、断るわけにはいかない。
③カラオケに誘われたが、明日から試験なので、行くわけにもいかない。

関連文型

～ないわけにはいかない

［接続］V－ないわけにはいかない

［意味］不能不……、不可不……、必须。

①ほかの人ならともかく、あの上司に飲みに誘われたら付き合わないわけにはいかない。
②実際にはもう彼を採用することに決まっていたが、形式上はめんどうでも試験と面接をしないわけにはいかなかった。
③今日は車で来ているのでアルコールを飲むわけにはいかないが、先輩に飲めと言われたら、飲まないわけにもいかない。

6．～かねない （N2）

本文　データが消失すれば、数時間から数日単位で、組織全体の業務が停止しかねない。

［接続］V－ます＋かねない

［意味］很可能……。表示有某种不好的可能性。

①風邪だからといってほうっておくと、大きい病気になりかねない。
②君は、彼がそんなことをするはずがないと言っているそうだが、ぼくはあいつならやりかねないと思うけどね。
③食事と睡眠だけはきちんと取らないと、体を壊すことになりかねません。

関連文型

～恐れがある （N2）

［接続］N－の/V－る　＋おそれがある

［意味］有……危险、担心、恐怕。

①今夜から明日にかけて津波の恐れがあるので、厳重に注意してください。
②再び噴火する恐れがあるため、警戒区域の住民に避難勧告が出された。

🏷️ 区別文型

～かねる （N2）

［接続］V－ます＋かねる

［意味］心理上难以接受某事。不能……、难以……、……不了。

①そのご意見には賛成しかねます。

②残念ながら、そのご提案はお受けいたしかねます。

7. ～づらい

本文　被害が目に見えづらい情報漏えいでは、それがもたらす影響を想像することはさらに難しくなる。

［接続］V－ます＋づらい

［意味］难……、不好……、不便……。表示做该动作感到困难甚至是痛苦。

①老眼で辞書が見づらくなった。

②あの店の店員はいつも無愛想で話しづらい。

🏷️ 関連文型

（1）～にくい

［接続］V－ます＋にくい

［意味］难以、不容易……。

①人前ではちょっと話しにくい内容なのです。

②あんな偉い先生のところにはなかなか相談に行きにくい。

（2）～がたい （N2）

［接続］V－ます＋がたい

［意味］难以、不可、不能……。"～にくい"的书面语，更正式，语气较生硬。

①信じがたいことだが本当なのだ。

②あいつの言うことは何の根拠もないし常識はずれで、とうてい理解しがたい。

8. ～にかかわる・～にかかわって・～にかかわり （N2）

本文　企業内で国家や外国政府との政策にかかわる人物や、エネルギー業界の投資にかかわる情報に触れる部門の担当者がねらわれていた。

［接続］N＋にかかわる

［意味］关系到……、涉及……。

①あなたの将来にかかわることだから、進路についてはよく考えるべきだ。

②医者や看護婦など医療にかかわる人たちには日曜も祝日もない。

③彼は汚職事件にかかわって逮捕された。

🏷️ 関連文型

～に関する　（N3）　第 6 課参照

9. ～うちに （N3）

本文　国家にダメージを与えるための手段として、知らないうちに企業にサイバー攻撃が行われている。

（1）［接続］N－の/Na－な/A－い/V－ない＋うちに

　　　［意味］在……之内、趁……时。趁还……。

①桜がきれいなうちに、お花見に行きましょう。

②ここ数日のうちに何とかします。
③朝の涼しいうちにジョギングに行った。
(2)［接続］V－ない＋うちに
　　［意味］趁还没有……时。
①暗くならないうちに買い物にいってこよう。
②お母さんが帰ってこないうちに急いでプレゼントを隠した。
③あれから10分もしないうちにまたいたずら電話がかかってきた。
(3)［接続］V－ている/V－る　＋うちに
　　［意味］……着……着。表示"在做某事期间"的意思，后续表示发生另一事物或变化的表达。
①彼女は話しているうちに顔が真っ赤になった。
②手紙を書いているうちに、ふと彼が今日こっちに来ると言っていたことを思い出した。
③読み進むうちに次第に物語にのめりこんでいった。
(4)～か～ないうちに　（N2）
［接続］V－るかV－ない＋うちに
［意味］刚……还没……时。重复使用同一动词，表示"刚刚开始某一动作几乎没过一点儿时间"的意思。
①朝まだ目がさめるかさめないうちに、友達が迎えにきた。
②夕食に手をつけるかつけないうちに、電話で呼び出された。

注　釈

1. いずれ

副词。
(1) 早晚，终究。
①いずれ明かされることだ。
②いずれ人は死ぬものだ。
(2) 不久后，马上。
①いずれまた来ます。
②いずれお伺いします。

2. ～ずつ

接数量词，每……、一点一点地。
①一人に三つずつキャンディーをあげましょう。
②雪が溶けて、少しずつ春が近づいてくる。
③病人はわずかずつだが、食べられるようになってきた。

関連用語

* **M&A**

　　M&A(Mergers and Acquisitions)即企业并购，包括兼并和收购两层含义、两种方式。国际上习惯将兼并和收购合在一起使用，统称为M&A，在我国称为并购。

ことば

健康診断⑤　　　　　［名］　　　　健康检查，体检

年金⓪	[名]	年金。每年定期给付一定金额的制度下（国家或团体等）所支付的金钱,目的是对因老龄、退职、疾病、死亡等所得丧失的保障
インフレ⓪	[名]	インフレーション的略语,inflation,通货膨胀
暦③⓪	[名]	历,年历,历法;日历,历书,年历
蒸し暑い④	[形]	闷热
視聴率②	[名]	收视率
急上昇③	[名・自サ]	急剧上涨,暴涨;陡直上升
合意①⓪	[名・自サ]	同意,双方意见一致
担当⓪	[名・他サ]	担任,担当,担负
改めて③	[副]	再次,另行;重新,特意
一応⓪	[副]	大致,大体;首先,暂且
盗む②	[他五]	盗窃,偷;剽窃,偷学;掩饰,欺瞒;偷空,挤时间
～目に遭う	[慣用]	体验,遭遇
キャプテン①	[名]	captain。队长,船长,机长
頼む②	[他五]	请求,恳求,嘱托;拜托,委托,托付;指望,依靠
断る③	[他五]	拒绝;事先通知、说明、请示
津波⓪	[名]	津浪,地震海啸、风暴潮、泥石流等的总称
厳重⓪	[形動]	严重,严格,严密
噴火⓪	[名・自サ]	喷发,爆发
警戒⓪	[名・他サ]	警戒,防范
区域①	[名]	区域,将某一地域或范围划分后的一个区划
避難①	[名・自サ]	避难,逃难
勧告⓪	[名・他サ]	劝告
老眼⓪	[名]	老花眼;老眼,老人的眼睛
無愛想②	[名・形動]	简慢,不会应酬,冷淡的
根拠①	[名]	根据,可使判断、推理等成立的依据;据点,根据,作为活动落脚点的重要地方
進路①	[名]	前进的道路;出路,前途,前程,人将来前进的方向
のめりこむ④⓪	[自五]	一头栽进,跌入;陷入,沉溺,深深陷进去不能自拔
キャンディー①	[名]	candy,糖果,也作"キャンデー"
溶ける②	[自一]	溶解,溶化,溶于

練習問題

I 次の文の＿＿＿の部分に入る最も適切なものを1、2、3、4から一つ選びなさい。

(1) 私ではわかり＿＿＿ので、後で担当者からご返事させます。
   1 きれます　　　2 かねます　　　3 得ます　　　4 かねません

第4章 情報セキュリティ・情報モラル

(2) 日本人の常識が、外国人に_____は常識とは限らない。
　　1　とって　　　　　2　よって　　　　　3　関して　　　　　4　ついて
(3) まだ若い_____、やりたいことをやっておこう。
　　1　うちに　　　　　2　前に　　　　　　3　ところ　　　　　4　中で
(4) 家族ともよく相談した_____、お返事いたします。
　　1　うえで　　　　　2　以上　　　　　　3　結果　　　　　　4　末に
(5) 知っていることでも、実際にやってみて_____、「あ、できた！」となるわけです。
　　1　はじめて　　　　2　ゆるめて　　　　3　みつめて　　　　4　さだめて
(6) 言いたいことがないという_____が、言い出す勇気はない。
　　1　わけはない　　　　　　　　　　　　2　わけだ
　　3　わけではない　　　　　　　　　　　4　わけにはいかない
(7) 一ヶ月一冊_____本を読めば、一年で12冊読める。
　　1　おきに　　　　　2　ずつ　　　　　　3　ごとに　　　　　4　など
(8) 亡くなった父の写真を_____うちに、思わず涙がこぼれた。
　　1　見ておく　　　　2　見ている　　　　3　見てある　　　　4　見てしまう
(9) 我々は、彼の犯した無責任な行動を見逃す_____にはいかない。
　　1　こと　　　　　　2　もの　　　　　　3　わけ　　　　　　4　はず
(10) この文章は誤字が多い_____助詞の間違いも多いので、何が言いたいのかよくわからない。
　　1　うえに　　　　　2　ものの　　　　　3　わりに　　　　　4　うちに
(11) 初めての外国旅行だったので、それは_____思い出になった。
　　1　忘れたい　　　　2　忘れがたい　　　3　忘れがた　　　　4　忘れたがい
(12) 良子が遅れて来てもわかるように、伝言板に地図を書いて_____。
　　1　あった　　　　　2　おいた　　　　　3　いった　　　　　4　きた
(13) これは全体_____問題だからひとりで考えずにみんなと相談したほうがよい。
　　1　のかかわる　　　2　をかかわる　　　3　にかかわる　　　4　とかかわる
(14) 母がイタリアを旅行したとき案内して_____ガイドさんは、中国語がとても上手だったらしい。
　　1　あげた　　　　　2　くれた　　　　　3　させた　　　　　4　やった
(15) すみません、ここは子供の遊び場なんですけど、ゴルフの練習はやめて_____。
　　1　もらえませんか　　　　　　　　　　2　あげませんか
　　3　あげられませんか　　　　　　　　　4　もらいませんか

Ⅱ　次の文の　★　に入る最もよいものを1、2、3、4から一つ選びなさい。

(1) いただきます、＿＿＿＿　＿＿＿＿　★　＿＿＿＿食べ始めた。
　　1　言わないか　　　2　言うか　　　　　3　と　　　　　　　4　のうちに
(2) この機械は＿＿＿＿　＿＿＿＿　★　＿＿＿＿もわかりづらい。
　　1　うえに　　　　　2　難しい　　　　　3　説明書　　　　　4　操作が
(3) 仕事がこんなにたくさんあるんです。＿＿＿＿　★　＿＿＿＿。
　　1　わけが　　　　　2　忙しく　　　　　3　ありません　　　4　ない
(4) 車内での携帯電話の使用は＿＿＿＿　★　＿＿＿＿。
　　1　トラブルの　　　　　　　　　　　　2　乗客同士の
　　3　なりかねない　　　　　　　　　　　4　原因とも
(5) 彼が何らかの形でその事件に＿＿＿＿　★　＿＿＿＿疑いが持たれている。
　　1　という　　　　　2　関わって　　　　3　ないか　　　　　4　いるのでは

IT日语精读教程

Ⅲ 次の文章の（　　）に入れる最も適切な言葉を、1、2、3、4から一つ選びなさい。

　私の兄は、現在、京都のある大学で環境デザインを勉強している。兄によると、この学部は若い先生が多く、授業もとても活気があるそうだ。先生たちの考えでは、いい授業をする（　1　）何より大切なのは、教師と学生の間の知的な相互作用であり、その考えから、学生たち一人ひとりが積極的に授業に参加できる（　2　）、少人数制のクラスになっているそうだ。また、学生たち（　3　）自主的な活動も盛んだということだ。私は兄（　4　）この大学についていろいろ知るようになった。来年は私もこの大学に入る（　5　）、努力するつもりだ。

(1) 1　うちに　　　　　2　うえで　　　　　3　うちは　　　　　4　うえの
(2) 1　ように　　　　　2　だから　　　　　3　ために　　　　　4　ようだ
(3) 1　にする　　　　　2　にいく　　　　　3　による　　　　　4　らしい
(4) 1　と通じて　　　　2　によって　　　　3　に通じて　　　　4　を通じて
(5) 1　べく　　　　　　2　べき　　　　　　3　ように　　　　　4　そうに

Ⅳ 各文章を読んで、以下の問いに答えなさい。答えは、1、2、3、4から最も適当なものを一つ選びなさい。

文章1

　郵便の利用が（　①　）、早く確実にとどけるために、郵便の機械化がいろいろ試みられるようになりました。なかでも昭和43年から、郵便物のあて先を番号で区分けする郵便番号自動読み取り区分機が使われるようになって、作業の能率はいちだんと向上しました。その他さまざまな面の機械化が進められています。

　最近よく「レタックス」とか「インテルポスト」ということばが新聞やテレビで取り上げられています。これは電子郵便のことで、日本では昭和56年から、取扱いがはじめられました。きめられた用紙に手紙を書いて郵便局に申し込むと、ファクシミリという機械で、書いたものがすぐに相手の郵便局へ電送され、そこから速達であて先にとどけられます。大学の合格通知に、電報にかわって電子郵便を利用する大学がふえています。

　このような新しいシステムを使うと、どうしても機械の都合によって、②用紙がかぎられてしまいます。それで、事務的連絡ならかまわないが、私的な手紙には（　③　）という人もいます。

　「手紙」ということばの、もとの意味を考えれば、その気持ちもわかります。「手」とは自筆の文字のことです。紙にみずから筆をとって、思いをこめた文字をしたためる——それが「手紙」です。受け取った人は、使われている紙の様子や、文字のすがた形から、④さしだし人の人柄をしのびながら読むものでした。いまでも、みなさんのなかには、便せんや封筒を、あれこれ選んで買う人がいるのではありませんか。

　このごろはワープロという便利なものも普及して、欧米人のタイプライターのように、個人の手紙にも利用する人が増えてきました。それはそれでいいでしょう。でも、自分の名前だけは、ちゃんと手で書きたいものです。それは、あなた自身が書いたという証拠なのです。

　それから、電話が普及して、手紙を書く（　⑤　）とも、よくいわれます。たしかに電話は、その場で返事が聞かれて、早く用がたります。でも、相手の顔を思い浮かべながら、返事はいつつくかと、⑥ひとり胸をときめかせる——こんな楽しみを味わせてくれるのは、手紙しかありません。めいめいが、相手の心も思いやりながら、自分の心も深く振り返ってみる時間をもつことになります。なにごともいそがしい現代の社会で、これは最高にぜいたくな「心のおしゃれ」ではないでしょうか。

問1　（　①　）にはどんなことばが入ると思いますか。
　　1　ふえるように　　　　　　　　2　ふえるにつれて
　　3　ふえるに反して　　　　　　　4　ふえながら

第4章　情報セキュリティ・情報モラル

問2　「②用紙がかぎられてしまいます。」はどんな意味ですか。
1　使える用紙の種類がすくなくなってしまう。
2　用紙がいたんでしまう場合がある。
3　小さな用紙しか使えなくなってしまう。
4　用紙にわずかな文字しか書けなくなってしまう。

問3　（　③　）に入りにくいことばはどれですか。
1　使いたくない　　　　　　　　2　使うべきではない
3　使えない　　　　　　　　　　4　使ったほうがいい

問4　「④さしだし人の人柄をしのびながら」はどんな意味ですか。
1　その人の昔のすがたをなつかしみながら
2　その人が手紙を書いている様子を連想しながら
3　その人の性格をなつかしく思い出しながら
4　その人が本当に自分で書いたものか考えながら

問5　（　⑤　）にはどんなことばが入ると思いますか。
1　機会は少なくなった　　　　　2　理由はなくなった
3　方法はへった　　　　　　　　4　ひまがなくなった

問6　「⑥ひとり胸をときめかせる」はどんな意味ですか。
1　期待で胸をどきどきさせる。　　2　不安で胸をひやひやさせる。
3　心配で胸をはらはらさせる。　　4　驚いて胸をどきどきさせる。

問7　本文の内容と合わないものはどれですか。
1　郵便量が増えると同時に郵便の自動化が進められつつある。
2　ファクシミリやワープロを利用した手紙はどうも思いやりに欠けるようである。
3　忙しい現代の社会だからこそ、電話をもっと利用すべきである。
4　手紙のたのしみは、それを受け取るあいてのことを想像しながらかけることである。

文章2

A

　「男は外で働き、女は家で家庭を守る」といった考え方が長く社会を支配してきたし、これは元々、「女は男より劣っている」という男尊女卑の思想に根ざしたものであり、何の根拠もない。
　昔から、「母親は子どもを産む前から母親になるが、父親は子供を育てることを通してしか父親になれない」と言われている。父親になるということは、単なる遺伝子の問題ではない。父親は自ら子育てに参加しなければ、父親にはなれないのである。今日、「父親不在の家庭」が問題となっているが、それは父親が父親の役割を家庭で果たしていないからである。また、家事や子育ての大変さを理解することはできなければ、妻の気持ちも理解することはできない。それで幸せな家庭が築けるだろうか。
　とりわけ、世の男たちがわかっていないのは、妻が家事育児から自由な時間が増えれば、仕事に就くこともできるし、男が背負ってきた家計の責任も二人で負担できることだ。それなのに、今の男たちは女を家庭に縛り付けることで、逆に自分の首を絞めているのである。

B

　現実の企業社会は夫に家事育児へ参加できるようなゆとりを与えてはいないし、そんな生やさしい環境にはない。
　企業ではリストラの嵐が吹き荒れ、少しでも業績が下がれば容赦なく給料が下がり、企業に役に立たないと判断されればクビが飛ぶ。このような厳しい現実を「男性も家事や子育てを分担するべき」とする人には、ぜひ理解してもらいたいものである。
　父親の多くが今の会社の仕事が楽しいと感じ、生き甲斐と感じているわけではないのである。家族の生計を支えるために、上司の目を恐れ、同僚との競争で負けてはならないと、歯を食いしばってがんばっているのである。そんな残業やつきあいで疲れて帰った夫に、妻と同じように家事をせよ、育児をせよと言えるのだろうか。
　一般論として是非を語るのは容易だが、現実論として語るときは、何がこのような家事育児への男女共同参加を妨げているのか、しっかり認識する必要がある。それ抜きの男社会批判は感情論に過ぎず、何の解決にも結び付かない。

問1　意見1（A）の筆者が一番言いたいことは何ですか。
　　1　「男は外で働き、女は家で家庭を守る」という考え方は男尊女卑の思想である。
　　2　「男は外で働き、女は家で家庭を守る」という考え方は男も苦しめている。
　　3　父親は子育てを通してしか父親にはなれない。
　　4　夫婦が家事育児をともに分担するのは、今日では常識である。

問2　意見2（B）の筆者が一番言いたいことは何ですか。
　　1　父親の多くが今の会社の仕事が楽しいと感じ、生き甲斐と感じているわけではないことを、女性たちに知ってほしい。
　　2　家計を支えるのは男の責任であり、そのために苦労していることを女性たちには理解してほしい。
　　3　残業やつきあいで疲れて帰った夫に、妻と同じように家事をせよ、育児をせよと言うべきではない。
　　4　今の企業のあり方が変わらない限り、男女が平等に家事育児を分担することは難しい。

問3　意見1（A）と意見2（B）を比べて言えることは何ですか。正しいものを選んでください。
　　1　「男は外で働き、女は家で家庭を守る」という考え方をめぐって、意見1と意見2の筆者は対立している。
　　2　男女が家事・育児を共同で分担することは、実際には困難であると、意見1と意見2の筆者は、どちらも考えている。
　　3　意見1と意見2の筆者は男女が家事・育児を共同で分担すべきだという考えでは一致しているが、それをどうやって現実するかについて食い違いがある。
　　4　意見1と意見2は、どちらも男女が一緒に国や企業に働きかける必要があることを理解している。

豆知識

能動的攻撃と受動的攻撃

　Webアプリケーションに関する攻撃は「能動的攻撃」と「受動的攻撃」に大きく分けることができます。

第4章 情報セキュリティ・情報モラル

　能動的攻撃とは、攻撃者がサーバ自体を対象として直接的に攻撃・侵害し、サーバ自身に被害が及ぶ攻撃手法を指します。能動的攻撃の代表的なものとしては、OSコマンドインジェクションやSQLインジェクションなどがあります。

　一方、受動的攻撃とは、攻撃者があらかじめ罠サイトや罠ページを用意しておき、ユーザーがその罠サイトを訪れた際に何らかの被害が発生するような、ユーザー自身の行動をトリガーとして被害が発生するような攻撃手法です。たとえば、ブラウザやブラウザのプラグインの脆弱性を利用し、ページを閲覧することでユーザーのPC上でコード実行などが可能な場合に、攻撃者はブラウザやプラグインを攻撃する「細工されたコンテンツ」を罠サイト上に作成したうえで、そのURLを掲示板やSNS、メールなどで拡散し、ユーザーが訪問してくるのを待ちかまえます。ユーザーがうっかりそのURLを訪問した場合には、ユーザーのPC上で攻撃者の用意した悪意あるコードが実行されることになります。

　また、ブラウザやプラグインの脆弱性を利用してユーザーに対して被害を与えるというだけでなく、ユーザーの使用しているWebアプリケーションの脆弱性を利用することで、そのWebアプリケーションを通じてユーザーやWebアプリケーションに被害を及ぼす場合もあります。ブラウザ上で実行されるJavaScriptコードに欠陥がある場合には、攻撃者の用意した罠URLや罠サイトへの訪問をきっかけにユーザーのブラウザ上でセキュリティ上の問題が発生することが大半であり、すなわちそれは受動的攻撃そのものとなります。

　Webアプリケーションで代表的な受動的攻撃としては、以下の4つがあります。

クロスサイトスクリプティング(XSS)　　クロスサイトリクエストフォージェリ(CSRF)
オープンリダイレクト　　　　　　　　　クリックジャッキング

『Webセキュリティのおさらい』より引用

課外読解 4

セキュリティ対策の基本的な考え方

1. ネットワーク社会とセキュリティ

　われわれが生活している実社会においても、人に被害を与える行為や盗難などの多様な犯罪があるように、ネットワークの世界にもコンピュータやネットワークともなると、盗難などの犯罪だけではなく、地震や雷といった災害から機器や情報を守ることもセキュリティ対策の一つとなります。世の中がネットワークへの依存度を高めるにつれて、セキュリティ対策がますます重要になってきています。

　ネットワークが社会全体に普及した背景には、インターネットの普及があります。インターネットを介して、離れた場所にいてもさまざまな情報をやり取りすることができます。その半面、インターネットの利用には、悪意の第三者による社内のネットワークやサーバーへの侵入、それによる情報の盗難、データの改ざんといった危険が付き物です。仕事ともなると個人情報を扱うこともあるでしょう。ネットワークおよびインターネットの利用には、情報漏えいというリスクが常につきまとっているということを認識しておかなくてはなりません。また、ウイルスに感染したコンピュータがいた場合、インターネットを介してウイルスをほかのコンピュータにばらまいてしまう恐れもあります。

2. 企業における情報セキュリティ

　企業における情報セキュリティは、ネットワーク管理者だけでなく、その場所で働く従業員一人ひとりがセキュリティの知識を持つことが必要です。特にネットワークに接続された状況下では、たった一台のPCがウイルス対策を怠けるだけで、ネットワーク全体にウイルスが蔓延し、企業にとって大きな損害を与えることになるからです。

　また、企業で扱うデータは、ファイルが確実に保管されていなければなりません。保管先はPCのハードディスクの場合もありますが、昨今の企業ネットワークでは、共通のサーバーを設置し、そこにデータを保管し、関係者で情報共有するのが当たり前となっています。つまり、データが壊れたり紛失したりしては、仕事上の影響が出てしまいます。そのため、定期

的なデータのバックアップはもちろんのこと、停電や落雷、地震などへの対策も考慮する必要があります。

　企業においては、これらを確実に実施するために、情報セキュリティ対策の方針や行動指針を明確にした情報セキュリティポリシーを策定します。情報セキュリティポリシーを策定します。情報セキュリティポリシーには、社内規定といった組織全体のルールから、どのような情報資産をどのような脅威からどのように守るのかといった基本的な考え方、ならびに情報セキュリティを確報するための体制、運用規定、基本方針、対策基準などが具体的に明記されています。

3. ユーザー権限とユーザー認証の管理

　企業ネットワークでの情報セキュリティ管理のためには、ユーザーごとに適切な権限を設定する必要があります。すべてのユーザーにすべての権限を与えるのではなく、必要最低限なユーザーにのみ必要最低限のアクセスを許可することがポイントです。

　ユーザー権限には、アドミニストレータ（管理者）権限やユーザー（利用者）権限などがあります。たとえばデータベースサーバの場合には、データの登録や削除の権限、読み取りの権限、プログラムの実行権限などが設定できます。ある程度のユーザー数を持つネットワークの場合には、ユーザー権限を管理するための認証サーバーを用意することで、ネットワーク全体の管理業務を軽減させる工夫も必要です。

　すべてのユーザーは自分の所有するユーザー名とパスワードを使用して、本人性の確認のためにユーザー認証を受けなれればなりません。もちろん、ユーザーごとに適切な権限を設定していても、ユーザーがパスワードを設定していなかったり、だれにでもわかるようなパスワードを設定していては何の意味もありません。ユーザー管理には、適切なパスワード管理が必須です。

　また、なりすましを防ぐ技術として、最近はユーザー名とパスワードの入力にいよるユーザー認証以外に、ICカードによるユーザー認証や、指紋や網膜などのバイオメトリクス（生体情報）を使ったユーザー認証もう増えてきました。

4. 定期バックアップの確立

　企業ネットワークにおいて、ユーザーが安全にPCやネットワークを利用できるようにするには、定期的なバックアップの仕組みを確立しなければなりません。人事や経理・財務の情報、電子メールなどもバックアップする必要があります。

皆さんの自宅のPCをバックアップする場合は、CDやDVD、外付けハードディスクなどの外部の記憶媒体を利用する方法が一般的でしょう。一方、企業では、バックアップ用のファイルサーバーに夜間にコピーする方法をとります。バックアップ用のファイルサーバーは、データセンターや企業のマシン室に設置されます。

一般的な運用例として、平日は深夜の時間帯(たとえば午前2時から4時頃)に更新された差分のデータだけバックアップを行い、週末などユーザーの利用頻度が極端に少ない時間帯にデータ全体のバックアップを行います。

5. サーバーの設置と管理

企業ネットワーク上にサーバーを設置する場合には、いくつかの点を考慮しなければなりません。サーバーの設置場所として、外部の人やアクセス権限のない従業員が簡単にサーバーにアクセスできない、その場所に近づけないような仕組みづくりが必要です。つまり、物理的脅威に対する対策が必要です。

理想としては、地震などの災害からサーバーを守るためにも、耐震を考慮したサーバーの設置を検討すべきです。具体的にはデータセンターの利用です。入退出管理はもちろんのこと、空調や電源設備などの環境面においても、情報セキュリティの対策として最適です。

6. 機器障害への対策

社内のネットワーク上に点在するPCやサーバ、ネットワーク機器を安全に保つには、不正侵入に対する防御だけでなく、停電や機器単体の障害への対策も含め、幅広い視点を持ってセキュリティ対策を計画しておかなければなりません。

停電対策としては、無停電電源装置(UPS)の導入が最適です。無停電電源装置は、電気の供給が停止したり、電圧が低下したときに、内蔵しているバッテリーから一時的に電気を供給してくれます。さらに、無停電電源装置の付加機能として、一定時間電気の供給が停止した場合、サーバーを自動的シャットダウンする機能や、落雷による機器の破損を防ぐ機能が備わっている物もあります。

7. 廃棄する通信機器やメディアからの情報漏えい

情報が漏えいするのは、ネットワーク経由だけとは限りません。ネットワーク機器やサーバー、PCを廃棄したり、他人に譲渡したりすることで、機器に搭載されているハードディスクから情報が漏えいするケースがあります。

ここで注意したいのは、ハードディスクに格納されているデータを削除したり、フォーマッ

第4章　情報セキュリティ・情報モラル

トしただけでは不十分だということです。画面上ではデータが消えていても、実際にはハードディスク上にデータが残っているケースもあり、特殊なソフトウェアを利用することで削除されたはずのファイルを復元されるリスクがあります。

　このようなことをさけるためにも、不用になった通信機器のハードディスクはきちんと処理をしなくてはなりません。処理方法として、次のものがあります。

- データ消去用のソフトウェアを利用する
- ハードディスクを取り出して、物理的に破壊する

　これらは、自社で対応するケースもありますが、最近ではこれをサービスとして請け負う専門業者も数多く出てきています。

　また、PCやサーバーなどのバックアップで使うDVDやCD－Rなどの媒体を廃棄する場合にも、同様の処理をしなくてはなりません。

　廃棄する際の情報漏えいを防ぐには、必ず社内の情報セキュリティ担当者が取りまとめて廃棄するなど、社内で統一のルールを確立し、組織的なセキュリティ対策の一環として行います。

📢 ことば

盗難⓪ とうなん	[名]	失窃, 被盗
悪意① あくい	[名]	恶意, 歹意; 歪曲;
改ざん⓪ かい	[名・他サ]	篡改, 涂改
付き物② つ もの	[名]	附属物, 附带事物
介する③ かい	[他サ]	通过, 借助; 以某人为中介; 介意
従業員③ じゅうぎょういん	[名]	从业人员, 职工
蔓延⓪ まんえん	[名・自サ]	蔓延, 不好的事物泛滥、扩展
ファイル①	[名・他サ]	file, 文件夹, 纸夹; 合订, 合订本; 文件, 电子计算机中经过整理的数据集合
保管⓪ ほかん	[名・他サ]	保管
紛失⓪ ふんしつ	[名・他サ]	遗失, 丢失, 失落
落雷⓪ らくらい	[名・自サ]	落雷, 雷击
セキュリティポリシー⑤	[名]	security policy。安全政策
策定⓪ さくてい	[名・他サ]	策划规定, 筹划
明記① めいき	[名・他サ]	明记, 清楚地记载
権限③ けんげん	[名]	权限

アドミニストレータ⑦	[名]	administrator。管理员
登録⓪	[名・自サ]	登录,登记,注册
削除①	[名・他サ]	删除,删去
必須⓪	[名]	必须;必需,不可缺少
成り済まし⓪	[名]	冒充,扮作
認証⓪	[名・他サ]	认证。由规定的公证机关证明一定的行为或文书的作成具有正当的程序
指紋⓪	[名]	指纹
網膜⓪①	[名]	视网膜
バイオメトリクス⑥	[名]	也作"バイオメトリックス",bilmetrics,生物对比系统,和预先已读取、登记的人对比人类肉体特征的系统,通过指纹、声波纹、网膜血管范型等进行识别,应用于防范系统等
生体情報⑤	[名]	生命体信息。包括了生命体发出的各种生理学、解剖学信息,以及为了调节生命体而录入的信息
バックアップ④	[名・自サ]	backup,备份;策应,接应;支持,扶植
外付け⓪	[名]	外接。(个人电脑等上)在主机的外部连接外围设备
ハードディスク④	[名]	hard disk,硬盘
媒体⓪	[名]	媒体,信息传播的媒介手段;介质,作媒介的人或事
ファイルサーバー④	[名]	file server,文件服务器,连接在局域网(LAN),提供文件管理功能的装置,作为所有连接网络电子计算机能共用的磁盘使用
データセンター④	[名]	date center,数据中心,全球协作的特定设备网络,用来在因特网基础设施上传递、加速、展示、计算、存储数据信息
差分⓪	[名]	差分,对应于一列变数值的各函数值之间存在的差;差分数列,数列中,由相邻两项间的差组成的数列
耐震⓪	[名]	抗震,抗地震能力,抗地震性能强
点在⓪	[名・自サ]	散在,散布,分散在各处
不正侵入⑤	[名]	非法入侵,非法侵入
単体⓪	[名]	单质,由单一的元素组成,并具备固有化学性质的物质。例如氢、氧等
供給⓪	[名・他サ]	供给;供应
内蔵⓪	[名・他サ]	内藏,蕴藏
バッテリー⓪①	[名]	battery,电池,蓄电池
シャットダウン④	[名]	shutdown,暂时停止活动,作业停止
破損⓪	[名・自サ]	破损,损坏,烂
備わる③	[自五]	齐备,齐全;具有,具备;设有,备有
廃棄①⓪	[名・他サ]	废弃;废除
譲渡①	[名・他サ]	转让

格納⓪	[名・他サ]	收藏,存放,储存,容纳
フォーマット①	[名]	format,格式,计算机中为数据及其记录媒体设定的一定形式；（广播电视节目等的）构成,形式
復元⓪	[名・他サ]	复原,恢复原来的状态或位置
不要⓪	[名・形動]	不要；不需要,不必要
請け負う⓪	[他五]	包工,承揽,承包
一環⓪③	[名]	一环,具有关联的整体中的一个部分

第5章

ネット依存について

第12課

インターネットの光と影

　インターネットが一部の人のモノだった1990年代半ばから約20年、私たちとネットとの関わりは大きく変貌しました。今ではお年寄りから小さなお子さんまで、ほぼすべての人が何らかの形でインターネットを利用しています。

　実際、毎朝1日の始まりがメールのチェックとニュースサイトの閲覧から…という人も多いのではないでしょうか。

　通勤風景も変わりました。自宅を出て学校や会社に向かう間もスマートフォン（以下、スマホ）やモバイル端末を使って、電子書籍を読む人、動画を見る人、ゲームで遊ぶ人、ショッピングサイトで買い物を楽しむ人、さまざまです。学校の授業や会社の仕事、家事にもパソコンは不可欠で、何か疑問があれば検索サイトを開き、キーワードを打ち込むのはもはや当然の行為となっています。

　目的地までどのくらいの時間がかかるのか。電車の乗り換えはどうすればいいのか。道路の渋滞状況はどうか。今晩の献立は何にしようか。週末の食事会にどこかいいお店はないかなど調べることができます。

　また、このように何かを調べるだけでなく、自ら簡単に情報を発信することができるのもインターネットの魅力です。

　古くは個人ホームページがあり、ブログのブームが到来し、現在はツイッターやフェイスブック、LINE* など、各社がさまざまなソーシャル・ネットワーキング・サービス（SNS）を提供しています。私たちは、広告閲覧と会員情報の提出の対価として無料で多彩な機能を利用することができます。

　その日にあった出来事を伝え合い、デジタルカメラや携帯電話（以下、ケータイ）、スマホで撮影した写真をアップし、仲間に見せ、感想をもらうなど、お互いにコミュニケーションを取ることができるのもこうしたサービスの魅力です。

　加えて、ネットを介して学生時代のクラスメイトと再会することもあれば、同じ趣味を持

第5章 ネット依存について

つ友人と知り合うことなど、新しい出会いの場としてネットが役立つことも日常的なことになっています。

しかし、どんな便利な道具にも光と影があります。インターネットもいいことばかりではありません。頻繁に報道される個人情報の漏洩といったニュース、従来であれば出会うことのなかった人同士がネットを通じて知り合ったことによって起こるさまざまな事件、商取引を通じた詐欺行為など。例を挙げていけばきりがないほど、インターネットの普及による新たなトラブルが生じています。

そして、そんな新たなトラブルの1つとして、浮上してきたのが「ネット依存」という問題です。

ネット依存*に悩む人は日本だけでなく、アメリカ、ヨーロッパ、韓国、中国を中心に世界中で増加傾向にあり、インターネットと私たちの関わりのなかに何か重大な問題が生じていることは明らかだからです。

国を挙げて高速インターネット網の普及を進めてきた韓国では、2000年代からネット依存が社会問題化しました。2004年に行われた大規模調査では、9歳から39歳までの14.6％がネット依存のリスクを抱えているという調査結果が明らかになりました。

特にオンラインゲームに熱中する若い世代の状況は深刻で、親のクレジットカードを無断で使用し、ゲームの中のキャラクターが身につける装備などに大金をつぎ込むといったケースから、ネットカフェで数日間にわたってネットを使い続けた末、エコノミークラス症候群*を起こして死亡するという事案も起きています。

直接の死因となったのはエコノミークラス症候群ですが、遠因が不眠不休でプレイしていたオンラインゲームであることはあきらかです。パソコンの前に数十時間座り続けたことが、エコノミークラス症候群を引き起こしたのです。

現実には、生まれた時からインターネット環境が整っていた若い世代ほど、ネットと深い関わりを持っています。また、調査の後にはゲームにも使える高性能の携帯端末が急速に普及。国民の9割がケータイやパソコンを使っている現状を考えると、未成年者にも多くのユーザーや依存者がいると推定されます。

樋口進　『ネット依存症』PHP研究所より改編

ことば

半ば②③	[名]	中间
変貌⓪	[名・自サ]	变样，改观
ニュースサイト④	[名]	news site，新闻网站
閲覧⓪	[名・他サ]	浏览，阅览；查阅
モバイル端末⑤	[名]	移动终端
電子書籍④	[名]	电子书
動画⓪	[名]	视频
検索サイト⑤	[名]	检索网站
打ち込む⓪③	[他五]	输入，键入
献立⓪④	[名]	菜单；食谱，菜谱
個人ホームページ⑦	[名]	个人主页
ツイッター②	[名]	twitter，推特
ソーシャル・ネットワーキング・サービス⑬	[名]	SNS（social networking service），社交网络服务
撮影⓪	[名・他サ]	拍摄
アップ①	[名・他サ]	アップロード④的省略形式。upload。上传
頻繁⓪	[形動]	频繁
商取引③④	[名]	商业交易
詐欺①	[名]	诈骗。欺诈
トラブル②	[名]	trouble，纠纷，风波；麻烦
ネット依存④	[名]	网络依赖
オンラインゲーム⑥	[名]	online game，在线游戏
キャラクター①⓪	[名]	character，角色
ネットカフェ④	[名]	net cafe，网吧
エコノミークラス症候群⑥＋③	[名]	经济舱症候群

内容理解

Ⅰ 次の質問を考えてみてください。

(1) 人々はモバイル端末を使って何をしますか。
(2) インターネットの普及が社会にもたらすメリットとデメリットを挙げてみてください。
(3) インターネットを利用する時に注意しなければならないことは何ですか。
(4) ネット依存は若い世代で特に深刻である原因をまとめてください。

Ⅱ 本文の内容と合っているものに〇、違っているものに×をつけてください。

(1) 1990年半ば頃、インターネットは一部の人にしか使われていませんでした。（　　）
(2) 何かを調べるだけでなく、オンラインゲームを不眠不休でプレイすることができるのもインターネットの魅力です。（　　）

(3) ネット依存に悩む人は日本だけでなく、世界中で増えつつあります。（　）
(4) エコノミークラス症候群を起こして死亡したのは、ゲームのなかの装備に大金を使ったからです。
（　）

Ⅲ 適当な言葉を選んで、＿＿＿＿に入れてください。

> による　　しかし　　によって　　を通じて　　ばかり

＿＿＿＿、どんな便利な道具にも光と影があります。インターネットもいいこと＿＿＿＿ではありません。頻繁に報道される個人情報の漏洩といったニュース、従来であれば出会うことのなかった人同士がネット＿＿＿＿知り合ったこと＿＿＿＿起こるさまざまな事件、商取引を通じた詐欺行為など。例を挙げていけばきりがないほど、インターネットの普及＿＿＿＿新たなトラブルが生じています。

Ⅳ 正しい言葉を一つ選んでください。
(1) 当サイトは500以上のカテゴリーからお目当てのサイトを探すことができる＿＿＿＿エンジンです。
　　1　捜索　　　　2　探索　　　　3　検索　　　　4　模索
(2) ただし問題は、個人情報の＿＿＿＿などを心配してなかなか手放さない人が多いことである。
　　1　爆露　　　　2　漏洩　　　　3　濾出　　　　4　泄漏
(3) 仕事と恋愛のバランスをきちんと取ることが、職場恋愛に起因する＿＿＿＿を未然に防ぐためには大切です。
　　1　トラベル　　2　トランク　　3　トラック　　4　トラブル
(4) 最近の子供はテレビゲームに＿＿＿＿するあまり、外で遊ばなくなりました。
　　1　熱中　　　　2　夢中　　　　3　霧中　　　　4　毒中
(5) 転職には＿＿＿＿がつきものだが、心配ばかりしていても状況は変わらない。
　　1　リンク　　　2　リリース　　3　リスク　　　4　リース
(6) 仕事以外の人間関係を持つのは、人生を豊かにする重要なポイントです。築いた人間関係が、いずれ＿＿＿＿のきっかけにより仕事のチャンスにつながるケースもあることでしょう。
　　1　何らか　　　　　　　　　　　2　何だか
　　3　何か　　　　　　　　　　　　4　何とか
(7) ＿＿＿＿メディアが従来のメディアと最も異なる点は「Interaction(相互作用性)」があることです。
　　1　ソーセージ　　　　　　　　　2　ソーシング
　　3　ソーシャル　　　　　　　　　4　ソース
(8) 育児に対して＿＿＿＿がもらえるとしたら年収ベースでいくらになるかを聞いたところ、全体の平均額37.5万円となった。
　　1　価格　　　　　　　　　　　　2　対価
　　3　値段　　　　　　　　　　　　4　代償
(9) 理想を追い求めれば＿＿＿＿がない。
　　1　目　　　　　　　　　　　　　2　きり
　　3　わけ　　　　　　　　　　　　4　しょう
(10) 銀髪＿＿＿＿が日本にあっという間に広まった原因は少なくない。
　　1　ブーツ　　　　　　　　　　　2　ゲーム
　　3　ブルーン　　　　　　　　　　4　ブーム

文　型

1. ～ばかりではない・～ばかりでなく　（N3）

本文　しかし、どんな便利な道具にも光と影があります。インターネットもいいことばかりではありません。

［接続］N/Na—な/A/V　＋ばかりではない・ばかりではなく

［意味］"不光……"。后半句经常接"も""まで""さえ"，表示"……就不用说了，就连……也……"。

①日本人ばかりでなく、世界中の人がエネルギー問題に関心を持っている。

②この番組は、面白いばかりでなく、さまざまなことが学べる。

③彼は町を案内してくれたばかりでなく、この地方の料理もごちそうしてくれた。

関連文型

（1）～ばかりだ・～ばかりの・～ばかりで　（N3）

［接続］V—る＋ばかりだ・ばかりの・ばかりで

［意味］"越发……""一直……"。表示事态一直恶化。

①父は年をとってから気難しくなるばかりで、この頃は誰も寄り付こうとしない。

②意見の対立が原因で、部長と課長の関係が悪化するばかりだ。

（2）～てばかりいる　（N3）

［接続］V—て＋ばかりいる

［意味］"总是……""老是……"。用于说话人对多次重复的事或总是处于同样状态的事持批判的态度来描述，不能和"だけ""のみ"互换。

①遊んでばかりいないで、勉強しなさい。

②食べてばかりいると太りますよ。

区別文型

（1）～ばかりに　（N2）

［接続］A/V—た　＋ばかりに

［意味］"就因为……"。后半句多接不好的事情或坏的结果，表示说话人遗憾、后悔的心情，不接表示说话人的意志的句子。

①生水を飲んだばかりに、おなかを壊してしまった。

②コンピューターの知識がないばかりに、希望の会社にいけなかった。

（2）～ばかりか～も　（N3）

［接続］N/Na—な/A/V　＋ばかりか～も

［意味］"不仅……而且……"。生硬的书面表达形式，后半句不接表示说话人的命令的句子。

①会社の同僚ばかりか家族までが私を馬鹿にしている。

②手術後の回復は早くて、歩けるようになったばかりか軽い運動もできるようになった。

③薬を飲んだが、ぜんぜん効かないばかりか、かえって気分が悪くなってきた。

④田中さんは英語が話せる。そればかりか韓国語もインドネシア語も話せる。

2. 疑問詞～ばいいか

本文　電車の乗り換えはどうすればいいのか。

［接続］V—ば＋いいか

［意味］……做好呢？也可以用"疑問詞～たらいいか"的形式提问，用"～ばいい""～といい"作为回答。

①やりたければ、やればいい。やりたくなければ、やらなければいい。
②どうすればいいか、ここは腰を落ち着けて、みんなで考えようじゃないか。

🏷 関連文型
～ば・たら・と～のに （N3）
[接続] V－ば・たら・と～のに
[意味] 如果……就好了。反事实条件句。后半句有现在时和过去时两种形式,现在时表示希望与现状不同,如例①②,过去时表示假定与过去事实不同,如果那样就会有不同的结果,如例③④,表示遗憾或者谴责听话人的心情,所以对于自己的行动一般不用"のに",如⑤。
①こんなに悪酔いするなら、飲まなければいいのに。
②宿題がなければ夏休みはもっと楽しいのに。
③とても楽しい旅行だったわよ。あなたも来ればよかったのに。
④ほしいと言えば買ってあげたのに。
⑤僕も行けばよかった。

3. ～も～ば～も～・～も～なら～も～ （N2）

本文 ネットを介して学生時代のクラスメイトと再会することもあれば、同じ趣味を持つ友人と知り合うことなど、新しい出会いの場としてネットが役立つことも日常的なことになっています。

[接続] N＋も＋V/A－ば＋N＋も
　　　　N＋も＋V/A－なら＋N＋も
[意味] "既……又……"。同时强调两者。
①うちの子はまだ中学生だが、料理も作れば、洗濯もしてくれる。
②このバッグは値段も手頃なら、デザインもかわいくてすぐ買ってしまった。
③人間は長所もあれば短所もあるものだ。

4. ～を挙げて （N2）

本文 国を挙げて高速インターネット網の普及を進めてきた韓国では、2000年代からネット依存が社会問題化しました。

[接続] N＋を挙げて
[意味] 竭尽全部做某事。
①試験のために全力を挙げて勉強する。
②今日は国慶節なので、国を挙げて喜ぶ。
③これはわが社が総力を挙げて開発した製品だ。

5. ～末に・～末の （N2）

本文 ネットカフェで数日間にわたってネットを使い続けた末、エコノミークラス症候群を起こして死亡するという事案も起きています。

[接続] V－た/N－の ＋末(に)
[意味] 经过……最后……。表示结果,书面语。
①あれこれ悩んだ末に、ABC大学を志望校に決めた。
②この新しい薬は、何年にもわたる研究の末に作り出されたものだ。
③何もおっしゃらないでください。私なりによく考えた末に出した結論なのです。

注释

1. もはや

副词。

（1）事到如今,已经……。

例：もはや手遅れだ。

（2）已经,早就。

例：あれからもはや5年がたった。

2. 加えて

接续词。在……基础上又……。

例：雨が激しくなった。加えて風も吹き出した。

関連用語

* **LINE**

LINE是韩国互联网集团NHN的日本子公司NHN Japan推出的一款即时通讯软件。虽然是一个起步较晚的通讯应用,2011年6月才正式推向市场,但全球注册用户超过4亿。LINE对用户吸引力最大的是"聊天表情贴图"。超过250种的表情贴图让用户在使用Line时多了一个有趣的心情传达工具,其中LINE官方设计可爱且特色鲜明的馒头人、可妮兔、布朗熊和詹姆士饱受好评,也让这四个卡通形象成为连接LINE其他产品的重要元素。

* **ネット依存**

网络依赖症是指患者往往没有一定的理由,无节制地花费大量时间和精力在国际互联网上持续聊天、浏览,以致影响生活质量,降低工作效率,损害身体健康,并出现各种行为异常、人格障碍、交感神经功能部分失调。其典型症状表现为情绪低落、无愉快感或兴趣丧失、睡眠障碍、生物钟紊乱、食欲下降和体重减轻、精力不足、精神运动性迟缓和激动、自我评价降低和能力下降、思维迟缓、有自杀意念和行为、社会活动减少、大量吸烟、饮酒和依赖药物等。

* **エコノミークラス症候群**

"经济舱综合症"是指在乘坐飞机旅行中或旅行后发生的与下肢深部静脉血栓形成或和肺栓塞有关的一系列临床表现。其后果轻者可引起呼吸困难、胸痛等不适,重者可导致猝死。由于经常有关于乘坐飞机经济舱后出现致死性肺栓塞的报道,因此人们形象地把这一现象称为"经济舱症候群"。事实上,"经济舱症候群"也可见于商务舱的乘客,长时间乘坐其他交通工具如汽车、火车等均会增加下肢深静脉血栓栓塞的风险。

ことば

気難しい⓪⑤	[形]	难以取悦,不好伺候
寄り付く③	[自五]	靠近,接近
生水②	[名]	生水
結論⓪	[名]	结论
悩む②	[自五]	烦恼,苦恼
腰を落ち着ける	[連語]	坐住

第5章　ネット依存について

悪酔い①	[名]	醉酒,醉后难受；让人不舒服的醉法
手頃⓪	[形動]	大小、轻重正合手；适合，与能力或情况正好相合
長所①	[名]	长处,优点
短所①	[名]	短处,缺点

練習問題

I　次の文の_____の部分に入る最も適切なものを1、2、3、4から一つ選びなさい。

(1) 雇用条件についての話し合いは長時間_____行われた。
　　1　にわたって　　2　にかかって　　3　にかぎって　　4　に際して

(2) ただ今外出中ですので、_____、こちらからご連絡いたします。
　　1　戻った末　　2　戻り次第　　3　戻った挙句　　4　戻り始めたら

(3) この機械のご使用_____は、付属の説明書をよくお読みください。
　　1　をめぐって　　2　に際して　　3　に基づいて　　4　をおいて

(4) みんなから出された意見_____、企画書を作成した。
　　1　にもとづいて　　2　をめぐって　　3　にともなって　　4　をつうじて

(5) そんなにテレビを_____、目が悪くなるわよ。
　　1　見つつあると　　　　　　　　2　見てばかりいると
　　3　見つつあっては　　　　　　　4　見てばかりいても

(6) 卒業できるかどうかは、今度の試験の成績に_____。
　　1　次第だ　　2　よる　　3　限る　　4　沿う

(7) 日本人だから日本料理が好きだという_____。
　　1　ばかりではない　　　　　　　2　までもない
　　3　しだいではない　　　　　　　4　わけではない

(8) 友達に雑誌を借りた_____、返すのをすっかり忘れていた。
　　1　末に　　2　きり　　3　あげく　　4　ところ

(9) このコンテストには年齢や性別_____、誰でも参加できる。
　　1　にもかまわず　　　　　　　　2　にかかわりなく
　　3　にもかまうことで　　　　　　4　にかかわることで

(10) たとえ授業に遅れ_____、朝食は必ず1時間かけて食べることにしている。
　　1　たら　　2　ので　　3　ても　　4　てまで

(11) 風邪で一日休んだ_____、テストを受けられず、卒業できなかった。
　　1　うちに　　2　ばかりに　　3　にしろ　　4　とおりに

(12) 辞書を忘れてきたので、先生のを使わせて_____。
　　1　うかがった　　　　　　　　　2　さしあげた
　　3　いただいた　　　　　　　　　4　ちょうだいした

(13) 買物に出た_____図書館によって本を借りよう。
　　1　ばかりに　　2　とおりに　　3　あげくに　　4　ついでに

(14) 子供たちが帰った後は、散らかっていて、まるで_____。
　　1　台風が来たらしい　　　　　　2　台風が来たかもしれない
　　3　台風が来たばかりだ　　　　　4　台風が来たかのようだ

203

IT日语精读教程

(15) 申し込みも済み、金を払った。あとは発売日を＿＿＿＿＿＿。
　　1　待つばかりだ　　　　　　　　　2　待ってばかりだ
　　3　待つことはない　　　　　　　　4　待ってはいられない

Ⅱ　次の文の＿★＿に入る最もよいものを1、2、3、4から一つ選びなさい。
(1) 工場建設を＿＿＿＿＿＿　★　＿＿＿終わりを迎えるようだ。
　　1　対立は　　　2　ようやく　　　3　めぐる　　　4　会社と住民の
(2) 社長の部屋に＿＿＿＿＿＿　★　＿＿＿失礼だろう。
　　1　なんて　　　2　ノックも　　　3　入る　　　　4　せずに
(3) 謝る＿＿＿＿＿＿　★　＿＿＿ほどいい。
　　1　早い　　　　2　なら　　　　　3　つもり　　　4　早ければ
(4) 他人に文句＿＿＿＿＿＿　★　＿＿＿何もできないことが多い。
　　1　言う　　　　2　ばかり　　　　3　限って　　　4　人に
(5) 魚屋＿＿＿＿＿＿　★　＿＿＿魚は今では日本の近海では獲れない。
　　1　売っている　2　サンマやアジ　3　で　　　　　4　といった

Ⅲ　次の文章の（　）に入る最も適切な言葉を、1、2、3、4から一つ選びなさい。

　運転免許証を持っていない運転手が5年も前から救急車を運転していたというニュースを聞いて驚いた。運転免許証が偽物であることは、運転手が起こした事故（　1　）明らかになったという。
　その運転手は、他人の運転免許証をコピーして自分の写真を貼り、偽の運転免許証を作成したのだという。そして、5年間も救急車を運転していたのだ。自分の車を運転していて事故を起こしたのではなく、病院へ急がなければならない人を乗せる救急車の運転をしていたというのだから、あきれてしまう。
　コピーしたものが本物と分からないぐらいうまくできる（　2　）、今後いろいろなものが本物と同じようにコピーされ、世の中が偽物でいっぱいになり、何を信じていいか分からなくなるのではないかと危惧してしまう。すでに一万円札や医師の免許証、卒業証書のコピーによる事件はこれまでにも起きているが、住民票や通帳、カード、定期券、乗車券、会員証、パスポート、身分証明書などのコピーが手軽にできて世の中に偽物があふれてしまうようになったら、本当に恐ろしい。
　近年、社会問題として注意が促されている「オレオレ詐欺」も（　3　）人の声のコピーだ。孫や息子が助けを求めてきたと思いこんだ人が、すぐにでも助けてあげようと、指定された口座に大金を振り込んでしまう。孫や子を心配する気持ちを利用したひどいやり方に腹が（　4　）。
　免許証や電話の声が本物ではないときに、すぐに偽物だと反応してくれるような機械を一刻も早く（　5　）。

(1) 1　によって　　　2　によれば　　　3　において　　　4　に応じて
(2) 1　とあって　　　2　といった　　　3　という　　　　4　としたら
(3) 1　たった　　　　2　いわば　　　　3　せめて　　　　4　おもに
(4) 1　すわる　　　　2　なおる　　　　3　たつ　　　　　4　ふくれる
(5) 1　作ってあるという　　　　　　　2　作っているという
　　3　作ってほしいものだ　　　　　　4　作ってほしいのか

Ⅳ　各文章を読んで、以下の問いに答えなさい。答えは、1、2、3、4から最も適当なものを一つ選びなさい。

文章1
　現実から逃げたい、あまり刺激の強いことをするのは避けた方がよいでしょう。それは強い刺激でストレスを麻痺させているだけで、心身ともに疲れてしまいます。イライラしている時ほど刺激の強

第5章　ネット依存について

いものに誘惑されがちですが、①疲れないものを選ぶことが重要です。

　休める時は適度に体を動かして、心をゆったり休めるのが賢明です。短い休憩なら、仕事はいったん置いておいて、お茶をいれてゆっくりしたり、精一杯食事を楽しんだりしましょう。旅行なら、忙しく観光地を回るような慌しいツアーではなく、きちんと心身が休まる旅が良いでしょう。好きな人と人ごみを避けた土地に出かけて、お風呂にゆっくりつかり、早い時間に休んでぐっすり眠り、疲れないうちに帰ってくることです。

　どうしても刺激がほしい気持ちになってしまった時は、せめてホラー映画よりはアクション映画、アクション映画よりは人間ドラマ、人間ドラマよりはより穏やかなほのぼのとした映画など、②より穏やかな刺激のものを選ぶほうがのちのちのためです。とにかく強い刺激より穏やかな刺激にとどめ、しっかり休むことを心がけましょう。そうしなければ、脳が「面白かった。疲れが取れた」と錯覚しているだけで、実際には疲れはどんどん蓄積されているのです。

問1　①「疲れないものを選ぶことが重要」とあるが、それはなぜか。
　1　刺激が強すぎるものは、疲れがたまってしまうから。
　2　刺激が強すぎるものは、現実を見ることができないから。
　3　刺激が強すぎるものは、逆にイライラしてしまうから。
　4　刺激が強すぎるものは、誘惑が多いから。

問2　②「より穏やかな刺激のものを選ぶほうがのちのちのため」とあるが、どういうことか。
　1　穏やかな刺激の映画を見たほうが、感動できる。
　2　穏やかな刺激の映画を見たほうが、脳も刺激を受けず、休める。
　3　穏やかな刺激の映画を見たほうが、ぐっすりと眠れる。
　4　穏やかな刺激の映画を見たほうが、実際は疲れがとれやすい。

問3　この文章で筆者が言いたいことは何か。
　1　疲れた時は、旅行に行くのがいい。
　2　映画は刺激の弱いものの方が面白い。
　3　休みたい時は、体よりも心を休めることが重要だ。
　4　ストレスがある時は、強い刺激で麻痺させればいい。

文章2

　何かを続けるために大切なこと―それは計画することです。最初に計画を立て、その計画通りにことを進めれば、あれこれ考えなければならない時間が少なくなるため、結果的に心身にいい影響を及ぼします。

　例えば、メールを書こうと思っていたのに、インターネットのニュースを読み始めてしまって、気がついたら40分も経っていた。何となく疲れたから、お茶を入れて飲んでいるうちに、また時間が過ぎ、当初の予定が狂ってイライラしながら書いていたら余計に時間がかかった上に、ひどい文章になってしまった、なんてことはよくあることでしょう。

　人の性分は、基本的に自分の計画通りにいっているか、いっていないかで、気分がよくなったり、悪くなったりします。ですから、①最初に思ったとおりにやるべきなのです。にもかかわらず、それができないのは、②欲があるからです。その欲に流されたい、欲に従うと気持ちがいいのではないかと錯覚するのですが、結果的には本来やるべきことができず、心の奥では「本当はあれをすべきなのに」とか「まだあれをやっていない」などの思考が入りますから、苦の総量が増加します。ですから、計画したことは貫徹するということを一つのエクササイズとして心がけてみましょう。

IT 日语精读教程

問1　①「最初に思ったとおりにやるべき」とあるが、それはなぜか。
1　思った通りにできたかどうかは、気分の良し悪しに影響するから。
2　思ったことを最初にしないと、別のことに時間を取られるから。
3　最初に思ったことが最良の方法だから。
4　思ったことは早くやらないと、忘れてしまうから。

問2　②「欲があるからです」とあるが、筆者は欲があるとどうなると言っているか。
1　欲に従うと欲求が満たされて、気持ちがいい。
2　欲に流されてしまい、本来やるべきことができない。
3　欲に従うことで、気分がよくなったり、悪くなったりする。
4　欲に流されてしまい、計画が順調に進む。

問3　筆者は計画についてどのように考えているか。
1　人は計画通りにいっているかどうかで気持ちが変わるので、最初の計画が重要だ。
2　事前に計画を立てても途中でやりたいことが変わるので、計画通りにすることは難しい。
3　計画通りにすることで、欲に流されず、物事がスムーズに進み、精神的にもいい。
4　計画通りにすると、無駄な時間がかからないので、物事を早く終わらせることができる。

文章3

　ここ数年で転職に対する悪いイメージはだいぶ払拭された。そのため人材の流動化がいっそう進み、「年下の上司」や「年上の部下」と働くことも当たり前になってきている。こんな時代、職場で気をつけなければならないのは、容姿と言動の両面で年の差を感じさせないつきあい方だ。雇用流動化が進むにつれて、相手に与えたいイメージを意識して服装や髪型を選んだり、体力づくりをしたりすることは、より重要になるだろう。

問　「こんな時代」とあるが、どんな時代のことを言っているか。
1　転職に対する悪いイメージがある時代。
2　転職が珍しくない時代。
3　「年下の上司」や「年上の部下」が当たり前の時代。
4　人材の流動化が進んでいる時代。

キンバリー・ヤング博士の8項目から診断質問票
DQ（Diagnostic Questionnaire）

　これは日本の厚生労働省の研究班が全国の中高生を対象に行った「インターネット依存」に関する実態調査で使用されたものである。当てはまる項目が5つ以上ある人は、ネットへの依存度が高いと考えられる。

1	あてはまる（1点）	2	あてはまらない（0点）
1	あなたはインターネットに夢中になっていると感じますか？（例えば、）前回にネットでしたことを考えたり、次回することを待ち望んでいたり、など		
2	満足を得るために、ネットを使う時間をだんだん長くしていかねばならないと感じていますか？		
3	ネット使用を制限したり、時間減らしたり、完全にやめようとしたが、うまくいかなかったことがたびたびありましたか？		

第 5 章　ネット依存について

1	あてはまる(1点)	2	あてはまらない(0点)
4	ネットの使用時間を短くしたり、完全にやめようとしたとき、落ち着かなかったり、不機嫌や落ちみ、またはイラなどを感じますか？		
5	使いはじめに意思したよりも長い時間オンラインの状態でいますか？		
6	ネツトのために大切な人間関係、学校のことや、部活動のことを台無しにしたり、危うくするようなことがありましたか？		
7	ネットへの熱中のしすぎを隠すために、家族、学校の先生やその他の人たちにうそついたことがありましたか？		
8	問題から逃げるために、または、絶望的な気持ち、罪悪感、不安、落ち入みなどといつた嫌な気持ちかち逃げるために、ネツトを使いますか？		

* Kimberly Young
　Cyberpsychol Behav，1998
* 翻訳者：島取大學　尾崎米厚教授

0～2点	適応的使用
3～4点	不適応的使用
5点以上	病的使用

樋口進『ネット依存症から子供を救う本』法研より

第13課

LINE 誕生記

　LINEとは、LINE株式会社が提供する無料通信アプリである。電話、ビデオ通話、「トーク」と呼ばれるチャット、スタンプの送受信、写真の投稿、ゲーム、音楽など多彩な利用方法がある。

　LINEの最大の特徴は、トークだろう。利用者同士が互いを「友達」と認定すると、双方で多彩なメッセージ交換ができる。たとえば親友と二人だけで秘密の会話をしたり、複数のメンバーで「グループ」を作って内輪話に盛り上がったり、スタンプを送信したり、写真や地図を表示したりと、さまざまな方法でコミュニケーションを密にできる。

　トークには、「既読」という機能がある。AさんがBさんに「おはよう」というメッセージを送ったとして、これをBさんが読むと、Aさん側のトーク画面に「既読」の文字が自動的に表示される。つまりAさんは、Bさんからの返事を待たずして、相手が自分のメッセージを読んだことがわかる。

　既読は、LINE社にとって実は大きな意味を持っている。2011年3月11日に発生した東日本大震災との関連だ。甚大な被害をもたらし、多くの人々を混乱に陥れた大災害の記憶は、私たちにとって忘れられるものではない。地震と津波に襲われた東北から関東にかけての広い地域、原発のメルトダウンで強制避難を強いられた福島県の人々、帰宅困難者であふれかえった首都圏など、未曾有の、そしてあまりにも衝撃的な災害だった。

　当時、LINEはまだ運用前の段階だった。したがって利用者は誰ひとりいない。

　電話が通じず、大混乱の中で互いの安否確認に追われる人々の姿に、LINE社の前身であるNHN* Japan株式会社は急遽動き出す。開発中のアプリに、一つの機能を追加した。それが既読である。

　LINE社の公式ブログには、既読に関する経緯が次のように記載されている。

　LINEは、2011年3月の東日本大震災発生時にはまだこの世に存在していませんでした。まさに開発途中だったので、社員一同、「こういう時にこそ、大切な人と連絡を取ることが

第 5 章　ネット依存について

できるサービスが必要だ」と強く感じ、3か月後の6月にLINEを誕生させました。

　大事なときの"ホットライン"としても使えるように、という想いを込めて、「LINE」はできあがりました。

　記載のとおり、東日本大震災＊から3か月後の2011年6月23日、LINEは「既読」機能を付帯して登場する。この機能を人々の生活に役立てたい、既読によって救われる人がたくさんいるはずだ、そんな予想が立てられたことは想像に難くない。

　むろん、既読をはじめとした便利な機能の恩恵を、多くの人が受けているだろう。だが一方で、既読やトークでのやりとりを巡り、さまざまなトラブルも発生してしまった。

　「既読スルー」や「既読無視」といった言葉が登場し、いじめや仲間はずれ、誹謗中傷、集団無視などに苦しむ人々、とりわけ子供の人間関係には多大な影響を与えている。

　ちなみに、「既読スルー」、「既読無視」とは、受け取ったメッセージを読んだ（既読した）にもかかわらず、相手に返信しないことを指す。送信者側にすると、「自分が送ったメッセージを読んでいるのに相手が返信してこない＝自分を無視している」という解釈になり得る。

　あるいは、「相手に嫌われてしまったのではないか」、「今後も既読無視されてしまったらどうしよう」、「自分のメッセージを読んだのに何の反応もしないとは許せない」、そんなふうに不安や怒りの感情が生じかねない。実際、既読やトークでのやりとりに端を発し、自殺や殺人など重大な結末に至ったケースが生じている。そこまでの事態に至らなくても、既読やトークをめぐる双方の関係性は、中高校生などを中心に過敏な反応を引き起こした。

　すぐに返信するのが暗黙のルール、場合によっては「義務」にまでなっている。うっかり既読スルーするとグループ内でハブられ、逆に自分が送るメッセージをことごとく無視されたりもする。ちなみに、ハブられるとは仲間外れになるという意味で、「省く」が語源である。

　本来楽しいはずのやりとりで緊張を強いられ、「空気」を読んだり、浮かないように気を遣ったり、既読スルーを恐れるあまり常にスマホを手離せなくなる、こんな状況に陥ってしまう。

　災害時の安否確認に役立たせたい、大切な人や親しい人同士が繋がるホットラインになりますように、そんな思いから作られたLINEは想定外の事態に直面した。右肩上がりの急成長、大幅な利用者増とともに、深刻な問題もまた生まれてしまったのだ。

　言うまでもなく、こうした現実はLINEに限った話ではない。スマホという機械、各種の機能や次々と開発されるアプリを使うのは私たち人間だ。

押し寄せる進化と変化に対し、多くの人は息つく間もなく、ほとんど無防備に向き合っている。私たちはスマホとともに、この先どこへ向かうのか。果たしてそこに、想定外の事態が待ってはいないだろうか。

中川結貴『スマホ廃人』文芸春秋より改編

ことば

無料通信アプリ⑧	[名]	免费通讯软件
ビデオ通話④	[名]	视频通话
トーク①	[名]	talk，会话
スタンプ②	[名]	stamp。贴图；表情
内輪話④	[名]	圈内话，私密话
既読⓪	[名]	已读
東日本大震災⑤+③	[名]	东日本大地震
甚大⓪	[形動]	巨大
メルトダウン④	[名]	melt down，（核电站的）熔毁
未曾有⓪②	[形動・名]	未曾有过的，空前的
急遽①	[副]	紧急，匆忙
公式ブログ⑤	[名]	～Blog，官方博客
経緯⓪/経緯①	[名]	原委，经过
ホットライン④	[名]	hot line，热线
既読スルー⑤	[名]	已读不回
スルー②	[名]	スルーパスの略。Through pass。忽略，跳过，回避
既読無視④	[名]	已读不回
誹謗⓪	[名・他サ]	诽谤
因みに⓪	[接]	顺便说一句，附带说一句
怒り③	[名]	愤怒
暗黙⓪	[名]	暗中，缄默，沉默
ことごとく③	[副]	全部，都
ハブる②	[造語・他五]	略过
省く②	[他五]	节省，忽略
右肩上がり⑤	[名]	增长趋势
防備①	[名・他サ]	防备

第5章　ネット依存について

内容理解

Ⅰ　次の質問を考えてみてください。
(1) LINEとはどんなアプリですか。
(2) トークに付帯している「既読」という機能はどういうものですか。
(3) 「既読スルー」「既読無視」の意味は何ですか。

Ⅱ　本文の内容と合っているものに〇、違っているものに×をつけてください。
(1) LINEとは、LINE株式会社が提供する有料通信アプリです。（　　　）
(2) LINEの最大の特徴は、ゲームです。（　　　）
(3) 東日本大震災から三か月後、LINEは「既読」機能を付帯して登場しました。（　　　）

Ⅲ　適当な言葉を選んで、＿＿＿＿に入れてください。

> ちなみに　　にもかかわらず　　といった　　のに　　とりわけ

「既読スルー」や「既読無視」＿＿＿＿言葉が登場し、いじめや仲間はずれ、誹謗中傷、集団無視などに苦しむ人々、＿＿＿＿子供の人間関係には多大な影響を与えている。
　＿＿＿＿、「既読スルー」、「既読無視」とは、受け取ったメッセージを読んだ（既読した）＿＿＿＿、相手に返信しないことを指す。送信者側にすると、「自分が送ったメッセージを読んでいる＿＿＿＿相手が返信してこない＝自分を無視している」という解釈になり得る。

Ⅳ　正しい言葉を一つ選んでください。
(1) 効果的なエラー＿＿＿＿は、問題が発生したという事実に加え、発生した理由や解決方法をユーザーに伝えるものだ。
　1　メッセンジャー　　　　　　　　2　メッセージ
　3　マッサージ　　　　　　　　　　4　パッケージ
(2) 「世界最速の男」のラストランは誰も予想しなかった＿＿＿＿となった。
　1　結末　　　　2　始末　　　　3　端末　　　　4　終末
(3) 東京医科大の一般入試の得点操作疑惑で、関係者が「2010年ごろには、＿＿＿＿の了解として女子受験者の得点を一律減点していた」と話した。
　1　沈黙　　　　2　暗証　　　　3　暗黙　　　　4　暗中
(4) このドラマは、初回から＿＿＿＿でダウンなしの新記録をつくった。
　1　左肩上がり　　　　　　　　　　2　左肩下がり
　3　右肩上がり　　　　　　　　　　4　右肩下がり
(5) ＿＿＿＿なコンピュータをインターネットに接続すると、20分以内にコンピュータ・ウイルスなどに感染する可能性が高い。
　1　無防犯　　　　2　無防備　　　　3　無守備　　　　4　無防止
(6) LINE＿＿＿＿の作り方が分かれば、個人でも簡単にLINE＿＿＿＿を自作できますよ。
　1　ステップ　　　　2　スタンド　　　　3　スタンプ　　　　4　トランプ
(7) まだ少し満足いかないため、＿＿＿＿で6回申し込みました
　1　追加　　　　2　増加　　　　3　付加　　　　4　加担
(8) 自分の関心のある内容について、まとめるとともに、＿＿＿＿する文献などを調べたこと、自分の感じたこと、考えたことを全部書いた。
　1　関与　　　　2　相関　　　　3　連関　　　　4　関連

(9) ファイルの変更を保存せずに_____閉じるという悲しい事故を未然に防ぐために、ありがたいソフトを紹介しましょう。
  1　がっかり   2　うっかり   3　すっかり   4　うっとり
(10) 上司とか先輩に_____仕事しなきゃいけないのがめんどくさい。
  1　気を遣って   2　気をつけて   3　気が付いて   4　気が利いて

文　型

1.　～ずして

本文　つまりAさんは、Bさんからの返事を待たずして、相手が自分のメッセージを読んだことがわかる。

［接続］V―ない＋ずして

［意味］不……。慣用形式，文言表達方式。

①戦わずして負ける。
②労せずして手に入れる。

関連文型

（1）～ずにはいられない　（N2）

［接続］V―ない＋ずにはいられない

［意味］不能不，不得不。表示"靠自己的意志控制不住，自然而然就……"，书面语，口语一般用"～ないではいられない"的形式。主语是第三人称的时候需要在句尾使用"～ようだ""～らしい""～のだ"等表达。

①この本を読むと、誰でも感動せずにはいられないだろう。
②母の気持ちを思うと、自分のしたことを悔やまずにはいられない。
③会社でのストレスを解消するために酒を飲まずにはいられない。

（2）～ずじまいだ　（N2）

［接続］V―ない＋ずじまいだ

［意味］没……成，没能……。表示没能做成某事时间就过去了，多带有非常惋惜的语气。

①出張で香港へ行ったのが、忙しくて友達には会わずじまいだ。
②せっかく買ったブーツも今年の冬は暖かくて使わずじまいだった。
③夏休み前にたくさん本を借りたが、結局読まずじまいで、先生に叱られた。

2.　～ものではない・もんじゃない　（N2）

本文　甚大な被害をもたらし、多くの人々を混乱に陥れた大災害の記憶は、私たちにとって忘れられるものではない。

［接続］V―る＋ものではない・もんじゃない

［意味］不应该……，不要……。表示从道德、社会常识出发，给予忠告和劝说。

①常識のある大人なら、目上の人に対して失礼なことを言うものではない。
②希望する会社に就職できなかったくらいで、そんなにがっかりするものではない。
③消費者を騙すようなことをするものではない。

3.　～よう（に）

本文　大事なときの"ホットライン"としても使えるように、という想いを込めて、「LINE」はできあがりました。

［接続］V―る/V―ない　＋ように

［意味］
(1) 希望能……。表示祈盼，后面经常用"祈る""祈念する""念じる""望む""願う""希望する""期待する"等动词，也可以用"よう(に)"直接结句，这时，""前面要用敬体，在演讲、书信的结束语中经常使用。
①息子が大学に合格できるように神に祈った。
②現状がさらに改善されるように期待している。
③どうか回復できますように。
④した雨が降りませんように。
(2) 要……，请……。表示劝告或忠告。后面经常用"しなさい""してください""お願いします"等动词，也可以用"ように"直接结句。
①風邪を引かないように服の加減をしてください。
②時間内に提出するようにお願いします。
③集合時間を守るように。
④授業に遅刻しないように。
(3) 为了……。表示目的。前面经常使用否定形式或者可能态等非意志动词。
①後ろの人にも見えるように、字を大きく書きました。
②外国人にも読めるように、名前に振り仮名をつけた。
③忘れないようにメモに書いておいた。

4．～をこめて

本文　大事なときの"ホットライン"としても使えるように、という想いを込めて、「LINE」はできあがりました。

［接続］N＋を込めて
［意味］充满……、怀着……。表示某种感情倾注于某件事物之中。
①母の誕生日に、心を込めてセーターを編んだ。
②感謝の気持ちを込めて、このカードを作りました。
③愛を込めて、彼女にこの指輪を送りました。

5．～にかたくない

本文　この機能を人々の生活に役立てたい、既読によって救われる人がたくさんいるはずだ、そんな予想が立てられたことは想像に難くない。

［接続］N＋にかたくない
［意味］不难……。一般作为惯用句经常接在"想象""理解"等词后面，是生硬的书面语。
①父が私の変わりようを見て、どんなに驚いたか想像に難くない。
②母親のその言葉を聞いて傷ついた子供の心のうちは想像に難くない。
③なぜ彼があのような行動に走ったのか、事件の前後の事情をよく聞いてみれば理解にかたくない。

6．～にもかかわらず（N2）

本文　「既読スルー」、「既読無視」とは、受け取ったメッセージを読んだ(既読した)にもかかわらず、相手に返信しないことを指す。

［接続］N(である)/Na－(である)/A/V＋にもかかわらず
［意味］虽然……但是……、尽管……却……。表示转折，后续表示与预测相反的事态，也可以作为接续词放在句子的开头。
①彼は、夏休み中にもかかわらず、毎日図書館で勉強している。

②野球大会の当日は、激しい雨が降っていた。それにもかかわらず大会は実施された。

③多くの人が不可能だと思っているにもかかわらず、あの人は新発明のための研究をあきらめようとしない。

④危ない場所だと十分注意されていた。にもかかわらず、軽装で出かけて遭難するはめになった。

区別文型

～にかかわらず・～にかかわりなく（N2）

［接続］N＋にかかわらず・にかかわりなく

V－るかV－ないか＋にかかわらず・にかかわりなく

A－いかA－ないか＋にかかわらず・にかかわりなく

［意味］无论……都……、无论……与否……。接天气、性别、年龄等含有差异的名词后，表示"与这些差异无关"，或者接在同一动词或形容词的肯定和否定形式之后，表示"与这些无关""不把这些作为问题"。

①試合は晴雨にかかわらず決行する。

②このクラスは年齢や社会的地位にかかわりなく、どなたでも参加できる。

③成功するかしないかにかかわらず、努力することに意義あると思う。

④経験のあるなしにかかわらず、誰でも参加することができる。

7．～あまり（に）（N2）

本文　既読スルーを恐れるあまり常にスマホを手離せなくなる、こんな状況に陥ってしまう。

［接続］N－の/Na－な/V＋あまり（に）

［意味］由于过度……因而……。表示由于程度过甚，导致（了）某种不好的结果。

①何でも完全にやろうと思うあまりに、体を壊す人がいる。

②試験の結果を気にするあまり、夜眠れなくなってしまった。

③彼女は一番行きたかった大学に合格し、うれしさのあまり、跳び上がった。

関連文型

あまりの～に（N2）

［接続］あまりのN（に）

［意味］过度……、太……。与含有程度意义的名词一起使用，表示"由于程度过甚，因而……"，后续因该原因导致的必然结果。

①あまりの驚きに声も出なかった。

②あまりの忙しさに、とうとう彼は体を壊して入院することになってしまった。

8．～を中心に（して）・～を中心にした（N2）

本文　そこまでの事態に至らなくても、既読やトークをめぐる双方の関係性は、中高校生などを中心に過敏な反応を引き起こした。

［接続］N＋を中心に（して）・を中心にした

［意味］以……为中心、把……作为重点。还经常用"～を中心とする/を中心とした/を中心にした"的形式。

①この作者の作品は、若い女性を中心に読まれている。

②委員長の高山さんを中心にして、文化祭の係りは心を一つに頑張っています。

③この研究会では、公害問題を中心としたさまざまな問題を話し合いたいと思う。

④松井さんを中心とする新しい委員会ができた。

📢 注　釈

1. したがって
因此，所以。是比较拘谨的书面语。
①この辺りは非常に交通の便が良い。したがって地価が高い。
②台風の接近に伴って、沖縄地方は午後から暴風雨圏に入る。したがって本日は休校とする。

2. とりわけ
特别，尤其。特别提示突出的东西，褒贬都可以使用，可以和"特に""ことに""ことのほか"互换。
①兄弟は3人とも頭がよいが、次男はとりわけ優秀だ。
②暖冬の影響か、今年の春はとりわけ桜の開花が早い。

3. ちなみに
顺便提一下，附带说一下。用于表述完主要内容以后，附加一下与之相关联的内容，用于书面语或较为拘谨的口语(如新闻报道会议发言等)。
①この人形はフランスで二百年前に作られたもので、同種のものは世界に五体しかないと言います。ちなみにお値段は一体は五百万円。
②この遊園地を訪れた人は、今年五十万人に上りました。これは去年の三十万人を大きく上回っています。ちなみに、迷子の数も千人と去年の倍近くありました。

4. 果たして

（1）はたして～か

到底……，究竟……。表示说话人的怀疑态度，书面语表达形式。
①はたして、どのチームが優勝するだろうか。
②説明書通りに組み立ててみたが、果たしてこれでうまく動くものかどうか自信がない。

（2）はたして～した

果然……。表示"和预想一样"，"到底还是……了"的意思，书面语。
①彼もやってくるのではないかと思っていたところ、はたして現れた。
②はたして彼女は合格した。

📢 関連用語

* **NHN**

　　NHN曾是韩国第一大门户网站集团，也是目前韩国国内股价最高的游戏集团，在2001年由Naver和Hangame两家公司合并而成，其麾下的Naver是韩国使用率最高的搜索引擎，在韩国的地位就相当于国内的百度，屡屡使Google在韩国受挫，而Hangame本身则是门户网站和游戏运营平台的综合体，类似于今天国内的腾讯。

　　2013年Naver和Hangame分离，Hangame成立了独立的在线游戏公司，名称沿用了之前的NHN，后面加了娱乐，称为NHN娱乐(NHN Entertainment)，同年8月独立上市。

* **東日本大震災**

　　东日本大地震(也称"3.11日本地震")指的是当地时间2011年3月11日14:46(北京时间13:46)发生在日本东北部太平洋海域(日本称此处为"三陆冲")的强烈地震。此次地震的矩震级Mw达到9.0级(美国地质调查局数据为Mw9.1)，为历史第四大地震，仅次于1960年智利瓦尔迪维亚(9.5级)、1964年美国阿拉斯加州威廉王子湾(9.2级)、1957年美国阿拉斯加州安德烈亚诺夫群岛(9.1级)。震中位于日本宫城县以东太平洋海域，距仙台约130km，震源深度20公里。此次地震引发的巨大海啸对日本东北部岩手

县、宫城县、福岛县等地造成毁灭性破坏，并引发福岛第一核电站核泄漏。

ことば

戦（たたか）う ⓪	[自五]	战斗，作战；比赛，竞赛
労（ろう）する ③	[他サ]	劳动，劳苦；使劳累，使疲劳
セーター ①	[名]	Sweater。毛衣
編（あ）む ①	[他五]	织，编织
指輪（ゆびわ） ⓪	[名]	戒指
傷（きず）つく ③	[自五]	负伤，身体受伤；创伤，精神、名誉受损害；损坏
乱（みだ）れ飛（と）ぶ ⓪④	[自五]	乱飞
争（あらそ）い ⓪③	[名]	争吵，争斗，斗争
軽装（けいそう）⓪	[名・自サ]	轻装，轻便的服装
晴雨（せいう）①	[名]	晴天和雨天
接近（せっきん）⓪	[名・自サ]	接近，靠近
暴風雨（ぼうふうう）③	[名]	暴风雨

練習問題

Ⅰ 次の文の_____の部分に入る最も適切なものを1、2、3、4から一つ選びなさい。

(1) 最近では、この果物は季節_____食べられます。
　　1　もかまわず　　　　　　　　2　を問わず
　　3　はともかく　　　　　　　　4　を抜きにして

(2) _____われわれのような素人だけで経営がうまくいくのか、心配だった。
　　1　たとえ　　2　はたして　　3　いかに　　4　たいして

(3) あの客のマナーがあまりにひどかったので、_____。
　　1　注意することはなかった　　2　注意に越したことはなかった
　　3　注意せずじまいだった　　　4　注意せずにはいられなかった

(4) スキー道具を持っていなくても、貸してもらえますから、自分で_____。
　　1　買うことはありません　　　2　買うものではありません
　　3　買わないことです　　　　　4　買わないものです

(5) 小さな子供たちが一生懸命踊っている姿を見て、_____いられなかった。
　　1　笑顔にさせずには　　　　　2　笑顔にならずには
　　3　笑顔にされずには　　　　　4　笑顔にせずには

(6) 私たちのチームはとうとう優勝した。感激の_____、涙が出た。
　　1　せいで　　2　おけげで　　3　あまり　　4　ところ

(7) 自分からやらせてほしいと_____、それなりの結果をださなければ恥ずかしい。
　　1　言ったからには　　　　　　2　言ったまでには
　　3　言ったにもかかわらず　　　4　言ったことにかかわらず

(8) 今回のボランティア活動では、得_____経験ができた。
　　1　かねない　　2　かねる　　3　かけの　　4　がたい

第5章　ネット依存について

(9) この問題＿＿＿＿長い間議論が続いている。
1　をめぐって　　　2　をこめて　　　3　を通して　　　4　をもとに

(10) お酒を飲むか飲まないか＿＿＿＿、新年会の会費は全員7000円です。。
1　はさておき　　　　　　　　　　2　にもかかわらず
3　もかまわず　　　　　　　　　　4　にかかわらず

(11) ジョギングシューズを持ってハワイに行ったが、結局＿＿＿＿。
1　はいたきりだった　　　　　　　2　はかずじまいだ
3　はくところだった　　　　　　　4　はいたままだった

(12) 所長は今回の事件＿＿＿＿どう責任を取るつもりなのか。
1　をめぐって　　　2　にこたえて　　　3　について　　　4　に対して

(13) 日本人には根強い持ち家志向がある＿＿＿＿、1970年代以降、持ち家率は60％前後で大きな変化はない。それは、地価が高くて買いたくても買えない人が増えたからだ。
1　ばかりか　　　　　　　　　　　2　どころか
3　とみえて　　　　　　　　　　　4　にもかかわらず

(14) 監督:「みんな、今日は本当によくやった。この調子で明日の決勝戦も頑張ろう。俺たちが勝って世間を＿＿＿＿じゃないか。」
1　驚いてやろう　　　　　　　　　2　驚いてもらおう
3　驚かせてやろう　　　　　　　　4　驚かせてもらおう

(15) （メールで）田中です。先日お話になったスピーチの件なんですが、ぜひわたしに＿＿＿＿。
1　やっていただけないでしょうか　　2　やらせていただけないでしょうか
3　やってもよろしいでしょうか　　　4　やらせてもよろしいでしょうか

II　次の文の＿★＿に入る最もよいものを1、2、3、4から一つ選びなさい。

(1) この病気は＿＿＿＿　＿＿＿＿　＿★＿　＿＿＿＿、時間をかけて体質改善をしなければならない。
1　薬を飲めば　　　2　という　　　3　ものではなく　　　4　治る

(2) 最近最後まで＿＿＿＿　＿＿＿＿　＿★＿　＿＿＿＿番組が多い。
1　見ずには　　　2　いられない　　　3　ような　　　4　面白い

(3) オリンピックやパラリンピックを見ていると、選手たち＿＿＿＿　＿＿＿＿　＿★＿　＿＿＿＿感心させられる。
1　精神力　　　2　の　　　3　に　　　4　強い

(4) 今度の選挙では＿＿＿＿　＿＿＿＿　＿★＿　＿＿＿＿対立している。
1　候補者の意見　　　2　環境税　　　3　をめぐって　　　4　が

(5) これは良子さんが彼の＿＿＿＿　＿＿＿＿　＿★＿　＿＿＿＿セーターだ。
1　編んだ　　　2　こめて　　　3　ために　　　4　心を

III　次の文章の（　）に入れる最も適切な言葉を、1、2、3、4から一つ選びなさい。

　掃除ロボットが開発され、家庭にかなり普及しているようである。初めは、値段の高いぜいたく品だと思っていたが、その働きぶりをデパートで見て、ついに我が家も購入した。隅から隅まで時間をかけて部屋を掃除する様子を見ていると、まかせておいて大丈夫だという安心感が持てる。（　1　）、高いところから落ちないように高さを測ることができ、何か問題が起きると音を出して知らせる。その音を聞くとロボットが「助けて―」と言っているようで、私は「はいはい」と答えてしまう。機械とわかっていても、コミュニケーションがとれるような気がして、答えずにはいられない。今まさにロボットが生活に入りつつある。

　これまでロボットに求められてきたものは、探査、組み立て、掃除、介護（　2　）労働を軽くする機能

であったが、最近、人間の技術を伝えることができるというロボットが開発されたそうである。

　このロボットは、（　3　）をすべて分析して、書いた人と同じ字を書くことができると いう。つまり、ロボットに字の書き方を教えてもらうことができるというわけである。このロボットを開発した人は、人間が長い年月をかけて身に付けた技術を伝えることに役立つロボットを目指している。

　（　4　）技術を伝えることを目的としたロボットが開発されたら、バイオリンの弾き方や寿司の握り方、ボールの投げ方など、手を使って行うすべての世界で、超一流の技をロボットに教えてもらえることになるであろう。しかし、いくらロボットが素晴らしいといっても、超一流の技を生み出すのは人間の仕事だ。やはり、技は人間が自ら（　5　）。

(1) 1　しかし　　　　　　 2　それで　　　　　　 3　また　　　　　　　 4　それでも
(2) 1　というか　　　　　 2　といった　　　　　 3　といえば　　　　　 4　はさておき
(3) 1　人が筆で書く時の動き　　　　　　　　　　 2　すでに書かれた文字を
　　 3　他の人が書いた文字　　　　　　　　　　　 4　ロボットが書いた筆の動き
(4) 1　同じような　　　　 2　これとは違う　　　 3　ここで　　　　　　 4　このような
(5) 1　磨かないというわけではない　　　　　　　 2　磨かなければならないのである
　　 3　磨いてもさしつかえない　　　　　　　　　 4　磨かないではいられない

Ⅳ　各文章を読んで、以下の問いに答えなさい。答えは、1、2、3、4から最も適当なものを一つ選びなさい。

文章1

　近頃は手紙というと、メールが主流となってきました。辛うじて年に一度年賀状を出すという人もいるでしようが、それも内容、宛名ともにパソコンで印刷したものがほとんどである。メールや活字があふれる今、直筆の葉書や手紙をもらったら、どうでしょうか。「この人は私のためにわざわざ時間を割いてくれたんだな」という気持ちになるでしょう。メールが主流であるのを逆手にとって、ここぞというときに直筆の手紙を送る。そうすると意外な効果を発揮するかもしれません。

問　筆者の考えと合っているのはどれですか。
　　 1　直筆の手紙にはメールにない魅力がある。
　　 2　メールは便利なので、直筆の手紙は必要ない。
　　 3　直筆の手紙を送ると、逆効果になることがある。
　　 4　一年に一度の年賀状くらい葉書を送った方がいい。

文章2

カタログ送付のご案内

拝啓
いつも大変お世話になり、ありがとうございます。
さて、先日ご依頼のありました「KW−200」のカタログを本日発送いたしました。何とぞ詳細にご検討くださいますようお願い申し上げます。
なお、カタログでご不明な場合は御一報いただければ弊社社員を派遣いたしますので、よろしくお願いいたします。
まずは、ご案内まで。
敬具

問　内容について質問がある場合はどうするか。
　1　取引先に連絡する。
　2　取引先に社員を行かせる。
　3　自社に取引先の社員を呼ぶ。
　4　自社の社員と検討する。

文章3

　「ネコ型社員」とは、「滅私奉公より、自分を大切にする」「アクセク働くのは嫌だが、やるときはやる」「自分のできることは徹底的に腕を磨く」「隙あらば遊ぶつもりで暮らしている」「大目標よりも毎日の幸せを大切にする」といった特徴を持った社員のことである。「自信を持って甘やかす」とは、ネコ型社員を活かすコツの1つ。「仕事を楽しめ、と言われても困る」と言い、何を考えているのか分からない部下たちに悩む管理職は、「こいつらネコ型かも？」と観察して、打つ手を変えてみてもいいかもしれない。

問　「ネコ型社員」の特徴と合っているのはどれか。
1　出世のために働くよりも、趣味の時間を大切にしたい。
2　同期入社の同僚に負けないよう、常に相手の様子を観察している。
3　会社のためなら、残業や休日出勤も当然だと思う。
4　毎日会社で仕事をするのが楽しい。

文章4

学生アパート

コーポ　南　学校まで徒歩8分　最寄り駅まで徒歩10分

家賃	共益費 設備維持費	礼金・敷金	間取り	完成年月	その他
5万3千円	3500円 1500円	12万円 5万円	1DK(洋室6.5畳) DK6畳	2007.10	オートロック、エアコン付き。女性専用フロアあり。

コーポ　大村　学校まで徒歩5分　最寄り駅まで徒歩3分

家賃	共益費 設備維持費	礼金・敷金	間取り	完成年月	その他
5万5千円	5000円	2か月分 1か月分	1K(洋室10畳) K3畳	2005.1	モニター付きインターフォン、オートロック、BS/CSアンテナ。

安田アパート　学校まで徒歩10分　最寄り駅まで徒歩15分

家賃	共益費 設備維持費	礼金・敷金	間取り	完成年月	その他
4万8千円	4500円	15万円 5万円	1K(洋室8畳) K3.5畳	2001.8	女子学生専用。洗濯機/冷蔵庫付き。

三島ハイツ　学校まで徒歩20分、自転車7分　最寄り駅まで徒歩25分

家賃	共益費 設備維持費	礼金・敷金	間取り	完成年月	その他
4万5千円	5500円	9万円 5万円	1DK(洋室7.2畳) DK6.5畳	2002.7	ユニットバス。ガスコンロ。駐車場あり。

聖ロイヤルパレス　学校までバス10分、車10分　最寄り駅まで徒歩5分

家賃	共益費 設備維持費	礼金・敷金	間取り	完成年月	その他
5万8千円	3000 円 2500 円	2か月分 1か月分	1LDK(洋室7.2畳) LDK8.5畳	2010.6	オートロック、温水洗浄便座、2口IHクッキングヒーター。

次は、学生アパートの情報である。下の問いに対する答えとして、最もよいものを1、2、3、4から一つ選びなさい。

問1　部屋を借りる契約をする際、家賃は先払いだとしたら、最初に支払う金額が一番高いのはどの部屋か。
　　1　安田アパート　　　　　　　　　　2　コーポ南
　　3　コーポ大村　　　　　　　　　　　4　聖ロイヤルパレス

問2　上野さんは来月学校の寮を出て、一人暮らしをしようと考えている。家賃は共益費などを含め5万5千円以内、間取りは気にしないが、できるだけ広い方がいい。上野さんの希望に一番近いのはどの部屋か。
　　1　三島ハイツ　　　　　　　　　　　2　コーポ南
　　3　安田アパート　　　　　　　　　　4　コーポ大村

日本の中高生がよく利用するネット上の主なサービス(一)

• 電子掲示板

参加者が意見や感想、記事などを書き込んだり、それに対してコメントをつけたりできるウェブページ。ただ閲覧するだけでも良い。あるテーマに特化したものもあれば、さまざまなテーマの掲示板を集めたサイトもある。

• チャット(Chat)

英語で「雑談」の意味で、ネット上でリアルタイムの会話を楽しむツール。いまは、文字だけではなく、画像や音声を交えての会話も可能。

• スカイプ(Skype)

スカイプをインストールしている者同士なら、世界中どこでも無料で通話できるインターネット電話サービス。パソコンにウェブカメラをつけて、テレビ電話のように相手の顔を見ながら話すこともできる。

• ブログ(Blog/Webblog)

ネット上の日記。自分の思いや趣味を記したもの、世相や時事問題を評論したものなど、内容は様々。閲覧者はそれに対してコメントをつけることもできる。

• プロフ

ネット上で、自分のプロフィールを作って公開するサービス。プロフとは「プロフィール」の略。名前やニックネーム、誕生日、趣味、血液型、星座などを入力していくだけで、簡単に自己紹介ページを作成できる。

• SNS

人と人のつながりを促進・サポートする、コミュニティ型の会員制サービスの総称。プロフィールやブログ、掲示板などの機能が付いている。MixiやFacebookなどがよく知られている。

樋口進『ネット依存症から子供を救う本』法研より改編

第 14 課

三脚の椅子

　私たちは、テクノロジーによって沈黙させられている。「おしゃべりという悪癖をやめさせられている」とでも言おうか。テクノロジーによる沈黙は——子供のいる場でのことも多いが——共感の危機につながり、家庭や職場、公的生活で私たちを傷つけてきた。その傷を癒やすのは、「おしゃべりによる治療」だ。

　弁論を始めるにあたって、おしゃべりから逃れようとした隠遁者だとたいていの人が思っている（誤解なのだが）、ある人物に目を向けてみたい。一八四五年、ヘンリー・デイヴィッド・ソロー*は、マサチューセッツ州コンコード、ウォールデン池のほとりの丸太小屋に移り住んだ。もっと「ゆっくり」生きることを学ぶため、しゃべり声のうるさい雑踏を離れようとしたのだ。ところが、その大志がゆるがぬようにキャビンにしつらえた家具から、それがただの「ひきこもり」でないことがうかがえる。彼のキャビンにあったのは「三脚の椅子——ひとつ目は孤独のための、二つ目は友情のための、三つ目は社交のための椅子」だったのだ。

　この三脚の椅子は、共感する能力や内省する能力に会話を結びつける、「善循環」上のポイントを示すものだ。孤独のなかで、私たちは自分自身を見いだす。自分の、本来的と言っていいものとの会話に向かう態勢を整えるのだ。自分が安定していれば、ほかの人の話を聞いて、その言い分をきちんと聞き取ることができる。すると今度は、ほかの人との会話のなかで、私たちは自分の内なる対話が上達していく。

　もちろん、この善循環は理想のタイプだが、それを考慮に入れれば、うまくいく。孤独が自己の安定感を強化し、安定感があれば共感能力が生まれる。そして、他者との会話が内省のための素材をもたらす。ひとりきりのときと同じように、ともに語り合う態勢になって、より豊かな孤独に浸ることをともに学ぶのだ。

　テクノロジーは、この善循環を崩壊させる。

　崩壊するのはまず、孤独。ソローのひとつ目の椅子だ。最近の研究によると、人はほんの数分でも、ひとりにされて物思いに耽っていると落ち着かなくなるという。スマートフォン

や本などを持たずに、十五分間黙って座っていてもらうという実験がある。実験開始にあたって被験者は、もし退屈したら自分で自分に電気ショックを与えようと思うか、とも聞かれる。彼らは、まさかそんなことはしないと答える。どんなことがあっても、自分に電気ショックなど問題外だと。ところが、ほんの六分たっただけで、かなりの人数の被験者が、そのまさかのことをしたのだった。

唖然とする結果ではあるが、ある意味、意外ではない。このごろよく目にするではないか。ひとりで信号待ちをしたり、スーパーでレジの行列に並んだりしている人たち、焦っているとでもいうような様子でスマートフォンに手を伸ばすのを。四六時中どこかとつながっているのに慣れきってしまい、ひとりでいることはテクノロジーが解決すべき問題のように思っているのだ。

そして、ここから善循環が断ち切られる。ひとりになることを恐れて、私たちは自分への配慮にやっきとなる。そのあおりを受けて、相手に対する配慮をしなくなる。自分自身のことがおぼつかなければ、他者に自信をもって差し出せるものもなくなるだろう。

あるいは、循環の反対方向へたどってしまうかもしれない。相手に配慮することに必死になるあまり、自分自身を知る能力が損なわれるということもあろう。

私たちが直面している会話離れは、ソローの三脚の椅子が象徴する三つの「善」である内省、共感、指導（メンターシップ）を、おろそかにすることでもある。しかし、そういう状況が回避できないわけではない。善循環が断たれたときには、会話が治療してくれるからだ。

心強い情報もある。テクノロジーに引っ張られたとしても、私たちには復元力があるのだ。たとえば、電子機器使用禁止のサマーキャンプでたった五日過ごしただけで、子供たちの共感能力は高くなった。写真やビデオに映った人の顔を見て、他者の感情を識別する能力が高くなったのだ。私自身も、電子機器なしのサマー・キャンプを調査したときに、この復元力を確かめられた。

ある晩、キャビンで歓談しているとき、十四歳の男の子集団が話題にしていたのは、最近あった自然保護区ハイキングのことだった。考えてみると、ちょっと前ならそういうハイキングの何よりのおもしろさといえば、「不便をしのぶ」という考えか、手つかずの自然の美しさだったものだ。このごろ最大の感銘を与えるのは、スマートフォン抜きの時間である。ある男の子は「黙って考えるか、友だちとしゃべるかしかすることが何もない時間」と称する。また別の男の子は、キャビンでの雑談から、最近自分が沈黙を味わうようになったことを思い

第5章 ネット依存について

出す。「みんな知らないのかな？車の窓から外を眺めるのもいいもんだって。通り過ぎていく世界を見るのもなかなかいいんだよ」。

シェリー・タークル著日暮雅通訳シェリー・タークル『一緒にいてもスマホ』青土社より改編

📣 ことば

沈黙⓪（ちんもく）	[名・自サ]	沉默，静寂
悪癖⓪（あくへき）	[名]	坏习惯，不好的习惯
公的⓪（こうてき）	[形動]	公共的，公家的，官方的
傷つける④（きずつける）	[他一]	伤害，使……受伤；损伤
癒す②（いやす）	[他五]	治愈，疗愈；安慰
弁論⓪（べんろん）	[名・他サ]	阐述，辩论
逃れる③（のがれる）	[自一]	逃跑，逃避
隠遁者③（いんとんしゃ）	[名]	隐居者，隐者
マサチューセッツ州⑧（しゅう）	[名]	马萨诸塞州。美国州名
コンコード③	[名]	康科德。美国新罕布什尔州州府
ウォールデン池⑤（いけ）	[名]	瓦尔登湖
辺⓪③（ほとり）	[名]	岸边，边缘；极限
丸太小屋④（まるたごや）	[名]	小木屋，小木房
雑踏⓪（ざっとう）	[名・自サ]	熙攘，嘈杂，人群拥挤
大志①（たいし）	[名]	远大的志向
キャビン①	[名]	cabin。客厅，船室，客舱
引きこもり⓪	[名]	拒绝接触他人和社会，长期闭门不出
設える④（しつらえる）	[他一]	安设，安置；装饰，陈设
孤独⓪（こどく）	[名・形動]	孤独，孤单
社交⓪（しゃこう）	[名]	交际，社交
考慮①（こうりょ）	[名・他サ]	考虑，顾全
態勢⓪（たいせい）	[名]	状况，形势，态势
整える③④（ととのえる）	[他一]	整理，整顿；准备；协调，谈妥
上達⓪（じょうたつ）	[自他サ]	进步，长进；向上传达
善循環③（ぜんじゅんかん）	[名]	好的循环，良性循环
内省⓪（ないせい）	[名・他サ]	内省，自我反省；内观
浸る⓪②（ひたる）	[自五]	浸入，淹没；置身于，陷入
崩壊⓪（ほうかい）	[名・自サ]	崩溃，崩坏，倒塌

223

物思い③ ものおも	[名]	思索,思考,烦恼
耽る② ふけ	[自五]	沉溺,热衷
実験⓪ じっけん	[名・他サ]	实验
被験者② ひけんしゃ	[名]	被实验对象,被实验者
電気ショック④ でんき	[名]	电击
唖然⓪ あぜん	[形動]	哑然,目瞪口呆
レジ①	[名]	cash register,收银台,收款台
四六時中⓪ しろくじちゅう	[名・副]	一整天,总是
断ち切る③⓪ た き	[他五]	切断,断绝
配慮① はいりょ	[名・自他サ]	关怀,照顾,关照
煽り③⓪ あお	[名]	煽动;余波
覚束ない⓪⑤ おぼつか	[形]	没有把握的;不清晰的;靠不住的
差し出す③⓪ さ だ	[他五]	伸出,探出;提出;寄出
辿る②⓪ たど	[自五]	追溯,探索;摸索前进;发展,沿着
必死⓪ ひっし	[名]	必死,誓死,坚决
損なう③ そこ	[他五]	危害,损害
疎か② おろそ	[形動]	敷衍,草率,不认真;疏忽,过失
回避① かいひ	[名・他サ]	回避,推卸,逃避
象徴⓪ しょうちょう	[名・他サ]	象征
直面⓪ ちょくめん	[名・自サ]	直面,面临
心強い⑤ こころづよ	[形]	安心,有把握,胆壮;刚强,坚强
引っ張る③ ひ ぱ	[他五]	拉,拽;拉长,抻长;拉拢;延长
復元力③ ふくげんりょく	[名]	复原力,恢复力
サマーキャンプ④	[名]	summer camp,夏令营
映る② うつ	[自五]	反射,映射;协调,相称
歓談⓪ かんだん	[名・自サ]	畅谈,欢谈
保護区② ほごく	[名]	保护区
手つかず③② て	[形動]	还没碰,还没使用
感銘⓪ かんめい	[自サ]	感激,感动,铭记于心
称する③ しょう	[名・自他サ]	称,称作;冒充,假称;称赞
雑談⓪ ざつだん	[名・自サ]	闲谈,杂谈,闲聊
味わう③⓪ あじ	[他五]	品味,玩味,体会
通り過ぎる⑤ とお す	[自一]	走过,越过,通过

第5章 ネット依存について

📢 内容理解

Ⅰ 次の質問を考えてみてください。
(1) ソローの「三脚の椅子」はそれぞれ何を象徴しているかを考えてみてください。
(2) テクノロジーが「善循環」を崩壊させる実例を挙げてみてください。
(3) テクノロジーによる沈黙から復元できる方法をいくつか挙げてみてください。

Ⅱ 本文の内容と合っているものに○、違っているものに×をつけてください。
(1) 私たちは自分自身と向き合うことで気持ちを落ち着かせ、自分が安定していれば、人も言い分もきちんと聞き取ることができる。すると、私たちは自分の内なる対話が上達していくのです。（　　）
(2) テクノロジーは、共感する能力や内省する能力に会話を結びつける善循環を崩壊させる。（　　）
(3) 私たちはテクノロジーによる会話離れに対してどうしようもない。（　　）

Ⅲ 適当な言葉を選んで、＿＿＿＿に入れてください。

　　　　　にあたって　　によると　　ところが　　まさか　　ずに

崩壊するのはまず、孤独。ソローのひとつ目の椅子だ。最近の研究＿＿＿＿、人はほんの数分でも、ひとりにされて物思いにふけっていると落ち着かなくなるという。スマートフォンや本などを持た＿＿＿＿、十五分間黙って座っていてもらうという実験がある。実験開始＿＿＿＿被験者は、もし退屈したら自分で自分に電気ショックを与えようと思うか、とも聞かれる。彼らは、＿＿＿＿そんなことはしないと答える。どんなことがあっても、自分に電気ショックなど問題外だと。＿＿＿＿、ほんの六分たっただけで、かなりの人数の被験者が、そのまさかのことをしたのだった。

Ⅳ 正しい言葉を一つ選んでください。
(1) 丁寧に＿＿＿＿を押さえて説明してもらえました。
　　1　パワー　　　　2　ポイント　　　　3　ドット　　　　4　ポット
(2) しばし王侯貴族の気分に＿＿＿＿。
　　1　浸る　　　　　2　入る　　　　　　3　耽る　　　　　4　落ちる
(3) お会計は＿＿＿＿までお願いいたします。
　　1　キャッシュ　　2　コーナー　　　　3　レジ　　　　　4　カード
(4) 今の成績では合格は＿＿＿＿。
　　1　覚束ない　　　2　惜しみない　　　3　味気ない　　　4　いけない
(5) ご＿＿＿＿いただいて感謝しております。
　　1　遠慮　　　　　2　考慮　　　　　　3　配慮　　　　　4　苦慮
(6) あなたの＿＿＿＿は自己中心的で、誰も賛成しませんよ。
　　1　言い分　　　　2　言いつけ　　　　3　言いかけ　　　4　言い抜け
(7) 趣味に熱中するあまり、仕事が＿＿＿＿になった。
　　1　おろか　　　　2　おおらか　　　　3　ひそか　　　　4　おろそか

📢 文型

1. ～にあたって(は)・～にあたり・～にあたっての　（N2）

本文　弁論を始めるにあたって、おしゃべりから逃れようとした隠遁者だとたいていの人が思っている（誤解なのだが）、ある人物に目を向けてみたい。

[接続] N/V-る　＋にあたって(は)/にあたり/にあたっての

[意味] 在……时候，在……之际。
①プレゼンテーションをするにあたって、しっかり準備をすることが必要だ。
②新学期にあたって、皆さんに言っておきたいことがあります。
③この計画を実行に移すにあたり、周囲の人の協力を求めることが必要です。
④ご契約にあたっての注意事項をご確認いただけます。

2. ～上（は/も）・～上の （N2）

本文　この三脚の椅子は、共感する能力や内省する能力に会話を結びつける、「善循環」上のポイントを示すものだ。

[接続] N＋上(は/も)/上の
[意味] 在……方面，在……上。用例：表面上、法律上、都合上、経済上、健康上、生活上など。
①この会に参加するには、形式上色々な手続きをとらなければならない。
②理論上は正しいですが、行動が問題です。
③その件については、立場上、賛成するわけにはいかないんです。
④計算上のミスがないようにお願いします。

関連文型

～上で （N2）　第11課参照

3. ～きり （N3）

本文　ひとりきりのときと同じように、ともに語り合う態勢になって、より豊かな孤独にひたることをともに学ぶのだ。

[接続] N(数量詞)＋きり
[意味] 只有……。表限定。表示强調時可以用「～っきり」的形式。
①一度きりの人生なので、悔いのないように生きていきたいです。
②今日は寒いから、シャツ一枚きりで外に出たら寒いよ。
③今度、二人きりでコンサートを見に行かない？
④あんまりよく知らない人と二人っきりになって「無言」でも平気なタイプです。

区別文型

～きりだ・～きり(で)、～ない （N2）

[接続] V－た＋きりだ
　　　V－た＋きり(で)、V－ない。
[意味] 只……，自从……之后，就再也(没)……。表示后续应该发生的事却没有发生，只是延续了前半句完成后的状态，后文通常接让人意外的发展或状态。
①彼女に去年一度会ったきりです。その後手紙ももらっていません。
②西洋の歴史は高校生のときに習ったきりで、ほとんど忘れてしまった。
③彼女は、「あとで電話する」と言ったきり、全然連絡をくれない。
④彼とは去年会ったきり、しばらく会っていない。

4. ～によると/～によれば （N3）

本文　最近の研究によると、人はほんの数分でも、ひとりにされて物思いにふけっていると落ち着かなくなるという。

[接続] N＋によると/によれば

［意味］根据……,据……说。表示传闻、信息的来源。

①天気予報によると、明日は雨だそうです。

②新聞によれば、アメリカの大統領は来週中国を訪問するそうです。

③同僚の噂によれば、あの新人はコネで採用されたということだ。

5．～としても・～としたって （N3）

本文　テクノロジーに引っ張られたとしても、私たちには復元力があるのだ。

［接続］N・Na—だ/である＋としても・としたって
　　　　A/V＋としても・としたって

［意味］即便,就算是……。前面常常与「もし」搭配使用。「としたって」是「としても」的口语形式,更加随意和日常。

①仮に病気で倒れたとしても、これだけの貯金があれば大丈夫だろう。

②たとえ短い人生だとしても、精一杯生きていきたい。

③いまからでは、急いだとしても、もう間に合わないと思うよ。

④もしそうだとしたって、彼女は君を許さないよ。

6．～といえば （N3）

本文　考えてみると、ちょっと前ならそういうハイキングの何よりのおもしろさといえば、「不便をしのぶ」という考えか、手つかずの自然の美しさだったものだ。

［接続］N＋といえば

［意味］要说……的话。表示提起某一话题或联想到某一话题。

①海外旅行といえば、来年みんなでマレーシアに行く話が出ています。

②張君といえば、卒業以来、会っていないな。

③冬に行きたいところと言えば温泉でしょう。

🏷 関連文型

～といったら/～というと　（N3）

［接続］N＋といったら/というと

［意味］要说……的话。表示提起某一话题或联想到某一话题,基本等同于「～といえば」。

①温泉というとすぐ伊豆が頭に浮かぶ。

②彼のカラオケといったら、聞くに堪えないものだ。

7．～たものだ （N3）

本文　考えてみると、ちょっと前ならそういうハイキングの何よりのおもしろさといえば、「不便をしのぶ」という考えか、手つかずの自然の美しさだったものだ。

［接続］N・Naだった/A—かった/V—た＋ものだ

［意味］曾经……,过去……。表示对过去经常发生的事情的回想、怀念,带有感叹语气。

①子供の時、寝る前に母がよく昔話をしてくれたものだ。

②昔、兄弟喧嘩をしてよく父に叱られたものだ。

③大学時代、よくルームメイトと夜遅くまで語り合ったものだ。

🏷 区別文型

～たいものだ　（N2）　第10課参照

～ものだ　（N2）　第10課参照

8. ～抜きだ・～抜きに・～抜きの （N2）

本文　このごろ最大の感銘を与えるのは、スマートフォン抜きの時間である。

［接続］N＋抜きだ/抜きに/抜きの

［意味］不加……，没有……。表示不加入前面名词的状态。

①今晩のパーティーはアルコール抜きなんですよ。
②このレストランの昼食は、サービス料抜きで3千円です。
③山下君の将来について、本人抜きにいくら話し合っても意味がない。
④あさりの砂抜きのやり方を教えてください。
⑤社長抜きでは会議は始められません。

関連文型

～を/は　抜きにして(は)　（N2）

～を/は　抜きにして(は)～ない　（N2）

［接続］N＋を/は　ぬきにして(は)

［意味］不加……，没有……的话。表示不加入前面名词的状态，后面也常常与否定表达方式搭配使用，表示"无法离开……而……，没有……就不能……"的意思。

①皆さん、仕事の話は抜きにして楽しく飲みましょう。
②この国の将来は、観光事業の発展を抜きにしてはあり得ない。
③ベートーベンの一生は彼と音楽との関係を抜きにしては語ることはできない。

注　釈

1. まさか(ない)

副词。难道，怎么会……。后面常接否定表达方式。

①まさか雨は降らないだろう。
②まさかやめろともいえないし、困った。

2. 或いは(あるいは)

（1）接续词。也许，不然的话。または。もしくは。

①本人あるいは保護者の出頭を求める。
②九州へは新幹線或いは飛行機が便利だ。

（2）副词。也许，或许，应该，大概。もしかすると。

①あるいはそうかもしれない。
②夜になって、或いは雨になるかもしれません。

3. たった　限定，只……

副词。由「ただ」变化而来，用以强调数量少。わずか。ほんの。

①出発までたった1時間しかない。
②たった一人しか残らない。

4. ～離れ　远离，独立于…

接尾词。接在名词后。

（1）远离。例：素人離れ、現実離れ。
（2）表示脱离关系或不关心。例：親離れ、活字離れ。

第5章 ネット依存について

📢 関連用語

＊ ヘンリー・デイヴィッド・ソロー

　亨利・戴维・梭罗（Henry David Thoreau，1817－1862）。美国作家、哲学家，超验主义代表人物，也是一位废奴主义及自然主义者，有无政府主义倾向，曾任土地勘测员。1833 到 1837 年，梭罗在哈佛大学修读修辞学、经典文学、哲学、科学和数学。1845 年 7 月梭罗开始了一项为期两年的试验，他移居到离家乡康科德城不远处的瓦尔登湖畔，尝试过简单的隐居生活。出版于 1854 年的散文集《瓦尔登湖》详细记载了他在瓦尔登湖畔两年两个月的生活及体验。

📢 ことば

プレゼンテーション⑤	[名]	presentation，企划书，企划案
実行⓪	[名・他サ]	实行，付诸行动
契約⓪	[名・他サ]	合同，契约
教わる⓪	[他五]	受教，学习
悔い①②	[名]	后悔，遗憾
無言⓪	[名]	沉默，不说话
大統領③	[名]	总统
コネ①	[名]	connection，关系，联系
ハーバード③	[名]	Harvard，哈佛，哈佛大学
実物⓪	[名]	实物，实在的东西
書面⓪①	[名]	书面，文面；书信，文件
授与式②	[名]	颁奖仪式，授予仪式
末日⓪	[名]	期限的最后一天
伊豆⓪	[名]	地名，位于日本静冈县东部
堪える（耐える）②	[自一]	忍耐，忍受；耐受，堪当，胜任
昔話④	[名]	民间故事，传说；过去的事，老话
アルコール⓪	[名]	alcohol（荷兰语），酒精，酒精饮品
山葵①	[名]	山葵，芥末，辣根
堅苦しい⑤⓪	[形]	死板，刻板，生硬，严格
保護者②	[名]	保护人，监护人
出頭⓪	[自サ]	露面，应传唤去政府机关等；出人头地
素人①②	[名]	外行，业余爱好者

📢 練習問題

Ⅰ　次の文の_____の部分に入る最も適切なものを1、2、3、4から一つ選びなさい。

(1) 私の経験_____言えることは、この種の投資は危険だということです。
　　1　にわたって　　　　2　の下に　　　　　3　に関して　　　　4　上

(2) 大学を決める_____は、何を学びたいのかということが第一ですよ。
　　1　に関して　　　　2　に先立って　　　　3　にあたって　　　　4　によって
(3) その男の人は、森に_____きり、帰ってきませんでした。
　　1　入る　　　　　　2　入り　　　　　　　3　入らない　　　　　4　入った
(4) ドアの前に立った。_____ひとりでに開いた。
　　1　それから　　　　2　それで　　　　　　3　そして　　　　　　4　すると
(5) カレーライスのライス_____でお願いします。
　　1　抜き　　　　　　2　抜かれ　　　　　　3　抜く　　　　　　　4　抜け
(6) あの人は現実_____したことばかり言う。
　　1　はずれ　　　　　2　ばなれ　　　　　　3　おくれ　　　　　　4　おそれ
(7) 昔の子供たちは年齢の大きい子も小さい子も一緒になって外で遊んだ_____。
　　1　はずだ　　　　　2　わけだ　　　　　　3　ことだ　　　　　　4　ものだ
(8) 一人暮らしをする_____、親元からあまり離れたくない。
　　1　としたら　　　　2　とすると　　　　　3　として　　　　　　4　としても
(9) たとえ知っていた_____、あなたには話せません。
　　1　にしたら　　　　2　としたら　　　　　3　としても　　　　　4　からといって
(10) 記事_____、新しい展示会がロンドンのあるミュージアムで始まったという。
　　1　による　　　　　2　によれば　　　　　3　により　　　　　　4　によらず
(11) ——もう2月だね…時間が経つのは早いね。
　　——2月_____もうすぐバレンタインだね！
　　1　で言えば　　　　2　を言えば　　　　　3　と言えば　　　　　4　に言えば
(12) この料理を作るには、みりん、_____酒を加えなければならない。
　　1　また　　　　　　2　あるいは　　　　　3　それとも　　　　　4　それに
(13) 「部長、すみませんが、午後は_____。風邪がひどくなって。」
　　1　休んでいただけませんか　　　　　　　2　休ませていただけませんか
　　3　休んでやってくれませんか　　　　　　4　休ませてやってくれませんか
(14) _____、商品は売れないのである。
　　1　サービスを抜きにしては　　　　　　　2　サービスがないものなら
　　3　サービスがないにせよ　　　　　　　　4　サービスがなくても
(15) 「急がせて申し訳ないのですが、明日までにご返事_____と思います。」
　　1　申上げれば　　　　　　　　　　　　　2　なされば
　　3　いただければ　　　　　　　　　　　　4　差上げれば

Ⅱ　次の文の　★　に入る最もよいものを1、2、3、4から一つ選びなさい。
(1) 周りの人たちの _____ _____ ★ _____、と思う。
　　1　優勝は　　　　　　　　　　　　　　　2　協力を
　　3　無理だった　　　　　　　　　　　　　4　抜きにしては
(2) _____ _____ ★ _____ものだ。
　　1　したい　　　　2　今年　　　　　　　3　こそ　　　　　　　4　海外旅行を
(3) 君の意見は_____ _____ ★ _____。
　　1　空論　　　　　2　机上　　　　　　　3　に過ぎない　　　　4　の
(4) たとえ_____ _____ ★ _____、彼と結婚する気は全然ないわ。
　　1　プロポーズ　　2　彼に　　　　　　　3　としても　　　　　4　された

(5) 厳しい＿＿＿＿＿ ＿＿＿＿＿ ★ ＿＿＿＿＿、熱心な先生だ。
　　1　言えば　　　　　2　が　　　　　　　3　厳しい　　　　　　4　と

Ⅲ　次の文章の（　　）に入れる最も適切な言葉を、1、2、3、4から一つ選びなさい。

　「どうしたら、『できる』社員になれますか」と、最近よく受ける質問です。聞くととても深刻そうなのです。将来への不安からでしょうか。ただ、私はいつも同じように答えています。「まず『超』勉強家になることです。今寸暇を惜しんで勉強していますか?」（　1　）、たいがい次のような返事が戻ってきます。「何の勉強ですか?」とか、「え、寸暇? もう学校を卒業した（　2　）、まだ勉強するのですか?」とかです。こんな反応を見て、私は愕然として言葉を失います。学校では理論や基礎だけを習います。（　3　）、何の役にも立ちません。理屈（　4　）こねるただの頭でっかちになるだけです。社会、特に社会ではそんな人は敬遠されます。
　社会に出たら応用ができないと通用しません。ですから、応用ができるようになるための勉強を（　5　）のです。

　　　　　　　　　　　　　　（浜口直太　『「あの人はできる」と思われる人の91のルール』による）

(1) 1　ところで　　　2　しかし　　　　3　すると　　　　4　それに
(2) 1　のに　　　　　2　から　　　　　3　が　　　　　　4　ので
(3) 1　それでは　　　2　それだけでは　3　それしか　　　4　それでも
(4) 1　ばかり　　　　2　では　　　　　3　には　　　　　4　しか
(5) 1　しない　　　　　　　　　　　　　2　しなければならない
　　3　するわけにはいかない　　　　　　4　しなくてもいい

Ⅳ　各文章を読んで、以下の問いに答えなさい。答えは、1、2、3、4から最も適当なものを一つ選びなさい。

文章1

　おじさんの中学生のときはどうだったろう。
　いたずら好きのAと仲良しだったときがある。野球のうまいBや、頭のいいCや、家が貧しいけれどマジメなDと仲良しだったときもある。でも、クラスが変わるたびに友だちが変わっていき、①中学の3年間を通じて一人の友達と深く付き合うことはなかった。Dとは夏休みにいっしょにアルバイトをやったりして「親友」みたいだったのに、いつの間にか付き合わなくなっている。
　②これはだれでもそうじゃないかと思うんだ。友達は変わってゆく。その場かぎりのつきあいといえば言えなくはないけど、自分の求めているものが変わってゆくから、③相手を自然に変えてゆくのだと思う。
　おじさんの場合、いたずら好きのAと仲良しだったときは、おじさんもいたずらがしたかった。いたずらをして気持ちがスカッとすることを求めていた。でもいたずらではほんとうに気持ちがスカッとしないことにやがて気づいて、Aとつきあわなくなった。BやCやDについても、そのときどきにおじさんが求めていたものを、彼らがあたえてくれたんだね。意識したわけじゃないけど、そのときの自分の益になる相手を求めて、付き合う相手がおのずと変わっていったのだと思う。だからといって、④こうした相手を「友達」と呼べないかというと、そうではないんだね。
　利己的のようだけれど、「友達」というのは自分に「益」になる相手のことなんだ。その相手とつきあうことで自分が「得」をする。しかし、その「益」なり「得」なりの中身が問題なんだね。
　たった一度しか会わなくても、その影響が人生にすばらしく作用すれば、⑤これは立派な「友達」だ。実際には会わなくたって、たとえばその人のことをテレビで観たり本で読んだりしただけで、素晴らしい影響を受けたら、これは「友達」なんだね。
　もっとも実際に会わなければ、厳密には「友達」とはいえないけれど、生きるうえで心に影響を受ける

相手とはそう何人も出会えるものではないことも、おじさんの経験からいえる。

しかし、君自身がそれを求める心構えでいなかったら、中学生のときはおろか、一生「友達」には出会えないだろう。

問1 ①「中学の3年間を通じて一人の友達と深く付き合うことはなかった」とあるが、それはなぜか。
1　野球が苦手だったから　　　　　　　　2　相性がよくないから
3　夏休みにアルバイトをしたから　　　　4　求めるものが変わったから

問2 ②「これ」は何を指しているか。
1　友達がいないこと　　　　　　　　　　2　友達が少ないこと
3　友達が変わること　　　　　　　　　　4　友達が多いこと

問3 ③「相手を自然に変えてゆく」のは誰か。
1　私　　　　　　2　誰でも　　　　　3　友達　　　　　4　親友

問4 ④「こうした相手」とは、この場合どんな相手のことか。
1　いつも自分の利益になる相手　　　　　2　中学時代自分の利益になる相手
3　そのときどきに自分の利益になる相手　4　大人になってからも自分の利益になる相手

問5 ⑤「これは立派な『友達』だ」とあるが、この場合どんな意味か。
1　友達になったほうがいい　　　　　　　2　友達といっていい
3　友達になってはいけない　　　　　　　4　友達にならなくてもいい

問6 この文章に出てくる「おじさん」とはだれのことか。
1　筆者自身　　　2　筆者のおじ　　　3　読者のおじ　　　4　友達のおじ

問7 結論として筆者はどんな「友達」を求めるべきと言っているか。
1　中学の時の友達　　　　　　　　　　　2　一生付き合っていける友達
3　仲が良い友達　　　　　　　　　　　　4　人生に影響を与えてくれる友達

文章2

A

よく、なりたい自分になるためには、「自分を信じる心」が大切だと言われます。しかし、「確信」こそが「なりたい自分になれる力」なのだとしたら、私はこうなれていないでしょう。では、何が「なりたい自分になれる力」なのでしょう。私は、経験を踏まえてこう思います。なりたい自分になれる力、自分を信じる心とは、自分がそう確信することではない、自分がなりたい自分になれることを最後まであきらめないことではないでしょうか。

(小坂裕司　『「儲け」を生み出す「悦び」の方程式』による)

B

私が遅いと思ったことは、まったくあきらめる必要がなかったことに気づいたからだ。いくつからでも、あきらめなければ、自分の望むところまで行ける。能力や才能の問題ではなく、自分はダメだと思わないことが大事なのだ。ダメだと決めつけたら自分がかわいそう。そんなにダメな自分じゃ自分がいやになる。自分がいやになったら死んだと同じだ。誰でも本当は、あきらめないで向かっている自分が好きだ。ダメな自分なんか好きな人はいない。ダメでいいと自分に言っている人は、怠惰でずるい人なのですよ。あきらめた時から、人は老いる。

(松原惇子　『30代にしておきたい大切なこと』による)

第5章　ネット依存について

問1　文章Aによれば、「なりたい自分」になれる方法は何か。
1　自分の能力を信じること
2　自分の経験を踏まえて努力すること
3　最後まであきらめてしまわないこと
4　自分はなりたい自分になれると信じること

問2　AとBで共通して述べられていることは何か。
1　自分にはできないと簡単に決めつけない
2　自分のことがいやにならない
3　自分を信じる心が大切だ
4　能力や才能こそが大事だ

豆知識

日本の中高生がよく利用するネット上の主なサービス（二）

- 動画サイト

ネット上で動画を投稿したり閲覧できるサービス。コメントもつけられる。YouTubeやニコニコ動画が有名。

- オンラインゲーム

ソフトやゲーム機を店で買う必要はなく、アプリをパソコンやスマホにダウンロードすることで、始められる。また、ホームページに接続するだけで楽しめるものもある。無料のゲームも多い。

- 音楽配信サイト

ネットを利用して、いつでも好きなときに音楽をダウンロードできる。

- オークションサイト

ネットを利用してオークションに参加できる。誰でも出品者、入札者になれる。代表的サイトに、ヤフオク！や楽天オークションなどがある。

- 電子書籍

電子機器の画面で読む書籍。ネットで手軽にダウンロードできる。テキストだけではなく、映像や音楽が流れるものもある。

- ネットショッピング

ネットを通じて商品やサービスを購入すること。決済はクレジットカード、宅配業者に支払う代金引換、銀行振り込み、コンビニ振り込みなど。電子マネーが使える店も増えている。

- お小遣いサイト

CM動画を見たり、アンケートに回答したり、アプリをダウンロードすることでポイントがもらえる。ポイントはギフト券や電子マネー、現金などに換えることができる。Moppy（モッピー）やマクロミルなどがある。

樋口進『ネット依存症から子供を救う本』法研より改編

課外読解 5
ネット依存症について

　依存とは「何かに頼って生きること」あるいは「あることをしないと満足できない状態にあること」を言います。

　しかし、そういう状態にある人がすべて、依存症というわけではありません。

　例えば、赤ちゃんはお母さんに依存して生きていますが、これを依存症とは言いません。

　また、歩行中でも電車の中でも音楽を聞かずにはいられない、食後はスイーツを食べずにはいられない、晩酌をしないと気がすまない、などということはよくあります。これらは、「趣味」「嗜好」「習慣」「クセ」ともいえるもので、だれしも1つや2つは思い当たることがあるでしょう。

　依存症とは、一般には趣味や嗜好の範囲を超えて、「日常生活に支障が出ている」「自分の意志でコントロールできない」場合を言います。

　晩酌を欠かさないだけなら問題はありませんが、健康を損ねるまで飲み続けて、仕事もできないという場合はアルコール依存症という病気だ、と言えるでしょう。

　つまり、依存症とは、ある特定の物質や行為によって快感や高揚感を得て、やめなくてはいけないとわかっていても、それを繰り返し行わずにはいられない状態になることです。

　依存症は、のめりこむ対象によって、大きく「物質依存症」と「行動嗜癖」の2つのタイプに分けられます。

- **物質依存症**

　特定の物質に依存するもので、代表的なものに「薬物依存症」などがあります。

　最近は、抗不安薬や抗うつ薬などの病院で処方される薬物に依存する人も増えています。

- **行動嗜癖**

　ある特定の行動のプロセスや、ある特定の人との人間関係そのものに執着して依存してしまうものです。

第5章　ネット依存について

> 主なものに「買い物依存症」「ギャンブル依存症」「摂食障害」「仕事依存症(ワーカホリック)」「セックス依存症」などがあります。「ネット依存症」もこの行動嗜癖の一つです。

ただし、摂食障害のように、食べるという行為への依存と、食べ物という物質への依存というように、どちらも併せ持っているタイプもあります。

これらをまとめて、医学的には「嗜癖」あるいは「アディクション」と呼んでいますが、依存の対象が物質の場合にのみ、「○○依存症」と言います。

ですから、行動嗜癖の場合は、本来なら「ギャンブル嗜癖」や「インターネット嗜癖」というべきですが、「嗜癖」という言葉はわかりにくいため、一般には「ギャンブル依存症」「ネット依存症」などと呼ばれています。

対象が何であれ、それに依存してやめられなくなるのは同じです。依存症に陥った人たちは、「自分の意志が弱いからやめられないのだ」と考えがちで、周りもそのような目で見てしまいます。

でも、意志の問題ではありません。依存症はれっきとした心の病気なのです。ですから積極的に治療しなければ治りません。また周囲が依存状態に気づいても、本人に病気だという自覚がなく、その気になればいつでもやめられると思っている場合もあります。

ネット依存症については、まだ研究が始まったばかりで、定義も診断のガイドラインも定まっていません。

またアルコール依存症や薬物依存症のように、それをやめたからと言って震えや吐き気などの目に見える身体的な離脱症状が出るわけでもありません。

しかし、「やめようとしてもやめられない」「日常に支障をきたしている」「健康を損ねている」などの点で、アルコール依存症やギャンブル依存症と同じ、依存症という病気の一つと考えられます。

ネット依存症の最も大きな問題は、生活のリズムが乱れてしまうことです。私たちは、起床してから3度の食事、仕事・勉強・家事、入浴、就寝と、おおむね同じようなリズムで生活しています。体も昼間は活動して夜は眠るようにできています。

ところが、ネット依存症に陥ると、ネットが生活の中心になり、それ以外のすべてのことがおろそかになります。

食事や睡眠、仕事などより、ネットのほうが大切で、何をおいてもネット、ネットになってし

まっている例がたくさんあります。中高生では、発育盛りの大切な時期に「眠らない、食べない、動かない」という「3ない」生活を送るのですから、健康や成長にも悪影響があります。

　ネットを中断したくないばかりに、最低限の食べものをすばやくかきこむだけ、ときには食事を忘れてしまうことも。そのため、栄養不足になり、骨がもろくなったり、発育が悪くなったりします。視力が低下したり肩がこることも。運動不足のため、筋力や運動能力も著しく低下します。

　このように、身体的にも様々な弊害が出てきますが、精神的にも変調をきたすようになります。

　ゲームのプレイ中は集中して、全力を傾けるのですが、実生活ではすっかり意欲を失い、抜け殻のようになってしまうのです。プレイしていない時も、ゲームのことを考えています。

　また、イライラして、キレやすくなります。親がゲームのやりすぎを咎めると、怒鳴り返したり、物を投げたり、別人のように粗暴になることもあります。

　これが高じて、家庭内暴力や暴言、家庭崩壊といった深刻な事態を引き起こすこともあります。

　さらに、夜間のネット使用によって睡眠障害に陥り、昼夜が逆転。遅刻や欠席、居眠りが増え、成績が低下するため、ますます学習意欲が減退します。ついには学校に行けなくなり、引きこもり状態になるのです。

ネット依存症に発生しがちな問題	
身体面	視力低下・運動不足・腰痛・骨密度低下・栄養の偏り・低栄養状態・体力低下・肥満・エコノミークラス症候群など
精神面	引きこもり・昼夜逆転・睡眠障害・意欲低下・うつ状態・自殺企図・希死念慮など
学業面	成績低下・遅刻・授業中の居眠り・留年・退学・欠席など
経済面	浪費・多額の借金など
家族・対人関係	家庭内暴力・暴言・友人関係の悪化・家族関係の悪化など

　ネット依存症というと、従来ならば自分の部屋に閉じこもってパソコンでゲームというイメージがありましたが、デジタル機器が普及した今はそうとも限りません。

　携帯電話でもスマホ(スマートフォン)でも、iPod touchなど、Wifiに接続できる機器なら、ゲームやSNSができるのです。

　特にスマホは、どこにでも持ち歩け、いつでもできるので、使用時間のコントロールが難しくなります。

第 5 章　ネット依存について

　食事中や会話中でも、絶えず触っているなら注意が必要です。ネット依存が進行していることがあります。

　ネット依存症は、もちろん子供だけの問題ではありません。大人のネット依存症も深刻な問題を引き起こします。

　2008 年に厚生労働省の研究班が行った調査によると、成人でネット依存傾向にある人は、男性で153 万人、女性では118 万人、計 271 万人と推計されています。

　夜明けまでネットをしているため、仕事中も居眠りばかり。次第に遅刻や欠勤が増えてついに職を失うケースもあります。

　また、ゲームを優位に進めるために見境がなくなり、お金を過剰につぎ込むことも稀ではありません。

　専業主婦は時間の制約が少ないため自己管理が難しく、ネット依存に陥ることがあります。こうなってしまうと家事もおろそかになり、入浴や歯磨きもしません。24 時間ネット三昧の挙句、離婚に至るケースもあります。

　こういう人たちはネットの世界に生きているので、現実の世界がどうなろうとお構いなしです。むしろ現実から逃避したいためにネットを利用している人も多いのです。

　ネット漬けの日々を送っていても、このままではまずいという気持ちが、本人の中にないわけではなりません。しかし、ほかの依存症と同じく、やめようとしてもやめられないのです。自分ではコントロールできないからこそ依存症なのです。

　依存症は病気です。適切な対処が必要です。そしてその本人が進んで治療を開始することはほとんどありません。家族や周囲の人がこれは病気だと認識して、専門家に早めに相談しましょう。病気と気づくことが治療への第一歩となります。

樋口進監修『ネット依存から子供を救う本』法研より

ことば

依存症 ⓪（いそんしょう）	[名]	依頼症，成癮
頼る ②（たよる）	[自他五]	借助，依靠
満足 ①（まんぞく）	[名・形動・自サ]	満足，心満意足；完美，完善
状態 ⓪（じょうたい）	[名]	状態，様子
歩行 ⓪（ほこう）	[名・自サ]	歩行，徒歩
スイーツ ②	[名]	sweet。甜品，甜点

晩酌⓪	[名・自サ]	晚酌,晚餐时在家里喝酒
嗜好⓪	[名・他サ]	嗜好,爱好,喜好
思い当たる⑤⓪②	[自五]	想到,联想到
範囲①	[名]	范围
支障⓪	[名]	障碍,妨碍
コントロール	[名・他サ]	control。控制,压制;控(球)
欠かす⓪②	[他五]	欠缺,缺少
損ねる③	[他一]	损害,损伤,危害
特定⓪	[名・他サ]	特定,规定;指定
物質⓪	[名]	物质
高揚感③	[名]	气氛高涨,兴奋
嗜癖⓪	[名]	特殊癖好
薬物②⓪	[名]	药物
鬱	[名]	心情阴郁,忧郁,抑郁
処方⓪	[名]	处方
プロセス②	[名]	process,过程,经过,工程
執着⓪	[名・自サ]	执着,依恋
ギャンブル①	[名]	gamble,赌博
摂食障害⑤	[名]	进食障碍,饮食障碍
ワーカホリック⓪	[名]	workaholic,工作狂,工作中毒
セックス①	[名]	性,性欲
併せる③	[他一]	合并,对接;混合;组合,联合;配合,调和
アディクション	[名]	addiction,沉溺,上瘾
れっきとする	[連語]	历然,显然
ガイドライン④	[名]	guideline,方针,政策
定まる③	[自五]	安定,稳定;平静;被决定
離脱⓪	[名・自サ]	离开,脱离
リズム①	[名]	rhythm,节奏;周期,规律;(诗歌的)韵律
乱れる③	[自一]	凌乱,没有规律
起床⓪	[名・自サ]	起床
発育⓪	[名・自サ]	生长,发育
中断⓪	[名・自他サ]	中断,打断
栄養不足⑤	[名]	营养不良
視力①⓪	[名]	视力
肩が凝る	[連語]	肩膀酸痛

第5章　ネット依存について

著(いちじる)しい⑤	[形]	明显的,显著的
弊害(へいがい)⓪	[名]	弊端,缺点
変調(へんちょう)⓪	[名・自他サ]	改变;乐曲变调
プレー②	[名・自サ]	play。游戏,玩;比赛;戏剧
傾(かたむ)ける④	[他一]	倾斜;倾听;使衰落;倾注,专注
実生活(じっせいかつ)③	[名]	日常生活
抜(ぬ)け殻(がら)⓪	[名]	空壳,蜕下的皮
咎(とが)める③	[自他一]	责怪,责难;责问,审问
怒鳴(どな)り返(かえ)す④	[他五]	回骂,怒喝
粗暴(そぼう)⓪	[名・形動]	粗暴,暴躁
高(こう)じる⓪③	[自一]	高涨,提高
暴言(ぼうげん)⓪③	[名]	粗话,恶言
家庭崩壊(かていほうかい)④	[名・自サ]	家庭被毁,家庭垮掉
閉(と)じこもる④⓪	[自五]	闭门不出,幽闭
スマホ⓪	[名]	スマートフォンの缩略形式。智能手机
絶(た)えず①	[副]	不断地,总是
推計(すいけい)⓪	[名・他サ]	推算,计算
欠勤(けっきん)⓪	[名・自サ]	缺席,缺勤
優位(ゆうい)①	[名・形動]	优势地位
見境(みさかい)⓪	[名]	辨明是非,理智
ネット三昧(ざんまい)④	[名]	沉迷网络
逃避(とうひ)①⓪	[名・自サ]	逃避,逃跑
漬(づ)け	[接尾]	沉迷于,沉浸于
対処(たいしょ)①	[名・自サ]	处理,应对

第6章

プログラミング&エンジニアの キャリアについて

第 15 課

教養としてのプログラミング

　あるとき、大学生を対象とした無料のプログラミング講座を開催したことがあります。すると意外なほど受講者が集まって、しかもほとんどの人が文系だったことに大変驚きました。

　私のような理系育ちにとって、プログラミングは何となく「自分一人で習得するもの」という認識があるのに対し、「習う」という感覚を持ち得る人には文系の方が多かったのかもしれません。

　さて、そのとき参加していた文学部の女子学生に、なぜプログラミングに興味を持ったのかを尋ねてみると、彼女は「21世紀では、いずれプログラミングが教養の一つになると思うから」と答えました。

　長年、プログラミングとともに生きてきた筆者にとって、この一言は予想しがたく、とても衝撃的であったと同時に、心のどこかでとても腑に落ちるものでもありました。

　筆者は6歳のときにコンピュータと出会っています。

　その頃にはまだ一般用のコンピュータにはマウスもハードディスク*も装備されておらず、かな漢字変換すら搭載されていませんでした。

　ソフトウェアも自分で作るしかないので、幼い時分にコンピュータに興味を持った筆者は、漢字や日本語の高度な文法を習うよりも先に、プログラミングを勉強することになりました。それからおおよそ30年の月日が流れ、今では6歳の子供でも扱えるプログラミング言語*「MOONBlock*（ムーンブロック）」、そしてプログラミング端末「enchantMOON（エンチャントムーン）」*の開発や、ベンチャー企業*の経営に携わっています。

　これまでの人生を振り返ると、プログラミングは単にプログラムを作り出し、コンピュータを操るということ以上に、本当に多くの「学び」を与えてくれました。

　かくいう筆者が職業プログラマーとして働いたのは人生の中のほんの4、5年に過ぎません。その後はサラリーマンとして、いくつかのヒットコンテンツを作り、起業後は経営者と

第6章　プログラミング＆エンジニアのキャリアについて

して組織を束ね、事業計画を練り、今に至っています。

　しかし、いつの時点でも、私は自分がプログラマーであるという自覚のもと、仕事に携わってきました。というのも、ビジネスマンが頭を悩ませる企画、組織、事業計画、こうしたことは全てプログラミングの応用として捉えることができたからです。

　プログラミングとは、一言でいえば「自分以外のものを、思い通りに動かす方法」のこと。適切にプログラミングしたものは、例えば作者が消滅したとしても、作者の意図を反映し、プログラミングした通りに動くことになります。

　これが企画であれば、企画者の意図通りにユーザーの気持ちを動かそうとするのも「プログラミング」であり、組織であれば、組織全体をリーダーの意図通りに動かそうとするのも「プログラミング」であるといえます。

　つまり、こうした仕事をしている人たちは、本人が意図していようがいまいが、全て「プログラマー」なのです。ビジネスでなくとも、子供を持つ親にとっての「子供の教育」や「子供との接し方」、これらもプログラミングということができるでしょう。あまりに世の中にプログラムが浸透しすぎていて、私たちはその存在を見落としているだけなのです。

　筆者はプログラミングを理解していることで、ビジネスだけではなく、人生での重要な判断や意思決定の際にも大きく影響を受けてきました。

　振り返ってみると、おそらく職業プログラマーならずとも、「こうすればこうなる」というプログラミングの知識を持っていることで、より広い視野で、より深く考えることができたのではないでしょうか。

　実際、私の身のまわり、たとえば官僚や経営者にもプログラミングのスキルを持った方は少なくありません。もちろん彼らがそれを意識しているのか、していないのかは分りませんが、プログラミングが身に付いている人の方が、そうでない人より社会的にもそして人生という側面でも、成功を収めているように感じます。

　プログラミングは単なるスキルや趣味ではなく、文学部の彼女が言ったように、実は「教養」でもあると考えるのもあながち間違いではないと思うのです。あらゆる学問を背景にここまで進化を遂げ、さらに進化し続けるプログラミングを学ぶのは、ビジネスや日常生活でも大きな意義のあることなのではないでしょうか。

樋口進監修『ネット依存から子供を救う本』序法研より改編

ことば

プログラミング④⓪	[名]	programming,程序设计,编程
教養⓪	[名]	教育;学识,修养,教养,文化
受講者③	[名]	听讲者,听众
文系⓪	[名]	文科,文科体系
理系⓪	[名]	理科,理科体系
習得⓪	[名・他サ]	学习,学问,技术习得
尋ねる③	[他一]	寻找;探求,追求;询问,咨询
筆者①⓪	[名]	笔者,作者
衝撃的⓪	[形動]	猛烈的,带有冲击性的
装備①	[名・他サ]	装备,设备;安装,具备
時分①⓪	[名]	大概的时期,时候;好时候,时机
月日②	[名]	月亮和太阳,日月;日历中的月、日;经过的时间,岁月
端末⓪	[名]	末梢,末端;(计算机、通信方面的)操作终端
携わる④	[自五]	参与,参加;从事,和……相关
単に①	[副]	单单,单纯地
操る③	[他五]	操作,操纵;演绎;驯(动物)
プログラマー③④	[名]	programmer。程序员,编程人员
ほんの⓪	[連体]	不过,就(强调程度轻,数量少)
起業①⓪	[名・自サ]	创业,开展新事业
経営者③	[名]	经营者,企业家
束ねる③	[他一]	捆,扎起,束起;管理,团结,整合
練る①	[他五]	熬制,炼制;仔细推敲,凝练;锻炼
至る②	[自五]	至,来到;至于,达到;成为
自覚⓪	[名・他サ]	认识到;觉醒,自觉
応用⓪	[名・他サ]	应用,使用,运用,利用
捉える③	[他一]	捉住,逮住;捕捉到,掌握;陷入
適切⓪	[形動]	适当,恰当,合适
反映⓪	[名・自他サ]	反射;反映
企画者③	[名]	策划人,企划人
リーダー①	[名]	leader。头领,领导者,指挥者
浸透⓪	[名・自サ]	渗透,渗入;影响
見落とす⓪③	[他五]	错过,看漏,忽略

第6章　プログラミング&エンジニアのキャリアについて

官僚⓪	[名]	政府官员，官僚，官吏
スキル②	[名]	skill。技能，技术，技巧
側面⓪③	[名]	側面，旁边；事物的另外方面
収める③	[他一]	收获，取得；收纳，收起；恢复，复元

📢 内容理解

Ⅰ　次の質問を考えてみてください。
(1) 作者のプログラミング講座の受講者は文系の人が多いのはなぜですか。
(2) どうしてプログラミングを「教養」の一つとしてとらえられるかを考えてください。
(3) なぜプログラミングが身に付いている人の方が、そうでない人より社会的にもそして人生という側面でも、成功を収めているように感じると言っていますか。

Ⅱ　本文の内容と合っているものに○、違っているものに×をつけてください。
(1) プログラミング講座を聞きに来るのはやはり理科系の人が多い。（　　）
(2) どんな仕事でもプログラミングとして扱うことができる。（　　）
(3) プログラミングを身につけている人の方が、そうでない人より社会的にもそして人生という側面でも、成功を収めているように思われる。（　　）

Ⅲ　適当な言葉を選んで、＿＿＿＿に入れてください。

> さて　　なんとなく　　に対し　　にとって　　いずれ

　私のような理系育ち＿＿＿＿、プログラミングは＿＿＿＿「自分一人で習得するもの」という認識があるの＿＿＿＿、「習う」という感覚を持ち得る人には文系の方が多かったのかもしれません。
　＿＿＿＿、そのとき参加していた文学部の女子学生に、なぜプログラミングに興味を持ったのかを尋ねてみると、彼女は「21世紀では、＿＿＿＿プログラミングが教養の一つになると思うから」と答えました。

Ⅳ　正しい言葉を一つ選んでください。
(1) 私は小さいごろから＿＿＿＿に興味を持っていた。
　　1　プログラム　　　　　　　2　プロフェッショナル
　　3　プログラミング　　　　　4　プログラマー
(2) あの容疑者の話にはどうも＿＿＿＿に落ちない点がある。
　　1　胸　　　2　腑　　　3　腹　　　4　心
(3) コンピューターの利用者を識別するための標識は＿＿＿＿アカウントという。
　　1　ユーザー　　2　ネット　　3　クリック　　4　セキュリティ
(4) 「船頭多くして船山に上る」ということわざがあるように、＿＿＿＿が複数いると、組織がうまく動かないのです。
　　1　チームメート　　　　　　2　デザイナー
　　3　リーダー　　　　　　　　4　チューター
(5) この似顔絵は巧みにその人の特徴を＿＿＿＿。
　　1　捉えている　　2　掴めている　　3　取っている　　4　握っている
(6) あの発展途上国は目覚ましい発展を＿＿＿＿。
　　1　あげた　　2　とげた　　3　にげた　　4　さげた

245

（7）回線やネットワークの末端に接続され、他の機器と通信を行う主体となる機器のことを＿＿＿＿と言う。

1　終端　　　　　　　2　端子　　　　　　　3　先端　　　　　　　4　端末

文　型

1. ～のもと（に／で）（N2）

[本文]　しかし、いつの時点でも、私は自分がプログラマーであるという自覚のもと、仕事に携わってきました。

[接続]　N＋のもと（に／で）

[意味]　在……的影响下，在……下。

①この動物は国の保護政策のもとに守られてきた。
②新しい社長のもとに、社員全体は協力を約束し合った。
③監督の厳しい指導のもと、そのチームは鍛えられ、ついに念願の優勝を果たした。
④僕は今、鈴木という人のもとで陶芸を習っています。

区別文型

～をもとに（して）（N2）（第6課参照）

2. ～（よ）うが～まいが・～（よ）うと～まいと　（N1）

[本文]　つまり、こうした仕事をしている人たちは、本人が意図していようがいまいが、全て「プログラマー」なのです。

[接続]　V－（よ）う＋が＋V－る＋まい＋が
　　　　V－（よ）う＋と＋V－る＋まい＋と

（注：关于まい前面的接续，所有动词都可以用原形接「まい」。除此之外，一段动词、カ变动词和サ变动词也可以是动词未然形＋まい，例如，一段动词也可以为「食べまい」的形式；カ变动词也可以为「来（こ）まい」；サ变动词也可以为「すまい」或者是「しまい」）

[意味]　无论是……还是不……，无论是否……。通常前面接同一动词，表示后项的行为不受前项的影响。

①雨が降ろうが降るまいが、テニスの練習をする。
②合格の見込みがあろうがあるまいが、今はただ頑張るだけだ。
③あの先生は、学生たちが理解しようとするまいと、どんどん難しい話を続けた。

関連文型

（1）～（よ）うか～まいか　（N2）

[接続]　V－（よ）う＋か＋V－る＋まい＋か

[意味]　是否要……，是……还是不……。表示意志行为的二者选一。

①会社を辞めようか辞めるまいか迷っている。
②彼女に告白しようかするまいか悩んでいる。

（2）～（よ）うが／と～（よ）うが／と　（N1）

[接続]　V－（よ）う＋が／と
　　　　N－だろう／であろう＋が／と
　　　　A－かろう＋が／と
　　　　Na－だろう／であろう＋が／と

[意味]　无论是……还是……，都……。表示后面的行为不会因为前面的状况所改变。

第 6 章　プログラミング＆エンジニアのキャリアについて

①雨が降ろうと雪が降ろうと明日のパーティーには必ず行くよ。
②沼の中だろうと、堀の中だろうと、あなたについて行きますよ。

(3) 疑問詞（どんなに・いかに・いくらなど）～（よ）うが／と　（N1）

［接続］V－(よ)う＋が／と
　　　　N－だろう／であろう＋が／と
　　　　A－かろう＋が／と
　　　　Na－だろう／であろう＋が／と

［意味］无论多么，无论怎么……都……。表示后面行为不为前项约束和左右。
①誰が何と言おうと、わたしの決意は変わりません。
②周囲がいかに反対しようが、自分でやると決めたことは最後までやりぬくつもりだ。

3. ～ずとも・～なくとも　（N1）

本文　振り返ってみると、おそらく職業プログラマーならずとも、「こうすればこうなる」というプログラミングの知識を持っていることで、より広い視野で、より深く考えることができたのではないでしょうか。

［接続］V－~~ない~~＋ずとも
　　　　V－~~ない~~＋なくとも

［意味］就算不……、即使不……，也……。
①言われずとも最後はそうしてやろう。
②彼女は目が見えずとも素晴らしい演奏をしました。
③彼があなたのことを愛するということは、言わずとも分かる。

関連文型

～とも

［接続］A－く＋とも
　　　　A－かろう＋と(も)
　　　　V－(よ)う＋と(も)
　　　　N/Na－であろう＋と(も)

［意味］不管……，多么……，无论……也……。与"ても"同义，是相对陈旧的说法。
①あしたのパーティー、少なくとも100人は来るだろう。
②どんなも辛かろうと、苦しかろうと必ずやり遂げてみせます。
③たとえ両親に反対されようと(も)、留学するつもりだ。
④病人であろうと年寄りであろうと、何の配慮もなしに、敵は攻撃を仕掛けてくる。
⑤たとえ健康であろうと(も)中年を過ぎたら、定期検診を受けたほうがいい。

注　釈

1. なんとなく

副词。
(1) 不知为何，没有缘由地。
例：なんとなく好きだ。
(2) 没有什么特别地，平淡地，波澜不惊地。
例：なんとなく一生を送ってしまった人。

2. 単なる～（ない）

"単なる"为连体词，表限定。只是，不过是……，当后面和否定表达一起使用时，表示"不单，不只……"。

①単なる一時的なブームですよ。
②単なる友人に過ぎない。
③それは単なる勘違いとは思えない。
④単なる想像ではない。

3. かくいう

相当于「このように言う」「こんなふうに言っている」的意思，像这样的，这样说的……

①かく言う私も、たばこを吸っています。
②この家のあるじはかくいう私だ。

4. あながち～ない　不一定，未必

"あながち"为副词，表示不一定，未必，后面与否定表达方式搭配使用。

①あながち間違いとは言えない。
②課長のいうこともあながち否定はできない。

関連用語

* **ハードディスク**

    Hard Disk。硬盘。硬盘是电脑主要的存储媒介之一，由一个或者多个铝制或者玻璃制的碟片组成。碟片外覆盖有铁磁性材料。硬盘有固态硬盘（SSD盘，新式硬盘）、机械硬盘（HDD传统硬盘）、混合硬盘（HHD一块基于传统机械硬盘诞生出来的新硬盘）。SSD采用闪存颗粒来存储，HDD采用磁性碟片来存储，混合硬盘（HHD；Hybrid Hard Disk）是把磁性硬盘和闪存集成到一起的一种硬盘。绝大多数硬盘都是固定硬盘，被永久性地密封固定在硬盘驱动器中。

* **プログラミング言語**

    programming language。程序设计语言，程序设计语言是用于书写计算机程序的语言，程序语言的基础是一组记号和一组规则，根据规则由记号构成的记号串的总体就是语言。在程序设计语言中，这些记号串就是程序。程序设计语言有3个方面的因素，即语法、语义和语用。语法表示程序的结构或形式，亦即表示构成语言的各个记号之间的组合规律，但不涉及这些记号的特定含义，也不涉及使用者。语义表示程序的含义，亦即表示按照各种方法所表示的各个记号的特定含义，但不涉及使用者。

* **MOONBlock（ムーンブロック）**

    MOONBlock是秋叶原research center开发的一种让儿童也能在游戏中寓教于乐的程序设计语言。通过在画面上选择板块的类型，来制定组合和行动步骤，从而制作简单的游戏。

* **enchantMOON（エンチャントムーン）**

    日本UEI（Ubiquitous Entertainment）公司在2013年出品的一款平板电脑，具有强大的手写功能。

* **ベンチャー企業**

    创业公司。指在产业转型期，新旧产业交替，最新领域出现的很多新产业开始占领市场。在这样的时代背景下，依靠自身的技术及产品快速成长起来的企业就叫做"创业公司"。这种叫法通常指的是新兴的，或从创业伊始没有经历太长时间就急剧成长起来的企业。在信息化社会快速发展的当今时代，产生了很多和信息通信相关的创业公司，比如，计算机周边产品、软件开发、信息服务等领域。

ペットボトル④　　　　　　　［名］　　　　　　　pet bottle，塑料瓶

第6章　プログラミング＆エンジニアのキャリアについて

ロケット②①	[名]	roket，火箭
すき焼き⓪	[名]	日式牛肉火锅，寿喜烧
不足⓪	[名・形動]	不足，缺乏；不满，挑剔
大草原③	[名]	大草原
横切る③	[他五]	横穿，穿过
被害者②	[名]	受害者，难民
紛糾⓪	[名・自サ]	纠纷
症状③⓪	[名]	症状，病情
手術①	[名]	手术
大事①③	[名・形動]	重大事件，大祸重要，要紧，宝贵
消し止める④⓪	[他一]	扑灭，阻止，抑制
鍛える③	[他一]	冶炼，炼制；锻炼，磨练
果たす②	[他五]	实现，达成
精進①	[自サ]	修行，精进；专心学习，立志努力；斋戒，吃素
陶芸⓪	[名]	陶艺，陶瓷工艺
見込み⓪	[名]	可能性，前景；盼望，期望；外观
沼②	[名]	池沼，池塘
堀②	[名]	护城河；沟渠
勘違い③	[名・自サ]	误会，想错
明かす⓪②	[他五]	说出，言明，揭露；通宵

練習問題

I　次の文の_____の部分に入る最も適切なものを1、2、3、4から一つ選びなさい。

(1) 彼女は幸運の星の_____に生まれました。
　　1　上　　　　　　　2　下　　　　　　　3　そば　　　　　　4　近く

(2) 日本が高い技術力を持っている_____、中国は広い市場と豊な資源を持っている。
　　1　のに反して　　　2　かと思うと　　　3　のに対して　　　4　反面

(3) 子供たちが授業をボイコットする_____、先生たちはようやく子供たちの言い分にも耳を傾けるようになった。
　　1　に対して　　　　2　について　　　　3　において　　　　4　にいたって

(4) 会社の命令_____、彼は上司と相談ともせず、独断で交渉を進めた。
　　1　どころか　　　　2　と違って　　　　3　に反して　　　　4　と異なって

(5) タバコを吸う人は減り_____が、若い女の人の喫煙は増え_____。
　　1　っぽい　　　　　2　気味　　　　　　3　つつある　　　　4　め

(6) 信じようが、_____、これは事実なのです。よく聞いてください。
　　1　聞くまいが　　　　　　　　　　　　　2　信じまいが
　　3　見まいが　　　　　　　　　　　　　　4　分かるまいが

IT日语精读教程

(7) あの子の主張は＿＿＿＿間違いとは言えない。
　　1　かならず　　　　2　いずれ　　　　　3　たまたま　　　　4　あながち
(8) 大した病気じゃないのだから、＿＿＿＿よくなりますよ。
　　1　いずれ　　　　　2　ちかく　　　　　3　あながち　　　　4　いつか
(9) たとえ＿＿＿＿であろうと、展示品をただで差上げるわけにはいかない。
　　1　一流の作品　　　2　玄人の作品　　　3　素人の作品　　　4　プロの作品
(10) ユリノ先生のご指導＿＿＿＿、卒業論文を書き上げました。
　　1　のもとで　　　　2　の際に　　　　　3　のついでに　　　4　の上で
(11) それは＿＿＿＿勘違いに過ぎません。
　　1　ただ　　　　　 2　だけ　　　　　　3　単なる　　　　　4　単純に
(12) 目が見え＿＿＿＿、人の気配はわかるものだ。
　　1　ても　　　　　 2　なくて　　　　　3　ようが　　　　　4　ずとも
(13) （重そうな荷物を持っている上司に）
　　「社長、私が、＿＿＿＿。」
　　1　もって差上げます　　　　　　　　　2　お持ちします
　　3　お持ちになります　　　　　　　　　4　持たせてください
(14) 先生に教えて＿＿＿＿、スピーチコンテストで優勝できました。
　　1　下さったおかげで　　　　　　　　　2　いただいたおかげで
　　3　くださったばかりに　　　　　　　　4　いただいたばかりに
(15) 試験の結果がわかり次第、メールで＿＿＿＿。
　　1　お知らせになります　　　　　　　　2　お知らせいたします
　　3　お知らせてください　　　　　　　　4　お知らせてあげます

Ⅱ　次の文の＿★＿に入る最もよいものを1、2、3、4から一つ選びなさい。
(1) あなたが＿＿＿＿＿＿＿＿★＿＿＿＿、私は注意してあげるんですよ。
　　1　入ろうが　　　　2　気に　　　　　　3　入る　　　　　　4　まいが
(2) ＿＿＿＿＿＿★＿＿＿＿、宿題があったことも覚えていない。
　　1　に　　　　　　　2　至って　　　　　3　こいつ　　　　　4　は
(3) ＿＿＿＿＿＿★＿＿＿＿、精進を重ねたいと思います。
　　1　下　　　　　　　2　ご指導　　　　　3　の　　　　　　　4　に
(4) 鈴木さん＿＿＿＿＿＿★＿＿＿＿はどれも難しそうです。
　　1　対して　　　　　2　に　　　　　　　3　指示　　　　　　4　出された
(5) 「＿＿＿＿＿＿★＿＿＿＿」、あながち外れていない。
　　1　と　　　　　　　2　当たらず　　　　3　いえども　　　　4　遠からず

Ⅲ　次の文章の（　）に入れる最も適切な言葉を、1、2、3、4から一つ選びなさい。

　最近の若者にはどうも覇気を感じない。
　これは、私のせりふではないので、念のため。仕事でお目にかかる会社経営者の方々などが口癖のようにこう言われるのだ。
　とはいえ、精神科医という立場からも、（　1　）。こんな些細なことで？と首をかしげてしまうようなことで精神のバランスを崩し、精神科を訪れる患者さんが急増しているからである。「上司に、君の企画はこのままでは使えないと言われた」「女子社員に、ヘアスタイルがダサいと笑われた」。（　2　）、神経科を受診するほどと思い詰めてしまうのである。
　冗談じゃない。部下の提出する企画書がみな、そのまま通用するぐらいなら、上司は苦労しない。

第6章 プログラミング＆エンジニアのキャリアについて

「使えない」と言われたなら、練り直せばいいじゃないか。ヘアスタイルを笑われるということは、（　３　）関心を集めていることではないか。誰も関心を抱かないような人なら、無視されるだけだ。無視（　４　）笑われるよりもっと悲惨なのだ。

最近の若い人には、（　５　）ことに耐える力、専門的に言えばフラストレーション・トレランス（注：欲求不満への寛容）の急激な低下がみられる。原因は家庭で我慢することを教えなくなったからだと、私はにらんでいる。

(1) 1　これには全く納得できない　　　　2　これには全然理解できない
　　3　これはまったく同感できる　　　　4　これには全然説得できる
(2) 1　そのくらいのもので　　　　　　　2　そういうところで
　　3　そのくらいのことで　　　　　　　4　そういうわけで
(3) 1　それなら　　　　　　　　　　　　2　それだけ
　　3　それまで　　　　　　　　　　　　4　それほど
(4) 1　だけ　　　　　2　さえ　　　　　3　まで　　　　　4　こそ
(5) 1　思うようにいかない　　　　　　　2　思うようにいった
　　3　思われるようにいかない　　　　　4　思われるようにいった

Ⅳ　各文章を読んで、以下の問いに答えなさい。答えは、1、2、3、4から最も適当なものを一つ選びなさい。

文章1

人は会い、人は別れ、そしてまた、人は出会うのです。人生はこのような人と人との出会いの連続です。①「真理は単純な中にある」のです。その時々に応じた一言が、相手と自分を結びつける強い絆になるのです。あなたが今もっている友人、A君、B君、Cさんに出会った時、もし声をかけていなかったら、ただ生きずり（注）の人でしかなかったはずです。

ためしに早速、明るい積極的な挨拶をしてみてください。周りの雰囲気がいっぺんに変わることに気づくはずです。でも、気の抜けた大儀そうなあいさつは若者らしくありませんので、あいさつのしかたにも気を付ける必要があります。

ところで、人間は自分を中心に考える動物です。あなたは、集団写真を見るとき、一番最初に探すのはだれですか。まぎれもないあなた自身でしょう。これこそ普通の人のごく自然の感情なのです。アクセサリーやスーツ、靴なども自分がつけるのだからどうでもいいようなものですが、ほとんどの人が他人の目を意識して選んだり、着用します。悲しいけれども、それがまぎれもない事実なのです。②この感情が、心の中で他人に向かって「私を無視しないでほしい」と叫ばせているのです。つまり人間はみな、自分に関心を示してほしいと心から願っているのだということです。（　③　）のがあいさつなのです。

注：行きずり：道ですれ違うこと

問1　①「真理は単純な中にある」とあるが、ここで筆者は何を言おうとしているか。
　　1　人生の真理は人との出会い、人との別れという普通のことの中にある。
　　2　自分から周りの人に声をかけることは、その場の雰囲気を変える力を持っている。
　　3　人付き合いにおいて、一言の挨拶が実は大きな役割を果たしている。
　　4　友人とのコミュニケーションこそ、友人関係を結びつける強い絆である。

問2　②「この感情」とあるが、文章の中で何を指しているか。
　　1　人間は自己中心的な動物であること
　　2　集団写真を見るとき、最初に自分の姿を探すこと
　　3　自分の身につけるものを選ぶ時にも、他人の目を意識していること
　　4　自分の身の回りのものまで他人を意識するあまり、自分が悲しくなるということ

問3 （ ③ ）の中に入れる言葉として正しいのは何か。
1 この自然な気持ちを忘れさせてくれる
2 この自己中心的な気持ちを満たしてあげる
3 周りの人と自分との強い絆を確認してあげる
4 周りの人と仲良くしたい願いを実現させてくれる

文章2

　情報や感謝のやりとりは、お金のやりとりのように、必ずしもつり合いのとれたギブ&テイク（注1）ではありません。
　「世話好き」と呼ばれるタイプは、自分から働きかけることの方が多く、ギブに偏っているため、他人の目には大変そうです。いつも損をしているようにも見えますが、彼らにとって、そのギブによって自分なりのネットワークを作っています。
　反対に②ギブをしない人は、他人との関わりで疲れることはありませんが、テイクするものもありません。積極的に関わらないためにネットワークが広がらず、何かをしたいと思ったときにも誰かの助けを借りられません。「人に迷惑をかけない」ことだけを考えていると、とかく「自分との関わりのない人」との関係が薄くなります。両者のどちらが得かについては、さまざまな考え方があるでしょう。もらうだけなのが得、と考える人もいるかもしれません。しかし、もらうだけのコミュニケーションはありえません。私自身は、他人にギブできるほうがアサーティブ（注2）で、本人にとっても長期的に得ではないかと思います。失敗を恐れて小さな世界で固まっていても、発展的なコミュニケーションは得られません。

（注1）ギブ&テイク：与えること（give）ともらうこと（take）
（注2）アサーティブ：(assertive)能動的、積極的

問1 ①「ギブ」と「テイク」について、筆者はどのように述べていますか。
1 ギブに偏っている人はいつも大変そうで、損をしている。
2 ギブが多い人は損をしているように見えるが、長期的には得をする場合が多い。
3 テイクする人はそれによって自分なりのネットワークが広がる。
4 テイクに偏っている人は損より得をする場合が多い。

問2 「ギブをしない人」の説明について、文章の内容と合っているものはどれか。
1 ギブをしない人は他人に迷惑をかけないので、得をしている。
2 ギブをしない人は他人の助けをもらうだけで、自分からは何もしない。
3 ギブをしない人は本人が得をしていると思うが、他人はそう思わない。
4 ギブをしない人は人付き合いにおいて消極的で世界が狭くなってしまう。

問3 文章の内容を次のようにまとめた場合、（　）の中に入れる言葉の組み合わせとして正しいのはどれか。
　「より多くを（ A ）ためには、より多くを（ B ）ことが不可欠です。そして、より多くを（ C ）ためには、より多く（ D ）ことが必要です。」

1　A　得る　　　　B　与える　　　C　与える　　　D　持っている
2　A　与える　　　B　得る　　　　C　得る　　　　D　テイクする
3　A　テイクする　B　ギブする　　C　与える　　　D　テイクする
4　A　ギブする　　B　テイクする　C　テイクする　D　持っている

第6章　プログラミング＆エンジニアのキャリアについて

文章3

　多くの働いている人たちは、自宅と会社の往復に大半の時間を費やし、夜遅く帰宅して遅い夕食と済ませ、お風呂に入り、疲れているあまり、すぐに寝てしまう。たまの休日も日々の労働で身体が疲れきっていて、特にどこへも出かけることなく、自宅でゴロゴロして過ごす。そのような生活を送っているのではないでしょうか。マンネリ化した日々を当たり前に感じていたら、進歩がありません。ほとんどの人は、「プラス人間」になりたいと思っています。そのためには、小さなことから変えていきましょう。

問　筆者によれば、「マンネリ化した日々」とは何か。
1　何の変化もなく同じような生活を繰り返す日々
2　仕事で疲れがたまっていて、休日が楽しめない日々
3　仕事とは関係ないことを排除し、仕事に励む日々
4　いつも規律正しい生活を送る日々

豆知識

プログラミングのスキルは世界共通

　英語と同様に、プログラミングのスキルは世界共通である。日本国内はもとより、世界中で使える。（中略）プログラミングに国境はない。

　実際に、現在のIT業界では、世界中のエンジニアが各国に居ながらにして、1つのプロダクト（ソフトウェアやサービス）を共同で作っている。そのようなことができる環境はすでに用意されている。ですので、基本的なプログラミング・スキルを身につけた後は、その世界に足を踏み入れていき、またそこでさらにスキルを磨いていくことが可能である。

　また、プログラミングのスキルは価値のある「能力」なので、病気や介護、出産・子育てといった何らかの理由で一時的離職した場合でも、スキルがあればすぐに復職できる。独立して自宅で作業することも可能である。

　このような話をすると「夢のようですね」「それはごく一部の超優秀な人の話でしょう」「そんなに甘い話はないよ」と訝しがる人も多いと思う。確かにこの話は「甘い話」ではありません。しかしその一方で「それほど夢のような話」でもないのです。プログラミング・スキルをある程度身につければ実際に実現できる。既に実現している人もたくさんいる。

　プログラミング・スキルを手に入れることで可能になる働き方・暮らし方は、もしかしたら今現在皆さんが想像している以上に多様化しているのかもしれない。高齢化の進む日本では、仕事のみではなく、仕事と介護、仕事と育児など、仕事＋○○の世の中になってきている。そのような人にとって、プログラミング教育を活かした、ITの在宅業務につくことができれば、時間と場所の拘束性が少なくなり、仕事を続けられると考えられている。労働人口を安定して確保することは、国家としても重要な要素の一つである。

米田昌悟著『プログラミング入門講座——基本と思考法と重要事項がきちんと学べる授業』SBクリエイティブより改編

第 16 課

プロジェクト成功の心構え

　プログラム*やプロジェクト*を成功させる心構えは「せ・い・ふ」——。冨永章PMラボラトリー*代表はこう提唱する。「成算・意志・踏み込み」の頭の一文字を並べたものだ。プログラムとは複数のプロジェクトの集まりを指す。

一、成算を持たせる

　心構えの一つ目は取り組むプログラムやプロジェクトに成算を持たせることだ。成算とは「こうやればできるという論理や筋道を自分で持っていること」を指す。ただ、プロジェクトという活動は繰り返しの仕事ではなく、一回ずつ内容が異なる。論理や筋道をどう通すのか。

　冨永氏は「目的・目標の構造化」を勧める。プログラムやプロジェクトの最終的な目的を確認する。その目的に到達するために、「マイルストーンとして達成可能な目標を立て、そこへ到着して再び成算を得る努力をする」。この活動を続ければ、「最後までの見通しが立ち、可能性はまだ小さくとも成算が次第にできてくる。」

　複数の達成可能な目標と、それを経由してたどり着く目的をはっきりさせることが「目的・目標の構造化」である。構造を把握できれば、それぞれの目標を達成する活動と日程が見えるようになり、計画も立てられる。成算を持つためにはQCD*（品質・コスト・納期）やリスクをマネジメントする手法やツールを使うことも必要だが、目的と目標の構造が明確でなければ使いようがない。

二、完遂する意志を持つ

　心構えの二つ目はプロジェクトを完遂する意志を持つこと。「リーダーが何事も他責にせず、自分自身のプロジェクトとして達成意欲満々で目的と目標を追求する。それがプロジェクトの成功に不可欠」である。プロジェクトのリーダーや担当者のやる気と取り組む姿勢に関わることであり、成算とも密接な関係がある。

第6章　プログラミング＆エンジニアのキャリアについて

三、取り組む対象へ踏み込む

　心構えの3つ目は行動に関するものである。「踏み込み」はプロジェクトマネジメントの要諦としてしばしば指摘される。冨永氏によれば「自分の責任範囲はここまで、と内にこもらず、スポンサーやステークホルダーのところに踏み込み、彼らの立場とニーズを深く理解し、その立場で行動する」ことだ。スポンサーはプロジェクトに投資している経営者や事業責任者を、ステークホルダーはプロジェクトに関わる人ないしプロジェクトの成果物の影響を受ける人を、それぞれ指す。

　あくまでも相手の「立場とニーズ」を尊重するのであって、経営者や利用部門と直談判し、こちらの都合を押し通すことではない。だが、そんなことはできるのか。冨永氏は「対象自体の背景、つまり目的・目標の構造をできるだけ上位まではっきり理解してそれを常に意識しつつ、取り組む対象を熟知するまで踏み込む」と説明する。

　ある目標を達成できない危険性が生じて追加投資や要件縮小を経営者や利用部門に依頼せざるを得なくなったとしても、最上位の目的に到達するために今回こうしてほしい、と提案し、交渉するわけだ。

四、「せ・い・ふ」は対話の指針になる

　「せ・い・ふ」はプロジェクトの心構えであると同時に、情報システム責任者が経営者と対話するための指針でもある。

　言うまでもないが、経営者はプロジェクトの成功を期待し、進捗に関心を持っている。情報システムに限らず、新製品の開発、M&A（買収・合併）、海外進出、株式公開なども全てプロジェクトになる。何かの拍子にプロジェクト運営の勘所について経営者から尋ねられたら、「せ・い・ふ」に照らし合わせて考え、意見を述べるとよいだろう。

　もっとも、情報システムの開発プロジェクトで苦労して経営者にしばしば釈明しているようでは相談どころではない。情報システム部門のプロジェクト運営について「せ・い・ふ」を検証し、目的と目標を再確認するためにも、踏み込むべきところに踏み込んで経営者や利用部門と対話することになる。

冨永章　『パーソナルプロジェクトマネジメント　増補改訂版』日経 BP 社より改編

ことば

心構え④　　　　　　［名・形動］　　　　精神准备，思想准备

提唱⓪	[名・他サ]	提倡,倡议
成算⓪	[名]	成算,把握
踏み込み⓪	[名]	踏入,深入
一文字③	[名]	一个字,一字型;笔直
並べる⓪	[名]	排列,陈列,堆放
指す①	[他五]	指向,指定,指出,朝向
筋道②	[名]	道理,条理;程序,步骤
構造化⓪	[名]	结构化,构造化
到達⓪	[名・自サ]	到达,达到
マイルストーン⑤	[名]	milestone。里程碑
達成⓪	[名・他サ]	达成,告成
見通し⓪	[自五]	眺望;看穿,看透;预测,预料
把握⓪	[名・他サ]	掌握,充分理解;握在手中
日程⓪	[名]	日程,计划,进度,安排
明確⓪	[形動]	明确
納期①	[名]	交货或缴纳的时间、期限
マネジメント②	[名・他サ]	Management。经营;管理;控制
完遂⓪	[名・他サ]	完成,竣工,达成
他責⓪	[名]	别人的责任
意欲①	[名]	意志,热情,积极性
密接⓪	[名・形動・他サ]	密切,紧连
要諦③⓪	[名]	要义,关键,要点
スポンサー②⓪	[名]	sponsor 资助者,广告主
ステークホルダー⑤	[名]	stakeholder。企业的利害相关方
成果物⓪	[名]	成果,项目开发过程中最终向客户提交的产品
直談判③	[名]	直接谈判,直接交涉,面谈
押し通す③	[他五]	贯彻,坚持到底
要件③⓪	[名]	要紧的事情,重要条件
指針⓪	[名]	指针,指南
進捗⓪	[名・自サ]	进展,升职
合併⓪	[名・自サ]	企业合并,归并
拍子③⓪	[名]	事物的状态,事态,节奏
勘所⓪③	[名]	要点,要害
釈明⓪	[名・他サ]	阐明,说明

第6章　プログラミング＆エンジニアのキャリアについて

📢 内容理解

Ⅰ　次の質問を考えてみください。
(1) プログラムやプロジェクトを成功させる心構えである「せ・い・ふ」について説明してください。
(2) 冨永氏が言う「自分の責任範囲はここまで、と内にこもらず、スポンサーやステークホルダーのところに踏み込み、彼らの立場とニーズを深く理解し、その立場で行動する」ことを説明ください。
(3) 成算を持つためのQCDは具体的に何を指していますか。

Ⅱ　本文の内容と合っているものに〇を、違っているものに×をつけてください。
(1) もっとも、情報システムの開発プロジェクトで苦労して経営者にしばしば釈明しているようでは相談どころではありません。（　　）
(2) あくまでも相手の「立場とニーズ」を尊重するのであって、経営者や利用部門と直談判し、こちらの都合を押し通すことです。（　　）
(3) 「せ・い・ふ」はプロジェクトの心構えであると同時に、情報システム責任者が経営者と対話するための指針でもあります。（　　）

Ⅲ　適当な言葉を選んで、＿＿＿＿に入れてください。

> 　指摘する　　踏み込む　　深い　　に関わる　　受ける　

　心構えの3つ目は行動に関するものである。「踏み込み」はプロジェクトマネジメントの要諦としてしばしば＿＿＿＿。冨永氏によれば「自分の責任範囲はここまで、と内にこもらず、スポンサーやステークホルダーのところに＿＿＿＿、彼らの立場とニーズを＿＿＿＿理解し、その立場で行動する」ことだ。スポンサーはプロジェクトに投資している経営者や事業責任者を、ステークホルダーはプロジェクト＿＿＿＿人ないしプロジェクトの成果物の影響を＿＿＿＿人を、それぞれ指す。

Ⅳ　正しい言葉を一つ選んでください。
(1) 横浜市都筑区にあるクライミングジム＿＿＿＿のホームページです。
　　1　プロデューサー　　　　　　2　プロジェクト
　　3　プロ　　　　　　　　　　　4　プロダクション
(2) 機械学習は専門の大学の先生が、機械学習の基礎知識から＿＿＿＿まで教えてくれます。
　　1　プログラム　　　　　　　　2　プログラミング
　　3　プロフィール　　　　　　　4　プロレス
(3) 自分の立場を＿＿＿＿きた人々があり、彼らに対しては早速適当な処置をとると言った。
　　1　釈明して　　2　解明して　　3　説明して　　4　解釈して
(4) このサービスは、顧客などの＿＿＿＿に損害を与える可能性がある。
　　1　ステージ　　　　　　　　　2　ステークホルダー
　　3　ステーキ　　　　　　　　　4　ステータス
(5) 協会によれば今年初め、身分証明書を改ざんして実年齢より若いことを＿＿＿＿そうとした18人の選手が、出場停止処分になったという。
　　1　押し付け　　2　押し込み　　3　押し通　　4　押し寄せて
(6) ＿＿＿＿な関係を結ぶ。
　　1　密度　　　　2　密着　　　　3　密閉　　　　4　密接
(7) ＿＿＿＿とスポーツチームを結び付けるマーケットです。
　　1　スポット　　2　スポンジ　　3　スポンサー　　4　スポーツ

(8) ＿＿＿＿＿＿心理学における重要な概念の一つです。
    1　成長　　　　　　　2　進歩　　　　　　　3　進取　　　　　　　4　進捗

文　型

1.　～ようがない　（N2）

本文　目的と目標の構造が明確でなければ使いようがない。

［接続］V―ます＋ようがない

［意味］没有办法，无法……。

①質問の意味が分からなくて、答えようがなかった。
②その時の寂しさは、言いようがない。
③電話番号も住所も分からないので、連絡しようがない。
④行きたくても行きようがない。

関連文型

～ようもない　（N2）

［接続］V―ます＋ようもない

［意味］没有办法，无法……。

①このことだけが言いようもなく、残念でならない。
②今となっては、もう手の打ちようもない。
③病気で入院しているのに、たばこは隠れて吸うし、出された食事は文句を言って食べないし、あれでは治りようもない。
④ギャンブルに手を出し、サラ金で金を借り、あげく、会社はクビになる。もう、どうしようもないやつだ。

2.　～つつ　（N2）

本文　「対象自体の背景、つまり目的・目標の構造のできるだけ上位まではっきり理解してそれを常に意識しつつ、取り組む対象を熟知するまで踏み込む」

［接続］V―ます＋つつ

［意味］

(1)　一边……一边……。前项动作进行是反复的，动作性很强，是书面语，文语气息很重。
①妻は航海の無事を祈りつつ、夫の船出を見送った。
②歩きつつタバコを吸う。
③テレビを見つつ飯を食べる。
④きのう午前中にはラジオを聞きつつ部屋を片付けた。
(2)　虽然……但是，尽管……可还是，也可用「～つつ（も）」的形式。
①悪いと知りつつ、つい落とし物の財布を自分のポケットにしまい込んだ。
②その言い訳はうそと知りつつ、私は彼にお金を貸した。
③彼女は笑いつつも、心の中では泣いていた。
④明日がレポートの締切だと知りつつも、遊んでしまった。

3.　～ざるを得ない　（N2）

本文　ある目標を達成できない危険性が生じて追加投資や要件縮小を経営者や利用部門に依頼せざるを得なくなったとしても。

[接続] V－ない＋ざるを得ない

[意味] 不得不，不能不……。

①出産のため、仕事を辞めざるを得なかった。

②おいしくはなかったが、ほかに食べ物がなかったので、食べざるを得なかった。

③大雨のために、花火大会は中止せざるを得ない。

④ビザの期限が切れたのだから、国へ帰らざるを得ない。

4. ～てほしい （N3）

本文　最上位の目的に到達するために今回こうしてほしい、と提案し、交渉するわけだ。

[接続] V－て＋ほしい

[意味] 希望別人做某事。

①君にそばにいてほしい。

②父にたばこをやめてほしい。

③母は私たちにちゃんと勉強してほしい。

④これだけ晴天が続くと、農家ならずとも雨が降ってほしくないと思う人はいないだろう。

関連文型

～てもらいたい （N3）

[接続] V－て＋もらいたい

[意味] 表示主語希望別人为自己做某事。

①僕は君にこの仕事を担当してもらいたい。

②この事は他人に言わないでもらいたい。

③IT技術でさまざまな顧客に満足してもらいたい。

④私に何をしてもらいたいのですか。

5. ～わけだ （N3）

本文　最上位の目的に到達するために今回こうしてほしい、と提案し、交渉するわけだ。

[接続] N－な・である/Na－な/A/V＋わけだ

[意味]

(1) 就是，都是，应该是。用于主张强调自己所叙述的事是有合乎逻辑的根据的事实时使用，有时也作为终助词性质使用，一般在叙述自己的想法，说服对方时使用比较多。

①私は古本やめぐりが好きで、暇があると古本屋を回っては掘り出し物を探しているわけですが、この頃はいい古本屋が少なくなってきたので残念に思っています。

②わたし、国際交流関係のボランティア活動はすでに10年近くやってきているわけでして、自慢じゃあありませんが皆さんよりもずっと経験はあるわけです。そういう立場の者としてご提案させているわけです。

(2) 当然……，自然……，就是……。表示得出的结论。

①イギリスとは時差が8時間あるから、日本が11時ならイギリスは3時なわけだ。

②私は昔から機械類をさわるのが苦手です。だからいまだにコンピューターも使えないわけです。

(3) 也就是说，换言之。多和"つまり""言い換えれば""すなわち""要するに"等一起使用。

①彼女の父親は私の母の弟だ。つまり彼女と私はいとこ同士なわけだ。

②彼は大学へ行っても部室でギターの練習ばかりしている。要するに講義にはほとんど出ていないわけだが、それでもなぜか単位はきちんと取れているらしい。

6. ～ようでは （N2）

本文　もっとも、情報システムの開発プロジェクトで苦労して経営者にしばしば釈明しているようでは相談どころではない。

[接続] Na－な/V/A　＋ようでは

[意味] 表示如果像前项一样（不好的）状态一直持续的话，会产生不好的结果，要是……的话。

①この程度の練習で文句を言うようでは次の試合に勝てないぞ。
②こんなことができないようでは、話にならない。
③こんな簡単な問題が解決できないようでは、困る。
④こんな質問をするようでは、まだまだ勉強が足りない。

7. ～どころではない・～どころじゃない （N2）

本文　もっとも、情報システムの開発プロジェクトで苦労して経営者にしばしば釈明しているようでは相談どころではない。

[接続] N/V－る/V－ている　＋どころではない・どころじゃない

[意味] 无法做到……。不应该……。表示由于没有多余的时间、精力导致根本不能……。

①こんなに忙しいのに、遊ぶどころではない。
②先週は毎日送別会や歓迎会で夜遅くまで帰れなかったので、試験勉強どころではなかった。
③夕べ会社で事故が起こったもので、ゴルフどころではない。

区別文型

～どころか　（N2）

[接続] Na/N/A/V＋どころか

[意味] 不但不，而且……；根本不是。

①彼は独身どころか、3人の子持ちです。
②喉が痛くて食事どころか水を飲むのも辛いんだ。
③高い点数どころか、60点も取れなかった。
④暇どころか、仕事が多くていつ帰れるかも分らない。

注　釈

1. 次第に

副詞。逐渐的，慢慢的。

①雨が降るのか、空が次第に暗くなってきた。
②ここ数年で、AIは大きく進歩しました。次第にAIが社会の中で大きな役割を果たすようになるでしょう。
③汽車は次第に遠ざかっていった。
④母親の看護の下に、彼は次第に元気になった。

区　別

（1）～次第だ・～次第（で）は　（N2）

[接続] N＋～次第だ・～次第で・～次第では

[意味] 表示由……而定，全凭，要看……如何。表示根据前项的情况而变化，为其左右。

①できるかどうか、君の努力次第だ。
②作物の出来具合はこの夏の天気次第です。

③先生のご都合次第では、来週の講演は延期になります。
④酒は保存状態次第で、味が大きく変わって来る。

（2）～次第　（N2）
［接続］V－ます＋次第
［意味］马上……就……，一……立刻就。
①事件の詳しい経過が分かり次第、番組の中でお伝えします。
②手紙が着き次第、すぐ来てくれ。
③機会があり次第、伺いさせていただきます。
④天候が回復し次第、出航します。

（3）～次第です　（N2）
［接続］V－る/V－た＋次第です
［意味］表示原委，因由。
①とりあえずお知らせした次第です。
②今後ともよろしくご指導くださいますようお願い申し上げる次第でございます。

2．ないし
表示二者选一，或，或者。
①旅行の参加を希望する者は必ず父ないし母の承諾を得ること。
②東北地方では雪ないし雨になるでしょう。
③政治ないしは法律の方法や主張には大きな変化は全然なかった。
④「三年ないし五年」、こういう使い方もあるらしく。

関　連
もしくは
表示两者选一。
①本人確認のために、住民票もしくは運転免許を提示すること。
②試験を受けるか、もしくはレポートを提出しなければならない。
③黒もしくは青でお書きください。
④やるか、もしくはやめるか、どっちみち決めないといけない。

関連用語

* **プロジェクト**

　　project。项目。PMI（美国项目管理学会）发行的 PMBOK 上将"project"定义为"为了创造独立的产品、服务、产物而被实施的有期限性的业务"，强调的是"独立（不是反复的）和有期限"这两个特性。

* **プログラム**

　　program。在本文中不是程序或编程的意思，这是一个广义上的 program 的概念，指的是一个产品线的整体开发，依据 PMI（美国项目管理学会）发行的项目管理标准，所谓"program"，是指为了实现依靠单个管理每个项目的方法所无法得到的利益和控制，用宏观、统一的方法被管理的相互关联的项目的集合体。即在共同利益下相互关联的项目（project）的集合体。

* **冨永章 PM ラボラトリー**

　　"PM ラボラトリー（project management laboratory）"公司的社长。曾在日本 IBM 担任项目负责人、系统开发部负责人、专务，2009 年开始担任现职，该公司主要从事项目管理人才的培训和为公司组织提供咨询服务，冨永章本人也活跃于在各个大学或者大学院讲学，推广和普及项目管理相关知识。

* **QCD**

quality, cost and delivery。在企业运营方面指，质量、成本、交付期。

ことば

熟知①	[名・他サ]	熟悉，熟知
航海①	[名・自サ]	航海，航行
船出⓪	[名・自サ]	起航，开船，扬帆
横断⓪	[名・他サ]	横断，横渡
訴える④③	[名・自サ]	起诉，申诉；依靠，求助
独身⓪	[名]	单身，无配偶者
出産⓪	[名・自サ]	生孩子，生产，分娩；产出
足りる⓪	[自一]	足够，可以；讲究；值得
役割⓪③④	[名]	起诉，申诉；依靠，求助
承諾⓪	[名・他サ]	同意，答应，承诺，应诺，应允，允许
東北地方⑤	[名]	东北地区
住民票⓪	[名]	居民、户籍证明
運転免許⑤	[名]	驾照
どっち道⓪	[副]	总而言之，不管怎样，反正
医学部②⓪	[名]	医学部

練習問題

Ⅰ 次の文の_____の部分に入る最も適切なものを1、2、3、4から一つ選びなさい。

(1) 子供の話をうそだと知り_____、お金を渡す母でありました。
　　1　まま　　　　　2　つつ　　　　　3　も　　　　　4　たり

(2) 褒められる_____、さんざん叱られた。
　　1　どころではなく　　　　　　　　　2　どころではない
　　3　どころでなく　　　　　　　　　　4　どころか

(3) 残念_____、明日のパーティーへ行けなくなりました。
　　1　ながら　　　　2　くせに　　　　3　のに　　　　4　けれど

(4) 悲しくて、_____いられないです。
　　1　泣かずでは　　2　泣かないには　　3　泣かずには　　4　泣かなくては

(5) 準備ができ_____出発します。よろしいですか。
　　1　次第　　　　　2　次第で　　　　3　次第の　　　　4　次第より

(6) お客さま、具合が悪い_____、少し寝たほうがいいですよ。
　　1　ようだったら　2　ように　　　　3　ような　　　　4　のように

(7) お天気_____、どこへいくか決めましょう。
　　1　にとって　　　2　次第　　　　　3　によって　　　4　次第で

第6章 プログラミング＆エンジニアのキャリアについて

(8) 皆様への感謝かたがた、ここに去年の業績を報告する＿＿＿＿であります。
　　1　まで　　　　　2　こと　　　　　3　しだい　　　　　4　ゆえん

(9) したい、したくない、という気持ちの問題ではありません。公言した以上、せ＿＿＿＿のだ。
　　1　ざるをえない　　　　　　　　　　2　ざらなければならない
　　3　ずをえない　　　　　　　　　　　4　ずのえない

(10) 彼は日本に来て5年になるのに、漢字はおろか＿＿＿＿。
　　1　ひらがなさえも書けない　　　　　2　ひらがなだけは書ける
　　3　難しい言葉も理解している　　　　4　やさしいことばも理解している

(11) 先生はもう＿＿＿＿帰りになりましたか。
　　1　お　　　　　2　ご　　　　　3　こ　　　　　4　が

(12) 山田先生が文法を＿＿＿＿。
　　1　教える　　　　　　　　　　　　　2　教えてくれます
　　3　教えてくださいます　　　　　　　4　教えください

(13) のどが痛くて、＿＿＿＿どころではない。
　　1　カラオケで歌う　　　　　　　　　2　小さい声を出す
　　3　薬を飲む　　　　　　　　　　　　4　学校を休む

(14) おいしそうなお弁当だったけど、おなかが痛かったので、＿＿＿＿。
　　1　食べようがない　　　　　　　　　2　食べたくない
　　3　食べずにはいられない　　　　　　4　食べなくてはならない

(15) 駅に後一分遅く着いたら、電車に＿＿＿＿。
　　1　乗れないわけだった　　　　　　　2　乗れないところだった
　　3　乗れるどころではなかった　　　　4　乗れるわけではなかった

Ⅱ　次の文の　★　に入る最もよいものを1、2、3、4から一つ選びなさい。

(1) 人工知能開発に＿＿＿　＿＿＿　★　＿＿＿です。
　　1　知識は　　　　　　　　　　　　　2　最低限必要な
　　3　2つ　　　　　　　　　　　　　　4　「機械学習」と「Python」の

(2) ＿＿＿　＿＿＿　★　＿＿＿つもりです。
　　1　あろうと　　　2　何事が　　　　3　やる　　　　4　あくまでも

(3) ＿＿＿　★　＿＿＿　＿＿＿。
　　1　5名　　　　　2　募集数は　　　3　8名です　　　4　ないし

(4) 今となっては＿＿＿　★　＿＿＿　＿＿＿。
　　1　手の打ち　　　2　ようがない　　3　もう　　　　4　ですねえ

(5) となりの人がうるさい　★　＿＿＿　＿＿＿　＿＿＿ほうがいいですよ。
　　1　隣の人に　　　2　言った　　　　3　ちゃんと　　　4　ようだったら

Ⅲ　次の文章の（　）に入れる最も適切な言葉を、1、2、3、4から一つ選びなさい。

　人工知能 AIとは、人間の知的ふるまいの一部をソフトウェアを（　1　）人工的に再現したものです。経験から学び、新たな入力に（　2　）ことで、人間が行うように柔軟にタスクを実行します。チェスをプレイするコンピューターから自動運転車まで、最近耳にするAIの事例のほとんどは、ディープ・ラーニングと自然言語処理に（　3　）依存しています。これらのテクノロジーを応用すると、大量（　4　）データからパターンを認識させることで、ビジネスや生活における様々な難しいタスク（　5　）こなせるようにコンピューターをトレーニングすることができます。

(1) 1　用いる　　　　2　用いて　　　　3　用いって　　　4　用いく

(2) 1　順応する　　　　2　順応して　　　　3　順応した　　　　4　順応
(3) 1　大きかった　　　2　大きくて　　　　3　大きい　　　　　4　大きく
(4) 1　の　　　　　　　2　に　　　　　　　3　な　　　　　　　4　と
(5) 1　が　　　　　　　2　を　　　　　　　3　は　　　　　　　4　へ

Ⅳ　各文章を読んで、以下の問いに答えなさい。答えは、1、2、3、4から最も適当なものを一つ選びなさい。

文章1

　人間は何であれ、自由が好きです。「自由」とは「自分勝手(注)」と考えてもらってもいいでしょう。人間は自分勝手を好みます。だが、他人の勝手になることを嫌います。憎みます。誰もが自分勝手に振舞おうとすると、他人の勝手と衝突します。自分の勝手を通そうとすると、他人の勝手を押し止めなければなりません。またどんなに自分の勝手を押し通そうとしても、相手の方が強力ならば、相手の勝手に押さえ込まれてしまうことになります。「自由」になろうと思うと、やっかいだということがわかるでしょう。

(注)自分勝手：他人のことは考えず、自分の思いどおりに行動すること

問　この文章で筆者が最も言いたいことは何か。
　　1　人は皆自由になりたいと考えるが、自分勝手な行動はやめなければならない。
　　2　人は何かをさせられるのは嫌だが、完全に自由になることを好むわけでもない。
　　3　人が各人の自由を勝ち取るためには、ほかの人と衝突することが重要である。
　　4　人は皆自由になりたいと考えるが、他人と衝突するので大変だ。

文章2

　桜が満開になる頃、日本中の至るところで花見が始まる。東京の桜の名所である上野公園ではこの時期、学生あるいは若い社員らが朝早くから席取りならぬ陣取り合戦(注1)で大わらわ(注2)。この年中行事とも言うべき出来事も、一歩国外に出るとまったく①異なる視点や趣で見られるのが興味深い。
　日米で②花見についての実験が行われた。アメリカ人の学生たちに、花見を楽しむ日本人のカラフル(注3)な写真（満開の桜の木の下で、シートを敷いて座り、お酒を飲みながら、楽しく盛り上がっているグループの光景）を見せて、1、何をしているのか？　2、まず最初に目についたのは何か？　という質問を行った。さしずめ日本人なら、1番目の答えは、「花見」である。2番目の回答は、綺麗なピンク色に染まって満開の桜の花ということになるだろう。
　ところがアメリカの学生の答えは、意外なものとなった。1つ目の回答は、「ミーティングをしている」というもの。これはわからないでもない。しかし、2番目の回答に至っては、桜と期待している日本人にとってはまず想像できない回答であった。それは③「シートの外に並べられた靴」というもの。彼らにとって、靴は室内でも履いているもの。それを外でしかもみんな脱いで並べてあったことが、とても奇妙に見えたのである。

(注1)陣取り合戦：場所を取り合うこと。
(注2)大わらわ：夢中になること。
(注3)カラフル：色彩豊かな、鮮やかな。

問1　①「異なる視点や趣で見られる」とあるが、何が誰に見られているか。
　　1　日本人が大好きな桜は外国人に異なる視点や趣で見られている。
　　2　花見という日本人の行為は筆者に違う視点や趣で見られている。
　　3　学生や社員が席取りをする行為は筆者に異なる視点や趣で見られている。
　　4　日本人が花見をする行為は外国人に違う視点や趣で見られている。

第6章 プログラミング＆エンジニアのキャリアについて

問2 ②「花見についての実験」とあるが、その内容と合っているものはどれか。
1 この実験ではアメリカ人の学生を花見に招いて、その感想を聞いた。
2 桜の名前を知っているアメリカ人が少ないということが実験でわかった。
3 実験では、花見の写真を見せられたアメリカ人の学生が日本人の予想外の回答をした。
4 実験では、地面に座ってミーティングをする日本人の行為に理解できないアメリカ人が多かった。

問3 ③「シートの外に並べられた靴」とあるが、筆者によれば、アメリカ人の学生はなぜこのように答えているか。
1 花見の写真で桜の花より、並べておいた靴のほうが目立ったから
2 アメリカ人には室外で靴を脱いで並べておく習慣がなく、不思議に思ったから
3 アメリカ人には靴をきれいに並べておいて、お酒を飲むことが想像できないから
4 アメリカには、みんなが集まって花見をするという習慣がないから

文章3

小学2年生のとき。隣に住んでいたダッグという友達が、親からバースデープレゼントに「ウォーキートーキー」をもらった。つまり「携帯用無線電話器」だ。警察官や兵隊が使用するものと形はそっくり。ただし子供用に安っぽくできていて、通じる範囲はせいぜい150メーター。①それでも近所で遊ぶには十分だった。

ダッグが裏庭の塀の裏へ回り、僕は家の前の道を渡って木立に駆け込む。そして誰にも見られなかったことを確認した上で、ボタンを押して交信開始——「ポプラの木まできた。そっちはどこ？ どうぞ」。

方々走りながら見えない相手と会話できるというのは、当時の僕らにとって衝撃的だった。けれど、互いの現在地を確認した後何を話すのか、中身の面では物足りなさ(注1)をいつも感じた。からかいあったり、小学生なりの世間話をしたり、戦争ごっこにもあの無線を随分使ったが、結局、互いの顔を見ながらしゃべったほうが楽しく、「コリンズおばさんの庭のスズカケの木で落ち合おう(注2)。どうぞ」と合流地点を決めて、スイッチをオフに。

今、東京の街を歩いていると、携帯電話の会話の断片があちこちから聞こえてくる。仕事の段取りや、部下を叱る上司、恋人をふっているような話などなど。だが、むかしダッグと2人で散々(注3)やった現在地確認の類いが、圧倒的に多い。車内で、②「いま電車」という言葉を何度耳にしたことか。

こっちは聞くつもりなんか毛頭ない(注4)のに、盗み聞きを強いられるというのが、気に障る(注5)主な原因だろう。おまけに内容も、ほとんどが退屈なしろもので、少々興味をそそられるはずの別れ話さえ、ケータイで済まされてしまっていると、かなり殺風景(注6)だ。

ぼくはケータイを持たない。一種の食わず嫌いだが、在りし日のウォーキートーキーでだいたい、交信の限界がわかったのか。それに外を歩いているとき、電話に出たいとは思わない。歩きながら考えたいと思う。しかも、他人のケータイの会話に妨害されずに。

(注1) 物足りなさ:何か足りないようで、不満に思うこと。
(注2) 落ち合う:ある場合で一緒になる。
(注3) 散々:飽きてしまうぐらい何度も。よく。
(注4) 毛頭ない:全くない。
(注5) 気に障る:感情を害する。嫌な気持ちになる。
(注6) 殺風景:あるべき雰囲気や感情が感じられなくて、興味が持てない。

IT日语精读教程

問1 ①「それでも」とはどういうことか。
1. ウォーキートーキーが自分のものでなくても
2. ウォーキートーキーの形が良くなくても
3. ウォーキートーキーで会話しなくても
4. ウォーキートーキーの機能がよくなくても

問2 ②「いま電車」という言葉を何度耳にしたことかとはどういうことか。
1. 他人が「いま電車(の中です)」と携帯電話に向かっていうのを、筆者は何度も聞いた。
2. 筆者に携帯電話がかかってきて、「いま電車(の中ですか)」と何度も聞かれた。
3. 筆者が携帯電話で相手に「いま電車(の中ですか)」と何度も聞いた。
4. 「いま電車(の中です)」というダッグの声を、筆者は携帯電話で何度も聞いた。

問3 ③筆者がこの文章で最も言いたいことは何か。
1. 子供のころウォーキートーキーで遊んだことは、私にとっていい思い出だ。
2. いまの携帯電話と子供のころのウォーキートーキーは、使われ方が全く違う。
3. 現代でも、ウォーキートーキーさえあれば、携帯電話がなくても構わない。
4. ウォーキートーキーで遊んだ経験から言っても、携帯電話は持つ気になれない。

文章4

福島県内で11月に行われる祭り・イベントの一覧である。下の問に対する答えとして最もよいものを一つ選びなさい。

福島県11月祭り&イベントカレンダー

日程	名称	場所・アクセス	問い合わせ	詳細
1日(土)	火渡りの神事	秋葉神社・JR福田線秋葉神社前駅下車徒歩5分	秋葉神社 ☎024-444-000	社殿前で火がたかれ、裸足で赤々と燃えた炭火の上を無病息災と防火を祈りながら渡る。16時から深夜。
1日(土)～15日(土)	山城天神菊まつり	山城天神・JR尾上線山城天神駅下車徒歩約10分	山城天神 ☎024-333-000	藩主ゆかりのさまざまな種類の菊を神社の境内に展示します。拝観料800円。6時～16時半(最終受付は16時)
3日(月)～6日(木)	佐山夜祭り	佐山神社・JR佐間線佐山駅下車徒歩10分	佐山夜祭り実行委員会 ☎024-555-000	佐山神社の例大祭。豪華絢爛な6台の神興と屋台が出ます。5日(宵宮)は神興・屋台が12時から16時半と18時から20時まで、6日(大祭)は9時から24時頃まで見られます。クライマックスは6日の夜で、冬の夜空に舞う花火は必見。
7(金)・8(土)	林みつる祭り	林みつる記念館・JR川辺線小田井駅下車徒歩10分	林みつる記念館 ☎024-888-000	林みつるの命日にちなんで林みつる記念館が無料公開される。7日には林みつる研究家による講演や人形劇もある。9時～16時半。
8(土)・9(日)	第36回靴のめぐみ祭り市	玉姫稲荷神社・JR福田線稲荷前駅下車徒歩2分	玉姫稲荷神社 ☎024-999-000	靴への感謝の気持ちと足元の安全と健康を願って集められた古靴をおたき上げする。メーカーや問屋による即売会もある。(16時半頃まで)
8(土)～30日(日)	尾高山もみじまつり	尾高山神明・JR尾上線高野駅から徒歩5分、ケーブルカー尾高山神明下車	尾高山観光協会 ☎024-666-000	期間中の土・日曜・祝日を中心に、神社の境内で太鼓の演奏や民謡・踊りなどさまざまなイベントが行われる。11時から日没まで。

第6章　プログラミング＆エンジニアのキャリアについて

日程	名称	場所・アクセス	問い合わせ	詳細
23日(日)	秋大祭	水面明神・JR川上線川辺駅下車徒歩約6分	水面明神 ☎024-777-000	「にいなめのまつり」とも言われる神社大祭の一つ。一年間の豊作と神の恵みに感謝する神事。

問1 マイクさんは、11月5日から7日まで福島県に行き、神社巡りをしようと思っている。マイクさんが神社で見物できる祭りはいくつあるか。

1　1つ　　　　2　2つ　　　　3　3つ　　　　4　4つ

問2 ファンさんは、夜行われる祭りを見たいと思っている。11月の土曜日に見物できる祭りはどれか。

1　火渡りの神事
2　山城天神菊まつり
3　佐山夜祭り
4　第36回靴のめぐみ祭り市

コンドラチェフの波

　下図は「コンドラチェフの波」と呼ばれるものである。ロシアの経済学者コンドラチェフによると、ある分野で画期的な新技術が開発された場合、それに関連した産業が出現し、さまざまな製品が開発され一大好況が出現するが、そうした新しい産業もいつかは飽和状態となり、製品も売れなくなってゆき、新たな技術革新まで景気の低迷が続くことになると提唱している。また、その周期はおおよそ50年であり、産業革命以降、現在までに4つの波があったといっている。

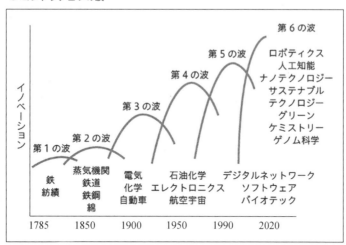

● コンドラチェフの波

参考出所 The Natural Edge Project:Bain Consulting,Michael Porter (Harvard Business School)

　しかし実際は、鉄鋼業のイノベーションには100年かかり、自動車に関しても1920年頃に車が開発されてからハリブリッドカーが出現するまでに約80年かかっている。そのような中、インターネット技術の発展はすさまじく、AmazonやGoogleが現れてから数年で、私たちの生活は一変しました。テクノロジーの進化これまでとは比べ物にならないほど飛躍的に加速しているのである。そして、これから起こり得るデジタル革新としては、IoT、人工知能、ロボティクス、ビッグデータなどが注目されている。

米田昌悟『プログラミング入門講座——基本と思考法と重要事項がきちんと学べる授業』
クリエイティブ株式会社より改編

第 17 課

若手技術者の「失われた5年」
——みずほシステム刷新で見えた基幹系問題

「あの案件が終わると多くの技術者が戻ってくるが、あてがう仕事が無い」。大手ITベンダーの幹部が思わずつぶやいた言葉を思い出した。あの案件とは、みずほ銀行の勘定系システムの刷新プロジェクトのことだ。

みずほ銀行の次期勘定系システムは2017年7月末に完成したとのこと。今後は利用部門によるテストや切り替え手順の確認、システムの切り替えリハーサルなどを順次実施し、2018年秋にも切り替えを始めるという。既に山を越えたわけで、IT業界を挙げて大量に動員された技術者の多くが、プロジェクトを離れつつあるはずだ。

IT業界では技術者不足が続いているから、「あてがう仕事が無い」といっても開発案件が不足しているわけではない。プロジェクトがあまりに巨大で特殊なため、参画した技術者の経験値を生かす場が少ないという意味だ。

ピーク時には7000～8000人規模の技術者が動員された。プロジェクト開始から5年間にわたり、ずっと張り付いた技術者もいるだろう。前例の無い困難なプロジェクトのため、さぞや鍛えられたことだろうと思いたいが、実際はそうでもないらしい。

銀行の勘定系システムは、産業全体からみると特殊なシステムだ。しかも超が付く大規模プロジェクトのため、全体を取り仕切るプロジェクトマネジャーら一部の要員を除けば、各技術者の担当はほんの一部分である。特に20～30代前半の若手は開発チームの一人として、数年前に決められた仕様に基づく作業が求められる。巨大なピラミッドの末端を担う仕事はそれなりにやりがいがあるが、技術者のキャリアパスの観点では理想的とは言い難い。

30代半ばごろまでは技術者の基礎を固める時期だ。例えば小売業担当の技術者なら様々な企業の案件をこなし、30代になれば小規模ながらもプロマネとして修羅場を経験したりする。IoT(インターネット・オブ・シングズ)などの最新技術を盛り込んだシステムの提案

第6章　プログラミング&エンジニアのキャリアについて

活動を担ったりもするだろう。若いころの5年間のこの差は大きい。

　システム刷新が完了したとのニュースが流れたので、みずほ銀行のプロジェクトを取り上げたが、似た話は他にもある。大企業にはCOBOL*で書かれたプログラムが大量に残る。保守作業をITベンダーに任せているケースも多いが、IT部門に常駐するITベンダーの技術者にはベテランに交じって20代の若手もいる。

　保守作業の安定的な継続のためだが、今どき若手を数年間も囲い込んで、COBOL技術者にしてよいのかと思う。COBOLプログラムが基幹系システムを構成する重要な機能であり続けるのはあと5年、あるいは15年かもしれない。必ずシステムを刷新する時が来るが、その際にはユーザー企業がCOBOLプログラムを一掃する可能性が高いと著者はみる。そうなったら保守作業を続けてきた技術者には、どんなキャリアパスがあるだろうか。

　ユーザー企業からすれば「ITベンダーの技術のことはITベンダーの責任」と突き放すことは容易だ。だが、ユーザー企業に必要なシステムの開発や保守を、まさにパートナーとして担ってくれた技術者たちである。依頼した仕事が彼らの技術者としての成長にもつながる方策を考えてみてもいい。

　COBOLを悪者のように書いたが、開発言語のスキルのことを言いたいわけではない。新しい開発言語は勉強すれば習得できる。本質的な課題は技術者を囲い込んで特定のプロジェクトに張り付ける行為にある。

　優秀な若手技術者を育てていかなければ、日本企業は一段と世界に後れを取る。パッケージソフトウエアやクラウドを活用する欧米企業などに比べ、人的な負担が重すぎる基幹系システムの在り方をそろそろ見直すべきではないか。

木村岳史「日経コンピュータ　2017.5"31」より改編

ことば

基幹系⓪	[名]	基干,基础,骨干
ベンダー⓪	[名]	vendor,卖主,经销店,供应商
勘定系⓪	[名]	账目
刷新⓪	[他サ]	刷新,革新,改革；面目一新
次期①	[名]	下期,下届
切り替え⓪	[名]	转换,兑换,调换
既に①	[副]	以前,以往；已经,早就；全部,完全

越える⓪	[自一]	超越,穿过,越过,渡过
挙げる⓪	[他一]	竭尽全部,尽力;举例,举行,举证
動員⓪	[名・他サ]	动员,调动,发动
特殊⓪	[名・形動]	特殊,不一般,与众不同
参画⓪	[名・自サ]	参与计划,参与策划
離れる③	[自一]	产生隔阂,脱离;距离,相隔;开除,离职,离去;离婚,分开
生かす②	[他五]	使其发挥作用,使其继续生存
張り付く③	[自五]	黏上,贴上;缠着
前例⓪	[名]	以往的案例,先例
鍛える③	[他一]	磨炼,锻造,锻炼
取り仕切る⓪④	[他五]	全部承担,一手掌管
要員⓪	[名]	必要人员
修羅場⓪③	[名]	战场,战斗场面
常駐⓪	[名・自サ]	常驻,驻扎
末端⓪	[名]	末端,尖端,尽头;基层组织
ピラミッド③	[名]	pyramid,金字塔
キャリアパス④	[名]	career pass,在公司内升迁,职业发展路径
保守①	[名・他サ]	保守;保养
突き放す④	[他五]	推开,甩开,抛弃
悪者⓪	[名]	坏人
方策⓪	[名]	方策,对策,策略
囲い込む④	[他五]	包围进去
張り付ける④	[他一]	贴上,黏上;布置,安排;殴打,猛打
行為①	[名]	行为,行动,举动
パッケージ①	[名・サ変]	package,包装,提供成套商品
クラウド⓪	[名]	cloud,云
在り方③	[名]	应有的状态,理想的状态
見直す⓪③	[自他五]	再看;重新考虑,重新研究;重新认识,重新估计;好转,有起色

内容理解

I 次の質問を考えてみてください。

(1) IT業界では技術者不足が続いているから、「あてがう仕事が無い」といっても開発案件が不足しているわけではない原因は何ですか。

(2) 30代半ばごろまでは技術者の基礎を固める時期と言う原因は何ですか。

(3) 今どき若手を数年間も囲い込んでいる原因は何ですか。

第6章　プログラミング＆エンジニアのキャリアについて

Ⅱ　本文の内容と合っているものに〇、違っているものに×をつけてください。

(1) プロジェクトがあまりに巨大で特殊なため、参画した技術者の経験値を生かす場が多いという意味です。（　　）
(2) 保守作業の安定的な継続のためだが、今どき若手を数年間も囲い込んで、COBOL技術者にしてよいと思います。（　　）
(3) 保守作業をITベンダーに任せているケースも多いが、IT部門に常駐するITベンダーの技術者にはベテランに交じって20代の若手もいます。（　　）

Ⅲ　適当な言葉を選んで、＿＿＿＿に入れてください。

> はず　　とのこと　　わけで　　による　　という

　みずほ銀行の次期勘定系システムは2017年7月末に完成した＿＿＿＿。今後は利用部門＿＿＿＿テストや切り替え手順の確認、システムの切り替えリハーサルなどを順次実施し、2018年秋にも切り替えを始める＿＿＿＿。既に山を越えた＿＿＿＿、IT業界を挙げて大量に動員された技術者の多くが、プロジェクトを離れつつある＿＿＿＿だ。

Ⅳ　正しい言葉を一つ選んでください。

(1) 取った鯉を水の中に入れて、＿＿＿＿おきます。
　　1　生きて　　　　2　生まれて　　　　3　生かして　　　　4　生で
(2) 中国に＿＿＿＿外国人記者の取材活動について調査を行います。
　　1　滞在する　　　2　常駐する　　　　3　常住する　　　　4　常在する
(3) 一般的な＿＿＿＿のゴールは、大規模ネットワーク構築のリーダーになることでしょう。
　　1　キャリアパス　　　　　　　　　　　2　キャリア
　　3　キャリアアップ　　　　　　　　　　4　キャリアウーマン
(4) IT業界では、ハードウェアやソフトウェアの供給元企業を「IT＿＿＿＿」と呼びます。
　　1　ベンチ　　　　2　ベンダー　　　　3　ベンチャー　　　4　ベンツ
(5) 仕事も中小企業よりやりやすいですし、給与や休日などの待遇、福利厚生も優れています。転職を狙うならやはり＿＿＿＿企業は魅力的です。
　　1　小手　　　　　2　大手　　　　　　3　老手　　　　　　4　高手
(6) 周りを＿＿＿＿ような冷たい言い方をする人がいませんか。
　　1　突き放す　　　2　突き放し　　　　3　突き放した　　　4　突き放
(7) 最近では、クラウドコンピューティングを略して「＿＿＿＿」と呼ぶことが多いです。
　　1　クラウド　　　2　クラブ　　　　　3　クラス　　　　　4　クラッチ
(8) ＿＿＿＿は、エジプト・中南米などに見られる四角錐状の巨石建造物の総称であり、また同様の形状の物体を指します。
　　1　ピンク　　　　2　ピアノ　　　　　3　ピラミッド　　　4　ピーク

📢 文　型

1.　～わけだ　（N3）

本文　既に山を越えたわけで、IT業界を挙げて大量に動員された技術者の多くが、プロジェクトを離れつつあるはずだ。

[接続] N－な・である/Na－な/A/V＋わけだ
[意味] 理由、原因。

①今年米のできがよくなかった。冷夏だったわけだ。
②彼女は猫を3匹と犬を1匹飼っている。一人暮らしでさびしいわけだ。
③田中さんは休みのたびに海外旅行に出かける。日常の空間から脱出したいわけだ。

関連文型

～わけだから　（N3）

［接続］N－な・である/Na－な/A/V＋わけだから

［意味］因为……。经常以"～わけだから～はとうぜんだ""～わけだから～てもとうぜんだ"的形式实用，表示"因为……所以……也是当然的"。

①松本さんは何年もフランス駐在員だったわけだから、フランス語が上手なのは当然です。
②——あの人、くびになったんだって
　——当然よ。会社のお金、何百万も使い込んでるわけだから
③彼女は卒業してからもう8年も経っているわけだから、結婚していても当然だろう。
④これだけ利用者が増えているわけだからもっと安くしても当然なのに、交通道路の使用料が値上がりする一方だ。

区別文型

～はずだ　（N3）　参照第6課

2．～といっても　（N3）

本文　IT業界では技術者不足が続いているから、「あてがう仕事が無い」といっても開発案件が不足しているわけではない。

［接続］N/Na/A/V＋といっても

［意味］虽说……但也只是(不是)……。

①自炊といっても、ラーメンのような簡単な料理だ。
②成績がよくなったといっても、ぎりぎり合格した成績だ。
③総括といってもそんなにしっかり見てるわけではないのです。
④仲がいいといっても、お互い喧嘩もするし、議論もする。

関連文型

（1）～からといって　（N2）

［接続］N・Na　－だ　＋からといって
　　　　V/A＋からといって

［意味］尽管……也……。前项成立,但不能因为前项成立就去做后项之事。

①子供だからといって、何でも買ってやるのはよくない。
②痩せているからといって、体が弱いとは限らない。
③好きだからといって、毎日同じ食べ物ばかり食べるのはよくないよ。
④高学歴だからといって、仕事ができるというわけではない。

（2）～からって　（N2）

［接続］N・Na－だ　＋からって
　　　　V/A＋からって

［意味］虽说……但是……。「からといって」的通俗说法。表示理由,但说话人否定由此得出的结论,表示即使前项理由相当充分也得不出后项的结果,前后不能成立因果关系。

①簡単に見えるからって、すぐにできるとは限らない。

②いくらお金がたくさんあるからって、使いすぎるのはよくない。
③まだ卒業論文が完成していないので、就職が決まったからって、喜ぶわけではありません。
④親が頭がいいからって、子供も必ず頭がいいとはかぎらない。

3．～なりに・なりの （N1）

本文　巨大なピラミッドの末端を担う仕事はそれなりにやりがいがあるが、技術者のキャリアパスの観点では理想的とは言い難い。

（1）［接続］N/A－い＋なり
　　　［意味］相对应，相关；恰如其分，相应地。
①子供は子供なりに自分の想像力を生かして物を作る。
②我々は我々なりの方式で行く。
③不十分ではあるが、それなりの役目は果した。
④彼らが経験が浅いなりによく頑張った。
（2）［接続］N/V－る＋なり
　　　［意味］任凭，顺着。表示不违背，顺从的意思，只用于"言うなり""道なり"等固定表达，还有"言いなり"的说法。
①彼は妻の言うなりになっている
②その店なら、道なりにまっすぐ行くと右側にあります。

4．～がい （N2）

本文　巨大なピラミッドの末端を担う仕事はそれなりにやりがいがあるが、技術者のキャリアパスの観点では理想的とは言い難い。

［接続］V－ます＋がい
［意味］有……的价值，不白……付出努力。
①相談しがいのある人になる。
②分かり合えないから勉強しがいがあるんです。
③仕事のほかに生きがいを見出せないような人生ではあまりにも寂しいではないか。
④大きな建物だったので紹介しがいがあります。

🏷 関連文型

（1）～かいもなく （N2）
［接続］N－の/V－た　＋かいもなく
［意味］虽做了努力，却没得到应有的回报。
①必死に練習したかいもなく、オリンピックの代表選手には選ばれなかった。
②無理して早起きしたかいもなく、始発の電車に間に合わなかった。
③頑張って応援したかいもなく、日本は負けてしまった。
④手術のかいもなく、残念ながら死亡してしまった。
（2）～かい（が）あって・～かいがある （N2）
［接続］N－の/V－た　＋かい（が）あって・かいがある
［意味］值得……，不白……。
①厳しい練習に耐えたかいがあって、ついに長年の念願であった優勝を勝ち取った。
②合格おめでとう。努力のかいがあったね。
③努力したかいがあって、希望の大学に入れた。

④頑張って作ったかいがありました。

5．～ながらも （N2）

本文　例えば小売業担当の技術者なら様々な企業の案件をこなし、30代になれば小規模ながらもプロマネとして修羅場を経験したりする。

［接続］N/Na/A/V—ます＋ながらも

［意味］虽然……但是……。

①このカメラは小型ながらも、よく映る。
②その話を知っていながら、知らないふりをした。
③弟は体が小さいながらも、なかなか力があります。
④田中さんは学生の身でありながら、いくつもの会社を経営している。

関連文型

～つつも　（N2）　参照第9課

6．～からすれば （N2）

本文　ユーザー企業からすれば「ITベンダーの技術のことはITベンダーの責任」と突き放すことは容易だ。

［接続］N＋からすれば

［意味］从……来看，从……可以判断。根据……可以断定并给事物下结论。

①教育の見地からすれば、体罰は決して望ましいものではない。
②ボイスレコーダーの記録からすれば、テロ事件だと分かる。
③暗い顔からすれば、縁談の話がきっと順調ではなかったようだ。
④話し方からすれば、彼は東京の人ではないようだ。

関連文型

～からすると・～からいって・～からして　（N2）

［接続］N＋からすると・からいって・からしても

［意味］从……来看，从……可以判断。表示以某一立场、某一侧面为观察的依据，对事物进行"是"还是"非"、是"好"还是"坏"、是"对"还是"错"、是"行"还是"不行"等评价或判断。

①日本のスタジアムのスケールからすると、観客は五万人くらい入るだろう。
②社会的見地からして、皆さんのやっている仕事は有益なものである。
③私はあの人の言葉づかいからして、気に入らないです。
④経営者の立場からすると、給料の値上げはしたくありません。

注　釈

1．さぞや

想必，一定。

①あれほどまで練習したのだから、さぞやピアノがうまくなったでしょう。
②おばあさんは、若い時さぞや美人だったのでしょう。
③あれだけ練習したのだから、さぞや水泳がうまくなっただろう。
④雪が深くて、さぞや大変なことだろう。

2．思わず

不禁，不由得。

第6章　プログラミング＆エンジニアのキャリアについて

①うれしくて思わず跳び上がる。
②思わず読みたくなるタイトルのつけ方だ。
③あまりにも面白い顔だったので、思わず笑ってしまった。
④悲しい映画を見て思わずもらい泣きをした。

区　別

何と無く
表示主语经过自己的一番思考，总觉得……。
①何となく近づきにくい人。
②何となく虫が好かない。
③何と無く、気になっているんだ。
④何と無く心が引かれる。

関連用語

* **COBOL**
　Common Business Oriented Language，数据处理领域最为广泛的程序设计语言，是第一个广泛使用的高级编程语言。在企业管理中，数值计算并不复杂，但数据处理信息量却很大。为专门解决经企管理问题，美国的一些计算机用户于1959年组织设计了专用于商务处理的计算机语言COBOL，并于1961年美国数据系统语言协会公布。经不断修改、丰富完善和标准化，目前COBOL已发展为多种版本。

* **PHP**
　Hypertext Preprocessor，一种通用开源脚本语言，语法吸收了C语言、Java和Perl的特点，利于学习，使用广泛，主要适用于Web开发领域。PHP独特的语法混合了C、Java、Perl以及PHP自创的语法。它可以比CGI或者Perl更快速地执行动态网页。用PHP做出的动态页面与其他的编程语言相比，PHP是将程序嵌入到HTML（标准通用标记语言下的一个应用）文档中去执行，执行效率比完全生成HTML标记的CGI要高许多；PHP还可以执行编译后代码，编译可以达到加密和优化代码运行，使代码运行更快。

ことば

自炊⓪	[名・自サ]	自己做饭
衛生⓪	[名]	卫生
続行⓪	[名]	继续执行，继续进行
見地①	[名]	观点，立场
体罰⓪①	[名]	体罚
望む⓪②	[他五]	仰望；希望，指望；眺望
ボイスレコーダー⑤	[名]	voice recorder。声音记录装置，黑匣子
縁談⓪	[名]	亲事，婚事；提亲，说媒
容疑者③	[名]	嫌疑犯
取締役⓪⑤	[名]	董事
相撲取り②	[名]	角力士，相扑力士
念願⓪	[名・他サ]	心愿，愿望

われわれ
我々⓪　　　　　　　　　［名］　　　　　　我们，咱们，我等

練習問題

I 次の文の＿＿＿の部分に入る最も適切なものを1、2、3、4から一つ選びなさい。
(1) 勉強が嫌いだ＿＿＿、サボってばかりではいけない。
　　1　からいって　　　　　　　　　　2　からといって
　　3　からには　　　　　　　　　　　4　からして
(2) 親の立場＿＿＿、学校が週休二日制になるは必ずしもありがたいことではない。
　　1　からには　　　2　から　　　　3　からすれば　　　4　からといって
(3) 一度決心した＿＿＿、やり抜くべきだ。
　　1　からでは　　　2　からには　　3　からといって　　4　からして
(4) 結論＿＿＿A社のお答えは、私にとって納得のいくものではありませんでした。
　　1　から　　　　　2　からには　　3　からといって　　4　からいうと
(5) あれ？山本さんはまだ？大事な約束があるから＿＿＿わけがないんだけど。
　　1　わかる　　　　2　わからない　3　来る　　　　　　4　来ない
(6) 私はまだ上手に英語を話せないのですが、＿＿＿頑張ってスピーチコンテストに出たいです。
　　1　できるなりに　　　　　　　　　2　できたなりに
　　3　上手でないなりに　　　　　　　4　上手なりに
(7) 父は会社を経営しています。会社＿＿＿、社員は4人だけです。
　　1　といっても　　　　　　　　　　2　にもかかわらず
　　3　だからといって　　　　　　　　4　からいって
(8) 私は納豆が嫌いな＿＿＿のですが、めったに食べません。
　　1　わけではない　　　　　　　　　2　わけがない
　　3　どころではない　　　　　　　　4　どころが
(9) 彼女は小さい子供を3人もいながら、＿＿＿。
　　1　子供を大切に育てている　　　　2　夜遅くまで外で働いている
　　3　いつも子供と一緒だ　　　　　　4　もう子供を生まないことにした
(10) 彼の表情＿＿＿、仕事はあまりうまくいっていないようだ。
　　1　からすると　　　　　　　　　　2　からいうと
　　3　からといって　　　　　　　　　4　からとして
(11) いろいろご注意＿＿＿、どうもありがとうございます。
　　1　くださって　　　　　　　　　　2　いただく
　　3　くださるよう　　　　　　　　　4　もらう
(12) 今日は少し早く＿＿＿ください。
　　1　帰える　　　　2　帰させる　　3　帰らせて　　　　4　帰って
(13) ＿＿＿、いろいろ考えているんだろう。
　　1　うちの息子ともなれば　　　　　2　うちの息子だって息子なりに
　　3　うちの息子ときたら　　　　　　4　うちの息子に限って
(14) 大雨が＿＿＿、ゆり子は自転車で出かけた。
　　1　降りながら　　　　　　　　　　2　降りそうながら
　　3　降ると分かっていながら　　　　4　降っていながら

第6章　プログラミング&エンジニアのキャリアについて

(15) あの人は事故を起こす＿＿＿＿。とても注意深い人なんだから。
　　1　わけではない　　　　　　　　2　というわけではない
　　3　わけにはいかない　　　　　　4　わけがない

II　次の文の　★　に入る最もよいものを1、2、3、4から一つ選びなさい。

(1) ＿＿＿　＿＿＿　★　＿＿＿学びます。
　　1　サンフランシスコ　2　に交じって　3　現地の学生　4　で
(2) ビールの工場で＿＿＿　＿＿＿　★　＿＿＿わけではないのだ。
　　1　お酒に強い　　2　からといって　3　働いている　4　社員みんなが
(3) 知らないことは＿＿＿　＿＿＿　★　＿＿＿友達にしつこく聞かれた。
　　1　答えようが　　2　問題について　3　ないのに　4　あの人の
(4) これは難しい＿＿＿　＿＿＿　★　＿＿＿ない。
　　1　五歳の子に　　2　わけが　　3　漢字だから　4　読める
(5) 息子：「昨日は徹夜で勉強していたんだよ。」
　　母　：「ああ、　★　＿＿＿　＿＿＿　＿＿＿。」
　　1　部屋の電気が　2　だから　　3　わけだね　4　ついていた

III　次の文章の（　）に入れる最も適切な言葉を、1、2、3、4から一つ選びなさい。

　新幹線のプラットホームの駅名表示は、その駅から（　1　）人やその駅で降りる人には必要ない。乗る人にはわかりきっていることだし、降りる人には車内での（　2　）なり何なりがあるからである。（　3　）、通過する列車の乗客の（　4　）しか役立たないものだが、それにしては新幹線のスピードが速すぎるのか、表示の字が小さすぎるのか、とても読めたものではない。つまり、何のために新幹線のプラットホーム（　5　）駅名が書いてあるのだろうか。

(1) 1　乗って　　　2　乗る　　　　3　乗り　　　　4　乗った
(2) 1　アナウンス　2　アナログ　　3　アナリスト　4　アップ
(3) 1　そういえば　2　そうしたら　3　そうすると　4　そう考えると
(4) 1　ほど　　　　2　ために　　　3　によって　　4　ため
(5) 1　に　　　　　2　と　　　　　3　の　　　　　4　が

IV　各文章を読んで、以下の問いに答えなさい。答えは、1、2、3、4から最も適当なものを一つ選びなさい。

文章1

　まず自分が好んでおり、なるべくならば、そのような文章を書きたいと考えている作家の文章を選び出す。この文章は、人が上達するに従って変わってくるものだから、初めはそうやかましく考えなくてもよい。とにかくいい文章だなと思ったものを拾い出す。そうして、それの梗概を作る。例えば、原稿用紙一枚ぐらいの文章であったならば、それを5、6行の梗概にしてしまうのである。こうして一週間ほどたって、今度はその梗概を基にして、前の文章を復活してみるのである。前の文章を思い出すというたてまえでなく、むしろ梗概に基づいて新しく文章を書いてみるというくらいの気組みで、文章を復活してみる。そうして、その結果できた文章を原文と比べ、その出来栄えを検討するのがよい、というのである。
　①この方法は文章の新しい方法として推奨に値すると思う。昔は文章の上達にはよく名文の暗誦が主張された。しかし今の学生は文の暗誦ということになれていない。②この方法がよいのは恐らく中学校3年までであろう。中学校3年ぐらいまでだと、記憶力も非常にあるし、また己を捨てて文章を見覚えることもできるのであるが、高等学校以上になると、自分というものもできてくるし、文章のいい悪いについても自己流なりの批評眼が備わってくるので、なかなか暗記ができない。また自分ができ

かけると、自然、暗誦というような機械的な、己をむなしくしたような作業はできにくくなるものなのである。

それで高等学校生などから上の人には、よい文の復活と言う方法がちょうどこの年頃の気持ちに合っているかもしれない。現代はいったいあまり棒暗記を喜ばない時代だから、特にこの方法は面白いと考えられる。

この場合、復活作業のときに、元の文章を一字一句同じにしようと心をくだかないほうがいい。覚えているところはそのまま書くがいいが、覚えていないところは自分で考えて、だいていこんなふうだったと考えるとおりに書いていく、そうして後で比べることが大切なのである。

問1　筆者が進めている文章上達法は次のどれか。
　1　まず気に入った文章を選び、暗誦する。次は翌日に、暗誦した内容を原稿用紙に書いてみる。後は元の文章と比べてみる。
　2　まず気に入った文章を選び、暗誦する。次は一週間ほどたってから、暗誦した内容を原稿用紙に書いてみる。後は元の文章と比べてみる。
　3　まず気に入った文章を選び、その梗概を作る。次は一週間ほどたってから、その梗概を基にして前の文章を復活してみる。ただし、復活といっても元の文章と同じようにする必要は無い。
　4　まず気に入った文章を選び、その梗概を作る。次は一週間ほどたってから、その梗概を基にして前の文章を復活してみる。復活の際、なるべく元の文章と同じようにしようと心掛ける。

問2　①「この方法は文章の新しい方法として推奨に値すると思う」とあるが、筆者はその方法をどういう人に推奨しているのか。
　1　小学生　　　　　　　　　　　　2　中学校3年までの人
　3　高等学校生などから上の人　　　4　日本の作家たち

問3　②「この方法」とはどんな方法か。
　1　高校生たちの用いるべき方法。
　2　筆者の独自な方法。
　3　あるイギリスの文章学者の進めている文章上達法。
　4　名文を暗誦する文章上達法。

文章2

ホウカイさん、高橋さん、マリアさんの3人は忘年会をしようとしている。次のAとBは、3人の間でやり取りしたメールの文面である。AとBの両方を読んで、後の問いに対する答えとして最もよいものを一つ選びなさい。

A

差出人：高橋

宛先：マリア；ホウカイ

件名：Re：［忘年会の件］

マリア様　ホウカイ様

マリアさん、お誘い、ありがとうございます。忘年会、楽しみです。
みんな忙しくてなかなか会えませんね。

第6章　プログラミング＆エンジニアのキャリアについて

私も、このところ、サークル活動が忙しくて、
なかなか時間が取れません。実は来月、コンサートを開きます。
チケットを差し上げますので、よかったら来てください。
さて、忘年会の日にちの件、
私は、24日から27日まではちょっと難しいですが、
それ以外は大丈夫です。
あ、でも、マリアさんは、30日からスキーでしたね。
あんまり、日にちがありませんね。
それから場所ですが、中華街、大賛成です。
では、お会いするのを楽しみにしています。

高橋

B

差出人：ホウカイ
宛先：マリア；高橋
件名：Re：［　忘年会の件］

マリア様　高橋様

マリアさん、メールありがとうございます。
3人の忘年会、いいですね。是非やりましょう。
私の予定ですが、12月20日から22日まで、
仕事でタイへ行っていますので、23日以後にお願いします。
それから28日は会社の忘年会があります。
それ以外は、いつでも結構です。
場所は、横浜の中華街はどうでしょうか。
友達がアルバイトをしている店があります。
「桃の花」という店で、1割引にしてくれるそうです。
友達はコウさんという人なんですが、マリアさん、覚えていますか。
一度会ったことありますよね。
もし、お二人がそこでよければ、予約します。
では、楽しみにしています。

ホウカイ
P. S.：マリアさん、以前にお貸しした『冬のソナチネ』のDVDを忘年会の日に持って来ていただけますか。会社の人が借りたいと言うので。

問1　レストラン「桃の花」が候補になっているのは、なぜか。
　　　1　ホウカイさんが行って、おいしかったから。
　　　2　高橋さんの友達が働いていて、1割引きから。
　　　3　ホウカイさん友達が働いていて、1割引きから。
　　　4　高橋さんが強くすすめているから。

問2　マリアさんは何をしなければならないか。
　　　1　「桃の花」に電話をして店を予約する。
　　　2　コウさんに連絡して、店を予約する。
　　　3　高橋のコンサートの切符を買う。
　　　4　ホウカイさんに借りたDVDを忘年会当日に返す。

問3　忘年会の日として可能なのはいつか。
　　　1　22日と28日　　　2　22日と30日　　　3　23日と24日　　　4　23日と29日

スローキャリア

　スローキャリアとは、仕事を重視しないことだとか、私生活とのバランスをとりながらのんびり働くことだと考えるのは、いずれも大きな誤解である。仕事の質やプロセスにこだわった働き方というのが、スローキャリアのほんとうの意味だ。こうもいえる。仕事だけでなく私生活も含めた生き方全般に、ポリシーをもって主体的に取り組むことだ。ワークとライフのバランスをとるのではなく、ワークとライフを統合させるという意味でもある。

　スローキャリアは、イタリアのスローフード運動からヒントを得た造語である。ちなみにスローフード運動とは、ローマのスペイン広場にファストフード店が進出し、イタリアの食文化が危機にさらされることを危惧した人たちのなかから沸き起こった、食事をたんなる空腹を満たす行為とせず、地域の食材や店の雰囲気なども含めた食事の質にこだわろうとする運動のことである。特筆すべきは、このスローフード運動の主体が、食材の販売店や飲食店の顧客という点だ。生活者である自分たちこそがパトロンなのだとの意識をもち、販売者や店を責任をもって選ぶことでしかイタリアの食文化を守れないとの精神が、この運動の根底にはある。食事は安くてお腹がふくればいいという考えの人が多ければ、スローフードは成り立たないのだ。

　同じように、仕事は所詮、お金を稼ぐための手段なのだから、できるだけ給料が高いほうがいいとか、逆に私生活を支えられる程度に働けば十分との考え方をしていたら、仕事の質にこだわるスローキャリアを実践することはできない。そしてこういう仕事観では、蓄財や食べていくためという目的に永遠に振りまわされて、満足のいくキャリアをつくることは難しいといわざるをえない。もちろん、仕事がお金を稼ぐ手段であるのはまちがいないが、仕事にはやりがいや、それ自体の充実感といった側面もある。最初から仕事を道具や手段のようなものに貶めてしまうと、そのような仕事に内在している喜びにたどりつけないのだ。

高橋俊介『自分らしいキャリアのつくり方』PHP 新書 620PHP 研究より改編

第6章 プログラミング&エンジニアのキャリアについて

課外読解 6

高まる「プログラミング・スキル」の価値

　一昔前は、余暇に自宅でプログラミングを嗜む人は「オタク」などと揶揄されていた時代もありました。しかし時が経った今では「プログラミングができる」ということが価値の高いスキルの1つとして、世界中のビジネスシーンで求められるようになりました。このことをいくつかの側面から見ていきましょう。

今、プログラミング・スキルが求められる理由

　1つ目の側面は、プログラミングを学ぶことのメリットです。基礎的なプログラミングを学ぶことによるメリットは、エンジニアやプログラマーに限ったことではなく、職種や業種に関わらず有効であることが、様々な研究結果から判明しています。

　具体的な内容やメリットについては後述しますが、プログラミングを学ぶ過程では、コンピュータへの命令の出し方やコンピュータの仕組みなどを学びます。これらは、現代では避けて通ることのできないコンピュータの基礎知識の習得に役立ちますし、論理的思考法(ロジカルシンキング)の習得にも役立ちます。

　また、コンピュータのはプログラムされていることは正確に実行しますが、半面、それ以外のことは何一つしてくれません。もし思い通りに行かないことがあるならば、その原因はすべてこちら側にあります。そのため、一つ一つ課題を設定し、それをクリアしていく必要があります。この学習過程は、様々なビジネスシーンで役立つ「問題解決能力の向上」につながります。

　ですので、エンジニアになりたい人はもちろんのこと、「私はエンジニアになりたいわけではないからプログラミングなんて関係ない」「別に子供をプログラマーにしたいわけではない」と思っている人にもぜひプログラミング・スキルを身につけてほしいです。基本を学ぶだけで実に多くのメリットを得ることができます。

　これは他の分野にも言えることです。例えば、料理や運動をすることが、業種や職種に関わらず、あらゆる仕事のパフォーマンス向上に良い影響を与えることを多くの人は知ってい

ます。だからこそ、仕事のできるビジネスエリートの多くは、週に何度か自分自身で料理を作ったり、定期的に運動してからだと脳のコンディションを整えています。プログラミングを学ぶことにも、これらと同様に、皆さんにとって様々なメリットがあるのです。

　また、国語を学んだ人すべてが作家になったり、数学を学んだ人すべてが数学者の道に進むわけではありません。ですので、あまり構えずに、新しい知識の一つとして、プログラミングを学ぶことから始めてもらえばと思っています。

　ほんの数年前までは、プログラミングは一部のエンジニアやデベロッパーに必要なスキルであって、その他の、たとえば営業職や事務職、サービス業種の各職、マネージャーなどには関係のないものと思われていました。日々の業務でパソコンは使うけれども、使うソフトはあらかじめ用意されているし、仕事に必要な最低限の手順は理解している。そういった人が大半なのかもしれません。

　また同時に、コンピュータは複雑で、内部で行われている処理など何もわからない。プロが作ったソフトウェアを使いこなすので精いっぱい。プログラミングに対してそのような印象を持っている人も多いのかもしれない。

　しかし、時代は変わろうとしています。求められる習熟度の程度の差はもちろんありますが、ある程度の知識に関しては、すべての人にプログラミングの基礎スキルが必要になる時代が到来する日もそれほど遠くないと思います。

エンジニアが世界規模で求められている

　プログラミング・スキルが世界的に求められているもう1つの側面は、上記よりも直接的な理由になりますが、「深刻なエンジニア不足」です。現在、世界規模でスキルの高いエンジニアが圧倒的に不足しています。

　IT化の波は生活のあらゆるシーンに押し寄せており、製品だけでなく、サービスにもITが活用されています。ITから完全に離れて生活することは、もはや不可能と言っても過言ではないでしょう。インターネットは日々の生活を支えていますし、直接的には見えづらい様々なインフラ（電車や電気・ガス・水道など）もITで制御されています。自動車も今はコンピュータの塊です。

　今後、ITがなくなることは絶対にありません。それどころか増える一方です。昨今注目されている「IoT」（Internet of Things：モノのインターネット）も普及の一途をたどっています。

第6章 プログラミング&エンジニアのキャリアについて

下図を見てください。世界時価総額 TOP100 社の内、12 社がテクノロジー関連の会社であり、金融に次ぐ市場規模になっています。

参考出所 PwC/Global Top 100 Companies by market capitalisation

また、対 2009 年比の時価総額成長率では、テクノロジー部門が最大となっています。

参考出所 PwC/Global Top 100 Companies by market capitalisation

これらのことからも、テクノロジー関連企業が今後も伸びる産業であり、かつ必要とされる産業であることがわかると思います。

それにもかかわらず、これまでの教育環境が不十分であったために、慢性的なエンジニア不足が続いています。需要ばかりが増えて、供給(エンジニアの養成・教育)が追い付いていない状況です。日本のエンジニア不足は他国よりも深刻かもしれません。そのため、「プログラミングができる」ということが価値の高いスキルの1つとなっているのです。

不足しているという話は、裏を返せば「プログラミングができる人の需要が非常に高い」ということです。ある程度しっかりとしたプログラミング・スキルを身につけておけば、様々な面で役立つ、「あなたの価値」の1つになります。

一定レベル以上のプログラミング・スキルを身につければ、引く手あまたで、世界中の企業があなたをほしがる状況です。職に困ることはなくなります。実際、筆者のもとには「就

職・転職のために、資格試験の合格よりも、実践的なプログラミングのスキルを身につけたい」という人が急増しています。

ですから、もし皆さんが「エンジニアになって世界を相手に活躍したい」という人であれば、「今」という時代はまさにあなたに向いている時代であると言えます。

一方で、もし皆さんが「今すぐエンジニアになりたい！」という人でない場合であっても、このようなスキルを身につけておくことは、長い人生を円滑に過ごしていくうえで決してデメリットにはならないと思います。

米田昌悟著 『プログラミング入門講座——基本と思考法と重要事項がきちんと学べる授業』
SBクリエイティブ株式会社より改編

ことば

嗜む ⓪	[他五]	爱好,谨慎,谦恭
揶揄 ⓪	[名・他サ]	奚落,嘲笑
ビジネスシーン ⑤	[名]	business scene。商务场面
判明 ⓪	[名・自サ]	明确,弄清楚
ロジカルシンキング ⑤	[名]	logical thinking。逻辑思维,逻辑思考
クリア ②	[形動・他サ]	弄清,清晰;清除,清空
パフォーマンス ②	[名]	performance。实行;演出,演奏;性能,特性
コンディション ③	[名]	condition。条件,状况,情况
最低限 ③	[名]	最低限度,起码,下线
習熟度 ④	[名]	熟练程度
到来 ⓪	[名・自サ]	来到;礼至,送到的礼物
押し寄せる ④	[自一]	涌来,蜂拥而至,密集而来
過言 ⓪	[名]	夸大,夸张,说的过火
制御 ①	[名・他サ]	驾驭,支配,控制,操纵;调节
時価総額 ③	[名]	(股票)时价总量
慢性的 ③	[形動]	慢性的
追い付く ③	[自五]	追上,赶上
深刻 ⓪	[形動]	严肃,严重,重大;深刻,尖锐,打动人心
活躍 ⓪	[自サ]	活跃,活动
円滑 ⓪	[名・形動]	圆滑;圆满,顺利;协调
デメリット ②	[名]	demerit。缺点;过失
思考法 ③	[名]	思考法,思维方式

总句型表

- 中间列的字母数字为该句型在日语能力测试中出现的级别。
- 最右侧列的数字表示该句型出现的课次。

あ　ア		
あくまでも		8
あたかも		1
あながち～ない		15
～あまり	N2	13
あまりに		2
あまりの～に	N2	13
あるいは		14
い　イ		
いずれ		11
いずれにせよ		3
至る所		6
～一方だ	N2	4
～一方(で)	N2	5
～以来	N2	10
う　ウ		
～上で	N2	11
～上(に)	N2	11
～上は	N2	11
～(よ)うか～(よ)うか	N1	15
～(よ)うと～(よ)うと	N1	15
～(よ)うか～まいか	N2	15
～(よ)うが～まいが	N2	15
～(よ)うと～まいと	N2	15
(疑問詞)～(よ)うが	N1	15
(疑問詞)～(よ)うと	N1	15
～(よ)うとしている	N2	3
～(よ)うとしない	N3	3
～(よ)うとする	N3	3

～うちに	N3	11
～得る	N2	10
お　オ		
～おかげだ	N3	4
～おかげで	N3	4
～おきに		3
～恐れがある	N3	11
思わず		17
か　カ		
～がい	N2	17
～かい(が)あって	N2	17
～かいがある	N2	17
～かいもなく	N2	17
かえって		5
～限り	N2	7
～限り(は)	N2	7
～限り(では)	N2	7
かくいう		15
～かけだ	N3	7
～かけの	N3	7
～かける	N3	7
～方		4
～がたい	N2	11
かつ		3
かつて		4
～か～ないうちに	N2	11
～かねない	N2	11
～かねる	N2	11
～かもしれない	N3	5

285

～からいって	N2	17
～からこそ	N3	8
～からして	N2	17
～からすると	N2	17
～からすれば	N2	17
～からって	N2	17
～からといって	N2	17
～から～にかけて	N3	7
～から～にかける	N3	7
～かわりに	N3	6
き　キ		
～(っ)きりだ	N2	14
～(っ)きりで	N2	14
～(た)きり(で)、～ない	N2	14
～きる		4
く　ク		
加えて		12
こ　コ		
～こそ	N3	1
～ことから	N2	4
～ことだ		10
～ことだから	N2	4
～ことだし	N2	4
～ごとに		3
～ことにしている		1
～ことにする	N3	1
～ことになる	N3	1
～ことになっている	N2	1
さ　サ		
さえ		4
さぞや		17
さて		2
さらに		1
し　シ		
～しかない	N3	8
～(だけ)しか～ない	N3	8
しかも		7
～次第	N2	16
～次第だ	N2	16

～次第で(は)	N2	16
～次第です	N2	16
次第に		14
したがって		13
～上(は/も)	N2	14
～上の	N2	14
す　ス		
～末(に)	N2	3
～末の	N2	12
～すぎる		4
～ずして		13
～ずじまいだ	N2	13
～ずつ		11
すでに		6
～ずとも・～なくとも	N1	15
～ずにはいられない	N2	13
すら		10
すると		3
せ　セ		
～せいか	N3	9
～せいだ	N3	9
～せいで	N3	9
そ　ソ		
～そのもの		4
た　タ		
～たい		5
～たいものだ	N2	10
～たいもんだ	N2	10
～だけ	N3	1
～だけ	N2	4
～だけあって	N2	4
～だけに	N2	4
～だけのことはある	N2	4
～たことがあります	N3	15
ただ		4
ただし		4
たった		14
～出す		3
～ために	N3	2・3

～たものだ	N3	14
～たもんだ	N3	14
(もし/もしも)～たら	N3	1
～たら～のに	N3	12
単なる(～ない)		15
ち チ		
ちなみに		13
つ ツ		
～つつ	N2	16
～つつある	N2	3
～続ける		3
～つつ(も)	N2	9
つまり		7
～づらい		11
て テ		
～て以来	N2	10
～て以降		10
～てこそ	N2	2
～てでも	N2	5
～ではあるまいか	N2	5
～てばかりいる	N3	12
～てばかりだ	N3	12
～てばかりで	N3	12
～てばかりの	N3	12
～てはじめて	N3	11
～ではないか	N2	5
～てはならない	N2	5
～てほしい	N3	16
～てもらいたい	N3	16
～てまで(も)	N2	2
と ト		
～と	N3	1
～という	N3	10
～ということだ	N3	10
～ということは	N2	4
～というと	N3	14
～というのは	N3	4
～というより		7
～といえば	N3	14

といった		1
～といったら	N3	14
～といっても	N3	17
とうとう		2
～通りだ	N3	1
～通り(に)	N3	1
～通りの	N3	1
～とく	N3	11
ところが		7
～どころか(～も)	N2	16
～ところから	N2	4
ところで		7
～どころではない	N2	16
(～を)～とした・	N2	2
(～を)～として	N2	2
(～を)～とする	N2	2
(もし)～としたって	N3	14
～としたら	N3	7
～として(は/も)	N3	2
～としての	N3	2
(もし)～としても	N3	14
～とする		7
～とすると	N2	7
～とすれば	N3	7
～とのことだ	N2	10
～と～のに	N3	12
～とともに	N2	1
～とは	N2	4
～とはいえ	N1	3
とも		15
とりもなおさず		9
とりわけ		13
な ナ		
ないし		14
～ないと	N3	5
～ないわけにはいかない		11
～なくちゃ	N3	5
～ながら		1
～ながら(も)	N2	17

287

～なければならない		5
～なら	N3	1、5
～ならでは	N1	9
～なりに	N1	17
～なりの	N1	17
なんとなく		15
に ニ		
～にあったて(は)	N2	14
～にあっての	N2	14
～にあたり	N2	14
～に至る	N1	6
～に至って(は/も)	N1	6
～に至らず	N1	6
～至らない	N1	6
～に至らぬ	N1	6
～において	N3	2
～に応じた	N2	5
～に応じて	N2	5
～における	N2	2
～にかかわって	N2	11
～にかかわらず	N2	13
～にかかわりなく	N2	13
～にかかわる	N2	11
～に限って	N2	7
～に限らず～も	N2	3
～に限られる		7
～に限り	N2	7
～限りだ	N2	7
～に限る	N2	7
～にかけて	N3	7
～にかけては	N2	7
～にかけても	N2	7
～にかたくない		13
～にかわって	N3	6
～にかわり	N3	6
～に関して(は/も)	N3	6
～に関する	N3	6
～にくい		11
～に比べ(て)	N3	4

～に比べると	N3	4
～に比べれば	N3	4
～に加えて		3
～にしたがい	N2	9
～にしたがって	N2	9
～にすぎない	N2	4
～に対し(て)	N2	10
～に対し(て)	N3	4
～に対して(は/も)	N3	4
～に対する	N3	4
～について(は/も)	N3	4
～についての	N3	4
～につれ(て)	N2	9
～にとって(は/も)	N3	11
～にとどまらず		7
～にともない	N2	5
～にともなう	N2	5
～にともなって	N2	5
～に反し(て)	N2	1
～に反する	N2	1
～にほかならない	N2	6
～に向けて		5
～に向かう		5
～にもかかわらず	N2	1・3
～に基づいて	N2	3
～に基づく	N2	3
～によって	N2	4
～により	N2	4
～による	N2	4
～によって	N3	1・3・5
～により	N3	1・3・5
～による	N3	1・3・5
～によると	N3	14
～によれば	N3	14
～にわたって	N2	3
～にわたり	N2	3
～にわたる	N2	3
ぬ ヌ		
～抜きだ	N2	14

～抜きに	N2	14
～抜きの	N2	14
の ノ		
～のみか～も	N2	1
(ただ)～のみだ	N2	1
～のみならず～も	N2	1
～のもと(で)	N2	15
～のもとに	N2	15
は ハ		
～ば	N3	1
疑問詞～ばいいか		12
～ばかりか、～も～	N3	12
～ばかりだ	N3	12
～ばかりで	N3	12
～ばかりの	N3	12
～ばかりでなく、～も～	N3	12
～ばかりに	N2	12
～ばこそ	N2	8
～はさておき	N2	7
～始める		4
～はずがない	N3	6
～はずだ	N3	6
はたして		13
～はともかく(として)～は/が	N2	7
～離れ		14
～ば～のに	N3	12
～ば～ほど	N3	9
～はもとより～も	N2	6
～ばよかった	N3	12
～反面	N2	10
へ ヘ		
～べからず		8
～べきだ	N3	1
～べきだった	N2	1
～べきではない	N3	1
～べく	N1	8
ほ ホ		
～(より)ほか(は)ない	N2	6
～ほかに		6

ほかでもない		6
～ほど	N2	3・10
～ほどだ	N3	3
～ほどに	N3	3
～ほどの	N3	3
～ほど～ない	N3	3
ま マ		
まさか		14
まさに		2
～まで	N3	2
～まで	N2	2
～までに		2
～まで～て	N2	2
～までもない	N2	5
む ム		
～向きだ	N2	5
～向きに	N2	5
～向きの	N2	5
～向けだ	N2	5
～向けに	N2	5
～向けの	N2	5
も モ		
もっとも		5
～も～なら～も	N2	12
～(んだ)もの/もん	N2	10
～(んだ)もの/もん	N2	10
～ものか/もんか	N2	10
～ものだ/もんだ	N2	10
～ものだから/もんだから	N2	10
～ものではない/もんじゃない	N2	13
～ものの	N2	5
～も～ば～も	N2	12
もはや		5
や ヤ		
～やすい		2
やっと		7
やたら(に)		5
よ ヨ		
～ようが/もない	N2	16

～ように		13
ようやく		7
を ヲ		
～を挙げて	N2	12
～をこめて	N2	13
～を中心とした	N2	13
～を中心として	N2	13
～を中心にした	N2	13
～を中心に(して)	N2	13
～を通じて	N2	3
～を通して	N2	3
～を問わず	N2	3
～を/は抜きに(して)	N2	14
～を/は抜きで	N2	14
～を/は抜きの	N2	14
～(を)抜きにして(は)～ない	N2	14
～をはじめ(として)	N2	5
～をはじめとする	N2	5
～をめぐって	N2	5
～をめぐる	N2	5
～をもって	N1	14
～をもとに(して)	N2	6
わ ワ		
～わけが/はない	N3	3
～わけだ	N3	16・17
～わけではない	N3	3
～わけでもない		3
～わけにはいかない	N3	11
～わけにもいかない	N3	11
～わたる		5
～わりと	N3	3
～わりに(は)	N3	3

总单词表

- 单词右侧的数字表示初次出现的课次。
- 课次只用数字表示时,该单词为正文中出现的生词。
- 数字后面加☆时表示该单词是语法句型和注释部分出现的单词。
- 汉字数字表示该单元末的读解文章中出现的单词。

あ　ア	
IoTデバイス	10
合図	4☆
ＩＴ　エンジニア	9
喘ぐ	一
仰ぐ	8
煽り	14
明かす	15☆
アカデミー賞	2
悪意	四
アクセス	6
悪癖	14
あくまでも	8
悪用	6
挙げる	17
亜種	10
味わう	14
焦る	2☆
唖然	14
与える	3
頭ごなし	5☆
扱う	4
アップ	12
アップル社	2
アディクション	五
宛てる	3
後押し	1
アドミニストレーター	四
アナログ	9

暴く	二
アフター	三
アプリ	三
アプリケーション	1
溢れ出す	5
溢れる	3
アベノミクス	三
アマゾンエコー	10
編む	13☆
操る	15
誤る	8
歩み出す	1
アラーム	三
争い	13☆
争う	5☆
新た	5
改めて	11☆
アラビア	4☆
あらゆる	三
あらわす表す	9☆
現れる	3
在り方	17
アルコール	14☆
荒れる	4☆
併せる	五
安価	6
暗号化	11
案内書	1☆
暗黙	13

い　イ	
委員	4☆
医学部	16☆
生かす	17
いかなる	三
怒り	13
経緯	13
生き延びる	4☆
行き渡る	5☆
育毛剤	三
囲碁	7
いざとなれば	5☆
慰謝料	一
衣食住	11☆
伊豆	14☆
異性	3
依存症	五
いたずら	10☆
至る	15
一応	11☆
一丸	6
著しい	五
いち早く	8
一目瞭然	4
一文字	16
一躍	2
一家	1
一環	四
一挙に	8
一見	8
いったん	7
一変	7
一辺倒	一
意図	3
挑む	2
田舎	3☆
イノベーション	9
威張る	10☆
芋づる式	5
医薬品	6
癒す	14

意欲	16
意欲的	3☆
因果	4
印象	3
インスティテュート	6
インターフェース	2
インダストリアルデザイン	9
隠遁者	14
インパクト	8
インフレ	11☆
う　ウ	
ウエブ解析士	9
ウエブデザイナー	9
ウエブマガジン	9
ウェブリンク	3
植える	1☆
請け負う	四
失う	9
薄れる	9☆
うたた寝	三
打ち込む	12
打ち出す	1
打ち負かす	7
宇宙	4
内輪話	13
打つ	16☆
鬱	五
映る	14
うとうと	9☆
促す	二
奪う	9
生み出す	1
埋め込む	5
羨ましい	10☆
売り上げ	1
上回る	三
運営	3
運転免許	16☆
運輸	6
え　エ	
影響	3

栄光	2	
栄養不足	五	
AI	9	
API	10	
エコノミークラス症候群	12	
餌食	10	
閲覧	12	
エネルギー	5	
M&A	11	
エリア	8	
エレガント	3	
円滑	六	
演奏会	5☆	
円高	5☆	
縁談	17☆	
お　オ		
追い込む	9	
追い付く	六	
追い抜く	4	
横断	16☆	
応募	10☆	
応用	15	
覆う	1	
大損	5☆	
大づかみ	三	
オーバー	5☆	
大幅	3	
オープン	3	
オープンデータ	6	
奥底	4☆	
怠る	三	
幼い	8☆	
幼い	4☆	
収める	6☆	
教え込む	7	
押し通す	16	
押し寄せる	六	
汚染	3☆	
おそらく	三	
恐らく	15	
おそれ	9	

恐れる	9	
教わる	14☆	
陥る	三	
陥れる	11	
衰える	1☆	
帯びる	8	
オペレーター	2	
覚束ない	14	
思い当たる	五	
思い切る	1☆	
思いつく	6	
及ぼす	三	
織物	9	
おろそか	14	
恩恵	6	
音声	7	
温暖化	6	
オンラインゲーム	12	
か　カ		
カーナビ	二	
階級	3	
解決策	6	
開催	5☆	
改ざん	四	
会社側	13☆	
解消	1☆	
介する	四	
改善	1☆	
ガイドライン	五	
開発	1	
開発途上国	5	
回避	14	
回復	3☆	
抱える	三	
掲げる	三	
欠かす	五	
拡散	6	
革新	5	
格段	三	
獲得	二	
格納	四	

293

革命	3
賭ける	2
過去	1
囲い込む	17
過言	六
重なる	4
重ねる	8☆
賢い	6
過小	6
過剰	3
カスタムメイード	5
画像	7
肩が凝る	五
堅苦しい	14☆
傾ける	五
語る	4☆
価値	1
活字	4☆
活性化	5
合致	5
活発	9☆
合併	16
活躍	六
活路	5
家庭崩壊	五
家電品	5
稼働	4
庇う	9☆
株式	2
画面	5
通う	10☆
軽口	3
環境	2☆
喚起力	3
還元	9
慣行	4
勧告	11☆
観衆	一
干渉	1☆
頑丈	6☆
勘定系	17

関心	3
肝心	5
完遂	16
感染	6
完走	9☆
歓談	14
勘違い	15☆
監督	一
勘所	16
干ばつ	8☆
幹部	5☆
完璧主義	2
官民	6
感銘	14
官僚	15
き　キ	
起因	8
記憶力	1☆
企画者	15
規格品	5
気が進む	6☆
基幹系	17
起業	15
気配り	9
季語	4☆
気象	6
起床	五
傷つく	13☆
傷つける	14
犠牲	2☆
奇跡	2
既存	8
鍛える	17
鍛える	15☆
既読	13
既読スルー	13
既読無視	13
記念碑的	2
機能	3
気の利く	5☆
気味が悪い	

逆効果	5		悔い	14☆
逆転	1		区域	11☆
キャビン	14		食い物	三
キャプテン	11☆		グーグル	5
キャラクター	12		空調	2
キャリアパス	17		区切り	2☆
キャンディー	11☆		駆使	7
ギャンブル	五		苦戦	1
キャンペーン	二		具体的	3
救援者	二		苦痛	3
急遽	13		覆す	4
吸収	8		苦闘	2
急上昇	11☆		口説き	3
救助隊	5☆		口説く	一
急速	1		悔やむ	4☆
窮地	2		クライメート	6
寄与	二		クラウド	17
器用	7		クリア	六
脅威	10		クリーン	3
教育	4☆		繰り返す	9
業界	1		苦労	16☆
供給	四		グローバリズム	三
競合	1		グローバル	6
強硬	4☆		君臨	一
教書	11		訓練	1☆
競争	1		**け ケ**	
教鞭	三		経営	1
共有	3		経営者	15
教養	15		警戒	二
強力	1		計画	16
挙式	10☆		軽減	二
巨大	4		計算	1
切り替え	17		警鐘	8
ギリシャ	2☆		敬する	8☆
疑惑	5☆		軽装	13☆
禁煙	3☆		経費	6
緊急対応	5☆		契約	14☆
近視眼	9		激化	1
金銭	11		劇的	三
金融	6		消し止める	15☆
く ク			下宿	4☆

化粧		1☆	光化学		7☆
桁		一	興業		一
結局		1	光景		9☆
欠勤		五	攻撃		10
欠点		4☆	貢献		二
懸念		6	広告		5
ゲノム		4	考察		3
下落		一	工事		2☆
険しい		9☆	公式ブログ		13
原因		1	向上		6
見解		3	公職		3☆
厳格		4	高じる		五
謙虚		1☆	交信		5
兼業		6☆	後進国		三
元凶		9	洪水		4
謙虚		9☆	構成		5
献金		5☆	構造化		16
権限		四	構築		10
健康診断		11☆	公的		14
検索		5	購買		一
検索サイト		12	広範囲		6
現実味		8	被る		三
厳重		11☆	交友		3
原子力		11	高揚感		五
健全		5	行楽地		4☆
源泉		5	小売		二
喧騒		一	効率的		3
見地		17☆	効率		5
検知		10	考慮		14
建築家		4☆	功を奏する		1
顕著		4	越える		17
現場		7	コーポレーション		6
顕微鏡		4	コールセンター		二
厳密に言えば		9	顧客		二
コ　コ			告知		3
恋人		16☆	心構え		16
行為		17	心強い		14
合意		11☆	心細い		7☆
耕運機		三	腰が低い		10☆
公益		6	誤植		8☆
航海		16☆	拗れる		6☆

腰を落ち着ける	12☆
個人ホームページ	12
コスト	7☆
五臓六腑	5☆
拘り	2
こだわる	1
孤独	14
ことごとく	13
異なる	8
断る	11☆
こなす	三
コネ	14☆
好み	5
個別	5
コマーシャル	5
小麦	二
米	4☆
コメント	6
小屋	4☆
雇用	8
暦	11☆
転がる	6
転げ落ちる	三
根拠	11☆
今後	7☆
混雑	1☆
コンシューマー	10
コンセプト	4
献立	12
コンディション	六
コンテンツ	3
コントロール	五
困難	1
コンパック	1
根本的	3
さ　サ	
細菌	4
採掘	5
財産	6
財政	5
最新鋭	8

最先端	7
最低限	六
最適化	9
サイト	3
サイバー	8
サイバー攻撃	10
裁判	5☆
裁判所	6☆
裁量	8
境	7
詐欺	12
作業	6
先を争う	7
削除	四
策定	四
探り出す	5
支える	7☆
囁く	8
差し出す	14
指す	16
定まる	五
撮影	12
昨今	10
刷新	17
雑談	14
雑踏	14
サプライチェーン	6
差分	四
差別化	9
サポート	8
サマーキャンプ	14
瑣末	三
攫う	7
去る	7
触る	10☆
参画	17
斬新	5
産物	7
し　シ	
ジェネリック	6
支援	6

自覚	15	
仕掛ける	11	
時価総額	六	
直談判	16	
然るべき	6	
次期	17	
式典	2☆	
事業	1	
仕組み	1	
嗜好	五	
思考法	六	
地獄	2	
持参	7☆	
試算	6	
示唆	9	
思春期	4☆	
市場	4	
支障	五	
指針	16	
自身	3	
自炊	17☆	
沈む	3☆	
次世代	8	
時代	1	
視聴率	11☆	
失格	1☆	
実感	10	
失業	三	
実験	14	
実行	14☆	
実際	3	
実施	3☆	
実生活	五	
実世界	8	
実装	10	
失速	2	
質的	三	
実店舗	6	
実物	14☆	
設える	14	
指摘	9	

自動改札機	三	
シナプス	7	
支配	1	
しばしば	三	
芝生	8☆	
時分	15	
嗜癖	五	
志望校	6☆	
絞り込む	5	
絞る	5	
自慢	2	
染み渡る	5☆	
締切り	10☆	
示す	5	
指紋	四	
釈明	16	
社交	14	
シャットダウン	四	
収穫	6	
宗教	4☆	
従業員	四	
集合体	7	
十五夜	4☆	
終止符	10☆	
習熟度	六	
集積	6	
執着	五	
修道院	9☆	
習得	15	
住民	4☆	
住民票	16☆	
重要	1	
従来	4	
縮小	二	
熟知	16	
受講者	15	
手術	15☆	
主体的	9	
主張	1	
出荷	1	
出産	16☆	

出店		二
出頭		14☆
主導		1
需要		5
授与式		14☆
修羅場		17
主流		7
順調		3☆
順調		7☆
将棋		7
消去		11
商業		6
衝撃的		15
証言		6☆
常識		8
乗車券		1☆
上場		2
症状		15☆
情緒的		3
精進		15☆
称する		14
状態		五
承諾		16☆
上達		14
常駐		17
象徴		14
譲渡		四
商取引		12
商売		7☆
消費財		6
譲歩		1☆
情報		3
消防庁		5☆
消滅		2
上陸		7☆
常連		一
植物		2☆
職類		三
書籍		一
所詮		8
ショッキング		9
ショッピングモール		3
初頭		9
序の口		8
処分		10
処方		五
処方薬		6
書面		14☆
処理		5
白雪姫		一
自力		8
尻込み		10☆
自立		6☆
自律的		8
視力		五
素人		14☆
四六時中		14
深遠		3
新規		6
シンギュラリティ		9
シンクタンク		6
進行		1
新興		6
進行形		9
深刻		六
進出		三
人性		1☆
迅速		二
甚大		13
慎重		2☆
進捗		16
浸透		15
シンプル		2
進歩		16☆
親密		3
人脈		5
新薬		4☆
進路		11☆
す ス		
スイーツ		五
吸殻		4☆
水銀		7☆

总单词表

299

推計	五		青年	4☆
水質	3☆		セーター	13☆
水準	3☆		責任	5☆
推進	6		セキュリティ	10
推進派	6		セキュリティポリシー	四
スイス	5☆		接近	13☆
衰退	1☆		セックス	五
推論	4☆		設計者	3
過ぎ去る	1		節減	6
すき焼き	15☆		窃取	11
スキル	15		摂食障害	五
救い	三		絶する	8
凄まじい	2		絶大	1☆
筋道	16		接点	9
スタンプ	13		是非	7
スティーブジョブス	2		前科者	二
ステークホルダー	16		選挙	3☆
既に	17		宣言	3
ストライキ	4☆		先見の明	8
スポンサー	16		戦後	2☆
スマートスピーカー	10		センサー	二
スマートフォン	三		善循環	14
スマホ	五		前進	1☆
スムーズ	3		先進国	5
相撲取り	17☆		センス	4☆
スモック	7☆		前代未聞	3
スルー	13		選択	三
せ　セ			宣伝	5
晴雨	13☆		船舶	二
成果物	16		先発	6
制御	六		全米	2
生計を立てる	7☆		前方	1
成功	1		戦略	1
成算	16		全力を挙げる	7☆
誠実	7☆		前例	17
脆弱性	10		**そ　ソ**	
生体情報	四		相違点	3
成長	3		騒音	7☆
成長率	5		造形的	9
正当	7☆		倉庫	7
整頓	3		創始者	9

創出	4		代替	三	
送信	3		大統領	14☆	
増税	5		タイトル	17☆	
遭難者	5☆		体罰	17☆	
装備	15		大陸	4☆	
双方	6☆		絶えず	五	
創立者	3		高まる	三	
ソーシャル・ネットワーク・サービス	12		高める	7	
ソーシャルサービス	3		多岐	3☆	
続々と	三		タグ	二	
側面	15		巧み	一	
損なう	14		嗜む	六	
損ねる	五		他社	1	
組織	4		携わる	15	
注ぎ込む	2		尋ねる	15	
続行	17☆		他責	16	
外付け	四		多々	8	
備える	8		戦い	2	
備わる	四		戦う	13☆	
ソフトウェア	1		叩く	1	
粗暴	五		立ち位置	9	
た　タ			断ち切る	14	
ターゲット	10		脱却	三	
ターゲティング	5		ダッシュ	2	
第一条件	2☆		奪取	9	
対応	10		脱す	3☆	
大気汚染	7☆		達成	16	
大規模	8		タッチパネル	二	
体系化	6		辿る	14	
体験	3		頼む	11☆	
代行	9		束ねる	15	
対策	7☆		旅立つ	4☆	
大事	15☆		頼る	五	
大志	14		だらけ	6☆	
大衆	5		探鉱	6	
対処	五		単純	4	
対照的	1		短所	12☆	
耐震	四		単体	四	
台数	1		団体	2☆	
態勢	14		単調	8	
大草原	15☆		担当	11☆	

301

単なる	8		付き物	四
単に	15		つくりあげる	3
端末	15		つくり出す	3
ち　チ			漬け	五
地域	4☆		告げる	2
チェス	7		都合	1☆
蓄積	4		努める	1☆
知見	二		繋がる	5
知的	6		津波	1☆
因みに	13		潰す	11
地平線	3☆		つまづく	10☆
地方	8☆		梅雨入り	7☆
巷	二		強み	8
着実	1		**て　テ**	
チャンピオン	7		T型フォード	9
中産階級	9		低下	三
駐車	1☆		定義	4
抽出	4		帝国	一
中断	五		提唱	16
注目を浴びる	9		停滞	三
注力	三		低迷	三
兆	6		データセンター	四
調子が悪い	10☆		データフィケーション	5
長所	12☆		手遅れ	6☆
調停	6☆		手がける	一
挑発的	3		敵	4☆
諜報	11		的確	5
直接	3		適宜	10
直面	14		適切	15
直感的	2		的中	1
沈黙	14		テクニック	7
つ　ツ			テクノロジー	3
追撃	1		手頃	12☆
ツイッター	12		手作業	9
通訳	4☆		デジタル化	9
通用	8		デスク	4
ツール	3		手つかず	14
突きつける	4		徹底	1
突き止める	6		鉄棒	1☆
突き放す	17		手放す	一
月日	15		手本	7

デメリット	六	特殊	17
テロ	一	独身	16☆
展開	1	特定	五
転換	三	匿名	6
電気ショック	14	遂げる	2
天候	3☆	溶ける	11☆
天国	2	閉じこもる	五
点在	四	特化	三
電子書籍	12	どっち道	16☆
転職	三	突入	1
天文学	4	突破	10
店舗	二	滞る	5
と　ト		整える	14
度合い	二	唱える	9
トイ・ストーリー	2	怒鳴り返す	五
動員	17	飛び込み	7☆
動画	12	トピックス	10
陶芸	15☆	途方もなく	8
統計	6	乏しい	9
統合	3	富	5
投稿	3	伴う	5
搭載	二	ドライバー	9
投資	6	捉える	15
投資家	3	トラブル	12
登場	1	取り上げる	5☆
到達	16	取り組む	6
盗聴器	10	取りざた	三
盗難	四	取り仕切る	17
投入	7	取締役	17☆
逃避	五	取引	二
東北地方	16☆	取り戻す	7☆
同様	1	とりわけ	三
到来	六	ドローン	三
答練	9☆	**な　ナ**	
登録	四	内省	14
遠からず	7	内蔵	四
トーク	13	治す	10☆
通り過ぎる	14	長年	3
答める	五	半ば	12
どきどき	2	眺める	3☆
独裁的	2	成す	4

303

納得	3☆		寝坊	4☆
悩む	12☆		眠る	9☆
鳴らす	8		狙う	10
並べる	16		練る	15
成り下がる	三		年金	11☆
成り済まし	四		念願	17☆
難解	3☆		**の ノ**	
ナンバープレート	二		ノイズ	9
ナンバーワン	二		農家	6
に ニ			納期	16
ニーズ	6		農業	6
似通う	9		濃厚	三
日程	16		農作物	6
入札	11		逃れる	14
ニュースサイト	12		望ましい	5
ニューラルネット	7		乗っ取り	10
入力	5		伸ばす	1
ニューロン	7		のめりこむ	11☆
似る	3		乗合	二
認識	11		乗り込む	三
認証	四		**は ハ**	
忍耐力	7☆		把握	16
ぬ ヌ			バージョン	2
抜け殻	五		ハードディスク	四
盗む	11☆		ハーバード	14☆
布	1		ハイエンド	2
沼	15☆		バイオテクノロジー	9
ね ネ			バイオメトリクス	四
ネオ・ラッダイト運動	9		バイオリン	5☆
ネガティブ	二		廃棄	四
ネクスト・キューブ	2		ハイキング	14
ネクスト社	2		俳句	4☆
寝苦しい	5☆		灰皿	4☆
根こそぎ	三		排除	3
寝込む	10☆		排除	9
熱中症	2		配船	二
ネット依存	12		配送	三
ネットカフェ	12		媒体	四
ネット三昧	五		はいぶん	9
ネット通販サイト	9		配慮	14
ネットワーク	10		這う	7☆

破壊	1☆	
計り知れない	8	
図る	8	
爆発	4	
励む	1☆	
禿げる	三	
覇権国	三	
弾き出す	二	
蓮	4☆	
外れ	2	
外れる	三	
パスワード	10	
パソコン	1	
破損	四	
パターン	7	
肌感覚	11	
果たす	15☆	
発育	五	
発覚	10	
ハッキング	10	
バックアップ	四	
バックミラー	1	
パッケージ	17	
発想	5	
バッテリー	四	
離れ	17	
パフォーマンス	六	
省く	13	
ハブる	13	
破滅	8	
はらはら	2	
ばらまく	5	
張り付く	17	
張り付ける	17	
張り	10☆	
遥か	5	
範囲	五	
反映	15	
反撃	4☆	
晩酌	五	
反動	2	

販売	1	
判明	六	
汎用性	8	
ひ ヒ		
日当たり	6☆	
被害者	15☆	
東日本大震災	13	
引きこもり	14	
引き離す	3	
ピクサー	2	
被験者	14	
ビジネスシーン	六	
非常	1	
浸る	14	
ビッグデータ	5	
必死	14	
筆者	15	
必須	四	
ヒット	2	
引っ張る	14	
必要	1	
ビデオ通話	13	
目に遭う	11☆	
人質	1☆	
ひととおり	三	
一先ず	5	
避難	11☆	
批判	9☆	
ビフォー	三	
誹謗	13	
日増し	4	
秘める	8	
飛躍的	7	
冷やす	5	
評価	1	
拍子	16	
標準	1	
標的	10	
評判	11	
評論家	3	
ピラミッド	17	

比例	10	踏み込み	16
拾う	1☆	不用	四
広がる	8☆	不要	9
頻度	4	ブラックジョーク	3
頻繁	12	プラットフォーム	3
ピンポイント	5	ブラフィカル	2
ふ フ		ブランド	9
ファーマット	四	プリインストール	1
ファームウェア	10	振り返る	1☆
無愛想	11☆	フル	8
ファイル	四	振る舞い	三
ファイルサーバー	四	振る舞う	5☆
風景	1	プレー	五
フェイスブック	3	プレゼンテーション	14☆
フォーム	7☆	プログラマー	15
フォーラム	9	プログラミング	15
付加	6	プログラム	1
不可欠	1	プロジェクト	8
深まる	8	プロセス	五
深める	3	プロダクト	9
普及	3	プロフィール	3
不況	三	噴火	11☆
不遇	2	紛糾	15☆
復元	四	文系	15
復元力	14	紛失	四
複数	6	分野	2☆
耽る	14	分	9
侮辱	3	**へ ヘ**	
付随	1	弊害	五
不正侵入	四	平均寿命	4☆
不正	9☆	平凡	5
防ぐ	二	平和	2☆
不足	15☆	ペットボトル	15☆
再び	7	ベテラン	二
復活	2	蛇	4☆
復旧	11	変革	3
物質	五	変換	10
物流	7	ベンダー	17
船出	16☆	変調	五
腑に落ちる	5	変貌	12
踏まえる	5	弁論	14

ほ ホ	
ボイスレコーダー	17☆
ポイント	5
ポイント	11☆
防衛	11
望遠鏡	4
崩壊	14
暴言	五
方策	17
奉仕	2☆
法執行機関	11
暴走	8
法則	7
膨大	4
放置	6☆
防犯	10
防備	13
暴風雨	13☆
ポーク	3
ホームラン	2
保管	四
歩行	五
保護区	14
保護者	14☆
埃	6☆
誇る	4
保守	17
募集	10☆
保障費	5
母体	一
ボットネット	10
ホットライン	13
畔・辺	14
堀	15☆
掘り起こす	5
ほんの	15
本丸	三
ま マ	
マイクロソフト	1
マイコンキット	1
マイナー	三

マイニング	5
埋没	5
マイルストーン	16
マウス	2
賄う	5
巻き起こす	2
マクロ経済学	三
マコンド	2
マシン	8
増す	3
マスコミ	4☆
マスター	三
マスメディア	9
マッキントッシュ	2
真っ黒	1
末日	14☆
末端	17
窓口係	9
マニア	1
マネーロンダリング	二
マネジメント	16
マルウェア	10
丸太小屋	14
マルチブラン	1
蔓延	四
満月	4☆
慢性的	六
満足	五
み ミ	
見落とす	15
未開	一
右肩	一
右肩上がり	13
見事	5
見込み	15☆
見込む	5
見境	五
ミス	10☆
自ら	8
未曾有	13
満たす	9

乱れ飛ぶ	13☆		面子	7☆
乱れる	五		**も　モ**	
身近	10		儲かる	6
道筋	9		網膜	四
道のり	11		目論見	1
導く	8		もたらす	4
密接	16		持ち合わせる	三
見通し	16		持ち込む	3
見直	17		もったいぶる	3
ミニマリズム	3		最も	3
見張る	三		モデル	10
見舞う	4		モデル化	7
耳を傾ける	9☆		求める	3☆
未来	1		物思い	14
見渡す	7☆		物陰	3☆
民衆	3		物事	3
む　ム			物好き	三
昔話	14☆		モバイル端末	12
無言	14☆		もはや	5
蒸し暑い	11☆		盛り込む	2
蝕む	11		諸刃の剣	10
無邪気	9☆		文句	4☆
無神経	7☆		**や　ヤ**	
無名	4☆		役	4☆
無用	3		薬剤費	二
無用の長物	5		薬物	五
無料通信アプリ	13		役割	16☆
め　メ			焼け野原	7☆
明確	16		矢印	9☆
明記	四		やたらに	5
明言	3		揶揄	六
メガ	2		弥生	2☆
メカニズム	7		**ゆ　ユ**	
目が向く	11		優位	五
目配り	9		優位性	1
恵む	一		有益	6
メッセージ	3		有益性	6
目処	三		ユーザー	3
メリット	4		ユートピア	三
メルトダウン	13		夕日	6☆
目を奪われる	9		輸出	5☆

ゆとり教育	5☆		領域	4
指輪	13☆		量的	三
揺れる	9☆		履歴	5
よ ヨ			**る ル**	
容疑者	17☆		累計	一
酔い潰れる	三		ルーター	10
容易	1		ルート	6
要員	17		**れ レ**	
要件	16		冷凍食品	5☆
要諦	16		レーン	二
用途	7		レジ	14
欲望	3		れっきとする	五
余計	2		蓮華	4☆
予見	1		連携	二
横切る	15☆		**ろ ロ**	
余剰	9		漏えい	11
予測	1		漏洩	12
余地がない	9		老眼	11☆
欲求	9		労する	13☆
呼び起こす	5		ロケット	15☆
呼び出す	三		ロジカルシンキング	六
寄り添う	9		路頭	9
ら ラ			**わ ワ**	
ライバル	11		ワークホリック	五
落書き	8☆		ワード	5
落差	2		ワードスター	1
落雷	四		ワードパーフェクト	1
ラッダイト運動	9		ワープロソフト	1
り リ			和解	3☆
リアルタイム	6		山葵	14☆
リーダー	15		割合	二
理屈	5		悪者	17
理系	15		悪酔い	12☆
離婚	一		我々	17☆
リスク	11			
リズム	五			
リソース	9			
離脱	五			
立案者	6			
立地	二			
利便性	8			

参考答案

第 1 課

内容理解

Ⅱ
(1) × (2) × (3) × (4) ○

Ⅲ
あたかも　だけ　ながら　ような　だけで

Ⅳ
(1) 3 (2) 4 (3) 1 (4) 2 (5) 4 (6) 2 (7) 4 (8) 4

練習問題

Ⅰ
(1) 4 (2) 3 (3) 1 (4) 3 (5) 2 (6) 3 (7) 4 (8) 2
(9) 3 (10) 4 (11) 2 (12) 3 (13) 3 (14) 1 (15) 3
(16) 4 (17) 3 (18) 4

Ⅱ
(1) 4 (2) 1 (3) 3 (4) 2 (5) 1

Ⅲ
(1) 2 (2) 3 (3) 4 (4) 1 (5) 4

Ⅳ
文章 1
問　1
文章 2
問 1　2　問 2　4　問 3　1　問 4　3
文章 3
問 1　4　問 2　4　問 3　1　問 4　3

第 2 課

内容理解

Ⅱ
(1) ○ (2) × (3) × (4) ×

Ⅲ
と　が　たとえば　において　ため

Ⅳ
(1) 1 (2) 3 (3) 4 (4) 3 (5) 2 (6) 3 (7) 1 (8) 4

練習問題

Ⅰ
(1) 4 (2) 3 (3) 1 (4) 3 (5) 3 (6) 2 (7) 4 (8) 3
(9) 2 (10) 1 (11) 4 (12) 3 (13) 3 (14) 3 (15) 4
(16) 3

Ⅱ
(1) 2 (2) 3 (3) 1 (4) 2 (5) 4

Ⅲ
(1) 1 (2) 3 (3) 2 (4) 2 (5) 4

Ⅳ
文章 1
問　3
文章 2
問　4
文章 3
問　1
文章 4
問　2

第 3 課

内容理解

Ⅱ
(1) ○ (2) × (3) × (4) ○

Ⅲ
とはいえ　ため　ような　同時に　ごとに

Ⅳ
(1) 3 (2) 1 (3) 4 (4) 3 (5) 2 (6) 3

練習問題

Ⅰ
(1) 2 (2) 3 (3) 2 (4) 4 (5) 2 (6) 1 (7) 4 (8) 3
(9) 4 (10) 1 (11) 4 (12) 3 (13) 2 (14) 4 (15) 3
(16) 3 (17) 2

Ⅱ
(1) 2 (2) 1 (3) 3 (4) 4 (5) 3

Ⅲ
(1) 2 (2) 1 (3) 4 (4) 5 (5) 2

Ⅳ
文章 1
問 1　3　問 2　4　問 3　2　問 4　4　問 5　2　問 6　3
問 7　2

310

文章2
問1 3　問2 4

第4課

内容理解

II
(1) ×　(2) ○　(3) ○　(4) ○　(5) ×

III
元々　ようになった　といった　その結果　ほど

IV
(1) 1　(2) 4　(3) 1　(4) 4　(5) 3　(6) 1　(7) 2　(8) 4

練習問題

I
(1) 3　(2) 1　(3) 2　(4) 3　(5) 1　(6) 4　(7) 4　(8) 2
(9) 3　(10) 4　(11) 1　(12) 3　(13) 4　(14) 4　(15) 2

II
(1) 1　(2) 3　(3) 3　(4) 4　(5) 4

III
(1) 2　(2) 1　(3) 4　(4) 3　(5) 2

IV
文章1
問1 4　問2 4　問3 3
文章2
問1 3　問2 2　問3 2
文章3
問　4

第5課

内容理解

II
(1) ○　(2) ×　(3) ○

III
もはや　一方　ために　もっとも　によって

IV
(1) 2　(2) 4　(3) 3　(4) 1　(5) 2　(6) 3　(7) 1　(8) 2

練習問題

I
(1) 2　(2) 3　(3) 4　(4) 1　(5) 4　(6) 4　(7) 1　(8) 1
(9) 4　(10) 3　(11) 3　(12) 3　(13) 3　(14) 1　(15) 4

II
(1) 2　(2) 2　(3) 1　(4) 4　(5) 3

III
(1) 2　(2) 1　(3) 3　(4) 2　(5) 1

IV
文章1
問　4

文章2
問　2
文章3
問　2
文章4
問1 4　問2 3

第6課

内容理解

II
(1) ○　(2) ×　(3) ×

III
もとより　さらに　例えば　に関する　によって

IV
(1) 1　(2) 4　(3) 2　(4) 4　(5) 3　(6) 2　(7) 4　(8) 1

練習問題

I
(1) 4　(2) 3　(3) 1　(4) 2　(5) 4　(6) 1　(7) 2　(8) 2
(9) 4　(10) 3　(11) 1　(12) 1　(13) 1　(14) 4　(15) 3

II
(1) 1　(2) 4　(3) 4　(4) 3　(5) 2

III
(1) 2　(2) 4　(3) 2　(4) 3　(5) 1

IV
文章1
問1 1　問2 2　問3 1
文章2
問1 1　問2 4

第7課

内容理解

II
(1) ○　(2) ×　(3) ×　(4) ×　(5) ○

III
始まった　構成する　言われて　すぎ　すぎ　限られ

IV
(1) 2　(2) 3　(3) 4　(4) 2　(5) 3　(6) 1　(7) 4　(8) 3
(9) 4　(10) 1

練習問題

I
(1) 4　(2) 1　(3) 3　(4) 2　(5) 3　(6) 3　(7) 3　(8) 2
(9) 3　(10) 1　(11) 3　(12) 3　(13) 2　(14) 1　(15) 2
(16) 2　(17) 2　(18) 1　(19) 3　(20) 4

II
(1) 3　(2) 4　(3) 2　(4) 1　(5) 3

Ⅲ
(1) 3 (2) 1 (3) 1 (4) 4 (5) 2 (6) 2

Ⅳ
文章1
問1 3 問2 2 問3 3
文章2
問1 2 問2 3 問3 4 問4 2
文章3
問 2

第8課

内容理解

Ⅱ
(1) ○ (2) × (3) ○ (4) ○ (5) ×

Ⅲ
において　あくまでも　だけ　ため　一見　なら
一方で

Ⅳ
(1) 2 (2) 3 (3) 1 (4) 3 (5) 4 (6) 3 (7) 4 (8) 2
(9) 1 (10) 4

練習問題

Ⅰ
(1) 1 (2) 4 (3) 3 (4) 4 (5) 2 (6) 2 (7) 1 (8) 2
(9) 4 (10) 4 (11) 2 (12) 3 (13) 2 (14) 2 (15) 2

Ⅱ
(1) 4 (2) 4 (3) 3 (4) 1 (5) 2

Ⅲ
(1) 2 (2) 1 (3) 3 (4) 4 (5) 3

Ⅳ
文章1
問 2
文章2
問 4
文章3
問 2
文章4
問1 3 問2 3

第9課

内容理解

Ⅱ
(1) ○ (2) × (3) ○ (4) ○

Ⅲ
に対して　といった　いく　に対する　という　いった

Ⅳ
(1) 4 (2) 2 (3) 3 (4) 4 (5) 3 (6) 4 (7) 2 (8) 3

練習問題

Ⅰ
(1) 1 (2) 2 (3) 2 (4) 2 (5) 4 (6) 2 (7) 1 (8) 4
(9) 1 (10) 3 (11) 2 (12) 2 (13) 1 (14) 4 (15) 4
(16) 4 (17) 1

Ⅱ
(1) 2 (2) 4 (3) 4 (4) 2 (5) 4

Ⅲ
(1) 2 (2) 1 (3) 1 (4) 3 (5) 3 (6) 4

Ⅳ
文章1
問1 2 問2 3 問3 2 問4 2
文章2
問1 1 問2 3

第10課

内容理解

Ⅱ
(1) ○ (2) × (3) ×

Ⅲ
勝手に　はじめた　について　おそらく　とすれば

Ⅳ
(1) 1 (2) 3 (3) 4 (4) 4 (5) 3 (6) 3 (7) 4 (8) 3

練習問題

Ⅰ
(1) 2 (2) 4 (3) 2 (4) 2 (5) 3 (6) 1 (7) 4 (8) 4
(9) 4 (10) 4 (11) 1 (12) 4 (13) 3 (14) 3 (15) 3

Ⅱ
(1) 3 (2) 1 (3) 3 (4) 2 (5) 4

Ⅲ
(1) 3 (2) 2 (3) 1 (4) 3 (5) 2

Ⅳ
文章1
問1 4 問2 1 問3 1
文章2
問1 3 問2 4 問3 2 問4 1 問5 2 問6 1
文章3
問 3

第11課

内容理解

Ⅱ
(1) ○ (2) ○ (3) ×

Ⅲ
として　によって　うちに　ようやく　ずつ

Ⅳ
(1) 3　(2) 2　(3) 4　(4) 1　(5) 4　(6) 2　(7) 4　(8) 3

練習問題
Ⅰ
(1) 2　(2) 1　(3) 1　(4) 1　(5) 1　(6) 3　(7) 2　(8) 2
(9) 3　(10) 1　(11) 2　(12) 2　(13) 3　(14) 2　(15) 1
Ⅱ
(1) 1　(2) 3　(3) 4　(4) 4　(5) 3
Ⅲ
(1) 2　(2) 1　(3) 3　(4) 4　(5) 1
Ⅳ
文章1
問1　2　問2　1　問3　4　問4　3　問5　1　問6　1
問7　3
文章2
問1　2　問2　4　問3　3

第12課

内容理解
Ⅱ
(1) ○　(2) ×　(3) ○　(4) ×
Ⅲ
しかし　ばかり　を通じて　によって　による
Ⅳ
(1) 3　(2) 2　(3) 4　(4) 1　(5) 3　(6) 1　(7) 3　(8) 2
(9) 2　(10) 4

練習問題
Ⅰ
(1) 1　(2) 2　(3) 2　(4) 1　(5) 2　(6) 1　(7) 4　(8) 2
(9) 2　(10) 3　(11) 2　(12) 3　(13) 4　(14) 4　(15) 1
Ⅱ
(1) 1　(2) 3　(3) 4　(4) 4　(5) 2
Ⅲ
(1) 1　(2) 4　(3) 2　(4) 3　(5) 3
Ⅳ
文章1
問1　1　問2　4　問3　3
文章2
問1　1　問2　2　問3　3
文章3
問　3

第13課

内容理解
Ⅱ
(1) ×　(2) ×　(3) ○

Ⅲ
といった　とりわけ　ちなみに　にもかかわらず　のに
Ⅳ
(1) 2　(2) 1　(3) 3　(4) 3　(5) 2　(6) 3　(7) 1　(8) 4
(9) 2　(10) 1

練習問題
Ⅰ
(1) 2　(2) 2　(3) 4　(4) 1　(5) 2　(6) 3　(7) 1　(8) 4
(9) 1　(10) 4　(11) 2　(12) 4　(13) 4　(14) 3　(15) 2
Ⅱ
(1) 2　(2) 3　(3) 1　(4) 1　(5) 2
Ⅲ
(1) 3　(2) 2　(3) 1　(4) 4　(5) 2
Ⅳ
文章1
問　1
文章2
問　1
文章3
問　1
文章4
問1　4　問2　1

第14課

内容理解
Ⅱ
(1) ○　(2) ○　(3) ×
Ⅲ
によると　ずに　にあたって　まさか　ところが
Ⅳ
(1) 2　(2) 1　(3) 3　(4) 1　(5) 3　(6) 1　(7) 4

練習問題
Ⅰ
(1) 4　(2) 3　(3) 4　(4) 4　(5) 1　(6) 2　(7) 4　(8) 4
(9) 3　(10) 2　(11) 3　(12) 3　(13) 2　(14) 1　(15) 3
Ⅱ
(1) 1　(2) 4　(3) 1　(4) 4　(5) 3
Ⅲ
(1) 3　(2) 1　(3) 2　(4) 1　(5) 2
Ⅳ
文章1
問1　4　問2　3　問3　2　問4　3　問5　2　問6　1
問7　4
文章2
問1　3　問2　1

第 15 課

内容理解

Ⅱ
(1) × (2) ○ (3) ○

Ⅲ
にとって　なんとなく　に対し　さて　いずれ

Ⅳ
(1) 3 (2) 2 (3) 1 (4) 3 (5) 1 (6) 2 (7) 4

練習問題

Ⅰ
(1) 2 (2) 3 (3) 4 (4) 3 (5) 3 (6) 2 (7) 4 (8) 1
(9) 3 (10) 1 (11) 3 (12) 4 (13) 2 (14) 2 (15) 2

Ⅱ
(1) 3 (2) 2 (3) 1 (4) 4 (5) 3

Ⅲ
(1) 3 (2) 3 (3) 2 (4) 4 (5) 1

Ⅳ
文章 1
問 1　3　問 2　3　問 3　2
文章 2
問 1　2　問 2　4　問 3　1
文章 3
問　1

第 16 課

内容理解

Ⅱ
(1) ○ (2) × (3) ○

Ⅲ
指摘される　踏み込み　深く　に関わる　受ける

Ⅳ
(1) 2 (2) 2 (3) 1 (4) 2 (5) 3 (6) 4 (7) 3 (8) 4

練習問題

Ⅰ
(1) 2 (2) 4 (3) 1 (4) 3 (5) 1 (6) 1 (7) 4 (8) 3
(9) 1 (10) 1 (11) 1 (12) 3 (13) 1 (14) 1 (15) 2

Ⅱ
(1) 4 (2) 4 (3) 1 (4) 1 (5) 4

Ⅲ
(1) 2 (2) 1 (3) 4 (4) 1 (5) 1

Ⅳ
文章 1
問　4
文章 2
問 1　4　問 2　3　問 3　2
文章 3
問 1　4　問 2　1　問 3　4
文章 4
問 1　2　問 2　1

第 17 課

内容理解

Ⅱ
(1) × (2) × (3) ○

Ⅲ
とのこと　による　という　わけで　はず

Ⅳ
(1) 3 (2) 2 (3) 1 (4) 2 (5) 2 (6) 1 (7) 1 (8) 3

練習問題

Ⅰ
(1) 2 (2) 3 (3) 2 (4) 4 (5) 4 (6) 3 (7) 1 (8) 1
(9) 2 (10) 1 (11) 1 (12) 3 (13) 2 (14) 3 (15) 4

Ⅱ
(1) 3 (2) 3 (3) 4 (4) 4 (5) 2

Ⅲ
(1) 2 (2) 1 (3) 3 (4) 2 (5) 1

Ⅳ
文章 1
問 1　3　問 2　3　問 3　4
文章 2
問 1　3　問 2　4　問 3　4

译　　文

第 1 课　比尔·盖茨的野心:掌控所有电脑的软件

经营需要有通过过去预见未来的能力,就好像把车上的挡风玻璃用漆黑的布遮上,只看后视镜向前开车一样。从过去的风景中预见看不到的前方是非常困难的。因此,很多的经营者只看到过去,而忽略了预见未来。但是对于真正的经营者来说这个预见力是不可缺少的。

当盖茨刚开始工作创业的时候,和他一起做程序开发的高中校友保罗·艾伦对他说"应该做硬件"。可是盖茨反对,他认为软件才更重要,最后微软还是作为软件公司起步的。

"每个家庭拥有一台电脑。而且那个电脑一定运行微软的软件。"

盖茨很早就预见了软件主导的时代。

在微机套件阿尔泰亚8800等出现的时代(1974年),爱好者们一般关注的是硬件。即使IBM推出个人电脑和苹果推出Mac之后也是一样,人们还是热衷于硬件,认为软件就是附属于硬件的。但是,盖茨却一直执著于软件(开发)。

众所周知,在那之后电脑的价值从硬件向软件稳步地转移。盖茨的预见是正确的。

微软公司的业务起步于应用阿尔泰亚的BASIC这一程序语言的,紧接着就开展到MS—DOS的操作系统。盖茨甚至还把业务拓展到应用程序领域。

盖茨看到了表计算软件"维基克"和"文字处理软件"等的应用程序产品在市场上得到高度评价,于是在1982年实现了表计算软件"Multi Plan"的上市。盖茨在应用程序市场上也打响了战争,意图控制应用程序市场并建立业界标准。盖茨认为彻底地打击敌人,会更容易实现对市场的控制。

与盖茨的预期相反,"Multi Plan"被对手产品"洛特斯1-2-3"逆转了。但是,盖茨没有放弃,之后用EXCEL与之对抗。在文字处理机软件的领域开发出"微软(MS)Word",来追击Word Star和Word Perfect等软件。

进入(20世纪)90年代,电脑的价值由中央处理器和软件决定,硬件进入了价格竞争的时代。康柏电脑推出了1000美金电脑,价格竞争越来越激烈。随着时代的发展,盖茨的预见陆续成为现实。

盖茨预见了Windows95以及Windows98的操作系统优势。在应用程序市场上的其他竞争公司因为没有自己的操作系统而只能疲于苦战,这与微软公司形成了鲜明的对比。就像盖茨所预见的那样,Windows系统在背后给与了微软开发的应用程序以强大的支持,Excel和Word在市场上的份额迅速增长。

并且,从90年代后期开始,预安装操作系统这一战略成功奏效,给微软带来了稳定的销售额。不只是操作系统,Word和Excel等的应用程序也开始进行预安装,这就形成了软件的销售与电脑的销售同步增长的机制。盖茨的预见全都应验,成功地实现了对软件市场的支配。

第 2 课　史蒂夫·乔布斯：总是以"出色的产品"面对挑战的完美主义者

苹果公司的创始人史蒂夫·乔布斯是一个完美主义者。他用毕生精力创造出了史无前例的产品。

乔布斯早年创建了苹果公司，凭借着开发 AppleⅡ等个人电脑而引起了不小的关注。而令他在全美国一跃成名的还是苹果电脑（Mac）。

Mac 的开发，以普通人能使用的电脑为目标，它成为了使乔布斯和苹果公司在美国名声大振的里程碑式的产品。这也宣告了新时代的来临。电脑从只能在大厦的空调房里由一群专业人士操纵的大型计算机变成了谁都能使用的个人电脑。

之前的电脑必须靠输入指令并进行复杂操作才能运行，而 Mac 的出现使之变成了用鼠标靠直观感觉操作的图形化界面。操作便捷的 Mac，正如乔布斯所预想的那样，开拓出了一个普通人使用电脑的新时代。

由于搭载了时代最前沿的技术，所以开发 Mac 比预期多花了两年时间。但是乔布斯用产品证明了那两年并没有白白浪费，Mac 的横空出世震惊世界，掀起了巨大的热潮。

乔布斯的完美主义也体现在后来的 iPod 上。它凭借着简洁完美的设计和便利的操作，创下了销售超两亿台的纪录。

可是，完美主义者的"命中"和"脱靶"之间的落差也十分之大。乔布斯的固执如果完美命中，则产生了像 iPod 那样的大热产品，而相应的战略失败造成的创伤也很大。例如乔布斯在苹果之后创建的 NeXT 公司曾发布了其引以为豪的终极版本产品"NeXT Cube"，由于定价过高卖不出去，以彻底的失败而告终。

完美主义者乔布斯的另一个特征是他的"1.0 版本热衷症"。乔布斯会把所有的热情都投入到最初的版本里。因此 1.0 版本的完成度很高，但却使后续版本升级乏力。Mac 也是一样，刚发布之际一时风头无人能及，后来版本升级迟缓，最终失去了最初的发展势头。

乔布斯由于他独裁性的言行致使公司内部产生混乱和对立，最终被苹果公司驱逐，他度过了人生中失意的十年。但乔布斯在 NeXT 公司之后一年创立了动画制作公司皮克斯，经历了种种波折后以一部动画电影（《玩具总动员》）获得了奥斯卡奖，并且成功地使公司上市。之后他又奇迹般地重返苹果公司，开发出了以 iPod 为代表的诸多热门产品，乔布斯本人也重新回归光荣的宝座。

乔布斯的经营方法可以归结为本垒打型，即便处于窘境，也可以靠着一记逆转的本垒打而打败对手。周围的看客们在捏一把汗的同时满怀期待，最终成为他狂热的粉丝。苹果和乔布斯的历史，可以说是在天堂和地狱之间的跌宕起伏、循环往复。

第3课　脸书:正在整合世界

从哈佛大学宿舍的一个房间起步以来,脸书一直给人们留下了简单、整洁的印象。扎克伯格长年以来对雅致的客户界面很感兴趣。他在脸书的自我介绍中写道:"对开放、改革、创造、革命、信息的流动、极简主义,排除无用的欲望"感兴趣。

可是,虽然创立者的喜好是极简主义,相对而言脸书在所有方面都充满着过剩。脸书一直想成为聚集所有信息的平台。在脸书上每个月有包括网页链接、新闻、日记、照片及其他内容等在内的200亿条投稿。例如,脸书远远超过其他,是互联网最大的照片共享网站。每个月都会发布30亿张照片。除之之外,还有微不足道的公告(通知)、煞有介事的宣言、挑衅的政治见解、生日祝福、对异性的告白、侮辱、俏皮话、黑色笑话、深入的考察,还有许多点赞的。除此以外,脸书上还添加了许多可有可无的功能。

可是不管脸书多么普及,也不能代替面对面的语言交流。虽说有很多用户使用脸书进行面对面以外的形式的交流,可是扎克伯格和他的团队明确地说过:"我们开发脸书是为了使它成为在现实世界中结识的同学、同事、朋友之间深入、顺利交流的工具",这是脸书与其他相似的社交工具的根本不同之处。同时,这一点屡屡给脸书的运营带来了特有的困难。

脸书的影响大多体现在关系亲密的小团体成员们的日常活动中。具体表现在交流变得顺畅而且有效率,从而增加亲密度。例如,朋友在推送消息里知道了你现在要去购物中心买东西。这并不是你给朋友发的信息,而是脸书的软件发送的。于是朋友会说"那我们在购物中心见面吧"。然后朋友就出现在那里了。

脸书正如设计者所追求的一般,作为在现实世界中已经认识的小伙伴们之间信息共享的交流工具被使用的时候有着非同寻常的意义。它是基于现实的人与人之间交友的新型交流工具,具有从根本上建立新关系的力量。它的结果就是既能给人快乐又能给人带来痛苦。总之,正如脸书的投资家和技术评论家爱思特·戴森所说:"脸书是世界上第一个为了普通民众建立的平台"。

脸书正在整合世界。世界上的人们,特别是年轻一代通过脸书极大程度地共享了文化体验。脸书这个服务起步的时候只是一个19岁的学生的小项目,但如今已成为一个不只是限于个人生活,甚至在公共领域也具有空前影响力的社交平台。客户不论年龄、国籍、语言、阶级,遍布所有阶层。纵观历史,脸书是所有领域中成长最快的企业。

第 4 课　何谓"大数据"

现今，信息社会所取得的成果一目了然。每个人都有手机，桌子上都摆着电脑，巨大的 IT 系统在公司的管理部门中运转。可是，"信息"本身却并没有引起人们的关注。

计算机真正来到这个世界上已有 50 年。随着数据的不断累积，之前无法想象的事情，现今无论任何时候发生都不足为奇。在此之前，世界从未被如此这般的信息洪水冲刷，并且信息量也与日俱增。规模的变化带来状态的变化，并且量变会引起质变。

在天文学和基因科学这类领域里，在 21 世纪的前五十年里经历了最初的信息爆炸，由此产生了"大数据"这个词。这个概念如今已经开始广泛扩展到人类活动的各个领域。

大数据并没有严格的定义。本来是由于信息过量导致计算机硬盘变得无法储存如此大量的用于研究和分析的数据，从而要求改良数据分析工具，所以才被称为"大数据"。伴随着此类技术的不断发展，产生了如谷歌的"MapReduce"之类的新型信息处理技术，能够很好地管理整齐的表格和原有数据库所难以容纳的大量数据，甚至还出现了可以处理缺乏严格的层级构造和均一性数据的技术。

由于互联网企业可以收集庞大的数据，并且相应地会给自身带来巨大的经济利益，促使他们迅速引进了最先进的数据处理技术，因此有时会出现这些互联网企业甚至超过了具有几十年优良业绩的非互联网企业的情况。

目前对于大数据的普遍看法可以总结如下："大数据用大规模做到了小规模无法完成的事情，通过产出新的知识和价值，改变市场、组织、乃至市民和政府的关系。"

这就是大数据。

还有一个定义，即"所谓大数据，是指伴随着互联网的普及和 IT 技术的进步而产生的，它表明了一种新的机制的形成，能够比之前企业所处理的数据更加大容量且多样性，因此可以说它的特性是通过量、频度（更新速度）、多样性（数据的种类）显示出来的"。

"大数据"与之前的 DWH 和 OLTP 等系统相比，在下面三部分有所不同。一是数据的量大，二是数据的种类多，三是数据的变化频率很快，而且源于这三者的叠加，靠原来的系统处理起来很困难的数据以及处理这些数据的系统并称为"大数据"。

但这只不过是个开始。在将来的大数据时代里，从人们的生活方式到与世界的相处模式都有可能会被重新审视。尤为明显的是由于事物之间的关联性变得单纯，社会开始不再寻求"因果关系"了。只要有了"结论"，就不需要"理由"。过去沿袭了几百年的科学行为习惯被颠覆，在判断的依据、对现实的认知等方面，一直以来的常识都将会遭到质疑。

大数据宣告了大变革的开始。正如望远镜的登场使我们加深了对宇宙的认识，显微镜的发明让我们更了解了细菌一样，由于这种能够收集、分析庞大数据的新技术的问世，我们可以用之前完全意想不到的方式去探求整个世界。因此在数据方面也一样，真正引起革命的并不是处理数据的装置，而是数据本身以及使用它的方法。

第5课　数据是财富的源泉

对于大数据,我们必须冷静下来思考。

现代社会中大量的信息数据不断涌出。这些数据有具有"3V"特征,即"量""多样性""速度",这一点也得到了广泛认同。但是,只是一味的收集数据的话,反而会成为无用之物,造成资源浪费吧。

究竟大数据是什么呢?"数据孕育财富"这一想法可以作为这一问题的答案,这也是我想强调的。

不光是日本,很多发达国家现在的经济增长率已经无法和以前相比了。另一方面,国家也因为持续增加的社会保障金而捉襟见肘。此时,为了筹措社会保障金,若是采取增加税收的手段,能够确保国家财政的健全,但是经济会越发不景气,反而会产生反效果。最应该期望的其实是通过技术革新,不断孕育出新的商品、服务,最终激活经济活动。

一直以来,社会和自然当中蕴藏着大量的信息,从中提取出电脑能够处理的数据,并加以分析归纳,如果可以通过这种方式诞生新的经济价值的话,不是就能够开辟出新的出路吗。也就是说,通过我们周围各种各样事物的"数据化"而产生的经济效益是值得期待的。

关键的是,通过大数据的使用,与我们生活相关的生产和消费方式会产生变化。具体来说,不同人的喜好会有细微的区别,而这些区别会产生新的消费需要,而大数据分析会将挖掘这些新的消费需要变为可能。

发展中国家在日常生活中对于普通的标准化商品的需求量是很大的。所以说,无论是家电用品还是汽车,大量生产出来的商品只要通过电视一宣传,就会产生大量的消费,国家经济会不断发展。但是,发达国家就不是这样了,人们对于生活用品的需求已经饱和。如果不以个人喜好为出发点,挖掘多样化的特制产品及服务,消费活动就会停滞。这样一来,以面向个人的定位广告为代表的精准定位的市场战略变得越发不可欠缺。

谷歌公司的检索服务同步的广告宣传活动,可以说是与眼下这样的社会状况十分符合。它并不是通过电视广告面向一般大众宣传商品,而是从用户输入的检索单词锁定该消费者的兴趣,然后在搜索画面上直接显示相关的商品信息,这样大大增加了广告宣传的效率。

通过大数据,像这样的"针对个人的市场营销"可以彻底的执行。某个人住在哪里,从事什么工作,读什么书,有什么兴趣爱好,有什么烦恼,如果可以进行准确的分析,就可以据此选择合适的产品及服务向消费者介绍。日常生活中我们离不开的手机、电脑,因此我们的活动履历全部埋藏在网络之中。

不仅如此,如果通过通话或聊天记录获取到了个人的好友及家人信息,可以一连串地挖出所有相关人的活动履历。这不是人脉,而是宝贵的"金脉"。挖掘所有这些信息作为市场营销用的数据,这些数据可以刺激新的消费需求。

现阶段重要的一点是,大数据不仅关系到消费,更可以改变发达国家的生产活动,这是十分令人期待的。

第6课　开放数据是宝藏

政府和民间不断推进数据共有化,如果能够利用合适的方法进行分析,应该可以想出以前未想出的对策解决社会、经济、商业上的问题。这是很多人的共识,但是就连"开放数据"的推进派也有过小预计其有益性的倾向。

实际上,无论是谁都可以利用的开放数据中蕴藏着许多灵感及商机。全世界已经有40个以上的国家政府致力于把电子数据(气象记录、犯罪统计、交通信息等)向公众公开。美国智库麦肯锡全球研究所的试算显示,开放数据产生的附加价值仅在教育、运输、消费、电力、石油天然气、医疗、消费者金融这七个核心部分每年就会达到3万亿美元。

开放数据所带来的这样的益处涉及很多方面。除了提高工作效率,也可带来产品和服务的创新及品质的提升。例如,农业支援企业天气意外保险公司(The Climate Corporation),从众多政府机构收集了几十年的气象数据以及农作物收成数据,为农民提供收入保障险。

我们可以通过手机APP获取实时的交通信息,可以查询到公交车的计划到达时间以及避开拥堵的线路。厂商可以通过网络上对本公司的产品的评价,来制定满足消费者需求的商业投资战略。

商机无处不在。2011年在英国政府的援助下开放数据研究所(ODI)成立,该研究所以企业经营、医疗、能源、金融、运输等公益相关领域为重点,为使用开放数据的新商业提供支持。我们可以期待它会带来企业性效果,孕育更多的企业。

最受益的将是消费者。如果消费者根据各种开放数据信息合理地购物,每年将会节约一万一千亿美元。消费者可以通过第三方收集的数据,比较众多网店和实体店的价格。消费者也可以对有关产品、服务质量、安全性的数据,以及食品产地、生产者的信息进行比较。

最需要提高效率的领域之一就是医疗吧!医院和医生可以共享大量患者的治疗数据,寻找出有效果的治疗方案,每年可以节约大约1800亿美元。

ODI支持的新兴企业Mastodon C就是通过使用开放数据,对英国国民保险服务(NHS)所负担的处方药费用进行分析,据说得出"如果使用价格便宜的普通药品来代替价钱高昂的首发新药,仅一种药品每年预计就可减少大约4亿美元的经费。"这样的结论。

不仅如此,Mastodon C还基于开放数据,公开英国各医院的院内感染率,使英国医院内部感染率减少85%。

数据共享对于能源节约也有积极影响。如果将自己使用的电量与其他人相比较的话,温室效应气体会减少自不必说,连电费都可能会大幅减少。

数据公开对于想要提高经营效率的能源企业来说是更为有益的。石油天然气产业从勘探到供给,匿名收集并共享整个阶段的设施管理数据,预计一年可节约经费4500亿美元。

最后,开放数据的不断推进也有社会性的影响。例如耐克这样的全球化企业,公开供应链相关信息以及本公司业务对环境的影响的信息,具有很大的社会意义。

另一方面,由于开放数据的不断推进以及体系化,企业的知识产权的盗取以及普通市民的个人信息的滥用的确令人十分担忧。

为了每年3万亿美元的附加价值,必须要慎重对待以上问题。消费者、政策制定者以及企业要团结一致,确立保护个人信息和知识产权的基本原则。

第7课　人工智能热潮的关键——深度学习（上）

　　计算机、人工智能以及机器人正在不断的侵入原本属于人类的领域。像象棋、围棋等传统游戏就不必说了，现在就连企业在做经营决策的时候以及银行的电话服务中心都引入了IBM的智能机器人"Watson"。而谷歌和全世界的汽车制造商都在加紧研发无人驾驶汽车。

　　此外，在美国的通讯社和出版社，已经开始使用写作软件来写报道（和编辑文章），在日本的国立情报学研究所正在开发计算机用于挑战东京大学的入学考试。预计在不远的将来，甚至能够像人类那样认知外界并且动作灵活的第二代机器人，也会被投入使用到工厂、仓库、物流等第一线。

　　我们姑且不论这种情况是好还是坏，究竟是什么促成了计算机科学和人工智能的爆炸式发展呢？最大的原因就是人工神经网络的技术革命，而人工神经网络是人工智能的一种。

　　所谓人工智能，是指把人类运用智慧才能实现的事情，交给计算机来实现的技术。人工智能在20世纪50年代后期到70年代前期迎来了第一次热潮，而"人工智能"这个词也产生于这一时期。

　　关于"人工神经网络"的研究开发也在这一时期开始。我们人类的大脑由无数的神经细胞的网络构成的，而把这个神经细胞的网络用工学手段来再现的人工智能，就是所谓"人工神经网络"。然而，实际上模仿人脑的只不过是整个系统的一小部分，剩余的大部分都是数学技巧的集合。也就是说人工神经网络实际上与其说是脑科学，倒不如说是数学的产物。而且它的运转速度比较慢，使用范围也只限于个别的用途。

　　在那之后，热潮一度消退，到了20世纪80年代以后，第二次人工智能的热潮到来了。这一时期的人工智能，还达不到计算机自主学习、判断的水平，说到底还是"人类把知识教给计算机"这一模式占据主流。到了90年代，虽然国际象棋的世界冠军输给了计算机，引起了广泛关注，但是在那个年代，给计算机灌输知识并管理计算机这件事本身非常困难，所以人工智能的发展又一次进入了寒冬。

　　但是，到了2006年，这一情况发生了很大的变化。这时候，脑科学的研究成果（比如大脑视觉信息的处理机制等）终于真正的应用到人工智能当中，用于计算机、智能手机等设备的语音和图像识别方面的"模式识别能力"取得了飞跃式的发展。

　　这项技术被称为"深度人工神经网络"或者"深度学习"，是谷歌、脸书、甚至微软和IBM等世界知名IT公司都在竞相开发的最先进的人工智能技术。所谓"深度学习"是指人工神经网络的最新技术，它以人脑的构造和运转原理为模型。人类的大脑是由神经元和连接这些神经元并传递信息的突触构成的。人们模仿这些神经元和突触制作了人工神经网络。

　　比如，假设我们要开发一个面部识别系统，看到一张脸，就会判断它是人类的脸还是猴子的脸或者是狗的脸。在这之前，工程师必须编写程序，详细规定人脸的各种条件。也就是说，人类在"教"计算机。但是，这样一来，就不仅要教会计算机人脸的识别条件，还要教会猴脸的识别条件和狗脸的识别条件，光编写程序就需要花费大量的时间。而深度学习，只要让计算机读取大量的图像数据，计算机本身就能总结出人脸、猴脸、狗脸各自的规律和条件。

第8课　人工智能热潮的关键——深度学习(下)

这项技术具有广泛的适用性,不仅可以用于早期的"模式识别",我们也可以期待它今后应用于"自然语言处理(计算机理解人类语言的技术)""机器人工学"等等各种各样的领域。目前,人们正试图把这项技术用在无人驾驶汽车上,大家公认这会一举提高无人驾驶汽车的驱动性和安全性。

但是,这只不过是个开始。今后,通过这类大型的项目,可以迅速加深我们对人类大脑的认识,如果能把对人脑的认识成果尽快应用于人工神经网络的开发,那么人工智能所能达到的程度,有可能是我们现在都无法想象的。

它最大的特点,是把人类和计算机的长处结合到一起。我们人脑所拥有的最大的强项就是"学习和成长的能力"。而像"深度人工神经网络"这样的最先进的人工智能,采用了人类大脑科学的研究成果,具备了学习的能力,被称为"机器学习"。

迄今为止的计算机、工业机器人等等,擅长大规模的计算和单调的重复性作业,归根到底还是只能按照人类事先设定的程序工作的机器。但是,今后的计算机和二代机器人等等,它们搭载了最先进的人工智能,当它们全力运转强大的计算能力时,就能主动从网络空间和现实世界抓取大量的数据(大数据),通过机器学习,实现自主进化。

这会产生积极和消极两种后果。首先从积极影响来看,会产生在这之前完全无法想象的智能产品。今后,人类完全可以不去做那些繁琐的工作,各种机器和服务能够自主去学习必要的东西来为人类服务。这就使我们的生活和社会的便利性得到了飞跃性的提高,同时也会给以IT、汽车、机器人为代表的各领域的现有的商业模式带来不可估量的冲击吧。

另一方面,消极的影响就是人工智能的进化的不可预测性。能够主动学习进化的人工智能,具有一定的危险性,它有可能与创造它们的人类的意图背道而驰。最近,街头巷尾人们之所以都在担心"人工智能的异常发展会使它们摆脱人类的控制,使人类灭绝"也是基于这一原因。此外,还有人预计人工智能会抢夺人类的工作机会。

还有其他的一些危险,在以前看来不过是科幻情节,但是现在也都有了实现的可能。比如著名的理论物理学家史蒂芬·霍金和微软的创始人比尔·盖茨等有识之士,就接连向人们敲响了警钟。

人工智能可能为我们人类带来了惊人的富裕和方便的生活。另一方面,如果应对不当也可能导致人类的灭亡。

在人工智能的研究中我们人类一定要牢记人工智能归根到底是要帮助人类完成那些单靠人类无法完成的工作,或者人类不擅长的工作。虽然人工智能乍一看似乎很聪明,但实际上有很多人类很容易做到的事情对于人工智能来说却很困难,有很多常识人工智能也根本不懂。另一方面,人类做不到像人工智能那样快速地处理数量庞大的数据。

像这样,正因为各自擅长的领域不一样,人类和人工智能才能够共存。而哪些事情交给人工智能来判断,哪些事情由人类来做最终的判断,则需要人类酌情做出适当的决定。

第9课　人工智能夺走了人类的工作？

在2016年1月召开的"世界经济论坛"（达沃斯会议）上，论坛的创始人、同时也是会长的瑞士经济学家克劳斯·施瓦布先生做了题为《工作的未来》的报告，这一提及了"由于人工智能、机器人技术、生物学的发展，未来5年以内将会有约500万人被解雇"的令人震惊的报告受到了巨大的关注。

由于技术革新而导致人们失去工作这一观点，实际上不是最近才开始出现的。人们被技术革新夺去工作的现象，从19世纪初的工业革命时就开始反复至今。

工业革命时，由于机器使用的普及，从前一直从事手工纺织的手工业者、劳动者们，深感失业的恐惧，从而掀起意图毁坏作为这一元凶的机器及阻止资本家使用机器的反抗活动，引起了巨大的社会问题。

那就是著名的"卢德运动"。但真如手工业者、劳动者们所恐惧的那样，由于在现实中机器的导入，导致了很多人失业、流落街头吗？

但工业革命的结果是，由于机器的进步和普及，生产效率本身得到了飞跃性的提高，企业的生产力也提升了。并且，增长部分带来的利益，从资本家手上以工资的形式被还归给了手工业者、劳动者们，由此他们的收入增长，中产阶级诞生了。

上世纪90年代以来，由于担心IT技术的导入会带来技术性失业，很多人高呼反对科技的发展及普及，又掀起了"新卢德主义运动"。"新卢德运动"本身都是一些如"银行被导入了ATM系统的话窗口工作人员就会失去工作""Amazon如果普及，街上的书店就会被迫倒闭"等等这些目光短浅的行为，伴随着科技向"奇点"迈进的道路越来越明确，今后，相似形式的、针对技术性失业的反对呼声可能还会甚嚣尘上吧。

就如同"卢德运动"之后，手工业者、劳动者们向着新生的中产阶级层蜕变一样，技术革新一方面夺走了人们的简单重复性工作，而另一方面也在世界上创造出了可以产生新的附加价值的职业，这一历史事实应该得到我们的关注。

例如，工业革命后，在一段时期内，大多的产品虽然拥有了功能性，可是缺乏设计上的美感，或是与别的公司制品相似而缺乏独特性。

人们希望既满足功能性，又能更进一步的追求其在设计上的美感，到了20世纪初，"工业设计师"这一概念在美国、欧洲等地兴起（T型福特汽车就是其典型），"设计师"这一概念也由此诞生。

在20世纪以后，设计作为品牌差别化的驱动者之一发挥着作用，这一点毋庸置疑。

同样的变化现在正在发生。

人工智能夺去了人类的工作……。严格地说，人工智能不是主动地夺去了人类的工作，说到底，还是作为人工智能管理者的人类决定将其导入，从而使从事某些工作的人们失去了作用。

但是，在这里必须要注意的是，我们不能只着眼于由于人工智能代替了人类的角色，使得人类从职场被排除，陷入经济上的窘境这一单一的变化。

例如，由于数字化的高速发展，报纸、杂志等以模拟讯号传输的大众传媒持续衰退，但另一方面由于网络媒体（网络杂志、企业的自由媒体、SNS、网络销售网站等）的诞生，网络杂志的记者、IT工程师、网络设计师、网络分析师等新的职业在陆续产生。

这一变化对今后企业经营者应该采取的战略，也就是考虑"人·物·钱"的资源应该如何分配这一点，可以说是提供了具体的方向性。

那就是紧跟顾客心理，来调整电脑和人类的所承担的不同作用。

将由于人工智能导入所产生的剩余人力资源、资金等重点投入到这方面，在与顾客的契合点使其发挥作用是很必要的。

人工智能的导入越往前发展，为了紧跟顾客心理变化、让顾客的体验变得更丰富，企业（以及医院等公共服务机构）在商品、服务内容设计方面的着眼点和人性化思考，作为企业间竞争优势的驱动力，应该越来越受到关注。

银行的窗口职员、保险营业员或是代理店的办公人员、手机店的店员等，并没有被人工智能夺去工作，而是因为人工智能的导入，其位置变化到了离顾客更近的地方，要以顾客为主旨，专业提供人工智能无法胜任的"只有人类才有的创意和有价值的提议"。

第 10 课　被"黑化"的家用电器

近来，随着我们身边的电视、音箱等物联网设备与网络相连接，我们的生活变得越来越便利。迄今为止，我们能够强烈感受到国家和大企业等已经暴露在网络攻击之下这一现实。然而，网络攻击其实就在我们身边，物联网的普及程度越高，它的威胁就离我们越近。

就在最近，2017 年 8 月，将智能音箱"Amazon Echo"更换成窃听器的方法被发现，一时间引起热议。针对这次事件，Amazon 声明，发现问题的是 2016 年的机型，2017 年的机型已经针对这一弱点采取了应对措施。话虽如此，可是 Amazon 的声明表明，今后会愈发渗透进我们的生活的智能音箱，它确实能够变成窃听器。这让我们切切实实感受到了甚至连普通家庭都会成为网络攻击的目标。

"不仅是物联网，在因特网空间中的网络攻击也变得越来越激烈了。攻击者正在寻找更弱的目标，因此从这个意义上来说，物联网设备就更容易成为攻击目标。"

说这句话的是渥美清隆先生，他是 LAC 公司的 Cyber Gride Japan 调查主管，而该公司负责提供安全解决方案服务。LAC 公司在 2016 年 12 月 28 日发布的报告《JSOC INSIGHT vol.14》中提到：伴随着设备的增加，热点话题中经常出现诸如"如何检测试图劫持物联网机器的攻击"等主题，表明对物联网设备的网络攻击，在安全业界也备受关注。

渥美清隆先生举出了一个某网络摄相机购买者的案例。"据说某一天，安装在客厅里的网络摄像头突然随意活动，开始唱起歌来，明显是真人的声音，真是令人毛骨悚然。关于这件事，询问了其他的安全技术人员，回应是有可能是实际安装错误。也许摄像机的制造商方面计划开展其他服务，向买方以外的开发业者公开了应用程序的 API（应用程序编程接口），因为存在了这一弱点，所以才被（网络黑客）劫持的吧。"安全技术人员给出了上述看法。

这个唱歌的摄像机在今年 1 月份成为了谈论的焦点，作为销售商的 Amazon 已经为用户办理了退款手续，而据说对于摄像机自身的缺陷还没有解决。

"这样的事情虽然时有发生，幸运的是，在面向消费者的物联网技术革新还不算先进的日本，日常生活中的网络攻击危害还不常见。但是，全世界范围的网络摄像头及路由器的网络劫持事件却多有报告。"比如一些网站会恶意入侵安全性薄弱的监视摄像头，并将其影像上传到网络上公开，一时间引发了热议。据说类似的物联网设备被恶意入侵的案例今后会继续增加。

近年来，家用物联网机器的密码被攻击者破解，感染了构筑僵尸网络的恶意软件"Mirai"的设备被恶意使用的案例越来越多。更甚者，在 2016 年底"Mirai"的源代码被公开以后，攻击者们制作出了各种变种病毒，感染病毒的设备超过 50 万台。

物联网越融入生活，网络攻击就越来越成为不可忽视的问题。为了抵御攻击者保护自己的生活，我们个人又能做些什么呢？

安全对策是从挑选商品开始的。并且，据说适当地处理不使用的老旧设备，也与安全对策息息相关。

此外，对于正在使用的设备，也要定期确认其固件版本，及时更新，也有助于安全防范。

渥美先生说过"技术是把双刃剑。"一方面，它使我们的生活变得便利，另一方面也具有危险性，使我们随时都有可能成为攻击者的猎物。对于物联网的安全，我们只有像警惕日常犯罪那样来对待，才能在真正意义上拥有舒适的生活吧。

第11课　网络攻击摧毁了企业？！

近来，不知道是不是由于企业的管理层对于网络攻击的(防范)意识越来越重视的的原因，面向各行各业的企业管理层，进行网络攻击及其对策的说明(宣传)机会也增加了。但是很多情况下(他们)还是不能够正确认识现状。对于网络攻击的防范对策，从开始到某种程度的成形，大多需要花费数年才能够实现。从这些过去的经验来看，在很多组织中，这条路还很长很长吧。

作为网络攻击带来的损害，我们首先要考虑到的是比如：信息泄漏、钱财损失、服务及业务中断等。特别是关于信息泄露，在个人信息以外的信息被泄漏的情况下，会给企业带来什么样的风险，从长期的视角来考虑比较困难，几乎没有什么组织能行之有效地对其进行风险评估。

钱款损失也是不能忽视的。据说由于网络攻击被窃取的钱款，会成为恐怖分子和反社会活动等的资金来源。此外，为客户提供的服务及业务中断的情况下，对于自己的企业来说会产生多大的损失，难以产生切身体会，所以很多企业在实际遭受损失之后才开始认真应对。

美国奥巴马总统在2013年的普通国情咨文演讲中，在假设黑客或者美国以外的国家，企图盗取美国企业的信息，或中断、破坏公共基础设施的前提下，呼吁人们"不要在多年之后回想起来为'为什么当时什么也没有做'而后悔"。

网络攻击的危害中，相对容易切实感受到的是由于服务中断或数据消失而导致的业务停滞。由于负荷集中型攻击导致服务停止的话，会失去为顾客提供服务的机会，企业口碑一落千丈，客户就会流失。数据消失的话，以数小时到数天为单位，就有可能导致组织全体业务停止。由于网络攻击而被消除或者加密的数据一旦无法恢复，对业务上的影响将无法估量吧。

信息泄露的危害本来很难用眼睛观察到，而去想象其带来的影响就变得更加困难。作为一种意图获取特定组织的内部信息的网络攻击，例如目标型攻击(以获取信息为主要目的入侵组织内网的攻击)，人们过分着眼于攻击手法而忽视了攻击者的目的和对自己组织的商务上的影响，这样的情况也是有的吧。

在某海外金融机构发生的目标型攻击的案例中，企业内部与国家、外国政府的政策制定相关的人物、能接触到能源界的投资相关信息的部门负责人都是网络攻击的目标。执法机构在长年的网络犯罪调查中查明，在金融界以外，与并购或投资相关的信息、政府招标相关的信息、经济界高层人物的个人信息、与国防产业相关的人物的信息、研究机构的学术数据或原子能的相关信息等都是主要的攻击对象。

那么，由于目标型攻击导致泄漏的信息，会如何被使用呢？会被竞争对手的企业以追求利益为目的使用吗？还是会被外国政府机构用于间谍活动中？是被用于诱骗自己公司的客户，还是为了定位某特定人物住宅以安装窃听器？我们可以想象出无数的可能性。我们只能肯定一点，那就是刚才提到的奥巴马总统的演讲中说的那样，一定要避免去后悔"为什么当时什么也不作为"。

此外，现代的网络攻击，据说甚至也会作为国家政策的一部分被执行，也有人指出在网络攻击中被攻击者盗取的钱款会成为恐怖分子集团的资金来源。假设网络攻击作为一个危害国家的手段，在不知不觉中攻击企业，而企业因为"肉眼看不到攻击或损害"而没有危机感，不采取对策的话，无论是国家还是企业都会衰退，当损害渐渐变成肉眼能看到的状态时，就像晚期癌症一样为时已晚了吧。企业或者组织的体力在不易觉察的地方正在被一点点侵蚀，能否意识到这一点并对此抱有危机感，是决定如何应对网络攻击的重要因素。

第 12 课　互联网的"光"与"影"

上世纪九十年代中期互联网曾只是一部分人的东西,大约 20 年之后,我们和网络的关系发生了很大的变化。现在,从老人到孩子,几乎所有的人都在以某种形式利用互联网。

事实上,每天早晨一起床就查阅电子邮件和浏览新闻网站的人也不少吧。

上下班的景象也发生了变化。离开家去学校和公司的途中,大家使用智能手机和移动设备,有人阅读电子书、有人看视频、有人玩游戏、有人在购物网站尽情购物,可谓各得其乐。学习、工作、家务也离不开电脑,如果有什么疑问,打开搜索网站,输入关键词已经成为理所当然的行为。

比如,到目的地要花多少时间呢？如何换乘电车呢？道路拥堵状况如何呢？今晚的菜单是什么呢？周末的聚餐有什么好的店吗？这些都可以在网上查到。

另外,互联网的魅力不仅仅在于可以查询信息,还在于自己能轻易地发布信息。

最早是个人主页,之后是博客热,现在是推特、脸书、LINE 等,各公司提供了各种社交网络服务(以下 SNS)。我们可以通过浏览广告和提交会员信息来免费使用其多种功能。

社交网络服务的魅力也在于我们能够告诉彼此一天发生的事情,并上传数码相机、手机上拍摄的照片给朋友看,同时得到评论等,通过这些方式进行交流。

此外,通过网络既可以与学生时代的同学相见,也可以结识兴趣相投的新朋友,互联网发挥作用为我们提供新的相遇机会,这已经成为我们生活中的日常。

但是,任何方便的工具都有明与暗,好与坏。互联网带来的也不全是好处。它的普及也产生了新的麻烦,比如新闻中频繁报道的个人信息泄露、通过网络认识了原本不会结识的人而发生的种种事端以及电子商务中的欺诈行为等等。

并且,"网络依赖"的问题也是新出现的麻烦之一。

由于网络依赖而烦恼的人不仅在日本,以美国、欧洲、韩国、中国为中心,在世界范围呈现增加趋势,很显然,在互联网和我们之间关系中正产生着某种严重的问题。

在举国推进普及高速互联网的韩国,从 2000 年开始,网络依赖已经成为一大社会问题。在 2004 年进行的一次大规模调查的结果显示,从 9 岁到 39 岁的人中,有 14.6％的人面临网络依赖的风险。

特别是热衷在线游戏的年轻一代的情况则更为严重,有人擅自使用父母的信用卡,对游戏中的角色的装备等投入巨资,有人在网吧持续上网数日,引发经济舱综合症而猝死,此类事件可谓层出不穷。

直接的死因是经济舱综合症,不过,更深层的原因显然是昼夜不停地玩在线游戏。在电脑前坐了几十个小时,引发了经济舱综合症。

现实中,在网络环境中产生的年轻一代,和网络的关系越发深厚。另外,在这次调查之后,能用于游戏的高性能的手机迅速普及。考虑到 9 成的国民使用手机和电脑的现状,估计未成年人中也有很多网络用户和依赖者。

第 13 课　LINE 诞生记

LINE 是由 LINE 株式会社提供的免费通讯软件。有电话、视频通话、被称为"トーク(talk)"的聊天、收发贴图表情、发照片、游戏、音乐等丰富多彩的功能。

LINE 最大的特色就是聊天功能。用户互相认定为"好友"的话，双方就可以交换多种多样的信息。比如和好友两人进行私密对话，多个成员创建群组展开圈内热聊，发送贴图表情，展示照片和地图，可以用各种各样的方法进行亲密的交流。

会话中附带"已读"功能。假设 A 给 B 发送了"早上好"的消息，B 读了的话，在 A 的会话界面上会自动显示"已读"。也就是说 A 不必等到 B 回信，就知道对方已经读了自己发的消息。

事实上，已读功能对 LINE 公司来说具有很大的意义。这与 2011 年 3 月 11 日发生的东日本大地震有关。这场带来巨大损失、让许多人陷入混乱的大灾害，对我们来说真是无法忘却的记忆。从东北到关东的广大地区受到地震和海啸的袭击，福岛县的居民因核电站的熔毁而被强制疏散避难，首都圈到处都是无家可归的，此次灾害可谓冲击巨大，史无前例。

当时，LINE 还处在研究阶段。因此，没有一个用户。

看到电话打不通，在混乱中急于互相确认平安的人们无助的身影，作为 LINE 公司前身的 NHN Japan 株式会社展开紧急行动。在开发中的应用程序中，追加了一个功能，那就是显示已读的功能。

在 LINE 公司的官方博客中，这样记载了关于已读功能的来历。

　　LINE 在 2011 年 3 月的东日本大地震发生时还没有面世。

　　当时 LINE 正处于开发当中，所有员工都强烈地意识到："正是这种时候，才更需要能与亲朋好友取得联系的通讯服务"，于是，在 3 个月后的 6 月份，LINE 诞生了。

　　LINE 的命名来自于英文单词"line"，这个名字寄托了人们对它的期望，希望它成为在关键时刻也能使用的"热线（hot line）"。

正如博客中所描述的那样，东日本大地震 3 个月后的 2011 年 6 月 23 日，附带已读功能的 LINE 面世了。不难想象开发者多么期待已读功能在人们生活中发挥作用，能够帮助人们排忧解难。

不用说，很多人都从包括已读在内的便利功能中得到受益吧。但另一方面，围绕已读功能和会话的信息传递也产生了各种各样的麻烦。

比如"已读不回"和"已读忽略"这样的词语出现，很多人苦于霸凌、排挤、诽谤中伤、集体孤立的困扰，特别是孩子的人际关系受到了很大的影响。

顺便说一下，"已读不回""已读忽略"是指虽然读了收到的消息，但并不回复对方。以发送者角度来看，可以解释为"明明读了自己发送的消息，对方却不回复＝忽略自己"。

或者，很有可能产生不安和愤怒的情绪，比如"是不是被对方讨厌了呢""今后也被忽略该怎么办呢""无法原谅明明读了自己的消息却没有任何反应的做法"等等。事实上，也有因已读和会话的信息传递导致自杀和杀人等严重后果的情况。即使达不到那种地步，以初高中生为主的群体中，围绕"已读功能"和对话内容引发了过激反应，对双方的关系产生了影响。

一般来说，立刻回复的是个约定俗成的规则，有些情况下甚至是一种"义务"。一不小心已读不回的话，就会在群内被"忽略"，反过来自己发送的消息也会被彻底无视。这里说的被"忽略"是被排斥的意思，它源于"省く"这个动词。

这样就会陷入这样的状态：本该愉快的交流变得紧张，或因过于担心已读不回，费心析读"氛围"，心情郁结小心翼翼。过于担心产生由于疏忽而未回信息的情况，而会手机不离手。

LINE 的初衷是帮助人们灾害时确认平安，成为连接亲朋好友的热线，不料却遇到这些意想不到的情况。LINE 在急速成长、用户大幅增加的同时，也产生了严重的问题。

当然，这样的情形并不只发生于 LINE。使用智能手机以及功能日新月异的应用程序的是我们人类。

面对接踵而至的进步和变化，很多人都没有喘息之机，显得毫无防备。这让我们不得不思考：我们和智能手机一起将何去何从？到底还会有什么意想不到的事情发生呢？

第14课　梭罗的"三把椅子"

　　我们因为科技而变得沉默,或者说"我们被迫戒掉了了闲聊这种坏习惯"。科技所导致的沉默——尤其是在儿童中更为常见——已经引发了同理心危机,在家庭、职场和公共生活中伤害着我们。而能治愈这种伤害的,就是"谈话疗法"。

　　在我们讨论这个问题时,先让我们将目光投向一个人,很多人都以为他是一个试图逃避交谈的隐者(尽管这是个误解)。1845年,亨利·戴维·梭罗为了学习如何更"审慎"地生活,远离人群的嘈杂,搬到了马萨诸塞州康科德的瓦尔登湖畔的一间小木屋的生活。不过,他为了达到这一目的而精心挑选的客厅家具却表明,这绝对不是单纯的"避世隐居"而已。他的客厅里有"三把椅子——一把为独处,两把为友情,三把为社交"。

　　这三把椅子代表着将谈话与同理心以及自省能力连接起来的良性循环。我们在独处中发现自我。在独处中调整心态去对待与本真的自我之间的对话。当我们自身有了安全感,就能够倾听他人,懂得他们的诉求。于是,在与他人交谈的过程中,我们与自己内心对话的能力也会提高。

　　当然,这种良性循环是个理想模式。不过,如果我们能够用心的话,还是会起到作用的。独处增强了自我安全感,而有了安全感,就会产生同理心。并且,与他人的交谈也为自省提供了丰富的素材。正如独处会有利于与他人交谈一样,与人交谈,同样也让我们更懂得享受孤独的厚重感。

　　而科技则破坏了这种良性循环。

　　被破坏的首当其冲的就是独处——梭罗所说的第一把椅子。近来的研究表明,独自一个人沉浸在思考中,哪怕只是几分钟,人也会变得无所适从。有一个实验,让被测试者在不拿智能手机和书本的状态下静坐15分钟。在实验开始时,被测试者会被询问"如果无聊了会自己电击自己吗?"他们都回答说绝不可能那样做。无论有什么事,都不会考虑电击自己。然而,只过了六分钟,就有相当多的人做了他们原本认为绝不会做的事。

　　这是一个让人哑口无言的结果,但从某种意义上来说,也是意料之中的。最近不是经常能看到这样的情景吗?独自等待信号灯或在超市排队结账的人们,都会焦灼地伸手去拿手机。人们已经习惯于一天二十四小时都与外界有所联系,认为孤独一人就应该求助于科技。

　　由此开始,良性循环便被割裂了。害怕独处,让我们过于关注自己的感受。受到这种情绪的影响,便不再关心他人的感受。如果自己没有安全感,那么也不会有信心去面对他人。

　　或者,会变得与这种良性循环背道而驰。因为太过于在意他人的感受,而削弱了我们认知自己的能力。

　　我们所面对的"不再交谈"的现象,其实就是忽略了梭罗所说的"三把椅子"所象征的"内省""同理心"和"引导"之间的良性循环。但是,这种情况不是不可避免的。当良性循环被割裂时,"交谈"会起到治疗的作用。

　　也有让人振奋的消息——就算我们受制于科技,我们也有恢复的能力。比如,在禁止使用电子产品的夏令营里度过五天,孩子们的同理心就会得到提高。他们通过观察照片和录影带里人的面孔来识别他人情感的能力增强了。我在对"脱离电子产品夏令营"进行调研时,对这种恢复能力也有切身感受。

　　一个晚上,当我们在营地里畅谈时,十四岁的男孩子们在讨论最近在自然保护区远足的事。想来,不久之前要说起这种远足的有趣之处的话,还是"克服不便"和唾手可得的自然美景。而此时给人最大感动的却是——远离手机的时间。有一个男孩称之为"只能沉思或和朋友闲聊的时间"。另一个男孩从营地里的闲谈想起了自己开始懂得享受沉默了。"大家知道吗?从车窗向外望也很不错哦。看着车窗外飞逝而过的风景也是件很惬意的事呢!"

第15课　编程是一种素养

曾经,我面向大学生开展过免费的编程讲座,结果听众却意外地多,而且让人惊讶的是大部分都是文科的学生。

对于我这样理科出身的人来说,总是不自觉地认为编程是自学成材的,相反,认为编程是通过学习掌握的也许大部分是文科生吧。

说起来,讲座时我问一位文学部的女生,为什么对编程感兴趣呢,她回答说,"因为在21世纪编程早晚会成为一种素养。"对于长期与编程打交道的我来说,这句话有些出乎意料,带给我很大的冲击,同时,也让我深感赞同。

我六岁起就开始接触电脑了。

那个时候普通的电脑还没有安装鼠标和硬盘,甚至连汉字的转换都没有安装。

因为软件也只能自己开发,所以小时候就对计算机感兴趣的我,在学习汉字和日语的高级语法之前就开始学习编程了。从那以后大约三十年过去了,我如今在开发连六岁的孩子都会用的编程语言MOONBlock和程序终端enchanMOON,同时经营着一家创业公司。

回想起迄今为止的人生,编程不仅是写写程序、操作一下计算机而已,它着实让我受益匪浅。

我只做了四、五年的专业程序员。之后,作为普通职员,做出了几个热点内容后就自己创业,然后作为经营者整合团队,精心规划事业前景,一直到现在。

然而,无论何时,在工作中我都一直牢记着自己是一个程序员。这也是因为,困扰着经营者的那些企划、团队、事业前景等问题都可以当作编程来对待。

编程,用一句话概括就是"按照自己的想法运作自己以外的事物"。正确编出来的程序,就算是写它的人已经不在了,也能够反映出作者的意图,按照原来的设计运行。

如果是企划的话,就是按照企划者的意图去改变用户的想法,如果是团队的话,按照领导的意图去动员全体成员,都可以说是"编程"。

也就是说,从事这样工作的人们,无论本人是否意识到了,其实他们全都是"程序员"。就算不是经营方面,对于有孩子的人来说"孩子的教育"和"对待孩子的方式",这些也可以说是编程。程序其实已经渗透到了我们生活的方方面面,只是我们忽略了它的存在而已。

我所理解的编程,不仅对于我的事业,在我人生中的一些重大判断和决断之际也给了我很大的影响。

回首过去,就算不是专业的程序员,只要有"这样做就会有这样的结果"这种编程知识,也能够拥有更广阔的视野和更深入的思考。

实际上,在我们身边,比如说在政客和管理者中有很多人都掌握了编程的技巧。当然,我不清楚他们本人是否意识到了,但是我感觉有编程思维的人要比没有的人在社会上、在人生中能取得更大的成就。

编程不只是技能或兴趣,就像文学部的那个女生所说的一样,其实把它看作是一种"素养"也未尝不可。在整个知识体系不断发展的大背景下,编程发展得如此飞速,并且今后还会不断地发展,因此学习编程在商业和日常生活等方面也将具有重大的意义吧。

第16课　项目成功的心理准备

作为项目经理的富永章代表提出：要使一个产品线或者一个项目成功，在心理上要做好的准备可以归纳为「せ・い・ふ」。这是罗列了"成算、意志、深入"这三个词的头一个假名，"程序"这个词在这里指的是一个复杂的产品线，包括多个项目的集合。

一、要做到心有成算

对所从事的产品线和项目抱有成算，是其成功的重要心理要素之一。所谓成算指的是"自己坚信只要坚持自己的理论和步骤，就一定能成功"。只是，所谓项目并不是单纯的重复的工作，每一次内容各有不同。如何使统一的理论和步骤适用于不同的项目呢。

富永章提出了"目的或目标的结构化"这一建议。我们需要确认产品线或者项目的最终目的。为了达到这一目的，"制定一个可以能达成的阶段性的目标。每实现一个阶段性目标之后就为了实现下一个目标而做出有成算的努力"。这样持续下去，"最终的前景也变得可能预见，即使可能性还很小，但是成功的希望一点一点积累起来。"

而所谓的"目的或目标的结构化"就是指明确树立多个能够达成的小目标，以及通过它们的实现而明确最终要达成的目标。如果能掌握这个结构化，达成每个目标的活动和日程就会变得清楚，计划也能得以制定。为了做到有成算，需要使用QCD(质量、成本、交货期)和管理风险的方法和工具，但是如果目的和目标的结构化不明确的话任何工具和方法都无法使用。

二、要有达成目标的意志

第二个心理准备是抱有完成项目的意志。"领导者在任何事上都不能推卸责任，将其作为自己的项目，以十足地干劲来追求目的和目标。这是项目的成功必不可少的。"这一要素与项目的领导者和负责人的干劲和努力的态度相关联，与成算也有密切的关系。

三、要深入理解项目内容

心理准备的第三个与行动有关。"深入"作为项目管理的真谛经常被提出来。富永章指出，"不要局限于自己的责任范围，要深入到赞助商和企业利益相关方的工作范围，站在他们的立场来行动"。赞助商指投资在项目上的经营者和事业负责人，利益相关方指的是与项目相关的人或者受到项目成果的影响的人。

说到底还是要尊重对方的"立场和需求"，而不是说与经营者和使用部门进行直接谈判，一切都要按照自己的意图进行。但是，真的能做到这一点吗？富永章代表解释说，"对于项目自身的背景，也就是目的、目标的结构化要尽可能最大程度地去理解，并时刻提醒自己注意这一点，要深入到熟知工作对象的程度。"

即使因为产生无法达成某个目标的危险，而不得不向经营者或使用部门要求追加投资或缩小必要条件，也应该为了达到最终的目标，而向对方表明自己的诉求，进行交涉。

四、把「せ・い・ふ」作为沟通的准则

「せ・い・ふ」是项目成功的心理准备，同时也是信息系统负责人与经营者进行沟通要遵循的准则。

不用说，经营者期待着项目的成功，关注进展。不仅仅是信息系统，新产品的开发，M&A(收购・合并)、进入海外市场、股票公开发售等都能成为项目。如果在某个情况下，当经营者询问起项目运营的关键之处，按照「せ・い・ふ」原则来考虑、陈述意见就可以。

不过，在信息系统的开发项目中要辛苦地屡屡向经营者解释的话，这不是沟通的好办法。关于信息系统部门的项目运营，进行「せ・い・ふ」的验证，也为了再次确认目的和目标，去深入该深入的地方，与经营者和使用部门进行沟通。

第17课　年轻技术工作者的"失去的5年"
——在瑞穗系统更新中凸显的基础系统问题

"那个大项目结束后,很多技术人员都会回来,但没有任何可分配的工作。"我想起了大型IT供应商的管理层脱口而出的牢骚。他口中的那个大项目就是瑞穗银行的结算系统的更新项目。

据说瑞穗银行的次期结算系统是在2017年7月末完成的。之后会依次实施,由使用部门进行的测试和切换步骤的确认、系统的转换演练等,于2018年秋天开始进行替换。由于已经攻克了技术难关,曾举整个IT业界之力调动大批技术人员,而他们中的大多数人将会接连不断地离开该项目。

由于在IT行业,技术人员不足的问题一直存在,所以即便说"没有可分配的工作",并不是开发项目不够,而是说由于项目过于巨大和特殊,能让参与该项目的技术人员充分发挥和运用经验的地方太少了。

在项目高峰时期,动员了7000至8000人规模的技术人员。有的技术人员从项目开始历时5年,一直跟进。因为是前所未有的困难项目,一般都会认为从中一定得到了极大的锻炼,但事实上并不是这样的。

银行的账目系统从整体产业来看是特殊的系统。而且,由于一个是具有超大规模的大型项目,除去统筹整个项目的一部分管理者委员之外,各技术人员负责的只是一部分。特别是20—35岁的年轻人作为开发团队的成员,被要求根据几年前决定的方法进行工作。承担巨大金字塔的基层的工作虽然有一定的价值,但从技术人员的职业生涯发展的角度来看,很难说是理想的。

到35岁左右为止是技术人员的基础巩固时期。例如,如果是负责零售业的技术人员的话,负责过各种各样的企业的项目。到了30岁,即使是小规模项目,也会作为项目经理经历"修罗场"的历练,也会承担包含IoT等最新技术的系统的提案活动。年轻时期的5年间带来的差别是很大的。

新闻中已经报道过瑞穗银行系统更新完成的消息,所以这里用瑞穗银行的项目来举例,类似的项目其实还有很多。大企业中残留有大量的用COBOL写的程序。大部分企业都把维护工作交给IT供应商,在IT部门常驻的IT供应商技术人员中,也不乏20多岁的年轻人与经验丰富的老手在一起。

为了使维护作业能够稳定持续,将眼下的年轻新人圈禁好几年,对于一个COBOL技术者来说真的好吗?COBOL程序是构成基础系列的重要机能,今后会持续5年或15年。笔者认为系统革新的时刻必定会到来,到那时用户企业将COBOL程序清除的可能性很高。那样一来一直从事COBOL维护的技术工作者的职业生涯会如何呢。

对于用户企业来说,"IT供应商的技术相关问题是IT供应商的责任",推卸责任很容易。但是,用户企业所需要的系统的开发和维护,正是作为合作伙伴的技术人员所承担的。以可以试着考虑更好的方案使委托的工作也能有利于他们作为技术人员的成长。

虽然将COBOL写得像坏人一样,但并不是想说某种开发语言技术不好。新的开发语言只要学习的话就能够掌握。本质上的问题在于将技术工作人员禁锢起来,使其一直追随特定的项目这一行为。

如果不继续培养优秀的年轻技术人员,日本企业就会更加落后于世界。与灵活运用软件包和云技术的欧美企业相比,应该要重新评估人力负担过重的基础系列系统的存在方式了吧。